비즈니스
데이터 과학

비즈니스 의사결정을 위한
통계학, 경제학, 인공지능의 만남

비즈니스 데이터 과학

비즈니스 의사결정을 위한 통계학, 경제학, 인공지능의 만남

초판 1쇄 발행 2022년 6월 29일

지은이 맷 태디 / **옮긴이** 이준용 / **펴낸이** 김태헌

펴낸곳 한빛미디어(주) / **주소** 서울시 서대문구 연희로2길 62 한빛미디어(주) IT출판부

전화 02-325-5544 / **팩스** 02-336-7124

등록 1999년 6월 24일 제25100-2017-000058호 / **ISBN** 979-11-6224-572-9 93000

총괄 전정아 / **책임편집** 박민아 / **기획** 윤나리 / **편집** 이채윤

디자인 표지 박정우 내지 박정화 / **전산편집** 이소연

영업 김형진, 김진불, 조유미, 김선아 / **마케팅** 박상용, 송경석, 한종진, 이행은, 고광일, 성화정 / **제작** 박성우, 김정우

이 책에 대한 의견이나 오탈자 및 잘못된 내용에 대한 수정 정보는 한빛미디어(주)의 홈페이지나 아래 이메일로
알려주십시오. 잘못된 책은 구입하신 서점에서 교환해드립니다. 책값은 뒤표지에 표시되어 있습니다.

한빛미디어 홈페이지 www.hanbit.co.kr / 이메일 ask@hanbit.co.kr

지금 하지 않으면 할 수 없는 일이 있습니다.
책으로 펴내고 싶은 아이디어나 원고를 메일(writer@hanbit.co.kr)로 보내주세요.
한빛미디어(주)는 여러분의 소중한 경험과 지식을 기다리고 있습니다.

비즈니스
데이터 과학

비즈니스 의사결정을 위한
통계학, 경제학, 인공지능의 만남

맷 태디 지음 이준용 옮김

H3 한빛미디어
Hanbit Media, Inc.

이 책은 데이터 활용의 기초가 되는 통계 지식을 빈틈없이 친절하게 설명하며 실제 애플리케이션, 기술, 인사이트를 가득 담고 있다. 대부분의 머신러닝 책과 다르게 '상관관계는 인과관계와 다르다'는 문제를 다루고, 데이터로부터 신뢰할 수 있는 정보를 추출하는 방법을 제공한다.

프레스턴 맥아피 Preston McAfee **(전 마이크로소프트 수석 경제학자 겸 부사장,**

야후 수석 경제학자 겸 부사장, 구글 연구이사, 캘리포니아 공과대학 교수 겸 임원)

맷 태디는 시카고에서 스타 강사로 일하던 시절의 경험, 마이크로소프트와 아마존에서 데이터 과학팀을 이끌었던 경험을 바탕으로 기업에 데이터 기반 의사결정 프로세스를 도입하고자 하는 MBA와 엔지니어를 위한 훌륭한 책을 집필했다. 현대 통계, 머신러닝 알고리즘, 사회과학 인과 모델의 핵심 개념을 누구나 요점이 무엇인지 알 수 있도록 쉽게 썼다. 이 책은 이 분야의 대표적인 교과서가 될 것이다.

휘도 임번스 Guido Imbens **(스탠포드 경영대학원 경제학 교수,**

『Causal Inference for Statistics, Social, and Biomedical Sciences』의 공동 저자)

이 책은 수많은 데이터 과학 교과서 중에서 두각을 나타내며, 현실의 기본적인 비즈니스 문제를 해결하기 위해 다른 분야의 주제를 고려한다. 정확한 예측은 그 자체가 목적이 아니라 최선의 행동을 취하기 위한 수단이다. 맷 태디는 이러한 내용을 명확하고 읽기 쉽게 설명한다. 데이터 과학에 대한 배경지식이 없지만 예측, 인과관계, 의사결정과 관련된 최신 기술을 알고 싶은 사람, 이러한 기술을 실제 문제에 적용하는 데 관심이 있는 사람에게 이 책을 추천한다.

존 매콜리프 Jon Mcauliffe **(볼레온** Voleon **그룹의 공동 창립자 겸 최고 투자 책임자)**

맷 태디는 최고의 강사다. 중요한 아이디어를 명확하게 전달하는 그의 능력이 이 책에서 빛을 발한다. 기업에서 데이터를 사용하는 방식을 개선하기 위해 컴퓨터과학, 경제학, 통계학의 인사이트를 결합하는 능력 또한 우수하다. 모두가 이 책을 읽어야 한다.

옌스 루트비히 Jens Ludwig **(맥코믹 재단 사회 서비스 행정, 법률 및 공공 정책 교수,**

시카고 대학교 범죄 연구소 소장)

가장 흥미로운 최신 데이터 과학 책이다. 빈틈없는 구성으로 놀라움을 선사한다.

더크 에델부에텔 Dirk Eddelbuettel **(퀀트** quant**, 『Seamless R and C++ Integration with Rcpp』의 저자,**

일리노이 대학교 어배너−샘페인 통계학과 임상 교수)

데이터 분석을 바탕으로 더 나은 의사결정을 내리는 것에 관심이 있는 사람이라면 꼭 읽어야 할 책이다.

에밀리 오스터 Emily Oster **(브라운 대학교 경제학 교수,**

『산부인과 의사에게 속지 않는 25가지 방법』과 『최강의 데이터 육아』의 저자)

맷 태디는 훌륭한 방법으로 데이터 과학의 복잡한 아이디어를 설명한다. 이제 이 책을 통해 그가 제시하는 방법을 모두가 볼 수 있게 되어 기쁘다.

제시 셔피로 Jesse Shapiro **(조지 S., 낸시 B. 파커 브라운 대학교 경제학 교수)**

이 책은 최근 비즈니스에서 데이터와 관련된 문제를 해결하는 데 중요한 수학적 이론과 실용적인 방법을 소개한다. 맷 태디는 데이터 과학 분야의 세계적인 리더이자 독특한 관점을 가진 사람이다. 이 책은 그의 엄격한 학문적 시각과 비즈니스 경험에서 얻은 지혜를 모두 반영한다.

데이비드 블레이 David Blei **(컬럼비아 대학교 컴퓨터과학 및 통계학 교수)**

지은이·옮긴이 소개

지은이 **맷 태디** Matt Taddy

아마존 부사장. 2008년부터 2018년까지 시카고 대학교 부스Booth 경영대학원에서 계량경제학 및 통계학 교수로 재직하면서 데이터 과학 커리큘럼을 개발했다. 마이크로소프트의 수석 연구원과 이베이의 연구원을 포함하여 다양한 산업 분야에서 일한 경험이 있다.

옮긴이 **이준용** junyoni@gmail.com

인공지능과 빅데이터 기술에 관심이 많은 연구원. 한국과학기술원(KAIST)에서 전자공학 박사학위를 받고, 일본 ATR IRC 연구소에서 인간−로봇 상호작용에 대해 연구했으며, 미국 아이오와 주립대학교에서 대사회로 관련 데이터베이스를 구축했다. 2014년부터 2021년까지 미국 퍼시픽 노스웨스트 국립연구소에서 다양한 생명과학 연구에 참여했다. 현재는 한 바이오텍 기업에서 수석 데이터 과학자로 암 진단과 관련된 일을 하고 있다. 역서로『손에 잡히는 R 프로그래밍』(한빛미디어, 2015),『파이썬과 대스크를 활용한 고성능 데이터 분석』(한빛미디어, 2020),『데이터 과학을 위한 통계(2판)』(한빛미디어, 2021)가 있다.

빅데이터와 머신러닝에 대한 관심이 여전히 뜨겁다. 10년 전만 해도 특정 분야에서만 다루던 주제들이 이제는 다양한 분야에 널리 적용되고 있다. 이전에는 전문가만이 데이터에 접근할 수 있었으나 지금은 누구나 쉽게 빅데이터에 접근할 수 있다. 또한 머신러닝 기법을 실제 문제에 적용하기 쉽게 도와주는 오픈소스 도구가 넘쳐난다. 데이터와 도구에 대한 접근성 외에도 컴퓨팅 성능의 비약적인 발전은 다양한 분야에서 빅데이터와 머신러닝 기술의 접목을 가능하게 만들었다. 이미지나 문자열 데이터를 주로 다루는 컴퓨터과학 분야를 넘어 순수과학, 공학, 의학, 제약, 미술, 정치, 경제에 이르기까지 다양한 분야에서 수많은 문제에 적용되고 있다.

이 책에서는 특별히 비즈니스 분야에서 자주 언급되는 실제 문제를 예로 들어 빅데이터 기술과 머신러닝 기법을 소개한다. 저자가 시카고 대학교에서 계량경제학 및 통계학 교수로 재직하면서 데이터 과학 커리큘럼을 개발한 경험이 고스란히 담겨있으며 기본적인 통계학 개념부터 머신러닝 알고리즘까지 핵심적인 내용들을 친절하게 설명한다. 이론적인 내용에서 끝나지 않고 이를 R 프로그래밍 언어를 사용하여 직접 구현하면서 모델링 기법의 목적과 사용법을 더 자세히 이해할 수 있다. 전문용어와 개념 설명을 위한 추상적인 표현이 많아 내용이 자칫 어렵게 느껴질 수도 있지만 예제를 함께 진행하면 이해하는 데 큰 도움이 될 것이다.

전례 없는 팬데믹과 여러 가지 일로 인해 당초 계획보다는 미뤄졌지만, 중간에 포기하지 않고 마무리하게 되어 기쁘다. 처음부터 마지막까지 함께 고생한 한빛미디어 IT출판부의 모든 분들께 감사 인사를 전한다.

이준용

지난 10년간 비즈니스 데이터 분석은 새로운 방식의 등장으로 혼란을 겪었다. 스프레드시트와 피벗 테이블은 R, 스칼라^{Scala}, 파이썬^{Python}과 같은 언어의 스크립트로 대체되고 있다. 이전에는 여러 명의 비즈니스 분석가가 필요했던 작업이 응용과학자와 소프트웨어 엔지니어에 의해 자동화되고 있다. 그 덕분에 기업의 리더는 회사 운영이나 고객 행동과 연관된 모든 세부사항을 들여다볼 수 있게 되었다. 그들은 머신러닝을 사용하여 발생한 일을 추적할 뿐만 아니라 비즈니스의 미래를 예측할 수 있다.

이러한 혁신은 빅데이터의 부상, 특히 디지털 정보의 엄청난 성장과 데이터의 저장 및 분석을 용이하게 하는 엔지니어링 시스템의 개발에 의해 이뤄지고 있다. 또한 머신러닝과 컴퓨터과학, 최신 계산 및 베이지안 통계, 데이터 기반 사회과학이나 경제학 같은 분야 전반에 걸쳐 지적 융합이 일어나고 있으며 이는 모든 곳에서 분석의 질을 높인다. 머신러닝으로 자동화 및 확장 방법을 배우고 경제학에서 인과관계 및 구조 모델링을 위한 도구를 가져온다. 그리고 통계학을 바탕으로 불확실성에 대해 추적한다.

끊임없는 변화로 인해 경계가 모호한 분야를 구분하고자 **데이터 과학**$^{data science}$이라는 용어가 사용되기 시작했다. 새로운 분야가 생겨나면 늘 그렇듯, 데이터 과학 역시 수많은 사람들이 스스로를 데이터 과학자라고 과대평가하는 시기를 지나왔다. 사실 데이터 과학이라는 용어 자체가 일관되지 않기 때문에 이 용어를 사용하는 것에 대해 고민했다. 하지만 데이터 과학은 현대적이고 과학적이며 확장 가능한 비즈니스 분석 방법을 충분히 표현할 수 있다. 이제 **비즈니스 데이터 과학**은 세계 유수의 기업과 비즈니스 스쿨에서 데이터 분석을 위한 새로운 표준이 되었다.

이 책은 데이터 기반 회사에서 데이터 과학자로 일하려는 사람에게 초점을 맞춘다. 데이터 과학자는 비즈니스 정책에 중요한 영향을 미칠 변수를 식별하고 정책 변경에 따른 대중의 반응을 파악하기 위해 소셜 미디어 데이터를 수집해 분석할 수 있다. 또한 추천 시스템의 작은 변화를 고객 경험의 변화와 연결하고 이 정보를 사용하여 수요 곡선을 추정할 수 있다. 이 모든 작업을 수행하고 전사적 데이터로 확장한 뒤 결론에 대한 불확실성의 정도를 정확하게 설명할 수 있어야 한다.

뛰어난 분석가는 통계학, 경제학, 머신러닝을 사용하여 목표를 달성한다. 이들은 데이터 엔지니어의 워크플로와 마찬가지로 필요한 데이터를 추출하고 집계하는 종단간end-to-end 분석과 새 데이터가 도착하면 자동으로 반복할 수 있는 스크립트를 구성해야 한다. 그리고 모든 작업에서 사용하는 측정 방법이 비즈니스 의사결정과 어떤 관련이 있는지를 인식하고 있어야 한다. 이 책은 머신러닝, 경제학, 통계학에 관한 책도 아니고 데이터 과학에 관한 개론서도 아니다. 비즈니스 데이터 과학에 필요한 도구를 파악하기 위해 모든 분야를 활용하는 것뿐이다.

데이터 과학은 비즈니스 의사결정 과정에 밀접하게 통합된다. 비즈니스 데이터 과학이 있기 전에 존재했던 초기 '예측 분석 predictive analytics'은 비즈니스 의사결정 과정에서 배제된 머신러닝의 화려한 결과를 지나치게 강조하는 경향이 있었다. 과거 데이터에서 패턴을 찾는 것은 유용하기 때문에 이 책에서는 여러 패턴 인식 방법에 대해 다룰 것이다. 하지만 비즈니스 문제에 대한 더 깊은 분석을 위해서는 **무슨 일**이 있어났는지보다 **왜** 이런 일이 발생했는지를 파악해야 한다. 따라서 이 책에서는 상관관계 분석뿐 아니라 인과관계 분석도 다룬다. 주류 데이터 과학보다 경제학에 더 가깝기 때문에 실무에 실질적인 도움이 될 것이다.

이 책은 데이터 분석 백과사전이 아니므로 여기에서 모든 것을 다 다룰 수는 없다. 더 많은 것을 알고 싶다면 현대 머신러닝과 데이터 과학을 다루는 다양한 분야의 우수한 책들을 참고하기 바란다.[1] 대신 여기서는 비즈니스 데이터 과학의 핵심 요소를 선별하여 소개한다. 무엇을 신뢰할지, 어떻게 사용할지 그리고 더 많이 배울 수 있는지에 대한 확신을 주는 모범 사례를 얻기 바란다.

필자는 이 분야에서 10년 넘게 일했다. MBA 학생들에게 회귀 분석을 가르치는 교수로, 머신러닝을 사회과학에 도입하기 위해 일하는 연구원으로, 기술 회사에서 컨설턴트로 일한 경험이 있다. 이 과정에서 비즈니스 문제를 이해하고 직접 빅데이터 분석을 실행할 수 있는 다방면의

---

1 예를 들어 [Hastie, 2009]는 가장 중요한 현대 통계 참고서이며 [James, 2013]은 유사한 관점에서 더 쉽게 쓰여진 책이다. [Bishop, 2006]과 [Murphy, 2012]는 머신러닝 커뮤니티에서 인정받은 자료다.

지식을 가진 사람들이 어떻게 성장하는지 지켜봤다. 이들의 역할은 매우 중요하며 지구상의 모든 회사에는 이런 사람들이 더 많이 필요하다. 필자는 이들의 성장을 돕기 위해 이 책을 집필했다.

이 책의 대상 독자는 데이터 과학 기술을 습득하려는 과학자, 비즈니스 전문가, 엔지니어 등이다. 데이터 과학은 완전히 새로운 분야기 때문에 대학에서 데이터 과학 학위를 취득한 사람은 거의 없다. 따라서 다른 영역에서 수학, 프로그래밍, 비즈니스를 배운 다음 데이터 과학에 진입할 수 있는 경로가 필요하다. 필자는 시카고 대학교 부스 경영대학원의 MBA 과정 학생들에게 처음으로 데이터 과학을 가르쳤다. 여기에서 심층적인 빅데이터 연구에 필요한 기술적인 도구를 가르치는 방법을 찾는 데 성공했다. 하지만 이후에 실무자들 중에도 미래의 비즈니스 데이터 과학자가 될 가능성을 지닌 사람이 많다는 것을 발견했다. 대부분은 과학자로, 컴퓨터과학자뿐 아니라 생물학자, 물리학자, 기상학자, 경제학자도 있다.

이 책은 수학에 대한 기초 지식과 최소한의 컴퓨터 프로그래밍 경험이 있는 사람이라면 누구나 읽을 수 있다. 시카고에서 MBA 과정 학생과 경력 전환자를 가르치면서 비전문가도 매우 유능한 데이터 과학자가 될 수 있다는 것을 알았다. 비전문가에게는 좋은 자료가 필요하다. 먼저 불필요한 개념을 정리해야 한다. 그리고 학술 논문, 학술 대회 프로시딩proceeding, 기술 매뉴얼, 블로그 등에 혼란스럽게 흩어져 있는 자료를 하나로 통합해야 한다.

성공적인 데이터 분석을 위한 몇 가지 강력한 방법이 있다. 예를 들어 모델을 적합fit하는 데 사용한 데이터가 아닌 새로운 데이터에 대해 모델이 올바르게 예측하는지 확인하는 것이다. 이 책에서는 관련된 사례를 파악하여 새로운 방법이나 애플리케이션에 대해 명확하게 설명하고 보강한다.

또 다른 방법은 적용과 비유를 통해 설명하고 구체적인 자료를 만드는 것이다. 가능한 한 이론과 아이디어는 직관적이어야 한다. 예를 들어 '정규화regularization'에서 중요한 것은 단순한 모델과 강한 데이터 신호에 대한 반응에만 복잡성을 추가하는 알고리즘을 구축하는 것이다. 이 책에서는 이것을 전화기의 잡음 제거(또는 VHF 라디오의 스켈치^{squelch})에 비유하여 소개하고 웹 브라우저 사용 내역으로 온라인 소비 지출을 예측하는 예제를 통해 이것의 효과를 설명한다. 좀 더 추상적인 내용(예를 들어 주성분 분석)의 경우 개념을 설명하기 위해 다양한 관점에서 여러 예제를 활용한다. 즉, 수학을 사용하지만(가능하면 수학적인 내용을 공부할 필요가 있다) 적절한 설명을 피하기 위한 수단으로 사용하지는 않는다.

마지막으로 여러분이 알아두어야 할 점은 비즈니스 데이터 과학은 실행을 통해서만 배울 수 있다는 것이다. 실행은 지저분한 데이터를 분석하기 위해 코드를 작성하는 것을 의미한다. 이 책에서는 대부분의 예제 스크립트에서 R을 사용한다.[2] 코드 예제를 이해하지 못한다면 효과적인 학습이 불가능하다. 책을 읽으면서 직접 코드를 작성하고 분석을 실행해야 한다. 이를 수행하는 가장 쉬운 방법은 이 책의 웹사이트[3]에서 제공하는 코드 예제를 집중적으로 적용해보는 것이다.

이 책은 R을 배우기 위한 책이 아니다. 이 책 외에도 R에 대한 훌륭한 자료가 정말 많다. 시카고에서 데이터 과학을 가르칠 때 기본적인 R 프로그래밍을 분석과 분리하는 것이 가장 좋다는 것을 알게 되었고 이 책은 이러한 경험을 따른다. 이 책을 읽기 전에 기초 수준의 R 프로그래밍 튜토리얼과 자료를 먼저 살펴보아야 책 안의 예제를 복사하거나 변경하고 확장할 수 있다. R 전문가가 될 필요는 없지만 최소한 코드를 읽을 수 있어야 한다.

이 책은 데이터 과학을 **수행**하는 방법에 관한 책이다. 데이터를 사용하여 비즈니스를 운영하는 데 도움이 되는 흥미로운 내용을 모두 모았다. 통계, 머신러닝, 경제학에서 나온 핵심 원칙과 모범 사례를 제시한다. 또한 다양한 실제 데이터 분석 예제로 **실습을 통해 학습**한다. 기존의 과

---

2 *r-project.org*를 참고하자. R은 데이터 과학에서 가장 많이 사용하는 언어다. 포괄적인 통계 및 계량경제학 루틴들이 이미 패키지화되어 있으며 컴퓨터 과학자가 아닌 사람들도 읽기 쉽다. 하지만 실제로 비즈니스 데이터 과학자는 파이썬, 줄리아(Julia), SQL 또는 스칼라나 자바 같은 여러 언어를 읽고 변경할 수 있어야 한다. 가장 좋은 방법은 한 가지 언어(예를 들어 R)를 잘 배운 다음 필요한 것을 그때 그때 선택적으로 배우는 것이다.

3 *https://github.com/TaddyLab/BDS*

학자, 비즈니스 전문가, 엔지니어는 이 책의 제목처럼 비즈니스 데이터 과학자가 되기 위한 준비를 할 수 있을 것이다.

맷 태디
워싱턴주 시애틀

표기	설명	표기	설명
$\leq$	~보다 작거나 같다	lhd	관측값의 가능도
$<$	~보다 작다	dev	이탈도($-2\log$ lhd에 비례)
$\ll$	~보다 매우 작다	MLE	최대가능도 추정
$=$	같다	OLS	최소제곱법(로지스틱 회귀를 위한 MLE)
$\approx$	거의 같다	n	관측 데이터 개수
$\propto$	비례한다	p	데이터 차원 또는 확률 변수(p값처럼)
$\perp\!\!\!\perp$	독립이다	y	반응 변수
$\mathbb{E}$	기댓값(평균)	x	회귀 입력
$\mathrm{p}(A)$	A의 확률	β	로지스틱 회귀 계수
$f(x)$	x에 대한 일반 함수	ε	회귀의 독립 가산 오차
$\mathbb{E}[A\,\vert\,B]$	B가 주어졌을 때 A에 대한 기댓값	γ	인과적 처리 효과
$\mathbb{1}_{[A]}$	A이면 1이고 아니면 0을 나타내는 지시 함수	$\sum$	공분산 행렬
$\log(a)$	밑이 e인 a의 로그값	λ	페널티 가중치
e	오일러의 수 ≈ 2.71828	$\sum_{i \in s} a_i$	집합 S에서 i에 대한 a_i값들의 합
df	모델 자유도	$\prod_{i=1}^{n} a_i$	1부터 n까지 i에 대한 a_i값들의 곱

CONTENTS

CHAPTER 0 들어가며

CHAPTER 1 불확실성

CHAPTER 2 회귀

CONTENTS

CONTENTS

들어가며

두 도표에 대한 이야기

[그림 I-1]은 S&P 500 지수에 속한 주식 종목의 7년 치 월간 수익률[4]을 보여준다. 각 점선은 개별 주식의 수익률 변화를 나타낸다. 굵은 검정색 선은 S&P 500의 가치(가중평균)를, 가는 검정색 선은 3개월 만기 미국 채권 수익률을 나타낸다.

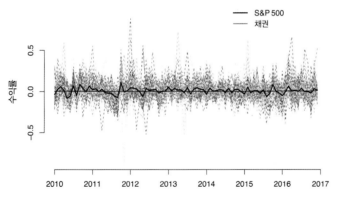

그림 I-1 월별 주식 수익률과 평균

참 멋진 도표다. 여러 선들로 이루어져 더 멋있어 보인다. 온라인 중개 플랫폼에 대한 TV 광고 속 컴퓨터 화면에서나 볼 법한 도표다. 이 정보를 미리 알았다면 부자가 됐을 것이다!

---

4 수익률은 현재 값과 이전 값의 차이를 이전 값으로 나눈 것이다($(y_t - y_{t-1})/y_{t-1}$).

[그림 I-1]에서 배울 수 있는 것은 무엇일까? 수익이 0에 가까워지는 것을 볼 수 있다.[5] 또한 S&P 500 지수가 크게 변하는 기간이 언제인지, 개별 주식 수익률이 더 높은 변동성(분산)을 보이는 기간이 언제인지도 알 수 있다. 그러나 이 기간이 **왜** 더 불안정한지 또는 **언제** 다시 발생할지는 알 수 없다. 중요한 것은 개별 주식에 대한 유용한 정보를 얻을 수 없다는 점이다. 그래프에는 많은 **데이터**가 있지만 유용한 정보는 별로 없다.

이번에는 **로데이터**raw data**를 표시하는 대신** 개별 주식 수익률을 시장 평균과 연결하는 간단한 **시장 모델**market model을 고려해보자. 자본자산 가격결정 모델capital asset pricing model(CAPM)은 개별 자산의 수익을 전체 시장 수익에 대해 회귀 분석한다.

식 I-1
$$r_{jt} = \alpha_j + \beta_j m_t + \varepsilon_{jt}$$

출력 r_{jt}는 시간 t에서 주식 j의 수익이다(실제로 초과 수익[6]). 입력 m_t는 시간 t에서 평균 수익, 즉 '시장market'의 수익을 의미한다. 시가 총액(주식의 총 가치)에 따라 기업에 가중치를 부여하는 S&P 500의 수익률을 m_t로 사용할 수 있다. 마지막으로 ε_{jt}는 평균이 0이고 시장과 상관관계가 없는 오차를 의미한다($\mathbb{E}[\varepsilon_{jt}]=0$ 이고 $\mathbb{E}[m_t \varepsilon_{jt}]=0$).

[식 I-1]은 이 책에서 소개하는 첫 번째 회귀 모델이며 앞으로 더 많이 보게 될 것이다. 이것은 '단순 선형 회귀simple linear regression'다. 예를 들어 [그림 I-2]와 같이 시장의 개별 주식 수익률과 관련된 선은 그리스 문자로 정의한다. 0에 가까운 작은 β_j는 시장 민감도가 낮은 자산을 나타낸다. 극단적으로 채권과 같은 고정 수입 자산은 $\beta_j=0$이다. 반면에 $\beta_j>1$은 시장보다 변동성이 큰 주식, 일반적으로 성장주나 고위험 주식을 나타낸다. α_j는 잉여 자산이다. $\alpha_j>0$인 자산은 시장 움직임이 크더라도 가치가 증가하고 $\alpha_j<0$인 자산은 가치가 줄어든다.

---

5 장기적인 평균값은 확실히 0보다 훨씬 크다. 예를 들어 [Carvalho, 2018]을 참고하자.
6 대부분의 재무 모델링은 초과 수익 단위로 작동한다. 초과 수익은 자산의 수익률에서 '무위험 이자율'을 뺀 값 즉 위험이 낮은 부채를 보유함으로써 얻을 수 있는 수익이다. 무위험 이자율은 일반적으로 미국 재무부 채권의 수익률 u_t다. 시간 t에서의 자기자본 수익률에서 채권 수익률을 뺀 값인 $r_{jt} = (y_t - y_{t-1})/y_{t-1} - u_t$로 작업한다. 마찬가지로 시장 수익률은 S&P 500 수익률에서 u_t를 뺀 것이다. u_t가 작기 때문에 차이가 거의 없으며 세부사항이 생략되는 경우가 많다.
7 Ganapathy Vidyamurthy, Pairs Trading: Quantitative Methods and Analysis, John Wiley & Sons, 2004.

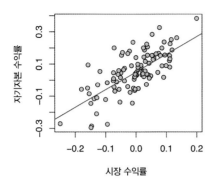

그림 I-2 [식 I-1]의 모델의 적합 회귀선이 표시된 시장 수익률에 대한 개별 주식의 산점도

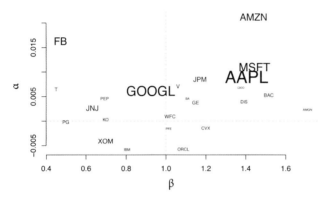

그림 I-3 시장 모델의 적합 결과에 따라 표시한 개별 주식

[그림 I-3]은 [그림 I-1]의 7년 치 데이터에 대한 시장 모델 적합 결과에 따라 2차원 공간에 각 주식의 종목 코드를 표시한 것이다. 개별 주식 종목은 각 회사의 시가 총액에 비례하여 크기가 달라진다. 두 가지 CAPM 파라미터 $[\alpha, \beta]$는 개별 자산의 특징과 성능에 대해 많은 것을 알려 준다. 이 그림을 통해 시장 민감도와 차익거래 기회를 즉시 평가할 수 있다. 예를 들어 이 기간 동안 아마존(AMZN)과 마이크로소프트(MSFT)의 시장 민감도는 비슷하지만 아마존이 전체 시장과 별개로 훨씬 더 많은 수익을 창출했다. 페이스북(FB)은 시장 민감도가 현저히 낮으면서 큰 α를 생성한다. 오라클(ORCL)이나 IBM같이 오래된 기술 회사는 이 기간 동안 가치가 하락했다(α가 음수). 이러한 정보는 불확실한 미래 시장 상황에 대비하여 평균 수익률을 최대화하고 변동을 최소화하는 포트폴리오를 구축하는 데 사용할 수 있다. 또한 유사한 β를 가진 두 주식을 찾아 더 높은 α를 구매하고 다른 하나를 **공매**shorting하는 페어트레이딩pairs-trading[7]과 같은 전략을 사용할 수 있다.

[그림 I-3]에서 α는 시장 상황에 관계없는 수익을 의미하고 β는 시장의 변동에 대한 민감도를 의미한다. 종목 코드는 시가 총액에 비례하여 크기를 조정한다. 이 도표는 이 책에서 강조하는 정보 시각화 전략의 한 예다. 비즈니스 데이터 과학은 의사결정 문제를 몇 가지 간단한 도표로 비교할 수 있는 소수의 변수를 찾는 것이다.

CAPM은 재무 분석에서 이미 오래된 도구지만 비즈니스 데이터 과학에서 우리가 원하는 바를 설명하는 역할을 한다. 해석이 가능한 모델은 로데이터를 의사결정과 직접적으로 관련된 정보로 변환한다. 데이터 과학이 해결해야 할 과제는 작업할 데이터(예를 들면 텍스트와 이미지 데이터를 포함하여)가 더 크고 덜 구조화되어 있는 점이다. 또한 CAPM은 효율적인 시장 이론에 따른 가정에서 나온 것이다. 많은 문제에서 이렇게 편리하고 단순한 프레임워크를 사용할 수 없다. 그러나 기본적인 원칙은 항상 같다. 의사결정에 필요한 중요 정보를 포함하는 데이터를 저차원 공간에 투영하기를 원한다. 이것이 이 책이 나온 이유다. 이 책은 지저분한 데이터를 비즈니스 정책과 직접적인 관련이 있는 유용한 정보로 빠르게 전환할 수 있는 방법을 제공한다.

빅데이터와 머신러닝

빅데이터와 머신러닝은 지난 10년간 데이터 분석 분야에 혁명을 일으킨 두 가지 원동력이다. 최신 데이터 분석을 과거의 방법과 차별화하는 주요 요소이기도 하다. 데이터 과학은 통계학에 빅데이터와 머신러닝을 추가한 것이다. 여기에 경제학이나 계량경제학의 일부를 추가하고 비즈니스 문제와 의사결정에 초점을 맞춘다면 그것이 바로 비즈니스 데이터 과학이다. 이 절에서는 빅데이터와 머신러닝을 자세히 살펴보고 이것이 왜 게임 체인저game changer인지 알아볼 것이다.

데이터가 크다는 것은 무엇을 의미할까? 빅데이터는 컴퓨터공학에서 유래한 용어다. 메모리에 적재할 수 없거나 단일 시스템에 저장할 수 없을 정도로 데이터의 양이 매우 많다는 것을 의미한다. 바로 여기에서 하둡Hadoop이나 스파크Spark 같은 도구와 여러 독립 시스템에서 데이터의 요약 통계량을 계산할 수 있는 **분산** 알고리즘이 필요하다. 데이터의 크기는 주로 기록되는 이벤트 또는 관찰 데이터의 수 n에 의해 결정되며 그 양이 엄청나다.

이러한 형태의 **빅데이터**(분산 빅데이터)는 비즈니스 데이터 과학에서 중요한 역할을 한다. 데이터 집약적 회사에는 보통 대량의 분산된 로데이터를 처리 가능한 조각으로 바꾸는 '파이프pipe'를 구축하는 데이터 엔지니어가 있다. 비즈니스 데이터 과학자는 엔지니어와 데이터를 가공하는 프로세스, 즉 추적할 변수와 계산 방법을 결정하는 프로세스에서 **협업**할 수 있어야 한다.

이 책은 일부 분산 데이터 개념(예를 들어 맵리듀스^{MapReduce} 알고리즘이나 확장 가능한 컴퓨팅)을 다루지만 통계 모델링 및 추론과 같이 파이프에서 나온 데이터를 사용하는 분석 단계에 초점을 맞춘다. 이 단계에서는 빅데이터의 또 다른 특징을 볼 수 있다. 바로 데이터의 **차원**^{dimension}이 크다는 것이다. 이것은 고도로 복잡한 데이터를 말한다. 예를 들어 웹 브라우저 행동 데이터는 웹사이트 전반에 걸친 방문 횟수를 포함할 수 있으며 고차원 데이터셋을 생성한다(여기서 차원은 웹사이트의 수를 말하며 매우 크다). 또 다른 예로 텍스트 분석에서 모델의 차원은 어휘의 크기, 즉 말뭉치^{corpus}에 있는 고유한 단어의 수에 따라 달라진다. 이러한 모든 설정에서 다양한 시간과 위치에 있는 사람들의 데이터를 관찰값으로 얻게 된다. 이것은 차원의 복잡도를 높인다.

여기서 크다는 두 가지 개념, 즉 볼륨과 복잡성은 함께 묶이는 경향이 있다. 여기에는 나름 타당한 이유가 있다. 복잡한 모델을 학습하려면 많은 양의 데이터가 필요하다. 반대로 단순한 **저차원**^{low-dimensional} **목표 함수**를 학습한다면 많은 양의 데이터를 저장하고 처리하는 데 돈을 쓸 이유가 없다.[8] 또한 오늘날 엄청난 양의 데이터가 생성되는 주요 원인은 비즈니스와 사회가 디지털화되고 있기 때문이다. 우리는 컴퓨터를 통해 온라인에서 쇼핑하고, 말하고, 공유하며 살고 있다. 이는 사용자 작업의 원시 로그, 자연스러운 대화 텍스트, 이미지, 비디오, 센서 데이터를 포함하여 **구조**가 거의 없는 대량의 데이터를 생성한다. 많은 양의 데이터가 본질적으로 복잡하고 지저분한 고차원적인 형태로 쌓이고 있다.

이전 세대에서 데이터 엔지니어의 최종 목표는 지저분한 데이터를 **정규화**하고 요약 통계를 표준화된 항목이 있는 데이터 테이블에 맞추는 것이었다. 오늘날에는 고정된 테이블 구조가 장기적으로 유용할 것이라고 기대하는 것이 비현실적이다. 대신 데이터 엔지니어는 반정형화된 데이터의 파이프를 구축하기 위한 작업을 진행한다. 여기에는 잘 정의된 변수들이 있지만 변수의 수가 엄청나게 많다(잠재적으로 더 증가할 수 있다). 웹 브라우저 및 텍스트 데이터는 좋은 예다. URL이나 단어의 파이프를 얻을 수 있지만 데이터의 양이 증가함에 따라 이전에 방문한 적 없는 URL과 이전에 말한 적 없는 단어가 데이터 차원에 추가되는 것을 보게 될 것이다.

이러한 유형의 데이터를 분석하려면 새로운 도구 집합이 필요하다. 고전 통계학에서는 고정된 작은 차원의 데이터가 있고 볼륨이 증가하는 세계를 가정하는 것이 일반적이었다. 예를 들면

---

8 예를 들어 기본 통계량은 $\bar{y} = \Sigma y_i / n$가 확률 변수 y에 대한 평균의 좋은 추정치임을 알려준다. y의 표본표준편차를 $\sqrt{n}$으로 나눈 것과 같은 표준오차가 있다. 표준오차가 현재 문제의 허용 범위 내에 있도록 $\sqrt{n}$을 충분히 크게 만들기만 하면 된다.

대학의 통계학 과정에서 다루는 가설 검정 hypothesis testing 규칙의 기초다. 하지만 이러한 기술은 데이터의 **차원**이 크고 데이터의 **양**이 계속 늘어날 경우에는 제대로 작동하지 않는다. 이렇게 더 복잡한 설정에서는 각 변수에 대한 가설 검정(**t-검정** t-test) 또는 작은 후보 모델 집합 선택(**F-검정** F-test)과 같은 표준화된 저차원 전략에 의존할 수 없다. 또한 모델 적합도와 성능을 확인하기 위해 일반적인 시각화 전략이나 진단 방법에 의존할 수 없다. 즉, 높은 차원에서 강인한 역할을 하는 완전히 새로운 도구 집합이 필요하다. 이는 데이터가 분석이 불가능할 정도로 복잡하더라도 좋은 답을 제공하는 도구를 의미한다.

머신러닝은 예측을 위해 복잡한 데이터를 사용하여 자동으로 학습하는 방법에 대해 생각하는 학문이다. 최신 통계학과 밀접하게 연관되어 있으며 실제로 훌륭한 머신러닝 아이디어(lasso least absolute shrinkage and selection operator, 트리 tree, 포레스트 forest 등)는 통계학자들로부터 나왔다. 하지만 통계학자들은 모델의 파라미터를 이해하기 위한 **모델 추론** model inference(예를 들어 회귀에서 개별 계수에 대한 테스트)에 초점을 맞추었던 반면 머신러닝 커뮤니티에서는 **예측 성능** predictive performance을 최대화하는 목표에만 집중했다. 머신러닝에서는 하나의 데이터셋에서 학습된 모델이 새 데이터를 얼마나 잘 예측하는지 '표본 외 out-of-sample (OOS)' 실험을 통해 평가한다. 최근 머신러닝 커뮤니티에서는 투명성을 제고하기 위한 노력을 하고 있지만 현명한 실무자는 적합된 모델의 파라미터에 구조적인 의미를 부여하는 것을 피한다. 모델은 과거 데이터와 동일한 패턴을 보이는 미래를 잘 예측하는 것이 목적인 블랙박스라고 볼 수 있다.

예측은 모델 추론보다 수월하다. 이런 이유로 머신러닝 커뮤니티는 더 크고 복잡한 데이터를 빠르게 도입하고 다룰 수 있었다. 또한 자동화, 즉 조정이 거의 또는 전혀 필요하지 않은 다양한 유형의 데이터에서 작동하는 알고리즘을 개발하는 것에 중점을 두었다. 지난 10년 동안 지저분한 데이터에 배포할 수 있고 최적의 예측 성능을 위해 자동으로 조정되는 범용 머신러닝 도구가 폭발적으로 증가했다.

더 구체적인 논의를 위해 선형 회귀 모델을 예로 들어보자.

식 I-2

$$y_i \approx x_{i1}\beta_1 + x_{i2}\beta_2 + \ldots x_{ip}\beta_p$$

p개의 적합 파라미터 $\hat{\beta}_j$와 미래의 관찰 데이터에 대한 예측을 얻기 위해 n개의 관찰 데이터셋 $\{x_i, y_i\}_{i=1}^{n}$을 이용하여 이 모델을 추정한다고 가정하자.

$$\hat{y}_{n+1} = x_{n+1,1}\hat{\beta}_1 + x_{n+1,2}\hat{\beta}_2 + \ldots x_{n+1,p}\hat{\beta}_p$$

예를 들어 각 x_{ij}는 웹 브라우저 i가 웹사이트 j를 방문했는지 여부를 나타내는 이진 변수$(0,1)$일 수 있고 반응 y_i는 사용자가 전자 상거래 웹사이트에서 소비한 금액일 수 있다. 앞서 논의한 빅데이터 패러다임은 큰 n뿐만 아니라 큰 p, 아마도 $p > n$를 가질 수도 있다. 다시 말해, 많은 웹 브라우저를 고려할 뿐만 아니라 다양한 웹사이트도 볼 수 있다.

통계학자와 머신러닝 연구자들은 지난 20년 동안 조금씩 다른 목적으로 'p가 큰' 문제들을 연구해왔다. 통계학자들은 주로 [식 I-3]의 $\hat{\beta}_j$가 [식 I-2]의 '참' β_j에 얼마나 가까운지를 이해하고 이 '추정 오차'를 줄이는 데 집중했다. 세상이 어떻게 작동하는지에 대한 수많은 가정을 하지 않는 이상, 이런 형태의 모델 추론은 p가 클 경우 매우 어렵고 사실상 불가능하다. 이들은 어려운 시나리오에서 추정기가 어떻게 작동하는지를 이해하기 위해 많은 노력을 기울였다.

이와 대조적으로 머신러닝 연구자들은 추정 오차를 줄이는 것을 크게 고려하지 않는다. 대부분의 설정에서 머신러닝 실무자는 [식 I-2]의 모델이 실제로 참이라고 가정하고 싶지 않을 것이다. 대신 $\hat{y}_{n+1}$을 실제 y_{n+1}에 최대한 가깝게 만들기를 원한다. 이 단순한 목표를 달성하기 위해 [식 I-2]의 우변에 있는 모델의 구조에 대해 걱정하기보다는 이를 대체할 수 있는 다른 모델이나 추정 알고리즘을 고려한다. 그 결과 머신러닝은 이제 거의 모든 유형의 데이터에 사용될 수 있을 정도로 성공 가도를 달리고 있다. 어쨌든 이 알고리즘은 패턴을 인식하고 정확도가 높은 예측을 위해 쓰일 것이다.

물론 예측에는 한계가 있다. 머신러닝 알고리즘은 대부분 과거와 유사한 미래를 예측하기 위해 학습한다. 이전 예제에서 머신러닝은 웹 트래픽에 따라 소비를 더 할지 덜 할지를 식별한다. 웹사이트 그룹을 변경하거나 사람들이 웹을 더 쉽게 탐색할 수 있게 될 경우(예를 들어 광대역 인터넷을 사용할 경우) 소비 패턴이 **어떻게 바뀔지**는 알려주지 않는다. 이러한 한계는 경제학 문헌에서 잘 강조되고 있으며, 루카스 비판^{Lucas critique}이라고 불리는 시카고 대학교의 로버트 루카스^{Robert Lucas}의 주장과 관련이 있다. 루카스는 정책 결정을 위해 과거의 거시경제 변수 간 상관관계를 사용하는 당시의 일반적인 관행(예를 들면 낮은 인플레이션은 높은 실업률을 수반하므로 일자리를 만들기 위해 이자율을 낮출 수 있다)에 반대하는 연구를 진행했으며, 이를 포함한 업적들로 거시경제학 분야의 노벨상을 받았다. 그는 경제 이론 기반에서 파생된 것처럼 거시경제를 **구조적으로** 모델링하지 않으면 개별 정책을 변경하는 것이 전체 시스템에 어떻게 영향을 미치는지 제대로 이해할 수 없다고 주장했다.

예측이 모든 것을 해결하는 것은 아니다. 하지만 구조적인 분석은 강력한 예측 능력을 갖추었을 때 가능하다. 하나의 복잡한 문제를 여러 예측 작업, 즉 기존의 '단순한' 머신러닝 도구로 해결할 수 있는 여러 작업으로 나누려면 도메인 구조를 활용해야 한다. 좋은 데이터 과학은 예측 작업으로 아웃소싱할 수 있는 것들이 무엇인지 파악하고 어려운 구조적 질문에 대한 통계적 및 경제적 노력을 확보하는 것이다. 여기에는 일반적으로 도메인 지식과 분석 도구가 혼재되어 있으며 이로 인해 비즈니스 데이터 과학자는 핵심적인 인력이 된다. 비즈니스 문제에 대한 이해가 없다면 머신러닝 도구는 정책 결정에 쓸모가 없지만 직면한 여러 예측 작업에 머신러닝을 적용할 수 있는 정책 입안자는 의사결정 프로세스를 자동화하고 가속화할 수 있을 것이다.[9]

이 책은 순수하게 예측과 패턴 인식에 중점을 둔다. 전반부에서는 회귀, 분류, 정규화에 대한 내용을 다룬다. 그 이후에는 대상별 처리 효과$^{treatment\ effect}$(TE)에 대한 이해나 소비자 수요 곡선을 적합하는 문제와 같이 더 복잡한 구조 분석 또는 인공지능 시스템의 일부로 이러한 예측 도구들을 사용한다. 전반적으로는 개별 도구의 한계를 언급하고 어떻게 배포할지를 제시한다. 또한 예측에 대한 불확실성^{uncertainty}을 정량화한다. 이 책에서는 수많은 머신러닝 예측 도구를 다루지만 예측하는 것 이상의 목표를 가진 큰 시스템의 일부로 사용한다.

계산

이 책을 통해 학습하려면 코드를 작성하고 이해할 수 있어야 한다. C++ 코드를 작성하고 정적 타입인 스칼라로 애플리케이션을 빌드하거나 프로덕션 품질의 소프트웨어를 엔지니어링하라는 것이 아니다. 비즈니스 데이터 과학자로 일하기 위해 소프트웨어 엔지니어가 될 필요는 없다. 그러나 고급 **스크립트** 언어, 즉 데이터 분석을 위한 방법을 설명하는 데 사용할 수 있는 코드를 읽고 작성할 수 있어야 한다.

버튼을 클릭하거나 메뉴에서 선택하는 대신 명령을 입력하는 방식으로 컴퓨터와 상호작용하는 것은 기본적인 데이터 분석 기술이다. 명령 스크립트를 사용하면 추가 작업 없이 새 데이터에 대해 분석을 재실행할 수 있다. 또한 기존 스크립트를 약간만 변경하여 새 시나리오에 맞게 조정할 수도 있다. 실제로 이 책에서 제공하는 자료들을 가지고 조금씩 변경해서 사용할 것을 권

---

9 현재 활발한 데이터 과학 분야는 계량경제학자들이 오랫동안 연구해 온 일종의 반사실적(counterfactual) 추론과 머신러닝 도구를 결합하는 것이다. 이것은 머신러닝과 통계 자료를 경제학자들의 연구 결과와 병합한다. 예를 들어 [Athey and Imbens, 2016], [Hartford, 2017], [Athey, 2017]의 자료를 참고하자. 이 자료는 이후 장에서 자세히 다룰 예정이다.

장한다. 이 책에 있는 모든 예제의 코드는 온라인에서 사용할 수 있으며 이 코드를 데이터 분석 요구사항에 맞게 변경 및 확장할 수 있다.

데이터 과학 및 머신러닝을 위한 언어는 점차 높은 수준으로 발전하고 있다. 즉, 짧은 문장으로 더 많은 작업을 수행할 수 있고 더 복잡한 프로그래밍 문제(예를 들어 메모리 할당, 데이터 분할, 최적화 문제)가 백그라운드에서 자동으로 해결된다. 이러한 추세에서 가장 흥미로운 발전은 바로 인공지능 기술의 상승세를 뒷받침하는 범용 머신러닝 유형인 딥러닝이다(10장 참조). 예를 들어 글루온Gluon은 심층 신경망deep neural network (DNN)을 더 쉽고 빠르게 구축할 수 있는 딥러닝 프레임워크인 MXnet을 래핑wrapping(더 높은 수준의 기능을 제공)한다. MXnet은 실행을 위해 컴파일되는 빠르고 메모리 효율적인 코드인 C++을 래핑하고 있다. 마찬가지로 케라스Keras는 구글의 텐서플로TensorFlow와 같은 여러 다른 딥러닝 프레임워크를 묶는 파이썬의 확장이라고 볼 수 있다. 이러한 도구들뿐 아니라 미래의 도구는 더 빠르고 간소화된 머신러닝을 위해 좀 더 사용자 친화적인 인터페이스의 생태계를 만들고 있다.

이 책의 예제에서 모든 분석은 R로 수행한다. R은 데이터 분석을 위한 오픈 소스다. R은 산업계, 정부, 학계 전반에 걸쳐 널리 사용되고 있다. 마이크로소프트는 공식적으로 강화된 R 버전을 개발하고 있으며 마이크로소프트와 다른 회사들은 데이터 분석 관리를 위한 엔터프라이즈 제품을 판매하고 있다. R은 소수의 교수 또는 다른 사람들이 교육을 목적으로 사용하는 하찮은 언어가 아니라 진짜 기업에서 활용하는 언어다.

기초적인 통계 분석에 있어 R을 뛰어넘기란 쉽지 않다. 선형 모델링이나 불확실성 정량화에 필요한 모든 도구는 R의 핵심 기능이다.[10] 또한 R은 프로그래밍을 처음 시작하는 사람들이 상대적으로 접근하기 쉽다. R의 강점은 많은 사람이 함께 만드는 패키지의 생태계다. 이러한 생태계는 '코어' R의 기능을 향상시킨다. 예를 들어 이 책에서 소개하는 거의 모든 머신러닝 도구는 패키지를 통해 사용할 수 있다. 패키지의 품질은 R의 핵심적인 기능에 비해 들쑥날쑥할 수 있지만 패키지의 사용량이 많다면 대부분 의도한대로 작동할 것이다.

여러 가지 방법으로 R을 실행할 수 있다. 어떤 운영체제를 사용하든 전용 그래픽 사용자 인터페이스graphical user interface (GUI)가 있다. 이것은 R을 다운로드하고 설치할 때 생성되는 아이콘을

---

10 기초적인 통계 분석에서 사용할 수 있는 다른 언어는 파이썬(pandas 패키지 포함)이다. 대부분의 데이터 과학자는 R과 파이썬을 모두 사용한다.

통해 R에 액세스하는 경우 사용할 수 있는 프로그램이다.[11] 또는 프로젝트 주피터Jupyter에서 제공하는 것과 같은 **노트북** 환경을 통해 R을 사용할 수 있다.[12] 노트북은 보기 좋은 HTML(웹사이트)을 생성하기 위한 사용자 친화적 언어인 마크다운Markdown과 코드를 혼합하여 단일 문서로 만들 수 있으며 모든 웹 브라우저를 통해 볼 수 있다. 마지막으로 R은 텍스트 명령으로만 작동하므로 컴퓨터의 명령 프롬프트나 터미널을 통해 실행할 수 있다(그림 I-4).

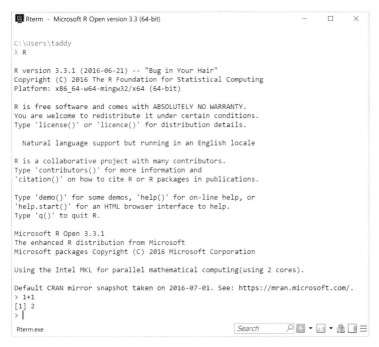

그림 I-4 윈도우의 터미널에서 실행한 R

R의 기초를 배울 수 있는 훌륭한 자료가 많다. 아마존에서 'R'이라고 검색하면 R을 배우기 위한 다양한 자료를 찾을 수 있다. 온라인에서 사용할 수 있는 훌륭한 자료들도 많으며 대부분은 무료다. 이 책을 읽고 배우기 위해 R 전문가가 될 필요는 없다. 기본적인 사용법을 이해하고 코드 예제를 처리할 정도만 되면 된다. 도움말을 활용하고(어떤 함수에 대한 도움말을 보려면 ?

---

11 *cran.r-project.org*를 참조하자.

12 *jupyter.org*를 참조하자. 여기 나오는 기능과 내용은 모두 공부할 때 특히 유용하며 노트북 인터페이스를 사용해보는 것이 좋다. 다양한 R 친화적 도구를 생산하는 회사인 RStudio에서 특별히 R에 맞도록 조정한 노트북을 찾을 수 있을 것이다.

함수명 입력한다) 자주 결과를 출력하여 객체에 무엇이 들어 있는지 확인하며(변수 A를 인쇄하려면 A 또는 print(A)를 입력한다) 잘 모를 때는 인터넷 검색을 활용한다(스택 오버플로 Stack Overflow에는 훌륭한 정보들이 많다). 처음 배울 때는 힘들겠지만 일단 익숙해지면 수월하게 분석할 수 있을 것이다.

기본적으로 R은 훌륭한 계산기다. 모든 것은 이름을 할당하는 것을 기반으로 한다.[13] 예를 들어 변수와 몇 가지 기본 연산이 있는 간단한 R 스크립트를 다음과 같이 작성할 수 있다.

```
> A <- 2
> B <- 4
> A*B
[1] 8
```

숫자들의 벡터(및 행렬)로 작업할 수도 있다.

```
> v <- c(2,4,6) # c(x,y,z,...)는 벡터를 생성할 때 사용한다.
> v[1:2] # a:b는 'a에서 b 사이'의 인덱스들을 의미한다.
[1] 2 4
> v[1]*v[2]
[1] 8
```

이 책 전반에 걸쳐 앞에 나온 것과 같은 짧은 코드 조각(스니펫 snippet)을 볼 수 있다. # 기호는 주석을 나타내며 코드에 설명을 추가하는 데 사용한다. 주석 처리된 짧은 코드 조각들은 데이터 분석 루틴을 실행하기 위한 도구다. 전체 스크립트와 관련 데이터는 *https://github.com/TaddyLab/BDS*에서 찾을 수 있다.

R은 완벽하지 않으며 모든 목적에 맞는 최적의 언어도 아니다. 파이썬은 많은 머신러닝 애플리케이션, 특히 원시 텍스트와 같이 구조화되지 않은 데이터와 관련된 애플리케이션에 더 나은 환경을 제공한다. 대규모 머신러닝의 경우 글루온이나 케라스와 같이 앞서 참조한 딥러닝 프레임워크를 사용하여 작업해야 한다. 마찬가지로 대규모 데이터셋은 종종 전문화된 분산 컴퓨팅 환경에 저장된다. 스칼라나 파이썬과 같은 언어를 통해 액세스할 수 있는 스파크와 같은 프레

---

13 R에는 변수를 할당하는 두 가지 방법이 있다. <-는 =와 거의 동일하게 작동한다. 함수 인수와 변수 이름 할당할 때 =를 사용하기 때문에 필자는 혼동을 피하기 위해 <-를 함께 사용하는 것을 선호한다. 하지만 둘 중 아무거나 사용해도 무방하다.

임워크는 데이터를 슬라이싱하거나 집계하는 데이터 파이프를 구축하는 데 필수적이다. 진정한 의미의 대용량 데이터에서 머신러닝 루틴을 실행하려면 Spark.ML과 같이 목적에 맞게 구축된 프레임워크를 고려할 수 있다. 대기업에서 일하는 경우 회사의 특정 데이터 관리 요구사항에 맞게 설계된 독점 언어를 배워야 할 수도 있다. 그리고 언젠가는 구조화된 데이터베이스에서 데이터를 '가져오기' 위해 SQL Structured Query Language 쿼리를 작성해야 한다.

모든 목적에 최적인 언어는 없다. 프로그래밍 언어는 하나만 배우면 되고 다른 언어를 알 필요가 없다고 생각할 수 있다. 불행히도 이 생각이 사실이 되기에는 컴퓨팅 기술이 너무나 역동적이다. 데이터 작업을 하는 사람은 누구나 컴퓨팅 기술(및 방법론)을 계속 배우고 업데이트해야 한다.[14] 따라서 이 책(그리고 시카고 대학교의 MBA 수업을 위한)의 언어를 선택할 때 질문은 간단했다. 데이터 과학을 배우는 데 가장 좋은 언어는 무엇일까? 필자는 약간의 고민과 실험 끝에 R이라는 결론에 도달했다.

R은 거의 모든 데이터 형식을 읽을 수 있다. 이 책에서는 쉼표로 구분된 값comma separated value을 갖는 .csv 파일을 주로 사용한다. 이 파일은 스프레드시트처럼 간단한 텍스트 파일이다. [그림 I-5]의 예를 참고하자. 첫 번째 행은 열 제목이 있는 **헤더**header 부분이고 나머지 행은 데이터 항목이다.

그림 I-5 pickup.csv의 첫 부분

이러한 데이터 저장 형식을 **플랫 파일**flat file이라고 한다. 데이터 관찰(행)과 변수(열)라는 두 가지 차원만으로 구성되기 때문이다. 데이터는 간단한 텍스트 파일로 저장되며 일반적으로 **구분 기호**를 선택할 수 있다(탭, 파이프(|), 공백이 쉼표를 대체할 수 있다). 마이크로소프트의 엑셀 프로그램을 위한 기본 텍스트 파일 형식이기 때문에 .csv 포맷을 사용한다. 실제로 엑셀

---

14 다시 말하지만, 가장 좋은 학습 방법은 기존 스크립트를 약간 변경하는 식으로 자신의 기술을 확장하는 것이다. 이는 아주 자연스러운 과정이다. 잘 모르는 언어로 작성된 도구를 사용해야 할 일이 생기면 필요한 작업을 수행할 수 있을 만큼만 학습하게 될 것이다. 이런 과정을 계속 반복하다보면 능숙해질 것이다. 여기서 핵심은 시작할 때 좋은 예를 찾는 것이다.

을 사용하여 .csv 파일을 열 수 있으며 기본적으로 파일 아이콘을 두 번 클릭하여 이 파일을 사용할 수 있다.[15]

플랫 파일은 데이터 저장 및 관리에 적합한 형식이 아니다. 회사는 데이터를 플랫 파일에 저장하지 않는다. 일반적으로 정형 데이터와 비정형 데이터 모두 스토리지 플랫폼을 혼합하여 사용한다. 잘 정의된 변수로 구성된 정형 데이터는 상호 연결된 여러 테이블을 포함하는 전통적인 **관계형** 데이터베이스에 저장된다. 다음은 SQL로 액세스하는 데이터 유형이다.

```
select apple_id, apple_price from grocerylist
where apple_col = green
```

액세스할 데이터베이스의 종류에 따라 사용하는 SQL의 특징이 다르다. 데이터베이스의 종류에는 마이크로소프트 SQL, 오라클, 테라데이터, SQLite가 있다. 데이터베이스 자체에서 분석을 실행할 수 있으며 R에는 데이터베이스에서 작업 공간으로 직접 데이터를 가져올 수 있는 인터페이스가 있다. 그러나 더 일반적인 워크플로에서는 SQL 쿼리를 사용하여 데이터베이스에서 데이터를 가져온 다음(특정 요구사항에 따라 집계 및 분할을 사용한다) 이후 분석을 위해 플랫 파일로 저장한다. 이 책의 여러 데이터 예제는 이런 방식으로 데이터베이스에서 가져온 것이다.

비정형 데이터, 특히 대용량 비정형 데이터는 **분산 파일 시스템**^{distributed file system}(DFS)에 저장될 것이다. DFS는 네트워크로 여러 컴퓨터를 연결하는 시스템이다. 데이터는 서로 다른 컴퓨터에 저장되는 블록으로 분할되며 DFS는 **분할된** 데이터로 작업할 수 있는 메커니즘을 제공한다. 단일 컴퓨터에 저장하기에는 너무 큰 데이터도 DFS를 사용하여 조작할 수 있다. 전에는 상상할 수 없었던 양의 데이터를 처리하고 큰 규모의 분석을 용이하게 하는 시스템이다. 들어봤을 만한 DFS 프레임워크는 하둡이다. 많이 사용되는 또 다른 DFS는 아마존 웹 서비스^{Amazon Web Services}(AWS) 스토리지의 백본인 아마존 S3다.

분산된 데이터를 활용하고 분석하기 위한 다양한 분석 플랫폼이 있으며 가장 두드러진 것은 스파크다. 큰 규모로 작업할 때 컴퓨터의 **작업 메모리**에 있는 모든 데이터를 한 번에 저장하지 않도록 특별한 알고리즘을 사용해야 한다. 예를 들어 맵리듀스 프레임워크는 각 청크에 대한 분석

---

15 예를 들어 엑셀에서 자동으로 숫자 서식을 지정한다거나 행을 자르는 식으로 데이터를 변경할 때 주의해야 한다. 엑셀에 의해 변경된 데이터를 다시 저장하게 되면 이 책의 예제를 실행할 때 좌절하게 된다.

(리듀스^{Reduce})을 수행하기 전에 데이터를 준비하고 작은 청크로 그룹화(맵^{Map})하는 알고리즘으로 이뤄진다. 이러한 종류의 **분산 컴퓨팅**은 이후 장에서 소개할 예정이며 Spark R나 마이크로소프트의 R 서버와 같은 도구를 사용하면 이 책에서 배운 방법을 비교적 쉽게 분산 컴퓨팅 환경에 적용할 수 있다. 이 책에서 분산 컴퓨팅을 자세히 다루지는 않지만 여기에서 소개하는 거의 모든 방법은 **확장이 가능하다**. 즉, 작업메모리를 많이 차지하는 데이터셋에서도 빠르게 작동하며 분산 환경에 적용이 불가능한 직렬인 알고리즘에 의존하지 않는다.

데이터의 출처가 어딘지 또는 분석 전에 얼마나 많은 데이터 가공이 필요했는지에 상관없이 특정 시점에 이르면 플랫 파일로 표현되는 데이터셋으로 작업하게 될 것이고 이는 컴퓨터 메모리에 적당할 정도로 충분히 작을 것이다(또는 충분히 작게 나눌 수 있다). 이 때부터는 데이터를 R로 읽어오기만 하면 된다.

R에는 .csv 파일의 데이터를 작업 공간으로 읽어오기 위한 **read.csv** 함수가 있다. 일반적으로 어려운 점은 데이터를 어떻게 찾을지 알아내는 것이다. R은 **작업 디렉터리**라는 개념이 있으며 데이터를 저장할 곳과 작업 디렉터리를 연결해야 한다. 한 가지 쉬운 방법은 데이터와 분석 스크립트를 모두 저장할 폴더를 만드는 것이다.[16] R을 열고 작업 디렉터리를 해당 폴더로 이동시키면 된다. 작업 디렉터리를 변경하는 방법은 여러 가지다. 기본 GUI 또는 RStudio에 메뉴 옵션이 있고 항상 **setwd** 명령어를 사용하여 명시적으로 경로를 설정할 수 있다. 작업 디렉터리를 올바르게 설정하고 다음과 같이 **read.csv**에 데이터 파일명을 지정한다.

```
> trucks <- read.csv("pickup.csv")
> head(trucks)
  year miles price make
1 2008 17638 14995 GMC
2 2003 174000 8500 Dodge
3 2001 1500 9998 Dodge
4 2007 22422 23950 GMC
5 2007 34815 19980 GMC
6 1997 167000 5000 GMC
```

여기서 **trucks**는 데이터프레임이다. 데이터프레임은 열 이름(변수명)이 있는 행렬이라고 볼

---

16 일반적으로 코드와 데이터를 체계적으로 유지하기 위해서는 비용이 든다. 버전 관리 플랫폼을 사용하여 변경사항을 추적하고 다른 사람들과 작업을 공유할 것을 강력히 권장한다(특히 데이터 과학 분야에서 일하기를 희망하는 경우 중요한 요소다). 필자를 비롯한 많은 사람이 깃허브(GitHub)를 사용한다.

수 있다. head 함수를 사용하여 이 행렬의 처음 6개 항목을 출력했다. 인덱스 이름과 숫자를 사용하여 이 데이터에 접근할 수 있다.

```
> trucks [1,] # 첫 번째 관찰 데이터
  year miles price make
1 2008 17638 14995 GMC
> trucks [1:3,] # 첫 번째 ~ 세 번째 관찰 데이터
  year miles price make
1 2008 17638 14995 GMC
2 2003 174000 8500 Dodge
3 2001 1500 9998 Dodge
> trucks [1:3,1] # 관찰 데이터 3개의 첫 번째 변수(year)
[1] 2008 2003 2001
> trucks year [1:3] # 위와 동일한 작업
[1] 2008 2003 2001
> trucks [1:3, 'year'] # 위와 동일한 작업
[1] 2008 2003 2001
```

이 데이터프레임의 값에는 각각 '클래스'가 있다. price, year, miles는 연속형 변수인 반면 make는 범주형 변수다. 연속형 변수와 범주형 변수는 가장 일반적인 데이터 클래스다.

다음과 같이 데이터에 대한 함수를 호출할 수도 있다.

```
> nrow(trucks)
[1] 46
> summary(trucks) # 각 변수의 요약 통계
      year          miles          price          make
Min.    :1978 Min.    : 1500  Min.    : 1200 Dodge :10
1st Qu. :1996 1st Qu. : 70958 1st Qu. : 4099 Ford :12
Median  :2000 Median  : 96800 Median  : 5625 GMC :24
Mean    :1999 Mean    :101233 Mean    : 7910
3rd Qu. :2003 3rd Qu. :130375 3rd Qu. : 9725
Max.    :2008 Max.    :215000 Max.    :23950
```

편리하게 그래프를 그리기 위한 함수들이 많이 있다.[17] 예를 들어 다음 코드에서는 단일 변수의 분포를 보기 위한 히스토그램, 요소별 연속형 변수를 비교하기 위한 상자 그림, 연속형 변수

----

17 R의 장점은 전문가 수준의 그래프를 쉽게 만들 수 있다는 것이다.

를 비교하기 위한 산점도를 사용하여 trucks 데이터를 빠르게 시각화한다.

```
> hist(trucks$price) ## 히스토그램
> plot(price ~ make, data=trucks) ## 상자 그림
> plot(price~miles, data=trucks, log="y", col=trucks$make) ## 색을 적용
> ## 범례를 추가(색상 1, 2, 3 은 각각 검정, 빨강, 녹색을 의미)
> legend("topright", fill=1:3, legend=levels (trucks$make))
```

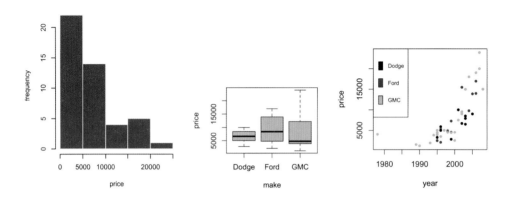

제조업체, 주행 거리, 연도에 대한 함수로 픽업 트럭의 로그 가격에 대한 회귀와 같은 통계 모델을 적합할 수도 있다.

```
> fit <- glm(log(price) ~ make + miles + year, data=trucks)
> summary(fit)

Call:
glm(formula = log(price) ~ make + miles + year, data = trucks)

Deviance Residuals:
     Min       1Q  Median       3Q      Max
-0.91174 -0.22547 0.01919 0.20265 1.23474

Coefficients:
             Estimate Std. Error t value  Pr(>|t|)
(Intercept) -1.518e+02  2.619e+01  -5.797 8.41e-07 ***
makeFord     1.394e-01  1.780e-01   0.784  0.43780
makeGMC      1.726e-01  1.582e-01   1.091  0.28159
miles       -4.244e-06  1.284e-06  -3.304  0.00198 **
year         8.045e-02  1.306e-02   6.160 2.56e-07 ***
```

```
---
Signif. codes: 0 '***' 0.001 '**' 0.01 '*' 0.05 '.' 0.1 ' ' 1

(Dispersion parameter for gaussian family taken to be 0.1726502)

    Null deviance: 23.3852 on 45 degrees of freedom
Residual deviance: 7.0787 on 41 degrees of freedom
AIC: 56.451

Number of Fisher Scoring iterations: 2
```

여기서 glm은 '일반화 선형 모델generalized linear model'을 의미하며 ~ 기호는 '~에 대한 회귀'라는 의미다. 이 함수는 2장에서 핵심적인 함수다. 앞으로 이 함수의 사용과 해석에 익숙해질 것이다.

기본적인 내용은 전부 살펴보았다. 데이터에 적용 가능한 여러 함수 덕분에 R은 훌륭한 분석 도구가 되었다. 앞서 나온 코드 조각들을 읽고 이해할 수만 있다면 이 책의 나머지 부분을 읽을 수 있다. 다음 장에서 R의 함수에 대한 이해를 넓히고 함수의 작동 원리를 배울 것이다. 그러나 데이터를 읽고 함수를 적용하여 결과를 얻는 기본적인 워크플로는 그대로 유지된다.

## CHAPTER 1

불확실성

현실은 복잡하다. 현실의 복잡한 상황을 인식하는 것은 세련되고 유용한 분석과 얕은 분석의 차이를 구분 짓는다. 특히 의미 있는 신호와 노이즈를 혼동하여 과적합^{overfitting} 되기 쉬운 복잡한 모델에서 이러한 차이가 잘 나타난다. 혼란과 노이즈를 다루는 능력은 데이터 작업을 하면서 당황하지 않기 위해 배워야 하는 가장 중요한 기술이다.

모든 분석에는 **대상 미지수**^{targeted unknown}와 **비대상 미지수**^{untargeted unknown}가 존재한다. 전자는 추정할 파라미터로 모델에 내장되어 있으며 의사결정 프로세스에 명시적으로 사용된다. 후자는 오류항과 분포 또는 완전 **비모수 분석**^{nonparametric analysis}에서는 알 수 없는 데이터 생성 프로세스로 다양하게 표현된다.[18] 비대상 미지수는 성가신 존재. 이 책에서는 비대상 미지수를 직접 다루지는 않지만 대상 파라미터를 유추하려면 이를 고려해야 한다. 비대상 미지수에 대한 분류는 응용 분야에 따라 달라진다. 어떤 분석가에게는 성가신 것이 또 다른 사람에게는 분석의 대상이 되기도 한다. 하지만 모든 것을 동시에 정확하게 모델링하는 것은 불가능하다. 따라서 대상을 신중하게 선택하고 진지하게 취급해야 한다.

이 장에서는 **불확실성**의 개념을 소개한다. 불확실성은 이미 알고 있는 것을 확률이라는 도구로 표현할 때 사용한다. 통계학자가 사용하는 불확실성의 개념을 들여다보자. 데이터 과학과 머신 러닝 분야에서는 많은 경우에 불확실성이 존재하더라도 잘 작동하는 모델을 설계한다. 이를 위

---

18 모수 분석은 가정한 실제 모델에 대한 조건부 불확실성을 정량화하는 반면 비모수 분석은 모델을 특정할 필요가 없다. 비모수적 추론의 예는 1장, 5장, 6장, 9장의 부트스트랩 관련 자료를 참조한다.

해 정규화(3장 참조)나 기타 다른 모델 안정화 도구를 사용한다. 어떤 경우에는 이 불확실성을 충분히 설명하고 주요 파라미터에 확률 분포를 할당해야 하는 경우도 있다. 실제 문제에서는 안정성과 불확실성 정량화가 모두 필요하며 이러한 기술을 이해하려면 불확실성의 기본 원리를 명확하게 이해해야 한다.

> **불확실성 정량화**uncertainty quantification는 데이터 과학에서 가장 어렵고 추상적인 주제다. 2.4절로 바로 넘어갔다가 좀 더 준비가 필요해 이 부분으로 다시 돌아올 수 있다.

1.1 빈도주의 관점에서의 불확실성과 부트스트랩

먼저 **빈도주의**frequentist 관점에서 불확실성의 기본 원리를 학습할 필요가 있다. 불확실성은 수십 년 동안 통계 입문 과정에서 다뤄온 개념이다. 다음 사고 실험은 빈도주의 관점에서 불확실성의 개념을 잘 보여준다.

> 현재 데이터와 동일한 프로세스 및 시나리오로 생성된 새로운 데이터 표본이 있다고 할 때, 추정값은 얼마나 변할까?

1만 가구를 대상으로 1년 동안의 온라인 지출 활동에 대한 간단한 분석을 시작해보자. 데이터셋의 각 행에는 온라인으로 지출한 총금액(미국 달러) 외에도 가구에 대한 기본 정보가 일부 포함되어 있다. 자녀 유무, 광대역 인터넷 사용 유무, 인종, 민족, 지역 등과 같은 정보다.

```
> browser <- read.csv("web-browsers.csv")
> dim(browser)
[1] 10000      7
> head(browser)
  id anychildren broadband hispanic  race region spend
1 1            0         1        0 white     MW   424
2 2            1         1        0 white     MW  2335
3 3            1         1        0 white     MW   279
4 4            0         1        0 white     MW   829
5 5            0         1        0 white      S   221
6 6            0         1        0 white     MW  2305
```

[그림 1-1]은 온라인 지출 데이터의 일부를 보여준다.[19]

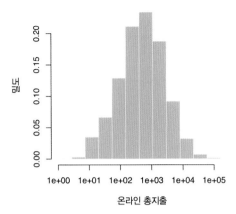

그림 1-1 가계의 온라인 지출. 분포는 로그 스케일(x축을 확인하자)에서 거의 정상 분포를 따른다.

변수 spend에 대한 무조건평균을 알아보자. 이는 미국에서 한 가구가 매년 온라인으로 지출하는 평균 금액을 말한다. 이 평균값은 **표본평균**^{sample average}, 즉 $\mu_{spend} = \mathbb{E}[spend]$로 추정할 수 있다.

```
> mean(browser$spend)
[1] 1946.439
```

여기서 μ_{spend}가 정확히 $1,946.439라고 생각하지는 않을 것이다. 이는 정확한 값이라기보단 일종의 좋은 추측으로, 이상적으로 볼 때 참값은 이 값 근처에 있을 것이라고 생각할 수 있다.

'근처'는 얼마나 가까운 것을 의미할까? 몇 가지 기본 통계량을 살펴보자. n개의 **독립 확률 변수** independent random variable $\{x_i\}_{i=1}^{n}$가 있다고 가정한다. 이 예제에서 각 가구가 표본 내 in-sample (IS) 다른 가구들의 온라인 소비와 관계없이 특정 금액을 소비한다는 것을 의미한다. 이때 표본평균은 다음과 같다.

식 1-1
$$\bar{x} = \frac{1}{n} \sum_{i=1}^{n} x_i$$

---

19 옮긴이_깃허브 저장소(*https://github.com/TaddyLab/bds*)의 examples 폴더에 있는 web-browsers.R 파일의 코드로 그래프를 그릴 수 있다.

이 통계량의 분산은 다음과 같이 계산할 수 있다.

식 1-2
$$\text{var}(\overline{x}) = \text{var}\left(\frac{1}{n}\sum_{i=1}^{n}x_i\right) = \frac{1}{n^2}\sum_{i=1}^{n}\text{var}(x_i) = \frac{\sigma^2}{n}$$

여기서 $\sigma^2 = \text{var}(x) = \mathbb{E}[(x - \mu_{spend})^2]$는 무작위로 추출한 가구당 온라인 지출의 분산을 의미한다. 변수가 독립이라는 가정하에 $\text{var}(\cdot)$를 합계 안으로 이동할 수 있다. 따라서 다음과 같이 $\overline{x}$의 분산을 추정할 수 있다.

```
> var(browser$spend)/1e4      # 1만 가구가 있으므로
[1] 6461.925
```

이는 표준편차가 $\sqrt{6462} \approx 80$이라는 것을 의미한다.

통계에서 중요하게 다루는 **중심극한정리**central limit theorem (CLT)에 따르면 표본크기가 '충분히 큰 경우' 독립확률 변수의 평균은 정규 분포(가우스Gaussian 또는 종 모양 곡선)를 따른다. 만약 n = 10,000이 충분히 크다고 가정하면, 온라인 지출에 대한 표본평균은 평균이 1,946이고 표준편차가 80인 정규 분포를 따른다는 결론을 얻을 수 있다. 이것을 $\overline{x} \sim \text{N}(1946, 80^2)$로 표현하며 [그림 1-2]에서 확인할 수 있다.

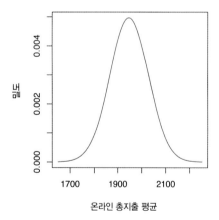

그림 1-2 $\overline{x}$에 대한 표본 분포. 이 그림을 통해 1만 가구에 대한 새로운 표본을 추출할 경우, 새로운 표본의 평균 지출은 약 $1,946±$160 정도로 예상된다.

이 분포는 무엇일까? 이것은 **표본 분포**sampling distribution에 대한 가장 합리적인 추측이다. 이는 사고 실험에서 설명한 불확실성을 의미한다. '동일한 **데이터 생성 프로세스**를 통해 **새로운** 관측 표본을 얻을 수 있다면 새로운 표본평균에 대한 확률 분포는 무엇일까?' 이를 빈도주의 불확실성이라고 한다. 기초 통계 수업에서 말하는 바로 그 불확실성이다. 예를 들어 신뢰구간에 대한 일반적인 설명을 살펴보자.

> 여론 조사에 따르면 현재 유권자의 49%가 찬성에 투표할 것으로 예상된다. 이 수치는 20번 중 19
> 번 ±3%p 내에서 정확하다.

이 문장은 다른 무작위 유권자 집단을 반복적으로 조사하는 실험을 통해 추정한 총 투표수가 얼마나 변하는지 설명한다. 이와 유사하게 이미 우리에게 익숙한 가설 검정 논리, 즉 '만약 p값 p-value이 0.05보다 작을 경우 기각한다'는 논리는 '만약 [그림 1-2]에서 추정량이 표본 분포의 꼬리쪽으로 멀어지면 평균이 μ_0라는 귀무가설null hypothesis을 기각한다'는 규칙에 상응한다.

부트스트랩bootstrap은 표본 분포를 구성하기 위한 계산 알고리즘이다. [그림 1-2]의 중심극한정리에서 파생된 가우스 분포와 같이 고전적인 통계에 의존하는 **이론적** 표본 분포는 비즈니스 데이터 과학에서 자주 발생하는 대부분의 복잡한 상황에 적합하지 않다. 그래서 비즈니스 데이터 과학에서는 부트스트랩을 사용한다. 모델 구축에서 고전적인 공식으로는 설명할 수 없는 단계 (예를 들면 변수 선택, 계산 근사)가 있거나 이 단계의 불확실성이 마지막 분석까지 이어지는 경우에는 다른 접근 방법이 필요하다. 또한 모델 파라미터의 수가 관측 데이터의 수보다 많을 경우 중심극한정리는 실제 성능을 제대로 표현하지 못한다.

부트스트랩은 이론적 근사에 의존하는 대신 표본 분포를 모방하기 위해 현재 표본을 **리샘플링** resampling한다. 표본 분포에 대한 정의를 다시 떠올려보자. 표본 분포는 모집단으로부터 크기가 n인 여러 데이터셋 각각에 대해 β를 다시 추정하여 얻는 추정량, 즉 $\hat{\beta}$의 분포를 의미한다. [그림 1-3]은 이 과정을 보여준다.

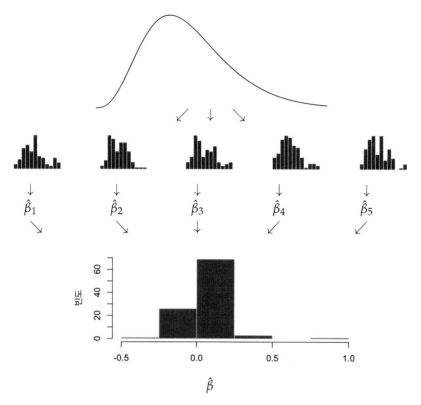

그림 1-3 표본 분포의 예. 그림 중간에 있는 히스토그램들은 모집단에서 추출한 표본이고 맨 아래 히스토그램은 결과적으로 얻은 추정량 $\hat{\beta}$의 분포다.

[알고리즘 1]에 나오는 부트스트랩은 [그림 1-3]에 나온 과정을 적어놓은 것이다. 현재 주어진 표본으로부터 **리샘플링**한 것으로 모집단에서 추출한 표본을 대신한다.[20] 여기서는 **복원추출** sampling with replacement 이 필수다.

이것은 리샘플링 과정에서 각 관측값을 두 번 이상 선택할 수 있음을 의미한다. 예를 들어 {1, 2, 3, 4, 5}에서 5개를 복원추출할 경우 {1, 1, 3, 3, 4}나 {2, 2, 2, 3, 5}와 같은 결과를 얻을 수 있다. 복원추출을 주머니에서 공을 뽑는 것에 비유한다면 뽑은 후에 그 공을 다시 주머니에 집어넣는 것을 의미한다. 이러한 유형의 표본추출은 리샘플링한 표본에 **변동성** variability 을 가져

---

20 부트스트랩에는 여러 유형이 있으며 여기서는 몇 가지 주요 알고리즘만 다룬다. 부트스트랩을 제대로 이해하고 싶다면 다음 논문을 참조하자. Anthony Christopher Davison and David Victor Hinkley. *Bootstrap Methods and Their Application*. Cambridge University Press, 1997.

온다. 예를 들어 **비복원추출**sampling without replacement을 할 경우 항상 {1, 2, 3, 4, 5} 밖에 얻을 수 없다.

알고리즘 1　비모수 부트스트랩

데이터 $\{z_i\}_{i=1}^n$이 주어진 경우, $b = 1 \dots B$에 대하여

- n개의 관측값 $\{z_i^b\}_{i=1}^n$을 복원추출한다.
- 리샘플링한 표본을 사용하여 추정량, 즉 $\hat{\beta}_b$를 계산한다.

$\{\hat{\beta}_b\}_{b=1}^B$는 $\hat{\beta}$의 표본 분포에 대한 근사치가 된다.

결과적으로 이 '부트스트랩 표본'은 일반적인 이론적 표본 분포와 동일한 목적으로 사용할 수 있다. 예를 들어 표본 분포의 표준편차인 표준오차standard error는 이 부트스트랩 표본의 표준편차를 이용해 근사할 수 있다.

식 1-3
$$\text{se}(\hat{\beta}) \approx \text{sd}(\hat{\beta}_b) = \sqrt{\frac{1}{B} \sum_b (\hat{\beta}_b - \hat{\beta})^2}$$

여기 $\hat{\beta}$(아래 첨자가 없는)은 전체 원본 표본을 사용하여 얻은 추정 파라미터다. **비편향**unbiased 추정값일 경우, 즉 $\mathbb{E}[\hat{\beta}] = \beta$면 일반적인 95% 신뢰구간을 정하기 위해 이 표준오차를 사용할 수 있다.

식 1-4
$$\beta \in \hat{\beta} \pm 2\text{sd}(\hat{\beta}_b)$$

온라인 지출 예제로 다시 돌아가서 표본 분포를 위한 간단한 부트스트랩을 다음과 같이 코드로 작성할 수 있다.

```
> B <- 1000     # 부트스트랩 표본의 개수
> mub <- c()    # 표본평균을 저장할 벡터
> for(b in 1:B){
+   samp_b <- sample.int(nrow(browser), replace = TRUE)
+   mub <- c(mub, mean(browser$spend[samp_b]))
```

```
+ }
> sd(mub)
[1] 80.23819
```

결과적으로 각각 리샘플링된 데이터의 평균값 $\bar{x}_b$를 모아놓은 집합 mub를 얻게 된다. replace = TRUE 플래그는 관측 인덱스에 대해 복원추출한다는 것을 의미한다.

```
> sort(samp_b)[1:10]
 [1] 1 1 2 2 4 4 5 7 8 9
```

[그림 1-4]는 표본 분포의 부트스트랩 추정량을 보여준다. 중심극한정리에 의해 유추한 이론 적 가우스 표본 분포와 상당히 일치하는 것을 볼 수 있다(부트스트랩 표준편차 80은 이론적 표 준오차와 일치한다). 이것은 당연한 결과다. 표본의 크기가 크고($n = 10,000$) 간단한 통계량 ($\bar{x}$)을 목표로 하므로 중심극한정리를 적용한 이론적 분포는 정확하다. 부트스트랩의 장점은 이 이론을 적용할 수 없거나 정확하지 않은 설정에서도 잘 작동한다는 점이다.

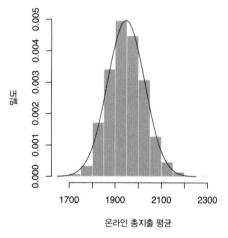

그림 1-4 [그림 1-2]의 이론적 표본 분포와 함께 가구당 온라인 지출에 대한 부트스트랩 표본 분포(히스토그램)를 보여준다.

부트스트랩은 모집단 분포를 **경험적 데이터 분포**(각 관측값을 $1/n$의 확률로 배치하여 얻은 분 포)로 대체하여 작동한다. [그림 1-5]는 이 근사치를 [그림 1-3]과 비교하여 보여준다. 분포 도를 히스토그램으로 바꾼 것뿐이다.

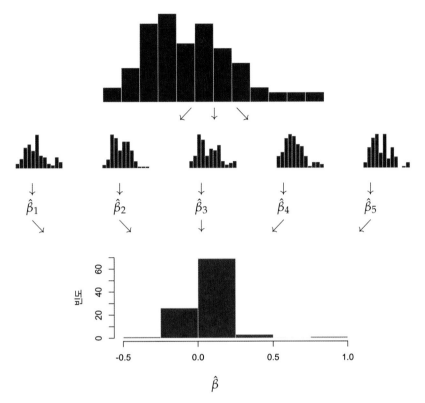

그림 1-5 표본 분포에 대한 부트스트랩 근사치 [그림 1-3]과 비교해보자. 중간에 있는 히스토그램들은 관측치로부터 복원추출 방법으로 리샘플링한 표본이고 맨 아래 히스토그램은 결과 추정량의 분포다.

부트스트랩을 통해 추정한 표본 분포가 실제 분포와 얼마나 가까울까? 이것은 관측된 표본이 모집단 분포를 얼마나 잘 표현하는지에 달려있다. 일반적으로 차원이 중요하다. 부트스트랩을 통해 x̄와 같은 저차원 통계량은 구할 수 있을지 모르지만 차원이 3개 이상일 경우 표본 분포를 구하기 위해 리샘플링 방식을 사용하기는 어렵다. 예를 들어 개별 회귀 계수의 분포를 부트스트랩할 수 있다. 또한 이 결과를 사용하여 계수 쌍 사이의 표본공분산을 추정할 수도 있다. 하지만 신뢰할만한 답을 얻으려면 많은 데이터가 필요하며 이 추정에 대한 신뢰도를 신중히 고려해야 한다.

좀 더 복잡한 예를 살펴보자. 각 가정에 광대역 인터넷과 자녀가 있는지 여부에 따른 함수로 지출의 로그값을 위한 **선형 회귀 분석**을 생각해보자. 다음 회귀 모델에 적합한 파라미터를 구한다.

$$\log(\text{spend}) = \beta_0 + \beta_1 \mathbb{1}_{[\text{broadband}]} + \beta_2 \mathbb{1}_{[\text{children}]} + \varepsilon$$

여기서 $\mathbb{1}_{[\text{broadband}]}$과 $\mathbb{1}_{[\text{children}]}$은 각각 광대역 인터넷과 자녀 유무를 나타내는 이진 더미 변수로 있으면 1, 없으면 0으로 작성한다. 여기서 오류항 ε은 회귀 입력으로 설명할 수 없는 모든 로그 지출의 변이를 포함한다.

> 이 책에 나오는 로그는 항상 밑이 e이므로 $\log(a) = b \Leftrightarrow e^b = a$다. 예를 들어 '광대역 인터넷 서비스를 사용하는 가정의 온라인 지출이 75% 더 많다'와 같이 변수가 서로 곱해져서 움직이는 경우 로그 스케일에서 선형 모델을 사용한다. 자세한 내용은 2장을 참고하자.

이 회귀 분석을 위해 R에서 '일반화 선형 모델'에 해당하는 `glm` 함수를 사용한다. 이것은 [식 1-5]의 선형 회귀 모델(R의 `lm` 함수를 사용하여 적합한 모델을 찾을 수 있다)에 사용하거나 로지스틱 회귀^{logistic regression}와 같은 비선형^{nonlinear} 모델에 사용할 수도 있다. `glm`을 사용하기 위해 R에 회귀 공식과 데이터프레임을 지정한다.

```
> linreg <- glm(log(spend) ~ broadband + anychildren, data=browser)
> summary(linreg)

Call:
glm(formula = log(spend) ~ broadband + anychildren, data = browser)

Deviance Residuals:
    Min      1Q   Median      3Q      Max
-6.2379  -1.0787   0.0349   1.1292   6.5825

Coefficients:
             Estimate Std. Error t value Pr(>|t|)
(Intercept)  5.68508    0.04403 129.119   <2e-16 ***
broadband    0.55285    0.04357  12.689   <2e-16 ***
anychildren  0.08216    0.03380   2.431   0.0151 *
---
Signif. codes:  0 '***' 0.001 '**' 0.01 '*' 0.05 '.' 0.1 ' ' 1

(Dispersion parameter for gaussian family taken to be 2.737459)

    Null deviance: 27828  on 9999  degrees of freedom
Residual deviance: 27366  on 9997  degrees of freedom
```

```
AIC: 38454

Number of Fisher Scoring iterations: 2
```

설명할 것이 많지만 glm 출력은 2장에서 더 자세히 다룬다. 대신 계수에 초점을 맞춰보면 표준오차 $se(\hat{\beta}_j)$와 함께 추정량 $\hat{\beta}_j$가 있는 것을 볼 수 있다. 이것은 추정값에 대한 이론적 표본 분포의 중심 및 표준편차를 의미한다. 이러한 표본 분포는 중심극한정리 아래에서 대략 가우스 형태여야 한다. 예를 들어 광대역 인터넷 계수의 95% 신뢰구간은 다음과 같다.

```
> 0.55285 + c(-2, 2)*0.04357
[1] 0.46571 0.63999
```

표본 분포의 부트스트랩 추정량을 얻으려면 원본 데이터로부터 복원추출 방법으로 리샘플링한 데이터에 대해 동일한 회귀를 반복하면 된다.

```
> B <- 1000
> betas <- c()
> for (b in 1:B){
+   samp_b = sample.int(nrow(browser), replace=TRUE)
+   reg_b <- glm(log(spend) ~ broadband + anychildren, data=browser[samp_b,])
+   betas <- rbind(betas, coef(reg_b))
+ }
> betas[1:5,]
     (Intercept) broadband anychildren
[1,]    5.675915 0.5508641  0.06955173
[2,]    5.810830 0.4399790  0.06795906
[3,]    5.665503 0.5673192  0.06159458
[4,]    5.706339 0.5176760  0.06899193
[5,]    5.745368 0.5218658  0.05939776
```

행렬 betas의 각 행은 세 가지 회귀 파라미터에 대한 **결합 분포**joint distribution 로부터 추출된 값으로 볼 수 있다. 광대역 인터넷과 자녀 계수 사이의 표본상관관계를 계산할 수 있다.

```
> cor(betas[,"broadband"], betas[,"anychildren"])
[1] -0.07580002
```

두 계수 사이에는 상관관계가 거의 없다. 즉, 지출−광대역 인터넷 사이의 추정관계는 지출−자녀 사이의 추정관계에 대해 거의 독립적이다.

계수에 대한 **주변**marginal (단일 변수) 표본 분포를 이론적인 분포와 비교해볼 수도 있다. [그림 1-6]은 광대역 인터넷 계수에 대한 결과를 보여준다. 여기서도 마찬가지로 이론적인 분포와 부트스트랩 결과가 서로 비슷한 것을 볼 수 있다. 그러나 이 경우 두 개의 표본 분포는 $\hat{\beta}_1$의 불확실성에 대한 다른 사고 실험 결과를 보여준다. 이론적인 분포의 경우 원래 표본에 있는 **동일한** [broadband$_i$, anychildren$_i$] 입력에서 새로운 spend$_i$를 뽑는다고 생각할 수 있다. 이를 **고정 설계**fixed design 설정이라고 한다. 부트스트랩의 경우는 입력과 출력 모두 모집단에서 새로 뽑는다고 생각할 수 있다. 이것을 **무작위 설계**random design 설정이라고 한다. [그림 1-6]에서는 이 차이를 느낄 수 없다. 하지만 차원이 더 높은 입력을 사용하면 두 분포가 서로 달라지는 것을 볼 수 있다.

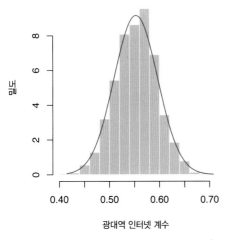

그림 1-6 [식 1-5]의 광대역 인터넷 회귀 계수 $\hat{\beta}_1$에 대한 부트스트랩 표본 분포(히스토그램)와 이론적 표본 분포 $N(0.55, 0.0442^2)$

마지막으로 지출에 대한 광대역 인터넷의 **승법 효과**multiplicative effect, 즉 $\exp[\hat{\beta}_1]$를 살펴보자. 이것은 $\hat{\beta}_1$의 **비선형** 변환이며 일반적으로 이러한 변환 후에 추정량의 분포를 알 수는 없다. 그러나 단순히 리샘플링한 $\hat{\beta}_{1b}$를 지수화하여 변환된 추정량에 대한 분포를 얻을 수 있다. [그림 1-7]은 이 결과를 보여준다. 광대역 인터넷이 있는 주택은 온라인에서 60~90% 더 많은 비용을 지출한다.

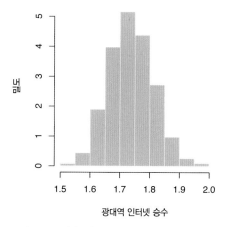

그림 1-7 소비에 대한 광대역 인터넷의 승법 효과를 위한 부트스트랩 표본 분포 $\exp[\hat{\beta}_1]$. 이와 같이 특별한 경우에 $\hat{\beta}_1$은 정규 분포에 가깝기 때문에 $\exp[\hat{\beta}_1]$은 로그 정규 분포를 따른다.

물론 이 부트스트랩도 완벽하지 않다. 완벽함이 '깨지는' 다양한 상황이 존재한다. 경험적 데이터 분포가 모집단을 잘 반영하지 못하거나 대상 통계량이 전체 모집단 분포에 대한 여러 정보를 필요로 할 경우에는 적합하지 않을 수 있다. 예를 들어 결합 표본 분포는 모든 모집단의 교차 변수에 의존하는 함수이기 때문에 고차원 파라미터에 대한 부트스트랩을 신뢰하지 않는 경향이 있다. 또는 데이터 모집단의 꼬리가 두꺼울 경우(꼬리에 드물게 큰 값을 포함할 경우) 극단값이 분포 추정에 큰 영향을 미치기 때문에 평균을 부트스트랩하는 데 어려움이 있다.[21]

하지만 일반적으로 부트스트랩은 불확실성 정량화를 위한 신뢰할 수 있는 도구다. 자주 사용하기를 추천한다. 일반적으로 데이터가 이상하지 않다면 저차원 통계량을 부트스트랩할 수 있다. 부트스트랩이 실패하는 경우라면 보통 이론적으로도 적당한 표준오차를 찾을 수 없다. 이럴 때는 변형된 버전의 부트스트랩을 적용해볼 수 있다. 예를 들어 원래 데이터에서 리샘플링하는 대신 적합 모델에서 표본을 추출하는 방식으로 각 부트스트랩 표본에 대한 새로운 데이터를 얻기 위해 **모수**parametric 부트스트랩을 사용할 수 있다.[22]

이번에는 온라인 지출에 대한 주변 분포에 대해 알아보자. 여기서 온라인 지출 평균인 약 $80에 대한 표준오차를 계산하기 위해 [식 1-2]를 사용한다. 대신 모수 부트스트랩을 사용하여 추

---

21 Matt Taddy, Hedibert Lopes, and Matt Gardner. Scalable semi-parametric inference for the means of heavy-tailed distributions. *arXiv:1602.08066, 2016b*.

22 lasso 알고리즘에 대한 추론을 제공하기 위해 모수 부트스트랩을 사용하는 불확실성 정규화 부분도 3장을 참고하길 바란다.

정량으로부터 얻은 가정 모델, 즉 $x \sim \mathrm{N}(\hat{\mu}, \hat{\sigma}^2)$에서 데이터를 반복적으로 추출하고 결과 표본 평균의 표준편차를 표준오차의 추정량으로 사용한다.

```
> xbar <- mean(browser$spend)
> sig2 <-  var(browser$spend)
> B <- 10000
> mus <- c()
> for(b in 1:B){
+    xsamp <- rnorm(1e4, xbar, sqrt(sig2))
+    mus <- c(mus, mean(xsamp))
+ }
> sd(mus)
[1] 79.91596
> sqrt(sig2/1e4)
[1] 80.3861
```

결과는 이전의 이론적인 표준오차 그리고 비모수 부트스트랩의 결과와 거의 일치한다. 하지만 모수 부트스트랩은 다른 과정에서는 필요하지 않은, 데이터가 정규 분포를 따른다는 큰 가정이 필요하다. 모수 부트스트랩은 특정 모델의 추정량을 이용하는 방식으로 모집단 분포를 근사한 다. 이 방법은 고차원 파라미터에 사용할 수 있다. 전체 확률 모델이 있기 때문에 모집단 분포를 추정하기 위해 데이터가 그렇게 많이 필요하지 않다. 하지만 이 모델이 현실을 얼마나 잘 반영하는지에 따라 결과가 달라진다.

> '심화학습'은 어려운 내용을 위한 추가 자료다. 이 책의 주요 내용을 따라가기 위해 이 자료들을 모두 이해할 필요는 없다.

심화학습　**편향**bias**된 추정량과 부트스트랩 사용**

$\mathbb{E}[\hat{\beta}] \neq \beta$인 경우 $\hat{\beta}$를 추정하는 방법을 알아본다. 전에는 이러한 추정량을 접해보지 않았을 수도 있다. 완벽한 세계에서는 편향을 피해야 한다고 생각하니까 말이다. 그러나 비즈니스 데이터 과학의 관점에서 이 세계는 완벽하지 않다. 추정 시 노이즈를 줄이기 위해 약간의 편향을 도입하는 경우가 자주 있다(3장 참고). 만약 추정량이 편향될 염려가 있다면 [알고리즘 1]을 신뢰구간을 직접 대상으로 하는 더 복잡한 부트스트랩 알고리즘으로 바꾸어야 한다(즉, 표준오차를 계산하는 중간 과정을 피한다).

[알고리즘 2]는 이전 부트스트랩과 매우 유사하다. 차이점은 추정량 자체에 대한 분포가 아니라 오차(추정량이 목표치에 비해 얼마나 크거나 작은지)에 대한 분포를 목표로 한다는 것이다. 이 알고리즘에서 표본추정 $\hat{\beta}$은 실제 (미지의) β를 대체하기 위한 것이다. 추정 절차를 사용하여 $\hat{\beta}_b$ 값이 β보다 큰 경향이 있을 경우 $\hat{\beta}$이 β보다 크다고 가정해야 한다. [식 1-6]에서 이 구간의 저점은 최대 (95번째 백분위수) 오차를 빼고 고점은 최소 오차를 빼서 정의한다.

알고리즘 2　　신뢰구간을 위한 비모수 부트스트랩

데이터 $\left\{z_i^b\right\}_{i=1}^n$와 파라미터 β를 위한 전체 표본추정량[sample estimator] $\hat{\beta}$이 주어진 경우 $b = 1 \ldots B$에 대하여

- n개의 관측 데이터 $\left\{z_i^b\right\}_{i=1}^n$로부터 **복원추출** 방법으로 리샘플링한다.
- 리샘플링된 표본으로부터 추정량 $\hat{\beta}_b$를 계산한다.
- 오차 $e_b = \hat{\beta}_b - \hat{\beta}$을 계산한다.

그리고 $\{e_b\}_{b=1}^B$는 추정량과 참값 간의 오차의 분포를 근사한 것이다. 참값 β에 대한 90% 신뢰구간을 구하기 위해 $\{e_b\}_{b=1}^B$의 5%와 95% 백분위수($t_{0.05}$와 $t_{0.95}$)를 계산할 것이다. 그리고 구간을 다음과 같이 정한다.

식 1-6
$$[\hat{\beta} - t_{0.95}, \hat{\beta} - t_{0.05}]$$

이것이 실전에 어떻게 활용되는지 알아보기 위해 표본분산 $s^2 = \sum_i (x_i - \bar{x})^2 / n$이 실제 모분산 $\sigma^2 = \mathbb{E}[(x - \mu)^2]$의 **편향추정량**이라는 것을 기억하자. s^2의 기댓값을 취했을 때 $\mathbb{E}[s^2] \neq \sigma^2$ 라는 것을 볼 수 있다.[23]

식 1-7　　$\mathbb{E}[s^2] = \mathbb{E}[(x - \mu)^2] - \mathbb{E}[(\bar{x} - \mu)^2] = \sigma^2 - \sigma^2 / n$

23　모집단과 표본의 기댓값을 대조하기 위한 좋은 연습으로 모든 유도 과정을 자세히 살펴보자.

이것이 $\sqrt{s^2 n / (n-1)}$을 비편향 표본표준편차로 사용하는 것이 일반적인 이유다. 100개의 브라우저로 구성된 일부 표본만을 사용하여 온라인 지출의 표준편차를 추정한다.[24]

```
> smallsamp <- browser$spend[sample.int(nrow(browser),100)]
> s <- sd(smallsamp)      # 표본분산
> s
[1] 7572.442
> sd(browser$spend)
[1] 8038.61
> s/sd(browser$spend)
[1] 0.9420089
```

이때 일부 표본의 표준편차 s가 전체 표본의 표준편차(1만 개의 관측 데이터로부터 얻은 값이기 때문에 참[true] σ값에 가까울 것이다)에 비해 5% 이상 작은 것을 볼 수 있다. 이때 [알고리즘 2]의 CI 부트스트랩을 사용하여 σ의 신뢰구간을 구할 수 있다. 이 신뢰구간은 s를 기준으로 이러한 편향을 보정한다.

```
> eb <- c()
> for (b in 1:B){
+    sb <- sd(smallsamp[sample.int(100, replace=TRUE)])
+    eb <- c(eb, sb-s)
+ }
> mean(eb)
[1] -407.8306
```

부트스트랩 오차의 평균 $B^{-1}\sum_b e_b = -408$은 절대 0에 가까운 값이 아니다. 이를 통해 우리가 현재 편향추정량을 다루고 있다는 것을 알 수 있다. 하지만 전체 표본추정량 s에서 이 오차를 빼면 효과적으로 **편향을 제거할 수 있다**. 즉, 편향을 추정하고 보정할 수 있다. 예를 들어 $s-e_b$의 평균은 이제 전체 표본표준편차(σ와 최대한 가까운 값)와 상대적으로 더 가까워졌다.

```
> mean(s-eb)
[1] 7980.273
```

---

24 하위 표본의 개수 $n = 100$은 너무 작아 편향이 문제가 될 수 있다. 이 책의 예제 대부분은 전체 표본의 개수 n이 커서 편향이 거의 차이를 만들지 못하기 때문에 걱정할 필요가 없다.

```
> sd(browser$spend)
[1] 8038.61
```

또한 결과적으로 90% 신뢰구간은 σ를 중심으로 한다.

```
> tvals <- quantile(eb, c(0.05, 0.95))
> tvals
      5%        95%
-4667.349   3161.858
> s-tvals[2:1]     # 90% CI
      95%         5%
 4410.584  12239.792
```

이 책의 첫 번째 장에서 다루긴 했지만 부트스트랩은 상당히 고급 주제다. 이 내용이 직관적으로 이해되지 않는다고 해서 걱정할 필요는 없다. 앞부분에서 이것을 소개한 이유는 표본 분포를 **시뮬레이션**하고 실제로 불확실성을 관찰할 수 있는 실질적인 방법을 제공하기 때문이다. 이 책의 나머지 부분을 공부하면서 이 시뮬레이션을 직접 해보는 것을 추천한다. 알고리즘의 안정성과 실제 문제에 적용할 때 예상할 수 있는 것들을 이해하는 데 도움이 될 것이다.

1.2 가설 검정과 거짓 발견 비율 조절

회귀 결과를 다시 살펴보면 표본 분포를 특징짓는 Estimate와 Std. Error 외에 열이 2개 더 있다.

```
Coefficients:
             Estimate Std. Error t value Pr(>|t|)
(Intercept)  5.68508     0.04403 129.119   <2e-16 ***
broadband    0.55285     0.04357  12.689   <2e-16 ***
anychildren  0.08216     0.03380   2.431   0.0151 *
---
```

t value와 Pr(> | t |)는 무엇을 의미할까? *** 표시는 왜 있는 걸까? 이것이 바로 **가설 검정**의 결과다.

Pr(event)는 R이 사건과 사건이 일어날 확률을 매핑하는 확률 함수를 나타내는 방법이다. 우리는 이것을 p(event)라고 쓴다. **확률 질량 함수**probability mass function(이산 사건의 경우)와 **확률 밀도 함수**probability density function(연속 사건의 경우) 모두에 동일한 'p' 기호를 사용한다.

가설 검정은 정성적으로 다른 두 가지 현실 사이에서 결정을 내리기 위한 도구다. 하나의 옵션은 **귀무가설**[25]이다. 귀무가설은 '안전한 배팅'으로 현재 상태 또는 안정적인 옵션에 해당한다. 일반적으로 파라미터를 0으로 설정하는 것에 상응한다. **대립가설**alternative hypothesis은 가능한 값의 집합이다. 대립가설을 지지하여 '귀무가설을 기각'하면 결국 일부 파라미터에 대한 표본추정량을 이용하게 된다.

귀무가설과 대립가설 사이의 결정은 현실과 표본 모수 추정값 사이의 거리를 측정하는 **표본 통계량**sample statistic을 기반으로 한다. 귀무가설 $\beta = 0$ 대 대립가설 $\beta \neq 0$에 대한 검정 통계량은 $z_\beta = \hat{\beta}/\mathrm{se}(\hat{\beta})$이다. 이것은 표준오차(표본 분포의 표준편차)로 측정한 표본추정량이 0에서 얼마나 떨어져 있는지 알려준다. 이것이 회귀 분석 결과에서 **t value**로 표시되지만 우린 이것을 **z 통계량**z statistic이라고 한다.[26]

가설 검정은 이 검정 통계량을 p값이라는 확률로 변환한다. 이 값은 **귀무가설이 참이라고 했을 때** 이 표본이 얼마나 희귀한지 또는 얼마나 특이한지 나타낸다. p값은 관찰한 것보다 더 큰 검정 통계량을 볼 확률을 제공한다. 또는 다른 관점에서, 관찰한 검정 통계량이 대립가설을 채택하기에 충분할 경우 안전한 귀무가설을 잘못 기각할 확률이라고 볼 수 있다.

회귀 예제에서 p값은 $\mathrm{p}(|Z| > |z_\beta|)$이며 여기서 $Z \sim N(0, 1)$이다. Z의 정규성은 다시 **중심극한 정리**에서 나온다. 여기서 귀무가설 가정은 표준오차로 나눈 표준편차가 1이고 평균이 0이다. [그림 1-8]에서 볼 수 있듯이 p값은 관측 검정 통계량을 벗어난 꼬리 부분의 확률 질량을 측정한 것이다.

---

25 옮긴이_대립가설은 일반적으로 연구자가 검증하고자 하는 가설을 의미하며 귀무가설은 이 대립가설에 반대되는 가설을 의미한다. 예를 들어 'A는 B와 다르다'라는 것을 검증하고자 한다면, 귀무가설은 'A는 B와 같다'이며 대립가설은 'A와 B가 다르다'가 된다.

26 대부분의 입문 통계 서적은 z와 t 통계량을 구분하는 데 많은 시간을 소비한다. 전자는 정규 분포를, 후자는 스튜던트 t 분포(Student's t distribution)를 갖는다. 이 책에서는 이 차이가 생길 때마다 대략 정규 분포를 따를 정도로 표본 크기가 충분히 크다. 분포가 비정규일 경우라도 스튜던트 t 분포를 사용하지 않고 부트스트랩에 의존한다.

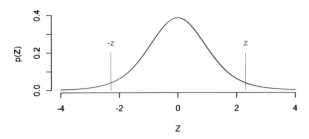

그림 1-8 정규 검정 통계량의 예. 양측 대립가설 $\beta \neq 0$의 경우 p값은 z 또는 $-z$를 넘어가는 꼬리 부분의 면적이다.

마지막으로 일반적인 검정 절차는 벤저민-혹버그$^{\text{Benjamini-Hochberg}}$ (BH)값에 대한 컷오프$^{\text{cut-off}}$ α값을 선택하고 $p < \alpha$일 때 '유의미하다(0이 아닌 회귀 계수가 참이다)'는 결론을 내린다. 이는 **거짓 양성**$^{\text{false positive}}$(실제로 존재하지 않는 회귀관계가 있다고 결론 내리는 경우)이 α의 확률로 주어진다는 것을 의미한다. 예를 들어 회귀 분석에서 p값이 각 계수에 대한 **거짓 발견**$^{\text{false discovery}}$을 수락할 위험보다 더 작을 경우에만 $\beta \neq 0$라고 결론지을 수 있다. 이 위험에 대한 허용오차가 1%인 경우, 즉 $\alpha = 0.01$을 의미하는 온라인 지출 회귀 분석 모델에서 0이 아닌 광대역 인터넷 효과(2e-16은 $2/10^{16}$ 또는 실제로 0)가 있다고 결론 내릴 수 있지만 $\beta_{\text{anychildren}} = 0$을 유지하기로 결정한다.

다중성 문제$^{\text{problem of multiplicity}}$는 겉보기에 단순해보이는 p값과 신뢰성 사이의 관계를 깨뜨린다. 일반적인 검정 절차에서 α는 단일 검정을 위한 것이다. 검정을 여러 번 반복하면 실제 회귀 신호의 약 $\alpha \times 100\%$(예를 들어 존재하지 않는 관계에 해당하는 회귀 계수)가 유의미하다고 잘못된 결론을 얻을 수 있다. 가짜 노이즈가 가득한 곳에서 드물게 있는 실제 신호를 찾을 때 이상한 결과가 발생할 수 있다.

회귀 계수 100개 중 5개가 결과와 실제 관계가 있는 **회귀추정**$^{\text{regression estimation}}$ 문제를 생각해보자. 이럴 때 참 계수 집합이 **희소하다**고 표현한다. 대부분의 β_j는 0이다. 가장 좋은 시나리오에서는 가설 검정을 실행할 때 이 5가지 실제 신호(거짓 음성이 없음)를 모두 찾을 수 있다. 5개 모두를 찾고 $\alpha = 0.05$ 컷오프로 나머지 95개를 테스트한다고 가정하자. 이 경우 쓸모없는 95개 변수의 5%에 대해 유의미하다는 잘못된 결론을 내릴 것으로 예상되며, 최종 모델에 $4.75 \approx 5$개의 허위 회귀 변수$^{\text{spurious regressor}}$를 포함하게 된다. 결국 10개의 입력이 있는 모델을 사용하지만 실제로 이 중 50%는 반응 변수와 관련 없는 쓰레기값이다. 이러한 거짓 발견은 모델에 노이즈를 추가하고 예측 품질을 떨어뜨린다.

'발견' 중에 거짓 양성 비율이 높으면 신호 대 노이즈 비율을 감소시키고 상황을 더욱 악화시킨다. 예를 들어 1,000개의 가설 검정 중 하나의 실제 신호가 있는 경우 $\alpha = 0.05$ 컷오프를 사용하면 약 $0.05 \times 999 \approx 50$개의 거짓 발견이 발생한다. **거짓 발견 비율**^{false discovery rate}(FDR)은 약 $50/51 \approx 98\%$가 된다. 이런 예가 극단적으로 보일 수 있지만 디지털 광고와 같은 응용 분야에서는 실제 신호 비율이 1/1000 미만인 경우가 보통이다. 여기서 실제 신호란 브라우저 방문 기록 중에 향후 구매 의사가 있음을 나타내는 웹사이트가 존재하는지를 의미한다.

일반적으로 다음과 같다.

$$FDR = \frac{\text{거짓 양성의 수}}{\text{유의미한 검정의 수}}$$

거짓 발견을 통해 모델에 들어온 가짜 노이즈의 양을 측정한다. FDR은 적합 모델의 속성이다. 하지만 실제로 거짓이 발생했는지 아닌지는 알 수 없다. 하지만 그것의 예상치 즉, FDR은 제어할 수 있다.

$$FDR = \mathbb{E}[FDR] = \left[\frac{\text{거짓 양성의 수}}{\text{유의미한 검정의 수}} \right]$$

이것은 단일 검정에서 거짓 양성 확률의 다중 검정 집계 버전이라고 할 수 있다. 확률은 이진 확률 변수에 대한 기댓값이므로 단일 검정에 대한 FDR은 조금 전에 α라고 불렀던 거짓 양성 확률과 같다.

단일 검정에서 거짓 양성을 제어하기 위해 α-컷오프 방법을 사용한 것처럼 미리 정한 q-컷오프(예를 들어 일반적으로 0.1)에 대해 $FDR \leq q$가 되도록 제어할 수 있다. BH 알고리즘[27]은 순위가 매겨진 p값 목록에 컷오프를 적용하여 FDR을 제어한다.

---

27 Y. Benjamini and Y. Hochberg. Controlling the false discovery rate: A practical and powerful approach to multiple testing. *Journal of the Royal Statistical Society, Series B*, 57:289-300, 1995.

N번의 검정에서 p값이 $\{p_1 \cdots p_N\}$이고 대상 FDR이 q일 경우,

- p값을 $p_{(1)} \cdots p_{(N)}$과 같이 가장 작은 값에서 가장 큰 값 순으로 정렬한다.
- p값 $p^* = \max \left\{ p_{(k)} : p_{(k)} \leq q \dfrac{k}{N} \right\}$로 설정한다.

기각 영역은 모든 p값 $\leq p^*$의 집합이며, 이는 FDR $\leq q$를 보장한다.

$p_{(k)}$는 k번째 통계량을 의미한다.

BH 방법은 시각적으로 이해하는 것이 가장 쉽다. 인종, 민족, 지역 정보를 포함하도록 확장된 공변량 데이터를 사용하여 새로운 온라인 지출 회귀 분석을 고려해보자.

```
> spendy <- glm(log(spend) ~ .-id, data=browser)
> round(summary(spendy)$coef,2)
            Estimate Std. Error t value Pr(>¦t¦)
(Intercept)     5.86       0.16   36.34     0.00
anychildren     0.09       0.03    2.54     0.01
broadband       0.52       0.04   11.93     0.00
hispanic       -0.18       0.04   -4.30     0.00
raceblack      -0.25       0.18   -1.41     0.16
raceother      -0.41       0.31   -1.32     0.19
racewhite      -0.21       0.15   -1.36     0.17
regionNE        0.26       0.05    4.98     0.00
regionS         0.01       0.04    0.13     0.90
regionW         0.18       0.05    3.47     0.00
> pval <- summary(spendy)$coef[-1,"Pr(>¦t¦)"]
```

코드의 마지막 행에서 회귀 계수(절편 제외) 9개에 대한 p값을 추출한다. [그림 1–9]에서 이 값을 순위에 따라 가장 작은 것에서 가장 큰 것까지 표시한다. [그림 1–9]에서 선의 기울기는 0.1/9 이며, 이는 $N=9$ 그리고 $q=0.1$에 대한 BH 컷오프 선이다. 이제 [알고리즘 3]의 내용이 간단해진다. 이 기준선 아래에 있는 가장 큰 p값을 찾아 이것보다 더 작은 p값은 유의미하다고 할 수 있다. [그림 1–9]에 이 점 5개가 표시되어 있다. 이 중에서 q가 약 0.1이면 거짓 양성이라고 예상할 수 있다.

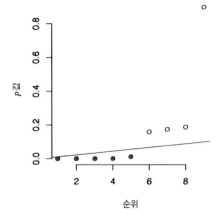

그림 1-9 9개의 공변량을 사용한 지출 회귀 분석에서 FDR 제어를 위한 BH 알고리즘. 9개의 p값은 해당 순위에 따라 표시되며 선의 기울기는 0.1/9이다. 이 선 아래 5개의 p값은 유의미하며, 이러한 방식으로 유의성을 정의하는 절차는 10%의 FDR을 갖는다.

심화학습	BH 알고리즘이 작동하는 이유

이를 설명하기 위해서는 약간의 확률 이론이 필요하다. 먼저 실제 **귀무신호**null signal에서 나온 **p값들은 균일한 분포를 갖는다.** 이를 확인하기 위해 귀무가설 분포에서 도출한 검정 통계량 Z에 해당하는 랜덤 p값 $p(Z)$를 고려해보자. $p(Z)$에 대한 누적 분포 함수는 $p(z) \in (0,1)$에 대해 $p(p(Z) < p(z))$이다. 이는 다음 식을 의미한다.

식 1-8
$$p(p(Z) < p(z)) = p(|Z| < |z|) = p(z)$$

따라서 귀무 p값은 $p(U < u) = u$에서 확률 변수 U와 같다. 이것은 [그림 1–10]에 표시된 밀도를 갖는 $U(0,1)$ 확률 변수, 즉 균일 확률 변수uniform random variable의 정의다.

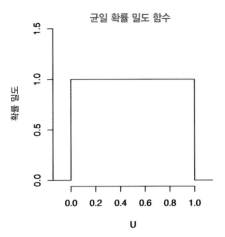

그림 1-10 $U(0,1)$ 균일 확률 변수에 대한 확률 밀도 함수는 $u \in [0,1]$에 대한 $p(U < u) = u$로 정의된다.

두 번째로 알아야 할 것은 N개의 독립적인 균일 표본에 대한 순서 통계량은 모두 $\mathbb{E}[p_{(k)}] = k/(N + 1)$과 같은 기댓값을 갖는다. 이것은 균일 표본이 평균적으로 0과 1 사이에서 동일한 간격으로 분포하기 때문이다. 따라서 예상대로 귀무가설 분포에서 N개의 p값은 [그림 1-11]의 검은 점들과 같이 기울기가 $1/(N + 1)$인 직선 위에 놓인다. [그림 1-11]에서 회색 삼각형은 지출 회귀 분석에서 관측된 p값을 보여준다. 이 값(가장 큰 $p_{(9)}$를 제외한)은 모두 귀무 분포 U(0,1)로부터 예상되는 p값 분포보다 작다. 즉, 귀무가설에 대한 증거를 제공한다.

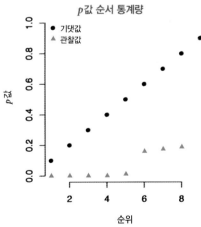

그림 1-11 균일 순서 통계량의 기댓값 $\mathbb{E}[p_{(k)}]$와 해당 순위 k. 비교를 위해 [그림 1-10]의 p값 순서 통계량도 함께 보여준다.

N는 전체 검정 횟수, N_0는 귀무 검정 횟수

$R(u)$는 p값 ≤ u인 전체 횟수, $r(u)$는 p값 ≤ u인 귀무 검정 횟수를 의미한다.

p값 컷오프 u에 대한 FDP는 다음과 같다.

$$FDP(u) = \frac{r(u)}{R(U)}$$

BH 알고리즘은 다음과 같이 임계치 $u^\star$를 선택한다.

$$u^\star = Max\left\{u: u \le q\,\frac{R(u)}{N}\right\}$$

이는 $1/R(u^\star) \le q/(Nu^\star)$라는 것을 의미한다.

N_0개의 독립적인 균일 값 p값에 대해 $\mathbb{E} = [r(u)/u] = N_0$이기 때문에 임계치 $u^\star$에서 FDR은 다음과 같다.

$$FDR(u^\star) = \mathbb{E}\left[\frac{r(u^\star)}{R(u^\star)}\right] \le \mathbb{E}\left[\frac{r(u^\star)}{Nu^\star}\right] = q\,\frac{N_0}{N} \le q$$

그림 1-12 BH 절차를 위한 FDR(FD 비율 또는 FDP의 기댓값)이 q보다 작다는 증명

이 장의 요점은 데이터와 상호작용할 때마다 많은 결정을 내린다는 것이다. 실제 문제는 단일 검정으로 해결할 수 없으며 다중성 문제는 항상 존재한다. 우리는 주어진 α(p값 컷오프)가 어떻게 큰 FDR로 이어질 수 있는지($a \to q(\alpha)$)에 대해 이야기하면서 다중성을 소개했다. BH 절차에서는 이 매핑을 반대로 했다($q \to \alpha(q)$). BH는 원하는 FDR q를 제공하는 $\alpha(q)$에 대한 일종의 레시피라고 볼 수 있다. 두 경우 모두 FDR은 다중 검정에 있을 **위험을 요약하는 방법**이다. 여러분은 다시 같은 검정을 생각하지 않을 것이다!

더 큰 FDR 예시를 위해 통계유전학에서의 활용에 대해 알아볼 것이다. 전장 유전체 연관 분석 genome-wide association studies (GWAS) 접근법은 질병과 연관된 긴 DNA 서열을 스캔하는 일이 필요하다. 그리고 조사와 실험에 도움이 될 DNA 위치를 최대한 많이 식별하는 것을 목표로 한다. 이 실험에는 비용이 많이 들기 때문에 가능성이 높은 위치를 선정하여 보고할 때 추가 조사를 위해 예상되는 실패할 확률, 즉 FDR에 대해 이해하는 것이 매우 중요하다.

단일 염기 다형성single-nucleotide polymorphism(SNP)[28]은 염색체에 따라 달라지는 한 쌍의 DNA 위치를 말한다. 가장 빈번하게 발생하는 대립 유전자는 우성(A로 표기)이며 또 다른 대립 유전자는 열성(a)이다. 예를 들어 일반적으로 SNP을 요약하는 방법은 **대립 유전자형 빈도**minor allele frequency(MAF)다.

식 1-9 $$MAF: \quad AA \rightarrow 0 \quad Aa/aA \rightarrow 1 \quad aa \rightarrow 2$$

이와 관련하여 간단한 GWAS는 다음과 같은 질문을 다룬다. 'SNP MAF 분포는 질병에 따라 어떻게 달라질까?' MAF와 질병 사이의 유의미한 관련성이 있다는 것은 그 위치를 더 자세히 조사해볼 가치가 있다는 뜻이다.

크리슨 J. 윌러Cristen J. Willer와 그의 연구진[29]은 콜레스테롤 수치에 관한 GWAS 메타 분석을 소개한다. 여기서는 '나쁜' LDL 콜레스테롤에 중점을 두고 분석할 것이다. 250만 개의 SNP에 대해 다음과 같은 간단한 선형 회귀 분석을 진행한다.

$$\mathbb{E}[LDL] = \alpha + \beta AF$$

여기서 AF는 '형질 증가 유전자'에 대한 대립 유전자형 빈도를 말한다(기본적으로 MAF라고 생각할 수 있다). 윌러는 250만 개의 SNP 위치를 가지며, $\beta \neq 0$라는 검정 250만 번과 250만 개의 p값을 의미한다.

[그림 1-13]은 이 p값을 나타낸다. 귀무가설의 p값(이 경우 $\beta = 0$이고 이는 질병과 AF 사이에 아무런 연관이 없음을 의미)이 균일하게 분포되어 있다. [그림 1-13]의 히스토그램은 **0에 가까운** p값에서 조금 튀어나온 것을 제외하고는 **거의** 균일하다. 이 불룩 솟은 부분의 p값은 실제 귀무 분포에서 얻는 것보다 작아 보이며 유의미한 차이를 발견할 수 있는 유일한 부분이다.

---

28 옮긴이_'스닙'이라고 읽는다.
29 Cristen J. Willer, Ellen M. Schmidt, Sebanti Sengupta, Gina M. Peloso, Stefan Gustafsson, Stavroula Kanoni, Andrea Ganna, Jin Chen, Martin L Buchkovich, Samia Mora, et al. Discovery and refinement of loci associated with lipid levels. *Nature Genetics*, 45:1274-1285, 2013.

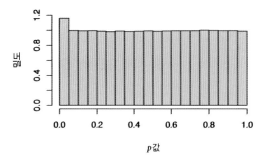

그림 1-13 콜레스테롤 GWAS p값. 유의미한 부분은 어디일까?

[그림 1-14]는 BH 알고리즘을 적용한 결과를 보여준다. [그림 1-10]에서 p값의 분포는 거의 균일해 보이지만 p값이 작은 것들의 수가 많은 것을 볼 수 있다. 총 250만 건의 검정 중 $q =$ 10^{-3} 또는 0.1%의 작은 FDR 조건에서 약 4,000개의 p값이 유의미하다. 즉, 4,000개 중 약 4개만 거짓 양성이라는 것을 기대해볼 수 있다. 이는 고콜레스테롤 혈증의 유전적 원인을 탐색하기 위한 중요한 후보 위치가 된다.

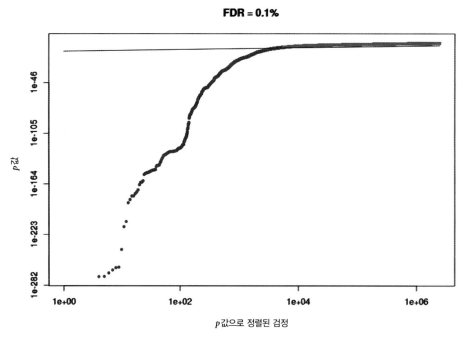

그림 1-14 $q = 0.001$인 콜레스테롤 GWAS에 대한 BH 절차의 시각화. 기각 영역을 정의하는 선은 기울기가 0.001/N이고 FDR < 0.001일 때 해당 선 아래의 약 4,000개의 p값이 유의미하다.

연관성이 인과관계를 의미하는 것은 아니다. 예를 들어 수많은 유전적 요인은 식생활과 건강에 영향을 미치는 사회적 또는 경제적 요인과 관련이 있을 수 있다.

1.3 베이지안 추론

지금까지 불확실성에 대한 모든 논의는 **빈도주의 관점**의 불확실성에 중점을 두었다. 이는 가설의 고정된 결과 모집단으로부터 리샘플링을 반복하는 사고 실험에 상응한다. 이것은 불확실성에 대한 두 가지 주요 유형 중 하나다. 다른 하나는 **베이지안 불확실성**Bayesian uncertainty으로, 반복적인 시행보다는 주관적인 믿음에 호소함으로써 모델과 파라미터에 대한 확률을 규정한다.[30]

이를 바탕으로 한 의사결정을 **베이지안 추론**Bayesian inference이라고 한다. 베이지안 추론과 아이디어에 대한 모든 내용을 다루는 것은 이 책의 범위를 벗어난다. 이를 위해 겔먼Gelman의 대표적인 논문[31]이나 호프Hoff의 짧은 입문서[32]를 추천한다. 명시적으로 베이지안 추론에 대해 자세히 다루지는 않지만 불확실성에 대한 이러한 사고 방식은 본문에서 다루는 많은 내용의 기초가 된다. 실제로 베이지안 이론은 빈도주의에 비해 비즈니스 데이터 과학에서 더 큰 역할을 한다. 현대 머신러닝의 대부분을 베이지안 추론의 아이디어가 주도하고 있으며 공식적인 결정 이론(위험과 예상 수익의 정량화)은 본질적으로 베이지안이라고 할 수 있다. 베이지안 프레임워크에 대한 기본적인 이해는 이러한 방법을 어떻게 개발하는지 그리고 이것들이 어떻게 작동하는지 이해하는 데 도움이 된다.

베이지안 추론은 믿음에 대한 수학적 틀이다. 'A를 믿고 B를 관찰한다면, C로 업데이트해야 한다'는 과정을 공식화하는 것으로 **주관적 확률**subjective probability이라고도 한다. 여기서는 이 틀이 유효하도록 하는 특정 신뢰를 고수할 필요가 없다. 오히려 베이지안 추론은 **가정**(그리고 그 가정에 대한 신뢰도)을 증거와 결합하는 틀을 제공한다. 이러한 가정이 명확하면 베이지안 추론

---

30 확률 개념, 빈도주의와 베이지안에 대한 환상적인 논문을 보려면 [Hacking, 1975]를 참고하면 된다.

31 Andrew Gelman, John B. Carlin, Hal S. Stern, David B. Dunson, Aki Vehtari, and Donald B. Rubin. *Bayesian Data Analysis*, 3rd edition. Chapman & Hall 2014.

32 Peter D. Hoff. *A first course in Bayesian statistical methods*. Springer Science & Business Media, 2009.

은 완전히 투명해진다. 즉, 의사결정 프로세스에 대한 모든 입력 내용을 알고 있으며 데이터와 사전 지식에 대한 상대적 가중치가 명시적이다.

기계적으로 베이지안 추론은 사전 분포^{prior distribution}와 가능도 분포의 조합을 통해 작동한다. 다음 장에서 자세히 나오겠지만 가능도^{likelihood}(또는 우도)란 고정된 모델 파라미터셋이 주어졌을 때 관찰한 데이터의 확률을 말한다. 즉, 데이터 X와 파라미터 Θ에 대한 확률 $p(X|\Theta)$를 말하며, 여기서 | 는 '주어진' 또는 '조건부'를 나타낸다. **사전 분포** $\pi(\Theta)$는 데이터를 관찰하기 전에 Θ에 대한 확률 분포를 의미한다. 이러한 사전 분포를 선택하는 것은 가능도를 정의하는 모델과 마찬가지로 분석에 적용할 일종의 가정이다. 데이터를 관찰한 후 파라미터에 대한 확률 분포인 **사후 분포**^{posterior distribution}는 다음과 같이 베이지안 정리를 통해 얻을 수 있다.

여기서 $\propto$는 '~에 비례한다'는 의미다.

식 1-10
$$p(\Theta|X) = \frac{p(\Theta|X)\pi(\Theta)}{p(X)} \propto p(\Theta|X)\pi(\Theta)$$

$$p(X) = \int p(\Theta|X)\pi(\Theta)d\Theta$$

한계 가능도는 가능한 모든 Θ값을 평균화한 후 가정한 가능도 모델에서 데이터의 확률이다. $p(X)$는 명목상 추론 대상인 Θ에 의존하지 않기 때문에 베이지안 추론에서 가장 큰 골칫거리다. 마르코프 연쇄 몬테카를로 방법^{Markov chain Monte Carlo}(MCMC)[33]을 통해 [식 1–10]을 추정하는 계산 전략은 명시적으로 $p(X)$를 계산하는 것을 교묘히 피해갈 수 있는 성공적인 방법이다. 이러한 전략 때문에 1990년대와 2000년대에 베이지안 추론이 폭발적으로 증가했다.

베이지안 추론을 직관적으로 이해하는 좋은 방법은 **켤레**^{conjugate} **모델**을 가지고 놀아보는 것이다. 이들은 데이터를 누적할수록 사후 분포가 사전 분포와 동일한 확률 그룹이 되도록 하는 사전 분포와 가능도 분포의 조합이다. 사후 업데이트의 메커니즘을 작성하고 명시적으로 만들 수 있다. 한 가지 직관적인 예는 동일한 성공 확률 q로 이항 시행을 하는 베타 이항 모델이다. q에 대한 사전 분포는 다음과 같은 베타 분포다.

---

33 Alan E. Gelfand and Adrian F.M. Smith. Sampling-based approaches to calculating marginal densities. Journal of the American Statistical Association, 85 (410):398-409, 1990.

$$\pi(q) = \text{Beta}(q; \alpha, \beta) \propto q^{\alpha-1}(1-q)^{\beta-1} \mathbb{1}_{[q \in (0,1)]}$$

예를 들어 Beta$(1, 1)$ 사전 분포는 $\pi(q) = \mathbb{1}_{[q \in (0,1)]}$, 이미 익숙한 균일 분포가 된다. 다시 말하지만, $\propto$ 기호는 '~에 비례한다'는 의미이며 [식 1-11]에서는 모든 α, $\beta > 0$에 대해 $\int_0^1 \pi(q)\,dq = 1$을 보장하는 정규화 상수는 무시한다.

각 이항 실현은 확률 q에서 $x = 1$이고 확률 $1 - q$에서 $x = 0$인 베르누이 시행$^{\text{Bernoulli trial}}$(예를 들어 동전 던지기)의 조합으로 볼 수 있다. q에 대한 Beta(a, b) 사전 확률 분포에서 x에 대한 단일 베르누이 실현 후 q에 대한 사후 분포는 다음과 같다.

식 1-12

$$p(q|x) = \text{Beta}(a_1 = a + x, \ b_1 = b + 1 - x)$$

이런식으로 n번 시행한 것을 업데이트하면 a_n은 관찰된 '성공' 횟수로 해석할 수 있고 b_n은 n번의 시행에서 '실패'한 횟수로 해석할 수 있다. 더 많은 시험을 시행하면 (동전을 여러 번 더 던지면) 이 파라미터들은 커지고 a_n에 대한 불확실성은 줄어든다. 예를 들어 Beta(α, β) 분포의 평균이 $\alpha/(\alpha + \beta)$이기 때문에 Beta$(1,1)$ 사전 확률에서 단일 시행 결과가 성공이라면 평균은 $\mathbb{E}[q|x_1] = 2/3$가 된다. 다시 추가 시행 결과가 성공이면 $\mathbb{E}[q|x_1, x_2] = 3/4$가 된다. [그림 1-15]는 수많은 이항 시행 시뮬레이션을 통해 업데이트한 베타 이항 사후 분포를 보여준다. 평평한 균일 사전 분포에서 100번의 시행 후 1/3의 실제 확률을 중심으로 가우스와 유사한 모양으로 변화한다.

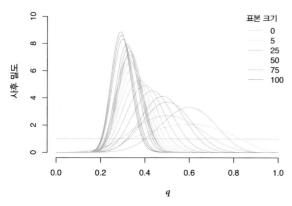

그림 1-15 Beta$(1, 1)$ 사전 분포의 표본크기(동전 던지기 횟수)에 따른 일련의 베르누이 시행(동전 던지기)에서 성공 확률이 q인 사후 밀도 함수. 실제 확률은 1/3이다.

이 예에서 알 수 있듯이 베이지안 추론은 본질적으로 **모수** 방식이다. 즉, 파라미터셋에 의존하는 모델을 정한다. [식 1-10]의 업데이트 공식은 관측된 데이터에 따라 이 모델 파라미터에 대한 불확실성이 어떻게 변하는지 정의한다. 이 방식은 비모수적 추론과 반대다. 여기서는 해당 절차의 배후에 있는 모델의 정확성을 가정할 필요 없이 주어진 절차의 결과에 대한 불확실성을 정량화한다. '**비모수**' 베이지안 분석 분야가 있긴 하지만 이 명칭은 잘못된 것이다.[34] 이 분야는 **반모수적** semiparametric 에 더 가깝다. 일반적인 가정(예를 들어 선형성)을 완화하면서도 높은 차원의 추론(9장 참고)을 용이하게 하는 제한된 모델 구조를 따르는 유연한 모델을 적용한다.

브래들리 에프론 Bradley Efron[35]은 베이지안 추론과 모수 부트스트랩을 비교했다. 이것은 베이지안 추론의 실제 적용에 대한 이해를 돕는다. 그는 공통적인 특정 사전 확률에서 모수 부트스트랩이 해당 베이지안 사후 확률과 유사한 표본 분포를 만들어내는 것을 보여준다. 비모수적 부트스트랩과 같이 모수적 부트스트랩 역시 불확실성을 정량화하기 위해 반복된 모델 적합을 사용한다는 점을 기억하자. 그러나 모수 부트스트랩은 원래 데이터로부터 리샘플링하는 대신 전체 표본을 사용하여 모델을 **추정**한 다음 적합 모델을 **시뮬레이션**하여 각 모델 적합을 위한 데이터를 만든다. 따라서 모수 부트스트랩은 추정된 모수 모델을 시뮬레이션함으로써 불확실성을 정량화한다.

가정한 모델이 잘못된 경우라면 모수 부트스트랩 결과는 실제와 거의 연결되지 않을 수 있다. 반대로 앞에서 자세히 다룬 비모수적 부트스트랩은 추정값이 잘못된 가정에 기반하더라도 실행한 추정치에 대해 정확한 불확실성 정량화를 제공한다. 모수 부트스트랩은 훨씬 적은 데이터로도 가능하고 모델이 맞다면 차원이 매우 높아도 '작동'한다. 더 강력한 절차를 사용하는 것이 불가능한 실용적인 옵션이다. 이와 같은 특성은 많은 베이지안 절차에도 적용된다.

비즈니스 결정을 내릴 때는 모든 것이 비모수적이다. 사전 믿음이 더는 관련이 없을 정도로 항상 충분한 데이터를 축적하고 모델 가정에 민감하지 않은 방식으로 작업한다. 물론 모든 결정에는 불확실성이 수반되며 고유한 성질(사전 확률)과 데이터에 따라 달라진다. 그러나 인과적 추론과 구조적 추론에 관한 자료(5장과 6장)에서 우리는 항상 비모수적이지는 않지만 모델이

---

34 줄여서 npBayes라고 불리는 이 분야는 필자의 박사 졸업 논문이다. 2000년대에는 ML과 npBayes 사이에 활발한 소통이 있었다. 두 분야 모두 초고차원 모델에서 합리적인 추론 결과를 제공하는 계산 가능한 알고리즘을 구축하기 위해 노력하고 있다. 현재 딥러닝 커뮤니티의 많은 사람들은 npBayes 커뮤니티에 뿌리를 두고 있거나 연결되어 있다.

35 Bradley Efron, Bayesian inference and the parametric bootstrap. *The Annals of Applied Statistics*, 6, 2012.

정확하지 않을 때 적어도 일부의 유효성을 보장하는 강력한 추론에 초점을 맞출 것이다. 이것은 좋은 속성이며 추론의 대상이 낮은 차원(일반적으로 일변량)이고 많은 양의 표본 데이터가 있는 인과 추론$^{causal\ inference}$ 설정에서 얻을 수 있다.

불행히도 모델이 주어지지 않은$^{model-free}$ 추론은 관측 데이터의 수가 많고 추론 목표의 차원이 낮으며(n이 크고 p는 작은) 데이터가 풍성한 조건에서만 가능하다. 비모수적 부트스트랩에 대한 이전 논의에 따르면 **관찰된** 데이터가 모분포를 전체적으로 표현하지 못하면 비모수적 추론은 실패하게 된다. 평균적인 거짓 발견 비율을 제어하는 것이 최선인 다중 검정에 대한 논의에서 이미 살펴본 것처럼 일반적으로 빈도주의 추론은 차원이 높을 경우 어려움을 겪는다. 이 책을 읽다 보면 최근 많은 데이터 과학이 초고차원 환경에서 발생한다는 것을 알 수 있다. 이러한 설정에서는 비모수적이라는 사치를 누릴 수 없다. 대신 실행 가능한 결과를 얻으려면 모델을 가정하고 해당 모델의 파라미터에 대한 합리적인 **사전** 추측을 제공해야 한다. 베이지안는 이러한 과정을 용이하게 하는 언어라고 할 수 있다.

이 책의 나머지 부분에서는 베이지안를 명시적으로 언급하지는 않지만 베이지안 아이디어를 접하게 될 것이다. 예를 들어 3장에 나오는 페널티들은 베이지안 사전 확률의 영향으로 해석될 수 있으며, 9장에 나오는 랜덤 포레스트$^{random\ forest}$(RF)의 앙상블 방법은 모델 평균의 베이지안 버전이다. 추론에 대해 직접 다루지는 않지만 불확실성이 많은 고차원 환경에서 잘 수행되는 점 추정치를 생성하도록 설계하는 방법을 살펴본다. 이것은 베이지안 추론의 강점이며 모델을 만들 때 베이지안 방식으로 생각하는 이유다. 지저분한 비정형 데이터만 주어질 때 작동하는 학습 알고리즘을 구축하려면 사전 경험을 제공하고 데이터를 믿음과 결합하는 방법에 대한 투명한 프레임워크가 필요하다.

## CHAPTER 2

회귀

응용 데이터 과학에 관한 대부분의 문제는 회귀 모델링이 필요하다. 즉, **입력** 또는 공변량 벡터 (x)에 대한 함수로 **반응 변수**(y)를 모델링하거나 예측한다. 이 장에서는 회귀의 기본 프레임 워크와 관련된 용어를 소개한다. 이 책의 나머지 부분에서도 이 내용을 계속 활용할 것이다.

2.1 선형 모델

기본적이면서도 강력한 회귀 전략은 **평균**과 **직선**을 다루는 것이다. x가 주어질 때 y에 대한 조건부 평균을 다음과 같이 모델링한다.

식 2-1
$$\mathbb{E}[y\,|\,x] = f(x'\beta)$$

여기에서 $x = [1, x_1, x_2, \ldots, x_p]$는 공변량 벡터고 $\beta = [\beta_0, \beta_1, \beta_2, \ldots, \beta_p]$는 해당 계수를 의미한다. $x'\beta$는 요소별 곱의 합을 **벡터** 표기법으로 간단히 표현한 것이다.

식 2-2
$$x'\beta = \beta_0 + x_1\beta_1 + x_2\beta_2 + \ldots + x_p\beta_p$$

여기에서는 편의상 절편을 위해 $x_0 = 1$을 포함했다(또는 명시적으로 절편을 표현하기 위해 $\alpha = \beta_0$이라고 쓰일 때도 있다). 기호 $\mathbb{E}$는 기댓값을 의미하므로 $\mathbb{E}[y\,|\,x]$는 '주어진 입력 x에 대한

반응 y의 평균'을 의미한다. 함수 $f(\cdot)$는 보편적인 함수를 나타낸다. 다른 유형의 반응 y를 취급하기 위해 이 '연결 함수' f에 다른 항들도 고려할 것이다.

회귀는 결국 주어진 x에 대한 y의 **조건부 확률 분포**conditional probability distribution를 이해하는 것이다. 이는 $p(y|x)$로 표현한다. [그림 2-1]은 주변 분포와 대조되는 조건부 분포를 보여준다. **주변 분포**란 데이터 행렬의 단일 구간(열)에 대한 무조건부 분포를 의미한다. **주변평균**marginal mean 은 단순한 하나의 숫자로 표현되는 반면 **조건부 평균**conditional mean 은 하나의 함수다(예를 들어 $x'\beta$). 데이터는 이러한 평균을 중심으로 무작위로 분포되며, 이 분포에 대한 가정에 따라 추정 및 예측 전략을 결정한다.

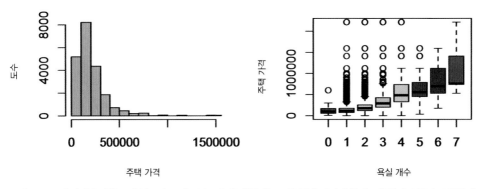

그림 2-1 주택 가격에 대한 주변 분포와 조건부 분포의 예. 왼쪽에는 모든 주택 가격이 함께 그룹화되어 있다. 오른쪽에서는 주택 가격 분포를 욕실 개수에 따라 구분하여 보여준다.

우리가 작업할 첫 번째 모델은 기본 **선형 회귀 모델**이다. 이것은 데이터 과학을 이끌어가는 주력이다. 계산 시간 측면에서 빠르고 (제대로 된 질문 방법을 알고 있다면) 다양한 설정에서 합리적인 답변을 제공하며 해석과 이해가 쉽다.

회귀 모델은 다음과 같다.

식 2-3
$$\mathbb{E}[y|x] = x'\beta = \beta_0 + x_1\beta_1 \ldots + x_p\beta_p$$

이는 [식 2-1]의 회귀 모델에서 연결 함수 $f(z) = z$를 사용하는 것에 해당한다. 입력 x가 하나라면 모델은 $\mathbb{E}[y|x] = \alpha + x\beta$와 같이 쓸 수 있고 [그림 2-2]와 같다. 여기서 $\mathbb{E}[y|x]$는 x가 1 증가할 때마다 β씩 증가한다. α는 **절편**에 해당하며 $\alpha = \mathbb{E}[y|x=0]$과 같다.

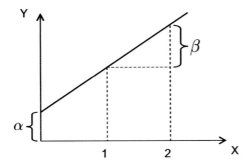

그림 2-2 단순 선형 회귀

회귀 모델을 추정할 때(**β** 계수를 적합할 때) $\mathbb{E}[y|x]$에서 중심뿐 아니라 전체 조건부 분포에 대해 몇 가지 가정을 한다. 로지스틱 회귀는 일반적으로 가우스 조건부 분포에 맞춰져 있다.

식 2-4
$$y|x \sim N(x'\beta, \sigma^2)$$

즉, **x**의 함수로써 y에 대한 분포는 **분산**이 σ^2이고 $\mathbb{E}[y|x] = x'\beta$인 정규 분포를 따른다. 동일한 모델을 보통 다음과 같이 오차항이 추가된 형태로 쓰기도 한다.

식 2-5
$$y = x'\beta + \varepsilon, \text{ with } \varepsilon \sim N(0, \sigma^2)$$

즉, [식 2-4]와 [식 2-5]는 같은 모델을 의미한다.

구체적인 예로 도미니크 식료품점의 오렌지 주스(OJ) 판매 데이터를 생각해보자. 도미니크라는 시카고 지역의 체인점이 있었다. 이 데이터는 1990년대에 수집되었으며 시카고 대학교 부스 경영대학원의 킬츠 센터 Kilts center에서 공개하여 무료로 사용할 수 있다. 데이터에는 시카고 및 그 인접 지역에 있는 가게 83곳의 세 가지 OJ 브랜드(트로피카나, 미닛메이드, 도미니크)에 대한 주간 가격과 판매 현황(이동된 상자 수), 주간 광고 여부(매장 내 진열 또는 전단지 광고)를 보여주는 지표 그리고 매출이 포함되어 있다.

```
> oj <- read.csv("oj.csv")
> head(oj)
  sales price    brand feat
1 8256  3.87 tropicana    0
2 6144  3.87 tropicana    0
```

```
3   3840   3.87  tropicana      0
4   8000   3.87  tropicana      0
5   8896   3.87  tropicana      0
6   7168   3.87  tropicana      0
> levels(oj$brand)
[1] "dominicks"   "minute.maid" "tropicana"
```

[그림 2-3]은 브랜드별 가격과 매출을 보여준다. 브랜드마다 점유하는 가격대가 명확하다. 도미니크는 저가 전략, 트로피카나는 고급화 전략, 미닛메이드는 그 사이에 위치한다. [그림 2-3]의 오른쪽 그래프를 보면 판매 가격에 따라 판매량이 분명하게 감소하고 있음을 알 수 있다. 이는 당연하다. 가격이 올라갈수록 수요는 **줄고** 그만큼 판매가 감소한다. 구체적으로 로그 판매량은 로그 가격과 대략 선형관계가 있는 것으로 보인다. 이 부분이 중요하다. 선형(가산) 모델로 작업할 때는 선형성이 있을 것으로 예상되는 공간에서 작업하는 것이 중요하다. 다른 요인과 **곱하여** 변하는 변수의 경우 일반적으로 로그 척도를 사용한다.

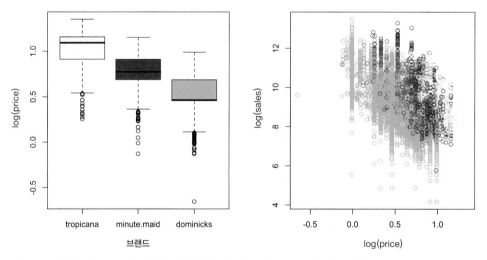

그림 2-3 도미니크의 OJ 가격 및 브랜드별 판매 현황. 두 연속 변수의 로그 척도를 사용한다는 점에 유의하자.

로그의 정의를 떠올려보자.

식 2-6 $$\log(a) = b \Leftrightarrow a = e^b$$

여기에서 $e \approx 2.72$는 자연로그의 밑이다. 이 책에서는 항상 자연로그를 사용할 것이다. e는 과학 분야와 동적 시스템 모델링에서 중심적인 역할을 한다. e^x의 도함수가 자기 자신이기 때문이다. 즉, $de^x/dx = e^x$이다. 로그 변환한 반응 변수에 대한 선형 모델에서 x 단위로 증가할 때마다 $\log(y)$에 β만큼 더해준다.

식 2-7
$$\log(y) = \alpha + \beta x$$

로그 공간에서 작업하고 있다는 것은 '이 모델이 y에서 곱으로 이루어진다', 즉, **승법적** multiplicative 이라는 것을 의미한다. $\log(ab) = \log(a) + \log(b)$, $\log(a^b) = b\log(a)$, $e^{a+b} = e^a e^b$과 같이 로그와 지수에 대한 몇 가지 기본적인 공식들을 기억해보자. [식 2-7]의 양쪽을 다음과 같이 지수화한다.

식 2-8
$$y = e^\alpha e^{\beta x}$$

$x^* = x + 1$이라고 할 때, [식 2-8]은 다음과 같다.

식 2-9
$$y^* = e^\alpha e^{\beta x^*} = e^\alpha e^{\beta x + \beta} = y e^\beta$$

따라서 x를 1 증가시키면 결과적으로 y에는 e^β를 곱하게 된다.

변수가 승법적으로 변하도록 모델링해야 한다는 것을 어떻게 알 수 있을까? 한 가지 지표는 우리가 매일 사용하는 언어다. 어떤 변화가 일반적으로 절대적인 항이 아닌 백분율로 표시되는 변수들을 잘 살펴보자. 예를 들어 다음 두 경우 모두 일반적으로 로그 공간에서 모델링된다.

- 가격: 차압당한 주택은 20~30% 할인된 가격에 판매된다.
- 판매: 당신의 소매 판매 매출이 모든 모델에서 20% 정도 증가했다.

더 일반적으로 절대 음수가 아닌 변수들(예를 들어 변동성, 오류 또는 사건이 발생한 횟수, 강우)은 종종 로그 척도에서 선형적으로 변화하는 것으로 처리한다.

또 다른 일반적인 시나리오는 서로 승법적으로 움직이는 두 변수를 모델링하는 경우다. 예를 들어 [그림 2-4]는 여러 국가의 수입 대비 국내 GDP를 보여준다. 왼쪽 그래프를 직선으로 적합하는 것은 어리석은 일이다. 이 그래프의 기울기는 전적으로 미국(United States) 수치의 작은 변화에도 영향을 받는다. 반대로 오른쪽 그래프는 로그 공간에서 GDP와 수입이 깔끔한 선형관계를 따르는 것을 보여준다.

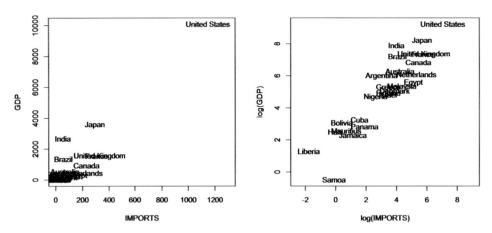

그림 2-4 원래 스케일, 로그 스케일로 본 수입에 대한 국가 GDP의 분포

OJ 예제로 다시 돌아와서 [그림 2-3]은 이 로그-로그 모델이 OJ 판매량 대비 판매 가격 분석에 적절하다는 것을 보여준다. 한 가지 가능한 회귀 모델은 다음과 같다.

식 2-10
$$\log(\text{sales}) = \alpha + \beta \log(\text{price}) + \varepsilon$$

즉, 브랜드에 관계없이 로그 가격이 단위 상승할 때마다 로그 판매량이 β씩 증가한다.

로그-로그 모델은 훨씬 더 쉽고 직관적인 해석을 제공한다. 가격이 1% 증가할 때마다 매출이 β% 증가한다. 이를 확인하려면 $y = \exp[\alpha + \beta \log(x) + \varepsilon]$를 x에 대해 미분한다.

식 2-11
$$\frac{dy}{dx} = \frac{\beta}{x} e^{\alpha + \beta \log(x) + \varepsilon} \quad \Rightarrow \quad \beta = \frac{dy/y}{dx/x}$$

여기서 β는 x의 비례 변화에 대한 y의 비례 변화를 의미한다. 경제학에서는 이러한 β를 **탄력성**이라는 특별한 이름으로 부른다. 탄력성 개념은 많은 분석에서 중요한 역할을 한다.

[그림 2-3]의 오른쪽 그래프를 살펴보면 세 브랜드가 개별적으로 세 개의 직선에 집중된 로

그-로그 판매 가격 분포를 가지고 있다는 것이 분명하다. 각 브랜드의 β 탄력성은 동일하지만 절편 α가 다른 것으로 의심될 경우 다음과 같이 약간 더 복잡한 모델을 사용한다.

식 2-12
$$\log(\text{sales}) = \alpha_{\text{brand}} + \beta \log(\text{price}) + \varepsilon$$

여기서 α_{brand}는 각 OJ 브랜드에 대한 별도의 지표를 간단히 나타낸 것이며 다음과 같이 자세히 표현할 수 있다.

$$\alpha_{\text{brand}} = \alpha_d \mathbb{1}_{[\text{brand}=\text{dominicks}]} + \alpha_m \mathbb{1}_{[\text{brand}=\text{minutemaid}]} + \alpha_t \mathbb{1}_{[\text{brand}=\text{tropicana}]}$$

따라서 [식 2-12]는 모든 브랜드의 판매량이 가격에 대해 동일한 탄력성을 갖지만 동일한 가격에서 예상되는 판매량이 다를 수 있음을 알려준다.

R에서 glm 함수를 사용하여 이 회귀를 실행할 수 있다.[36] 앞에서 언급했듯이 glm은 일반화 선형 모델을 나타내며 선형 및 로지스틱 회귀에 사용한다. 이 함수는 사용하기 쉽다. 데이터프레임을 data 인수에 넣고 회귀를 정의하는 formula를 입력한다.

```
> reg <- glm(y ~ var1 + ... + varP, data=mydata)
```

적합 객체 reg는 유용한 것들을 모아놓은 리스트다(names(reg)를 입력하여 이를 확인할 수 있다). 그리고 이 결과에 접근하기 위한 몇 가지 함수가 있다. summary(reg)는 여러 정보를 출력한다. coef(reg)는 계수를, predict(reg, newdata=mynewdata)는 예측 결과를 제공한다.[37] 다음과 같이 glm을 사용하여 [식 2-12]에 대한 회귀 모델을 구하고 그 계수를 출력해 보자.

```
> reg = glm(log(sales) ~ log(price) + brand, data=oj)
> coef(reg) ## just coefficients
    (Intercept)     log(price) brandminute.maid   brandtropicana
     10.8288216     -3.1386914        0.8701747        1.5299428
```

---

36 이 예제를 위해서 lm 함수를 사용할 수도 있다.
37 mynewdata는 mydata와 동일한 형식(동일한 변수 이름, 동일한 요인 레벨)을 가진 데이터프레임이어야 한다.

여기서 몇 가지 주목해야 할 사항이 있다. 첫째, 로그 가격 효과에 대해 $\hat{\beta}$ = −3.1을 알 수 있다. 가격이 1% 인상될 때마다 매출이 약 3% 정도 감소한다. 둘째, 미닛메이드와 트로피카나의 경우 고유한 모델 계수가 있지만 도미니크는 그렇지 않다. glm의 첫 번째 단계는 수치형 입력 x 를 정의하는 **모델 행렬**(설계 행렬이라고도 함)을 만드는 것이다. model.matrix 함수를 호출하여 이 작업을 수행하고 해당 단계에서 수행중인 작업을 확인할 수 있다.

```
> x <- model.matrix( ~ log(price) + brand, data=oj)
> x[c(100,200,300),]
    (Intercept) log(price) brandminute.maid brandtropicana
100           1  1.1600209                0              1
200           1  1.0260416                1              0
300           1  0.3293037                0              0
```

브랜드는 숫자가 아니기 때문에 model.matrix는 이러한 범주를 몇 가지 더미 변수로 확장했다. 예를 들어 brandtropicana는 브랜드가 트로피카나면 1이고 그렇지 않으면 0이다. 비교를 위해 원래 데이터프레임의 동일한 행을 살펴보자.

```
> oj[c(100,200,300),]
    sales price       brand feat
100  4416  3.19    tropicana    0
200  5440  2.79 minute.maid    0
300 51264  1.39    dominicks    1
```

세 가지 범주는 2개의 변수로 표현할 수 있기 때문에 branddominicks 지표가 없다. 즉, brandminute.maid와 brandtropicana가 모두 0일 경우 이 Intercept **절편**은 로그 가격이 0일 때 도미니크의 로그 판매량을 제공한다. 각 요인의 참조 수준은 절편으로 흡수되고 다른 계수는 '참조값(여기서는 도미니크)에 대한 상대적인 변화량'을 의미한다. 요인의 참조 수준을 확인하려면[38] levels(myfactor)를 입력한다. 첫 번째 수준은 참조다. myfactor=relevel(myfactor, "myref")를 실행하여 이를 변경할 수 있다.

[식 2-12]의 회귀에서 얻은 적합치를 원래 데이터와 함께 시각화하면 [그림 2-5]와 같다. 브랜드의 정체성에 따라 서로 다른 세 직선이 존재한다. **같은 가격이라면** 트로피카나는 미닛메이

---

[38] 계수에 페널티를 적용하기 시작하면 더는 참조 수준이 없어지며 모든 범주는 명시적 계수를 갖게 된다.

드보다 더 많이 판매되고 있으며, 미닛메이드는 도미니크보다 더 많이 판매된다. 이것은 당연한 결과다. 트로피카나는 같은 가격인 경우 가장 선호하는 고급 제품이다.

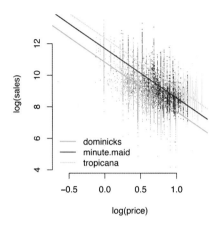

그림 2-5 각 브랜드에 대한 OJ 데이터와 [식 2-12]의 모델을 이용한 적합 평균

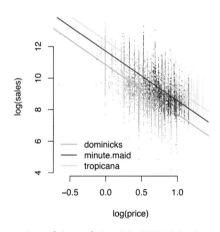

그림 2-6 [식 2-14]의 모델에 적합한 결과. 너무 멀리까지 추론할 경우 이 선형성에 대한 가정은 같은 가격에서 트로피카나가 미닛메이드보다 적게 팔린다는 것을 보여준다. 이것은 선형 모델이 근사치라는 것과 관찰된 데이터의 중심에서 멀리 떨어질수록 주의해서 사용해야 한다는 것을 상기시킨다.

[그림 2-5]의 모든 선은 동일한 기울기를 갖는다. 경제적인 측면에서 이 모델은 세 브랜드의 소비자가 동일한 가격 민감도를 가지고 있다고 가정한 경우다. 하지만 이것은 비현실적일 수 있다. 일반적으로 도미니크 소비자보다 트로피카나 소비자는 가격이 문제가 되지 않는다. 로그 가격이 브랜드와 **상호작용**하도록 하여 이 정보를 회귀 분석에 활용할 수 있다.

상호작용항은 두 입력의 곱에 대한 계수다.

식 2-13
$$\mathbb{E}[y \mid \boldsymbol{x}] = \ldots + \beta_k x_k + \beta_j x_j + x_j x_k \beta_{jk}$$

이 수식에서 x_j의 단위 증가 효과는 $\beta_j + x_k \beta_{jk}$이며 x_k에 의존적이다. 상호작용은 과학 및 비지니스 분야에서 나올 수 있는 질문들을 다루는 데 중요한 개념이다. 다음의 예를 살펴보자.

- 성별은 교육이 임금에 미치는 영향에 변화를 가져오는가?

- 약물 X를 복용하면 환자가 더 빨리 회복될까?

- 소비자 가격 민감도는 브랜드별로 어떻게 변하는가?

각 질문에서는 한 변수가 다른 변수의 효과에 영향을 미치는지 여부를 알기 원한다. 예를 들어 단순히 여성의 소득이 남성보다 적은지 알고 싶은 것이 아니다(단순히 평균의 차이만을 고려한다). 오히려 동일한 교육 수준에도 불구하고 불평등한 보상을 받고 있는지를 알기 원한다. 이와 유사하게 여러 의료 문제에서 사람의 몸은 충분한 시간이 주어지면 스스로 치유될 수도 있다. 다만 문제는 어떤 치료 방법이 이 회복을 가속화시킬 수 있는지 여부다.

이 가격 민감도 예제는 각 브랜드 지표와 로그 가격 간의 상호작용을 포함한다. 입력 공식의 *연산[39]을 이용하여 glm에서 이를 수행할 수 있다.

```
> reg_interact = glm(log(sales) ~ log(price)*brand, data=oj)
> coef(reg_interact)
            (Intercept)                      log(price)          brandminute.maid
            10.95468173                     -3.37752963                0.88825363
          brandtropicana     log(price):brandminute.maid   log(price):brandtropicana
             0.96238960                      0.05679476                0.66576088
```

이제 다음과 같이 각 브랜드 b에 대해 별도의 절편과 기울기가 있는 모델을 적합했다.

식 2-14
$$\mathbb{E}[\log(y) \mid \boldsymbol{x}] = \alpha_b + \beta_b \log(\texttt{price})$$

---

39 또한 *는 주효과([식 2-12]에서 모델의 항)를 추가한다.

이전과 마찬가지로 참조 범주는 도미니크다. 이 브랜드는 로그 가격에 대한 절편과 주요 기울기 모두에 흡수되어 있다. log(price): brand 상호작용항을 주 기울기에 더하여 다른 브랜드의 탄력성을 구할 수 있다. 이 결과는 [표 2-1]과 같다. 트로피카나 소비자는 −2.7 대 약 −3.3으로 다른 소비자에 비해 덜 민감하다는 것을 알 수 있다. [식 2-10]의 모델에서 가격 민감도 −3.1은 이 두 소비자 집단의 평균이다.

표2-1 [식 2-14]의 모델에 따른 가격 탄력성

도미니크	미닛메이드	트로피카나
−3.4	−3.3	−2.7

이제 판매량과 가격의 관계에서 광고의 역할을 살펴보면서 선형 모델 소개와 오렌지 주스에 대한 연구를 마치려고 한다. OJ 데이터에는 판매량과 가격이 기록된 주별로 특정 브랜드가 매장 내 진열이나 전단지 광고를 통해 홍보했는지를 나타내는 feat 더미 변수가 포함되어 있다. 광고는 모든 가격대에서 판매량을 늘릴 수 있고 가격 민감도를 변화시킬 수 있다. 브랜드별로 이 두 가지를 모두 고려하여 다음과 같이 나타낼 수 있다.

식 2-15
$$\mathbb{E}[\log(y)\,|\,\boldsymbol{x}] = \alpha_{b,\text{feat}} + \beta_{b,\text{feat}}\log(\text{price})$$

이것은 price, brand, feat 간의 3방향 상호작용을 인코딩한다.

```
> ojreg <- glm(log(sales) ~ log(price)*brand*feat, data=oj)
> coef(ojreg)
                 (Intercept)                    log(price)              brandminute.maid
                 10.40657579                   -2.77415436                    0.04720317
               brandtropicana                          feat     log(price):brandminute.maid
                  0.70794089                    1.09440665                    0.78293210
     log(price):brandtropicana               log(price):feat          brandminute.maid:feat
                  0.73579299                   -0.47055331                    1.17294361
           brandtropicana:feat log(price):brandminute.maid:feat
    log(price):brandtropicana:feat
                  0.78525237                           -1.10922376
   -0.98614093
```

[표 2-2]에 브랜드 및 광고별 탄력성을 정리했다.

표 2-2 브랜드 및 광고에 따른 의존 탄력성. R에 출력된 결과로부터 이러한 숫자들을 복구하여 회귀 방정식에 대해 얼마나 이해하고 있는지 테스트해보자.

	도미니크	미닛메이드	트로피카나
광고 전	−2.8	−2.0	−2.0
광고 후	−3.2	−3.6	−3.5

광고는 항상 가격 민감도를 더 높인다. 미닛메이드와 트로피카나의 탄력성은 광고를 통해 −2에서 −3.5 아래로 떨어지고 도미니크는 −2.8에서 −3.2로 떨어졌다. 왜 이런 일이 일어난 걸까? 한 가지 가능한 설명은 광고가 해당 브랜드를 고려하는 소비자의 수를 증가시켰다는 것이다. 특히 매주 오렌지 주스를 정기적으로 구매하는 사람들보다 가격에 더 민감한 사람들이 구매하도록 하여 브랜드 충성도를 넘어 시장을 확대할 수 있다. 실제로 가격 민감도가 증가하는 것은 마케팅 노력이 소비자 기반을 확장시킨다는 지표가 될 수 있다. 마케팅 101이 광고 캠페인에 일반적으로 가격 인하를 동반해야 한다고 주장하는 이유다. 물론 또 다른 해석도 있다. 주요 광고 제품이 할인되는 경우가 많기 때문에 수요 곡선이 비선형일 수 있다. 낮은 가격대에서 평균적으로 소비자는 가격에 더 민감하다. 아마도 이러한 효과들이 조합된 것으로 보는 것이 맞을 것이다.

마지막으로 [표 2-1]에서 미닛메이드의 가격 탄력성이 도미니크의 가격 탄력성과 유사하다는 것을 알 수 있다. 즉, 저가 제품과 같이 움직인다. 하지만 [표 2-2]에서는 미닛메이드와 트로피카나가 거의 동일한 탄력성을 갖고 있으며 둘 다 도미니크와는 다르다는 것을 알 수 있다. 어떻게 된 것일까?

정답은 [식 2-14]의 지나치게 단순한 모델로 인해 광고 효과와 브랜드 효과를 **혼동**한 것이다. [그림 2-7]은 미닛메이드가 트로피카나보다 더 자주 홍보했다는 것을 보여준다. 홍보할수록 가격 민감도가 높아지므로 광고 효과를 고려하지 않을 때 미닛메이드는 인위적으로 가격에 민감한 것처럼 보인다. [식 2-15]의 모델은 회귀에 feat을 포함하여 이를 맞게 수정한다. 변수 효과를 올바르게 **제어**하지 않으면 혼란스러워질 수 있다. 이러한 현상은 인과적 및 구조적 추론에 대한 이후 논의에서 중요한 역할을 한다.

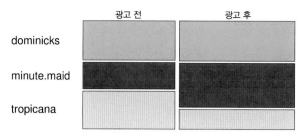

그림 2-7 브랜드별 광고량을 보여주는 모자이크 플롯

2.2 로지스틱 회귀

선형 회귀는 선형 모델링 프레임워크의 한 가지 예일 뿐이다. 또 다른 기술(실제로는 더 일반적인)이 바로 **로지스틱 회귀**다. 이 전략은 **이진** 반응을 모델링할 때 사용한다. 여기서 y는 0 또는 1(참 또는 거짓)이다.

이진 반응은 여러 예측 대상에 사용할 수 있다.

- 이 사람이 요금을 지불할까 연체할까?
- 이 리뷰는 '좋아요'일까 '싫어요'일까?
- 에드먼턴 오일러스^{Edmonton Oilers}가 이 게임에서 이길까 질까?
- 그 작가는 공화당원일까 민주당원일까?

관심 있는 반응이 이진형(예를 들어 매출)이 아닌 경우에도 의사결정에 관련한 정보가 이진형(예를 들어 이익 대 손실)일 수 있으며 이런 식으로 생각하는 것이 가장 간단하다.

일반화 선형 모델 $\mathbb{E}[y|\pmb{x}] = f(\pmb{x}'\pmb{\beta})$를 떠올려보자. 반응 y가 0 또는 1일 때, 조건부 평균은 다음과 같다.

$$\mathbb{E}[y|\pmb{x}] = \mathrm{p}(y=1|\pmb{x}) \times 1 + \mathrm{p}(y=0|\pmb{x}) \times 0 = \mathrm{p}(y=1|\pmb{x})$$

따라서 여기서 모델링하는 기댓값은 **확률**이 되어야 한다. 즉, 0과 1 사이의 값을 제공하도록 연결 함수 $f(\pmb{x}'\pmb{\beta})$를 선택해야 한다는 의미다.

$$p(y = 1 \mid \boldsymbol{x}) = f(\beta_0 + \beta_1 x_1 \ldots + \beta_p x_p)$$

로지스틱 회귀에서는 다음과 같은 **로짓**^{logit} 연결 함수를 사용한다.

식 2-16
$$p(y = 1 \mid \boldsymbol{x}) = \frac{e^{\boldsymbol{x'\beta}}}{1 + e^{\boldsymbol{x'\beta}}} = \frac{\exp[\beta_0 + \beta_1 x_1 \ldots + \beta_p x_d]}{1 + \exp[\beta_0 + \beta_1 x_1 \ldots + \beta_p x_d]}$$

[그림 2-8]에서 로짓 함수를 확인하자. 이 연결 함수가 어떻게 작동하는지 보려면 $\boldsymbol{x'\beta}$에 대한 극단값을 살펴보자. 음의 무한대에서 $f(-\infty) = 0/(1+0) = 0$이고 $y = 1$이 될 확률은 0이 된다. 양의 무한대에서 $f(\infty) = \infty/(\infty+1) = 1$이며 $y = 1$이 보장된다. 따라서 로짓 함수는 모든 '실수'를 [0, 1]의 확률 공간으로 매핑한다.

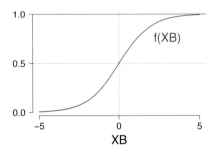

그림 2-8 로짓 연결 함수

β 계수를 해석하기 위해 $p = p(y = 1 \mid x)$와 약간의 대수를 이용해 다음과 같이 쓸 수 있다.

$$\log\left[\frac{p}{1-p}\right] = \beta_0 + \beta_1 x_1 \ldots + \beta_p x_p$$

따라서 로지스틱 회귀는 **로그 오즈**^{log-odds}**에 대한 선형 모델**이다. 어떤 사건에 대한 오즈 비^{odds ratio}는 사건이 발생하지 않을 확률에 대한 사건이 발생할 확률의 비율이다. 예를 들어 사건 발생 확률이 1/4이면 해당 오즈 비는 1/3이다. 오즈 비 측면에서 불확실성에 대해 생각하는 데 익숙해져야 한다. 앞으로 대부분의 모델링이 바로 이 척도에서 일어난다. 이전의 로그 선형 모델에서와 동일한 논리로 e^{β_k}는 사건 $y = 1$에 대한 **오즈 비**에서 x_k의 단위 증가에 따른 승법 효과[40]로 해석할 수 있다.

첫 번째 로지스틱 회귀 예제로 무시해도 되는 정크 메일인 '스팸' 이메일에 대한 필터를 구축해 볼 것이다. 즉, 이메일이 도착할 때마다 받은 편지함에서는 '이 메일이 스팸인가 아닌가?'에 대한 이진 회귀를 수행한다. 이전 이메일에 대해 로지스틱 회귀를 적합하여 필터를 학습시킨다.

학습 데이터로 사용하는 `spam.csv`에는 4,600개의 이메일(약 1,800개의 스팸)에서 54개의 키워드 또는 문자(예를들어 free 또는 !)의 존재에 대한 지표, 대문자 수(총 개수 및 가장 긴 연속 블록의 길이), 사람이 직접 스팸이라고 태그한 이메일인지 아닌지를 나타내는 스팸 변수가 있다.

```
> email <- read.csv("spam.csv")
> email[c(1,4000), c(16, 56, 58)]
     word_free capital_run_length_longest spam
1            1                         61    1
4000         0                         26    0
```

이메일 1은 free라는 단어를 포함하고 61개의 대문자 블록을 갖고 있다. 이 이메일은 스팸 태그가 지정되어 있다. 반면 그보다 적은 26개의 대문자로 이루어진 이메일 4000은 스팸이 아니다.

R에서는 로지스틱 회귀를 쉽게 사용할 수 있다. 선형 회귀와 마찬가지로 `glm` 함수를 사용한다. 단, 반응 변수가 이진형이고 인수 `family='binomial'`을 추가한다는 차이가 있다. 반응 변수는 수치형(0/1), 논리형(TRUE/FALSE), 요인형(예를 들어 승 또는 패) 또는 2열 이진 행렬과 같은 다양한 형식을 취할 수 있다. 이메일 데이터에서 메일이 스팸인 경우 $y = 1$이고 중요한 이메일인 경우 $y = 0$이다.

```
> spammy <- glm(spam ~ ., data=email, family='binomial')
```

여기서 'y ~ .'은 '데이터의 모든 변수에 대해 y를 회귀 분석한다'는 의미다. 적합 결과에서 양의 계수 중 큰 값 하나를 살펴보자.

---

40 $\beta_k = 0$이면 어떻게 될까? 아무런 효과가 없다.

```
> coef(spammy)["word_free"]
word_free
 1.542706
> exp(1.542)
[1] 4.673929
```

따라서 해당 이메일에 free라는 단어가 포함되어 있을 경우 이메일이 스팸일 **오즈 비**가 거의 5배 증가한다. 반면에 이메일에 george라는 단어가 포함될 경우 스팸일 가능성이 1/300로 줄어든다.

```
> coef(spammy)["word_george"]
word_george
 -5.779841
> 1/exp(-5.78)
[1] 323.7592
```

이것은 george라는 사람의 받은 편지함에서 수집한 오래된 데이터셋이다. 1990년대에는 스팸 발송이 그다지 정교하지 않았기 때문에 사용자의 이름이 포함된 이메일은 스팸이 아닐 가능성이 컸다.

R에서 이 스팸 회귀를 실행하면 적합 확률이 0 또는 1이 되는 경우가 발생했다고 경고 메시지(fitted probabilities numerically 0 or 1 occurred)가 뜬다. 하지만 걱정할 필요가 없다. 이는 회귀 분석이 일부 데이터에서 100% **정확히** 예측할 수 있다는 것을 의미한다. 예를 들어 어떤 스팸 이메일에 대해 이것이 스팸일 확률을 100%로 모델링한다는 뜻이다. 이런 상황을 **완전 분리**라고 한다. 이것이 표준오차에 영향을 줄 수는 있지만 대체로 큰 문제는 아니다. 3장에서 다룰 **과적합**의 증상이다.

선형 회귀와 마찬가지로 glm을 사용하여 모델을 적합하면 로지스틱 회귀를 위한 예측을 쉽게 할 수 있다. 적합된 glm 객체에서 predict 함수를 호출하고 예측하려는 위치에 학습 데이터와 동일한 변수 이름을 가진 새로운 데이터를 제공하면 된다. 결과는 mynewdata의 각 행 x에 대한 $x'\hat{\beta}$이다.

```
> predict(spammy, newdata=email[c(1,4000),])
        1       4000
 2.029963 -1.726788
```

물론 이것은 **확률값이 아니다.** 확률값을 얻으려면 로짓 연결 함수 $e^{x'\hat{\beta}}/(1+e^{x'\hat{\beta}})$를 이용해 변환해야 한다. R의 `predict` 함수를 사용할 때 `type = 'response'` 인수를 추가하면 반응 척도(예를 들어 [0, 1] 사이의 확률 공간)에서 예측 결과를 얻을 수 있다.

```
> predict(spammy, newdata=email[c(1,4000),], type="response")
        1        4000
0.8839073 0.1509989
```

이메일 1(스팸 메일)은 스팸일 가능성이 88%고 이메일 4000(스팸 메일 아님)은 스팸일 가능성이 15%다. 다시 말해서 `george`가 읽고 싶어하는 중요한 이메일일 가능성이 85%다.

로지스틱 회귀는 선형 회귀와 매우 비슷하다. 여전히 `glm`을 사용하며 평균 대신 오즈 비로 생각을 조금 바꿔주면 된다. 다음 절에서는 선형 회귀와 로지스틱 회귀의 기본이 되는 추정 기법을 단일 프레임워크로 묶는 주요 개념인 편차와 가능도에 대해 소개한다. 이러한 전체적인 개념을 이해하는 것은 나중에 페널티 모델이나 머신러닝을 다룰 때 필수적이다.

2.3 편차와 가능도

적합한 `glm` 객체에 대해 `summary` 함수를 호출하면 추정된 계수에 대한 많은 정보와 전체 모델 적합에 대한 몇 가지 정보를 얻을 수 있다(예를 들어 [그림 2-9]와 같이 적합 결과를 시각화할 수 있다).

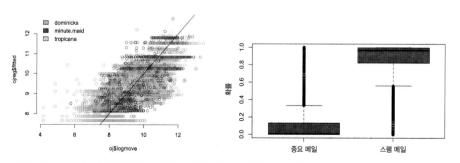

그림 2-9 OJ 로지스틱 회귀(왼쪽)와 스팸 로지스틱 회귀(오른쪽) 모두에 대해 $\hat{y}$ 대 y의 적합 결과를 보여준다. 스팸 데이터에서 참값 y는 이진형이므로 산점도가 아닌 상자 그림을 제공한다. 일반적으로 모델 오지정이나 다른 문제를 확인하기 위해 $\hat{y}$ 대 y를 시각화하는 것이 좋다. 직관적으로 각 회귀에 대해 적합이 완벽할 경우($\hat{y} = y$) 결과가 어떻게 될지 상상해보자.

선형 회귀와 로지스틱 회귀 모두 아래쪽에 출력되는 모델 적합 정보가 특히 유용하다. 예를 들어 다음은 OJ 데이터를 **선형 회귀**한 결과를 보여준다.

```
> summary(ojreg)

Call:
glm(formula = log(sales) ~ log(price) * brand * feat, data = oj)

Deviance Residuals:
    Min      1Q   Median      3Q      Max
-4.8893  -0.4290  -0.0091   0.4125   3.2368

Coefficients:
                                  Estimate Std. Error t value Pr(>|t|)
(Intercept)                       10.40658    0.02335 445.668  < 2e-16 ***
log(price)                        -2.77415    0.03883 -71.445  < 2e-16 ***
brandminute.maid                   0.04720    0.04663   1.012    0.311
brandtropicana                     0.70794    0.05080  13.937  < 2e-16 ***
feat                               1.09441    0.03810  28.721  < 2e-16 ***
log(price):brandminute.maid        0.78293    0.06140  12.750  < 2e-16 ***
log(price):brandtropicana          0.73579    0.05684  12.946  < 2e-16 ***
log(price):feat                   -0.47055    0.07409  -6.351 2.17e-10 ***
brandminute.maid:feat              1.17294    0.08196  14.312  < 2e-16 ***
brandtropicana:feat                0.78525    0.09875   7.952 1.90e-15 ***
log(price):brandminute.maid:feat  -1.10922    0.12225  -9.074  < 2e-16 ***
log(price):brandtropicana:feat    -0.98614    0.12411  -7.946 2.00e-15 ***
---
Signif. codes:  0 '***' 0.001 '**' 0.01 '*' 0.05 '.' 0.1 ' ' 1

(Dispersion parameter for gaussian family taken to be 0.4829706)

    Null deviance: 30079  on 28946  degrees of freedom
Residual deviance: 13975  on 28935  degrees of freedom
AIC: 61094

Number of Fisher Scoring iterations: 2
```

스팸 회귀의 요약 정보는 다음과 같다.

```
> summary(spammy)

Call:
```

```
glm(formula = spam ~ ., family = "binomial", data = email)

Deviance Residuals:
    Min       1Q   Median       3Q      Max
-4.2710  -0.1768  -0.0088   0.0715   3.9864

Coefficients:
                     Estimate Std. Error z value Pr(>|z|)
(Intercept)        -1.9682470  0.1465703 -13.429  < 2e-16 ***
word_make          -0.5529572  0.2356753  -2.346 0.018963 *
word_address       -0.1338696  0.2217334  -0.604 0.546016
word_all           -0.4946420  0.1775333  -2.786 0.005333 **
word_3d             0.8301668  0.8244961   1.007 0.313994
word_our            1.1252843  0.1738924   6.471 9.73e-11 ***
word_over           0.2750951  0.2222082   1.238 0.215714
word_remove         2.4881234  0.2760568   9.013  < 2e-16 ***
word_internet       0.9333968  0.2521034   3.702 0.000214 ***
word_order          0.2196402  0.2768192   0.793 0.427520
word_mail           0.3081450  0.1951604   1.579 0.114352
word_receive       -0.4391531  0.2786137  -1.576 0.114978
word_will          -0.3105941  0.1598132  -1.943 0.051958 .
word_people        -0.9585867  0.2546075  -3.765 0.000167 ***
word_report         0.8466587  0.3426143   2.471 0.013467 *
word_addresses      1.2553331  0.5583262   2.248 0.024552 *
word_free           1.5427059  0.1789503   8.621  < 2e-16 ***
word_business       1.0566330  0.2503438   4.221 2.44e-05 ***
word_email         -0.5200992  0.2112903  -2.462 0.013834 *
word_you            0.1628054  0.1725359   0.944 0.345372
word_credit         0.4160407  0.4092818   1.017 0.309385
word_your           0.6949764  0.1710662   4.063 4.85e-05 ***
word_font           1.2999227  0.4370649   2.974 0.002937 **
word_000            1.0349534  0.3090871   3.348 0.000813 ***
word_money          1.7300810  0.2991364   5.784 7.31e-09 ***
word_hp            -3.6043950  0.3868873  -9.316  < 2e-16 ***
word_hpl           -0.1806108  0.4086744  -0.442 0.658530
word_george        -5.7798414  0.7582542  -7.623 2.49e-14 ***
word_650            2.1047235  0.4075747   5.164 2.42e-07 ***
word_lab           -0.6635103  0.5092322  -1.303 0.192588
word_labs          -0.1804292  0.4563317  -0.395 0.692555
word_telnet        -2.3018083  1.0993454  -2.094 0.036278 *
word_857           -1.4454869  1.2713870  -1.137 0.255565
word_data          -0.7849383  0.3717852  -2.111 0.034749 *
word_415            0.9195251  1.3326016   0.690 0.490180
word_85            -1.7312335  0.6064449  -2.855 0.004307 **
```

```
word_technology             0.3719642  0.3186659    1.167 0.243108
word_1999                  -1.0922412  0.2787550   -3.918 8.92e-05 ***
word_parts                  1.5572057  0.6127579    2.541 0.011044 *
word_pm                    -0.5686254  0.3591271   -1.583 0.113341
word_direct                -0.2828228  0.4884136   -0.579 0.562546
word_cs                    -6.2966891  3.4400227   -1.830 0.067187 .
word_meeting               -2.50034078 0.4584085   -5.461 4.73e-08 ***
word_original              -1.2428824  0.5171020   -2.404 0.016237 *
word_project               -1.6185685  0.4276376   -3.785 0.000154 ***
word_re                    -1.0257826  0.1788160   -5.737 9.66e-09 ***
word_edu                   -2.4268251  0.3217540   -7.542 4.61e-14 ***
word_table                  0.2853855  0.8765651    0.326 0.744748
word_conference            -2.2234335  0.5821066   -3.820 0.000134 ***
char_semicolon             -0.2928835  0.2255829   -1.298 0.194170
char_leftbrac               0.1256978  0.1536438    0.818 0.413293
char_leftsquarebrac        -0.3345468  0.3677987   -0.910 0.363038
char_exclaim                1.3427284  0.1456317    9.220  < 2e-16 ***
char_dollar                 1.8707164  0.2074846    9.016  < 2e-16 ***
char_pound                 -0.8186884  0.2833182   -2.890 0.003857 **
capital_run_length_average -0.0031379  0.0158553   -0.198 0.843118
capital_run_length_longest  0.0060448  0.0029483    2.050 0.040340 *
capital_run_length_total    0.0008344  0.0004660    1.791 0.073337 .
---
Signif. codes:  0 '***' 0.001 '**' 0.01 '*' 0.05 '.' 0.1 ' ' 1

(Dispersion parameter for binomial family taken to be 1)

    Null deviance: 6170.2  on 4600  degrees of freedom
Residual deviance: 1548.7  on 4543  degrees of freedom
AIC: 1664.7

Number of Fisher Scoring iterations: 10
```

이 통계량들은 무엇일까? 두 가지 보완적인 개념을 소개할 필요가 있다.

- **가능도**는 주어진 파라미터에 대한 데이터의 확률을 의미한다. 이 값을 가능한 한 크게 만든다.

- **편차**는 데이터와 적합한 결과 사이의 거리를 측정한 것이다. 이 값을 가능한 한 작게 만든다.

이 두 통계량은 거울 속 이미지와 같은 관계이며 다음과 같은 수학적 관계를 통해 연결된다.

$$\text{Deviance} = -2\log[\text{Likelihood}] + C$$

더 자세히 말하면, 편차는 적합된 모델과 관측 데이터 개수만큼의 파라미터가 있는 '완전 포화' 모델에 대한 로그 가능도 사이의 차이를 −2배한 값이다. 완전 포화 모델에 해당하는 항은 앞의 수식에서와 같이 대부분 무시할 수 있는 상수 C로 묶을 수 있다. 여기서는 이 편차를 최소화해야 할 비용으로 본다. 이것이 모델을 추정하는 데 기본이 되는 원칙이다. 모델 선택 및 정규화(다음 장)의 복잡성을 무시하고 가능도 함수를 나타내기 위해 $lhd(\boldsymbol{\beta})$를 사용하여 다음과 같이 모델 계수를 적합한다.

식 2-18 $$\hat{\boldsymbol{\beta}} = \operatorname{argmin}\left\{ -\frac{2}{n}\log \text{lhd}(\boldsymbol{\beta})\right\}$$

편차와 가능도 사이의 이러한 관계 때문에 이 편차 최소화 전략을 일반적으로 **최대가능도 추정** maximum likelihood estimation (MLE)이라고 한다.

로지스틱 회귀와 가우스(정규) 오차에 대한 예를 살펴보자. 확률 모델은 $y \sim \mathrm{N}(\boldsymbol{x}'\boldsymbol{\beta}, \sigma^2)$이며, 여기서 가우스 확률 밀도 함수는 다음과 같다.

식 2-19 $$\mathrm{N}(\boldsymbol{x}'\boldsymbol{\beta}, \sigma^2) = \frac{1}{\sqrt{2\pi\sigma^2}}\exp\left[-\frac{(y - \boldsymbol{x}'\boldsymbol{\beta})^2}{2\sigma^2}\right]$$

n개의 독립 관측치[41]가 주어질 경우, 가능도(데이터의 확률)는 다음과 같다.

식 2-20 $$\prod_{i=1}^{n} \mathrm{p}(y_i \mid \boldsymbol{x}_i) = \prod_{i=1}^{n} \mathrm{N}(y_i; \boldsymbol{x}_i'\boldsymbol{\beta}, \sigma^2) = (2\pi\sigma^2)^{-\frac{n}{2}}\exp\left[-\frac{1}{2\sigma^2}\sum_{i=1}^{n}(y_i - \boldsymbol{x}_i'\boldsymbol{\beta})^2\right]$$

[식 2−17]을 사용하면 다음과 같이 편차를 얻을 수 있다.

---

[41] 독립 확률 변수는 $\mathrm{p}(y_1, ..., y_n) = \mathrm{p}(y_1) \times \mathrm{p}(y_1) \times ... \mathrm{p}(y_n)$ 속성을 갖는다는 것을 기억하자. 따라서 가능도는 각 독립 관측치에 대한 확률을 곱한 것이라고 할 수 있다.

$$\text{dev}(\boldsymbol{\beta}) \propto \sum_{i=1}^{n} (y_i - \boldsymbol{x}_i' \boldsymbol{\beta})^2$$

여기서 $\propto$ 기호는 '~에 비례한다'는 의미다. 즉, $\boldsymbol{\beta}$에 의존하지 않는 곱셈항과 덧셈항을 무시한다.[42]

[식 2-21]을 보면 편차를 최소화하기 위해 **제곱오차의 합**을 최소화해야 한다는 것을 알 수 있다. $\boldsymbol{\beta}$에 대한 편차 최소화 추정(또는 MLE)은 정확히 **최소제곱 회귀**와 같다. 따라서 '표준' 또는 정규 로지스틱 회귀는 보통 최소제곱^{ordinary least square}(OLS) 회귀의 일반적인 절차와 같은 의미를 지닌다.[43]

로지스틱 회귀를 위한 편차 최소화가 최소제곱 회귀와 같다고 가정하는데 가능도와 편차라는 개념을 추가적으로 도입하는 이유는 무엇일까? 이러한 개념이 로지스틱 회귀 모델과 같은 대체 확률 모델에도 적용되기 때문이다. 확률이 $p_i = \text{p}(y_i = 1)$인 이항 반응의 경우 가능도는 다음과 같다.

식 2-22

$$\text{lhd} = \prod_{i=1}^{n} \text{p}(y_i \mid \boldsymbol{x}_i) = \prod_{i=1}^{n} p_i^{y_i} (1 - p_i)^{1-y_i}$$

p_i에 대한 로지스틱 회귀 수식을 사용하면 가능도는 다음과 같이 유도할 수 있다.

식 2-23

$$\text{lhd}(\boldsymbol{\beta}) = \prod_{i=1}^{n} \left(\frac{\exp[\boldsymbol{x}_i' \boldsymbol{\beta}]}{1 + \exp[\boldsymbol{x}_i' \boldsymbol{\beta}]} \right)^{y_i} \left(\frac{1}{1 + \exp[\boldsymbol{x}_i' \boldsymbol{\beta}]} \right)^{1-y_i}$$

여기에 로그를 취하고 -2를 곱하면 로지스틱 회귀 편차가 된다.

식 2-24

$$\text{dev}(\boldsymbol{\beta}) = -2 \sum_{i=1}^{n} (y_i \log(p_i) + (1 - y_i) \log(1 - p_i))$$

$$\propto \sum_{i=1}^{n} \left[\log\left(1 + e^{\boldsymbol{x}_i' \boldsymbol{\beta}}\right) - y_i \boldsymbol{x}_i' \boldsymbol{\beta} \right].$$

---

42 σ^2의 함수인 음의 로그 가능도는 $n \log(\sigma^2) + \sum_{i=1}^{n} \frac{1}{\sigma^2}(y_i - \boldsymbol{x}_i' \boldsymbol{\beta})^2$에 비례한다.

43 특히 경제학자는 OLS라는 용어를 선호한다. OLS와 MLE를 모두 사용한다.

이것이 glm이 로지스틱 회귀를 위해 최소화하는 함수다.

glm에 대한 summary 결과는 두 가지 유형의 편차를 출력한다.

```
> summary(spammy)
…
(Dispersion parameter for binomial family taken to be 1)

    Null deviance: 6170.2  on 4600  degrees of freedom
Residual deviance: 1548.7  on 4543  degrees of freedom
AIC: 1664.7
```

잔차편차(Residual deviance), 즉 $D = \text{dev}(\hat{\boldsymbol{\beta}})$는 [식 2–21] 또는 [식 2–24]와 같이 적합된 모델에 대한 잔차를 의미한다. glm은 이것을 최소화하기 위해 $\hat{\boldsymbol{\beta}}$를 적합한다. **귀무편차** (Null deviance), 즉 $D_0 = \text{dev}(\boldsymbol{\beta} = 0)$는 '귀무 모델' 또는 기본 모델[44]에 대한 편차다. 여기서 모든 $\beta_j = 0$이다. 즉, 귀무편차는 $\boldsymbol{x}$를 사용하지 않고 그냥 $\hat{y}_i = \bar{y}$인 모델에 대응된다.

- 로지스틱 회귀에서 $D_0 = \sum (y_i - \bar{y})^2$이다.
- 로지스틱 회귀에서 $D_0 = -2 \sum [y_i \log(\bar{y}) + (1 - y_i) \log(1 - \bar{y})]$이다.

D와 D_0의 차이는 공변량에 포함된 정보 때문이다. 회귀 결과가 얼마나 잘 맞는지 보여주는 중요한 측정 지표는 x에 의해 **설명되는 편차 비율**이다. 일반적으로 R^2이라고 한다.

식 2-25
$$R^2 = \frac{D_0 - D}{D_0} = 1 - \frac{D}{D_0}$$

이는 회귀 입력에 대한 함수로, 모델링할 수 있는 반응 변동성을 측정한다. 앞서 살펴본 두 가지 예에 대한 편차 비율을 구하면 다음과 같다.

- Spammy: $R^2 = 1 - \dfrac{1549}{6170} = 0.75$

- ojreg: $R^2 = 1 - \dfrac{13975}{30079} = 0.54$

따라서 입력 데이터는 스팸 발생의 약 3/4과 OJ 판매 변동의 약 1/2을 설명한다고 볼 수 있다.

이러한 R^2 공식은 익숙할 수 있다. [식 2-21]에서 선형 회귀 편차는 제곱의 합이다. 이것은 잔차(또는 적합)편차는 보통 제곱오차의 합^{error sum of square}(SSE)이고 귀무편차는 총 제곱합^{total sum of square}(SST)이라는 것을 의미한다. 따라서 **로지스틱 회귀**의 경우에는 다음과 같이 기초 통계학 수업에서 익숙한 R^2 공식을 사용한다.[45]

식 2-26
$$R^2 = 1 - \frac{\text{SSE}}{\text{SST}}$$

이처럼 R^2를 편차에 대해 다시 표현하면 **거의 모든 머신러닝 모델**에 적용되는 더 일반적인 형태의 적합통계량이 된다. 편차는 더 유연한 모델링을 위한 제곱오차의 유용한 일반화라고 생각할 수 있다.

glm의 summary 출력에서 추가적으로 다뤄야 할 두 가지 통계량이 있다. glm 출력 결과를 다시 살펴보자.

```
> summary(ojreg)
...
(Dispersion parameter for gaussian family taken to be 0.4829706)

    Null deviance: 30079  on 28946  degrees of freedom
Residual deviance: 13975  on 28935  degrees of freedom
AIC: 61094
```

산포모수^{dispersion parameter}는 적합된 조건부 평균 주변 변동성의 측도다. 기본적으로 알아야 할 것은 로지스틱 회귀를 위한 가우스 족^{family}의 경우 산포모수는 오차 분산 σ^2에 대한 추정치라는 사실이다. 따라서 OJ 회귀에서 다음과 같이 적합 잔차의 분산을 취하여 산포모수를 추정했다.

식 2-27
$$\hat{\sigma}^2 = \text{var}(\varepsilon_i) = \text{var}(y_i - \boldsymbol{x}'\hat{\boldsymbol{\beta}}) = 0.48$$

---

[45] 선형 회귀에서 $R^2 = \text{cor}(y, \hat{y})^2$을 기억할 수도 있다. 여기서 $\hat{y}$는 '적합된 값' $\hat{y} = f(\boldsymbol{x}'\hat{\boldsymbol{\beta}}) = \boldsymbol{x}'\hat{\boldsymbol{\beta}}$를 나타낸다. 이것은 선형 회귀의 고유한 속성이다.

로지스틱 회귀에서는 해당 '오차항'이 없으므로 R에서는 `Dispersion parameter for binomial family taken to be 1`(이항 족에 대한 산포모수는 1로 설정)이라는 메시지를 출력한다. 이 것이 표시되지 않았다면 'type=binomial'을 입력하는 것을 잊은 것이다.

R 출력에서 마지막으로 소개할 항목은 **자유도** degrees of freedom다. 조금 혼란스러울 수도 있지만 이 출력에서 자유도는 '잔차 자유도'라고 보는 것이 더 적절하다. 이 자유도는 관측 수에서 파라미터의 수를 뺀 값으로 정의된다. 이 책의 나머지 부분에서는 **모델 파라미터의 수**인 '모델 자유도'를 참조하기 위해 자유도(df)를 사용한다. 따라서 R의 잔차 자유도는 이 책의 표기법에 따라 $n - df$로 나타낸다.

2.4 회귀 불확실성

우리는 회귀 파라미터의 점추정뿐만 아니라 이러한 추정치의 **불확실성**에도 관심이 있다. 회귀 계수에 대한 불확실성을 정량화하는 일반적인 방법은 소프트웨어에서 제공하는 표준오차를 신뢰하는 것이다. 이렇게 '표준이 되는' 표준오차는 모델이 실제 데이터 생성 프로세스를 잘 표현하는 경우에 한해 여러 목적에 알맞다. 하지만 R(거의 모든 소프트웨어 패키지)에서 보고하는 표준오차는 오지정에 민감하다. 즉, 지정된 회귀 모델이 참이라는 가정에 의존적인 이론을 바탕으로 한다. 예를 들어 선형 회귀에서 이분산 오차가 있는 경우(모든 ε_i에 대해 분산 σ^2이 다를 경우) 일반적인 표준오차는 정확하지 않다. 그리고 선형 회귀와 로지스틱 회귀 모두 관측치 사이에 종속성이 있는 경우에도 표준오차가 정확하지 않다.

더 강력한 표준오차를 구하려면 명시된 모델이 완벽하게 적합되지 않을 가능성을 고려한 **비모수적** 방법을 사용해야 한다. 1장에서 설명했던 것과 같이 이를 위한 한 가지 유용한 도구는 부트스트랩이다. 이 방법은 데이터를 다시 표본추출(복원추출)하고 표본 전체의 불확실성을 실제 표본분산의 추정치로 사용한다. 부트스트랩을 사용하여 회귀 계수와 관련된 불확실성을 비모수적으로 정량화할 수 있다. 예를 들어 [그림 2-9]는 온라인 지출을 예측할 때 광대역 인터넷 사용 계수에 대한 모수 및 비모수 방식의 불확실성 추정치를 비교했다.

OLS 회귀의 특별한 경우(선형 회귀)에 강력한 표준오차를 얻기 위해 사용할 수 있는 여러 이론적인 방법이 있다. 가장 중요하고 유용한 방법은 이른바 **샌드위치** 분산 추정이라고 부르는 방법이다. 선형 회귀 분포를 다변량으로 다음과 같이 표현할 수 있다.

$$y \sim \mathrm{N}(X\beta, \Sigma)$$

여기서 $X\beta$는 행렬과 벡터의 곱으로, 선형 회귀에서 조건부 평균인 $\hat{y}_i = x_i'\beta$ 요소를 가진 벡터를 만든다.[46] 일반적인 **등분산** 선형 회귀 설정에서 조건부 분산 행렬은 $\Sigma = \sigma^2 I$이며(σ^2인 대각 원소를 제외한 나머지는 모두 0) 모든 관측치가 동일한 오차 분산과 서로 독립이라고 가정한다. [식 2-28]에서 Σ를 특정하지 않았기 때문에 일반적인 회귀 설정을 다른 오차 구조를 가진 시나리오로 일반화할 수 있다.

[식 2-28]의 모델에 대해 회귀 계수의 표본분산을 다음과 같이 쓸 수 있는 결과를 중심으로 샌드위치 분산 추정기를 구축한다.

식 2-29
$$\mathrm{var}(\hat{\beta}) = (X'X)^{-1}X'\Sigma X(X'X)^{-1}$$

여기서 오차 분산 Σ이 투영^{projection} $X(X'X)^{-1}$에 의해 '샌드위치'되어 있다. 이것이 어디서 오는지 직관하려면 계수 추정을 위해 다음과 같이 일반적인 OLS 공식을 확장한다.

식 2-30
$$\hat{\beta} = (X'X)^{-1}X'y = (X'X)^{-1}X'(\mathbb{E}[y] + \varepsilon) = \beta + (X'X)^{-1}X'\varepsilon$$

여기에서 $x'\beta$는 오차항에 $X(X'X)^{-1}$ 투영을 곱한 것을 실제 계수와 더한 벡터다. 표준 결과는 고정 벡터 a와 랜덤 ε에 대해 $\mathrm{var}(a'\varepsilon) = a'\mathrm{var}(\varepsilon)a$가 되며 이는 [식 2-29]와 같다.

$\Sigma = \sigma^2 I$인 일반적인 등분산 모델을 고려해보자. 이 경우 [식 2-29]는 OLS 표본분산의 표준 공식인 $\sigma^2(X'X)^{-1}(X'X)(X'X)^{-1} = \sigma^2(X'X)^{-1}$가 된다(R에서는 이 공식을 이용하여 표준오차를 구한다). 더 일반적인 모델에 대해서도 [식 2-29]를 사용하여 각 관측치가 다른 오차 분산을 갖는 일반적인 **이분산** 시나리오의 불확실성을 정량화할 수 있다. 즉, $\Sigma = \mathrm{diag}(\sigma^2) = \mathrm{diag}([\sigma_1^2, \sigma_2^2, \ldots, \sigma_n^2])$로 각 관측치에 대해 서로 다른 대각 원소를 갖는다. [식 2-29]에서 Σ를 이분산성을 허용하는 추정값으로 대체하여 **이분산적으로 일관된**$^{\text{heteroskedastic consistent}}$ (HC)[47] 표준오차를 구성한다.

---

46 여기서 X는 절편을 포함한다.

47 Halbert White. A heteroskedasticity–consistent covariance matrix estimator and a direct test for heteroskedasticity. *Econometrica: Journal of the Econometric Society*, pages 817-838, 1980.

$$\hat{\Sigma}_{HC} = \begin{bmatrix} e_1^2 & 0 & & \\ 0 & e_2^2 & & \\ & & \ddots & 0 \\ & & 0 & e_n^2 \end{bmatrix}$$

식 2-31

여기서 $e_i = y_i - x_i' \hat{\beta}$는 적합 회귀 잔차다. HC 과정은 이분산성을 허용하는 표준오차를 얻기 위해 이러한 잔차제곱을 관측치별 분산 σ_i^2의 추정치로 사용한다.

AER 패키지를 사용하면 적은 노력으로도 HC 표준오차를 얻을 수 있다. 간단한 예로 뉴욕의 대기 오염에 대한 데이터인 airqaulity 데이터셋을 사용해보자. 이 데이터는 1973년 5월 1일부터 9월 30일까지의 일일 오존 측정값을 포함한다. 이 예에서는 오존에 대한 풍속(시간당 마일 또는 MPH로 측정)의 영향을 살펴본다. 동시에 온도와 일사량(일조량)을 제어한다. 간단한 OLS 회귀를 실행하면 풍속이 1MPH 증가할 때 표준오차 0.65의 3ppb 오존 하락이 발생한다는 것을 알 수 있다.

```
> data(airquality)
> fit <- glm(Ozone ~ ., data=airquality)
> summary(fit)$coef["Wind",]
    Estimate    Std. Error       t value      Pr(>|t|)
-3.318444e+00  6.445095e-01 -5.148789e+00  1.231276e-06
```

AER의 vcovHC 함수는 적합된 glm(또는 lm) 객체를 입력으로 받아서 이분산성에 강인한 $var(\hat{\beta})$ 추정치를 반환한다.

```
> library(AER)
> bvar <- vcovHC(fit)
> round (bvar, 1)
            (Intercept) Solar.R  Wind  Temp  Month   Day
(Intercept)       432.9     0.1 -13.3  -3.6   -3.2   0.3
Solar.R             0.1     0.0   0.0   0.0    0.0   0.0
Wind              -13.3     0.0   0.8   0.1   -0.2  -0.1
Temp               -3.6     0.0   0.1   0.1   -0.1   0.0
Month              -3.2     0.0  -0.2  -0.1    1.8   0.0
Day                 0.3     0.0  -0.1   0.0    0.0   0.1
```

이것은 계수의 표본공분산 행렬이다. 이 행렬의 대각 원소에 분산이 있다. 표본표준편차인 표준오차를 얻으려면 대각 분산 추정에 제곱근을 취한다.

```
> sqrt(bvar["Wind","Wind"])
[1] 0.9128877
```

이는 R이 출력한 표준오차인 0.645보다 **훨씬 크다**(약 40% 정도). 등분산 가정은 인위적으로 원래보다 작은 불확실성 추정치를 산출한다. 왜 이런 일이 발생하는지 알아보기 위해 [그림 2-10]의 적합 잔차를 살펴보자. 이분산성이 명확하고 풍속이 느린 날에는 훨씬 더 큰 잔차가 발생한다.

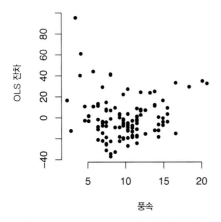

그림 2-10 airquality OLS 회귀의 적합 잔차

HC 표준오차는 유용하며 자주 사용된다. 또한 HC 표준오차와 부트스트랩 간에는 흥미로운 관계가 있다. OLS의 경우 비모수적 부트스트랩에서 얻은 모수 분산 추정값은 실제로 HC 과정을 통해 **근사화**된다.[48] 즉, OLS에 대한 부트스트랩의 빠른 대안으로 HC 표준오차를 사용할 수 있다. 이 관계는 또한 [식 2-28]의 정규 분포 가정이 HC 표준오차에 특별히 중요하지 않다는 것을 의미한다. 설명을 위해 `airquality` 데이터에 대해 부트스트랩을 실행해보자.

---

48 Dale J Poirier. Bayesian interpretations of heteroskedastic consistent covariance estimators using the informed Bayesian bootstrap. *Econometric Reviews*, 30(4): 457-468, 2011.

```
> B <- 10000
> beta <- vector(length=B)
> n <- nrow(airquality)
> for(b in 1:B){
+     bs = sample.int(n,n,replace=TRUE)
+     bsfit <- lm(Ozone ~., data=airquality, subset=bs)
+     beta[b] <- coef(bsfit)["Wind"]
+ }
> sd(beta)
[1] 0.8669655
```

이 표준오차는 소수점 첫째 자리까지 HC 절차의 오차와 일치한다. 표본 분포는 [그림 2–11]과 같다.

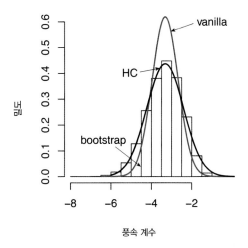

그림 2-11 airquality 회귀에서 풍속 계수를 추정한 표본 분포. HC는 이분산적 일관성 절차를 나타내며 vanilla는 등분산성에 의존하는 일반적인 결과를 보여준다.

지금까지 논의한 모든 불확실성 추정 방법([그림 2–11]에 표시한 모든 것)은 관측치 간의 독립성을 가정한다. 예를 들어 HC 절차는 Σ의 비대각 원소로 0을 사용한다. 관측치 간에 **의존성**이 있는 경우에 사용할 수 있는 추가적인 절차와 방법이 있다. 의존성을 허용하는 샌드위치 추정기(**클러스터 표준오차**라고 한다)에 대해서는 5장에서 다룬다. 이러한 기술은 일반적으로 무작위 대조 시험에서 처리 효과를 추정할 때 사용한다. 회귀에서 종속성을 **모델링**하여 처리할 수도 있다. 즉, 관측값을 서로의 평균 함수에 포함하여 관측치 간의 종속성을 명시적으로 만들 수 있다. 다음 절에서는 공간적 그리고 시간적 프로세스의 특정 컨텍스트^{context}에서 이러한 종속성을 모델링하는 방법에 대해 설명한다.

2.5 공간과 시간

이 책에서는 대부분 **독립적인** 관찰에 초점을 맞춘다. 예를 들어 독립은 이전 절에서 편차와 가능도를 소개하는 데 핵심적인 개념이었다. 그러나 가까운 곳에 위치한 데이터 또는 시간에 따라 차례로 발생하는 사건의 데이터는 서로 **종속적**일 수 있다. 예를 들어 한 레스토랑의 저녁 영업이 잘 될 때 빈 자리를 찾지 못한 손님들이 근처 레스토랑을 찾을 수 있고, 봄과 여름의 매출이 항상 높을 수 있다. 이 절에서는 이러한 정보를 처리하는 방법에 대해 알아볼 것이다.

다행히 시공간 의존성을 다루는 주요 방법들은 표준 회귀 프레임워크에 잘 적용된다. 간단히 의존성과 관련된 변수들을 입력에 포함하면 된다. 이를 통해 공간(예를 들어 지역 위치)과 시간(예를 들어 월)의 추세를 제어하고 인접한 결과 간 종속성을 보여주는 자기회귀^{auto-regressive}(AR)를 제어한다.

전통적인 통계학 교과서에서는 이러한 추세와 AR 효과를 신중하게 제어하는 데 많은 시간을 할애한다. 이후에 여러 장에 걸쳐 다룰 정규화 및 모델 선택과 관련한 내용을 통해 가능한 여러 공간 및 시간 변수에 대해 살펴보고, 데이터를 활용하여 무엇이 가장 잘 작동하는지 알아본다. 따라서 이 절의 나머지 부분에서는 시공간 변수를 선택하는 방법을 알려주기보다는 시공간 효과를 전반적으로 이해하는 데 초점을 맞춘다.

간단한 예로 [그림 2-12]에 표시된 월간 총 국제 항공사 승객 수를 살펴보자. 상승 추세를 중심으로 월간 변동성이 증가하고 있다. **선형 회귀**를 하려는 상황에서 시간이 지남에 따라 노이즈가 점점 증가할 경우 일종의 데이터 변환이 필요할 수 있다. 승객 수는 판매량과 같이 항상 양수이며 종종 백분율로 처리한다. 이것은 이 데이터를 로그 척도로 다뤄야 한다는 것을 의미한다. 실제로 [그림 2-13]에서 로그 승객 수가 대략적으로 일정한 진동으로 표현되고 그럴듯한 선형 추세를 가지고 있음을 볼 수 있다.

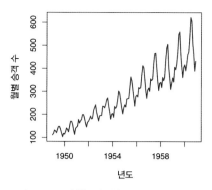

그림 2-12 국제 항공기 이용 승객 수

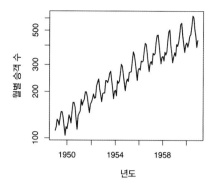

그림 2-13 로그 스케일로 본 항공기 이용 승객 수

시간을 연속 변수 t(날짜 1, 2, 3, ...)로 포함하면서 시간 t에서 월 정보를 나타내는 m_t를 가지고 선형적인 시간 추세와 월별 고정 효과를 포함하는 회귀 모델은 다음과 같다.

$$\log(y_t) = \alpha + \beta_t t + \beta_{m_t} + \varepsilon_t$$

시간 변수를 만들고 월을 요인화한 후 R에서 모델 적합을 위해 다음과 같이 `glm`을 사용한다.

```
> month <- factor(airline$Month)
> time <- (airline$Year-min(airline$Year))*12 + airline$Month
> air <- glm(log(airline$Passengers) ~ time + month)
```

[그림 2-14]는 이 회귀에 대한 적합치를 보여준다. 선형적인 시간 추세와 월별 고정 효과는 승객 트래픽을 요약하는 데 효과적인 것처럼 보인다(로그 척도).

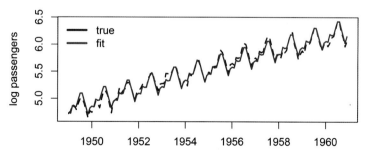

그림 2-14 항공사 승객 회귀

이제 데이터로부터 추세 변동성을 쉽게 분석할 수 있다. 데이터에 날짜 정보가 있으면 년, 월, 일에 대한 지표 변수를 만들어야 한다. 가장 중요한 점은 이것을 **계층적으로 진행해야 한다**는 것이다. 만약 may-1981(1981년 5월)의 효과를 포함하려는 경우, may와 1981에 대한 더 좀 더 광범위한 효과도 함께 고려해야 한다. 이렇게 하면 모델은 후자의 효과를 기준선으로 사용할 수 있으며 may-1981 효과는 이 기준선으로부터의 편차만 요약해서 보여줄 것이다. 3장에서는 이것을 'may-1981은 may와 1981의 기준선 수준으로 축소된다'고 표현한다. 공간 정보에도 동일한 논리를 적용할 수 있다. 행정 구역을 나타내는 '동洞'에 조건을 지정하면 더 넓은 '시市'나 '도道'의 효과도 함께 포함해야 한다.

더 미묘한 문제는 **자기상관**auto-correlation이다. [그림 2-15]에 표시된 항공기 승객 회귀에 대한 잔차를 살펴보자. 이 시계열은 시간에 따른 관련성이 있는 것으로 보인다. 어떤 달에 잔차가 높으면 그 다음 달에도 높은 경우가 많다. ε_t가 ε_{t-1}과 관련되어 있는 것을 볼 때 오차가 시간과 상관관계가 있는 것으로 보인다. 이러한 관계는 모든 $j \neq i$에 대해 $\varepsilon_i \perp\!\!\!\perp \varepsilon$를 유지하는 기본 **독립** 가정에 위배된다.

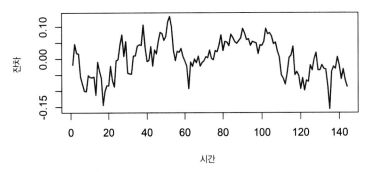

그림 2-15 승객 회귀의 로그 승객 수 잔차

이렇게 자기 자신과 상관관계를 갖는 현상을 **자기상관**이라고 한다. 간단히 말해 시계열 데이터는 시간에 따라 수집된 관측값의 모음이다. 예를 들어 $y_1 \ldots y_T$가 주간 판매량, 일별 기온 또는 5분당 주식수익률이라고 생각해보자. 각각의 경우에 시간 t에서 일어나는 일이 시간 $t-1$의 일과 상관이 있을 것으로 예상할 수 있다. 예를 들어 여러 해에 걸쳐 매일 기온를 측정한다고 가정하자. 오늘의 기온에 대한 추정치로는 다음 중 어느 것이 더 효과적일까?

- 전년도 평균 기온

- 전날 기온

대부분의 경우 전날 기온이 가장 도움이 될 것이다. 즉, 광범위한 연간 패턴보다 **지역** 의존도가 더 중요하다.

'l-지연^{lag}' 상관관계를 추적하는 자기상관 함수(ACF)를 사용하여 종속성을 요약해볼 수 있다.

식 2-32 $$\mathrm{acf}(l) = \mathrm{cor}(\varepsilon_t, \varepsilon_{t-l})$$

[그림 2-16]은 항공사 승객 회귀 잔차에 대한 ACF 결과를 보여준다. 잔여 시계열에 대해 검사한 결과, 상당한 의존성이 있는 것을 확인할 수 있다. y_t와 y_{t-1} 사이의 상관관계는 약 0.8 정도로 매우 크다.

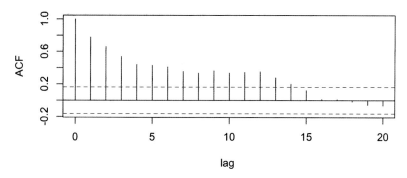

그림 2-16 [그림 2-15]에 표시된 잔차 시계열에 대한 ACF 결과. $acf(0) = 1$인 것은 y_t와 자기 자신 사이의 상관관계기 때문이다. 점선은 상관관계가 '크다'는 것을 보여주는 기준선이다.

이러한 유형의 데이터는 어떻게 모델링할까? 다음과 같은 간단한 누적 오차 프로세스를 생각해보자.

$$
\begin{aligned}
y_1 &= \varepsilon_1, \\
y_2 &= \varepsilon_1 + \varepsilon_2, \\
y_3 &= \varepsilon_1 + \varepsilon_2 + \varepsilon_3 + \ldots.
\end{aligned}
$$

각 y_t는 시간 0까지 거슬러 올라가는 모든 이전 관찰값에 대한 함수다. 다행히 다음과 같이 한 줄로 표현이 가능하다.

$$y_t = \sum_{i=1}^{t} \varepsilon_i = y_{t-1} + \varepsilon_t$$

따라서 t에서 y값을 예측하기 위해 알아야 할 것은 $t-1$에서의 값이다. 더 구체적으로 이 과정에서 $\mathbb{E}[y_t | y_{t-1}] = y_{t-1}$이다. 이것은 y_t에 대한 **랜덤 워크**$^{random\ walk}$ 모델이라고 한다. 즉, 다음에 일어날 일에 대한 기대치는 항상 가장 최근에 일어난 일과 관련이 있다.

랜덤 워크는 일반적인 AR 모델의 한 가지 버전이다. 차수가 1인 AR 모델은 다음과 같이 쓸 수 있다.

식 2-33 $$\mathrm{AR}(1): y_t = \beta_0 + \beta_1 y_{t-1} + \varepsilon_t$$

이것은 단순히 지연된 y_{t-1}로 회귀한 y_t를 보여준다. 랜덤 워크는 $\beta_1 = 1$인 경우에 해당하고 0이 아닌 β_0을 움직임으로 볼 수 있다. $\mathrm{AR}(1)$ 모델을 적합하려면 반응의 지연된 버전을 만든 다음 이 회귀에 포함해야 한다. 이를 위해 일반적으로 학습 데이터에서 첫 번째 관측치는 제거한다. 예를 들면 다음과 같이 $\mathrm{AR}(1)$항을 포함하여 항공사 승객 회귀를 다시 실행할 수 있다.

```
> passengers <- airline$Passengers
> lag <- head(log(passengers),-1)
> passengers <- passengers[-1]
> month <- month[-1]
> time <- time[-1]
> summary(airAR <- glm(log(passengers) ~ time + month + lag))
...
lag            0.7930716  0.0548993  14.446  < 2e-16 ***
...
```

[그림 2-17]은 결과 잔차와 ACF 플롯을 보여준다. 이제 모든 것이 선형적으로 보인다. 단일 지연항을 이용한 것으로 모든 자기상관 문제를 해결했다.

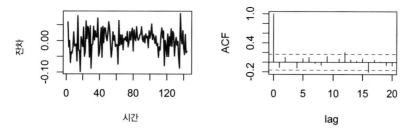

그림 2-17 AR(1)항을 포함한 후 항공사 승객 잔차

AR(1) 모델은 간단하지만 매우 강력하다. 자기상관이 의심될 경우 지연된 반응을 공변량으로 포함하는 것이 좋다. 이 지연에서 계수는 다음과 같이 시계열 속성에 대한 중요한 정보를 제공한다.

- 만약 $|\beta_1| = 1$이면 랜덤 워크다.
- 만약 $|\beta_1| > 1$이면 시계열 데이터가 발산하는 형태다.
- 만약 $|\beta_1| < 1$이면 데이터값이 평균으로 회귀한다.

랜덤 워크에서 이 시계열은 그냥 주변을 배회하며 자기상관은 오랫동안 높게 유지된다(그림 2-18, 그림 2-19 참조). 더 정확하게 말하면, 이것은 비정상 시계열 데이터다. 평균 근처에 머물지 않고 이탈하여 갈라져 나간다. 예를 들어 2000년부터 2007년까지의 월간 다우 존스 평균(DJA) 종합 지수(그림 2-20)를 살펴보자. DJA는 그냥 무작위로 돌아다니는 것처럼 보인다. 물론 회귀 적합은 $\beta_1 \approx 1$을 사용하는 랜덤 워크처럼 보인다.

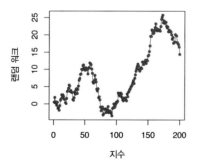

그림 2-18 랜덤 워크

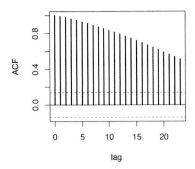

그림 2-19 랜덤 워크에 대한 ACF

```
> summary(ARdj <- glm(dja[2:n] ~ dja[1:(n-1)]))
...
Coefficients:
              Estimate Std. Error t value Pr(>|t|)
(Intercept)    7.05419    4.00385   1.762   0.0782 .
dja[1:(n - 1)] 0.99764    0.00121 824.298   <2e-16 ***
...
```

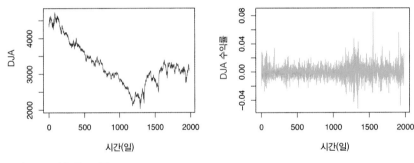

그림 2-20 다우 존스 평균

하지만 가격을 수익률 $(y_t - y_{t-1})/y_{t-1}$로 전환하면 순수한 노이즈처럼 보이는 데이터를 얻게 된다. 수익률에 대한 회귀를 다시 실행해보면 $AR(1)$항이 중요하지 않음을 알 수 있다.

```
> returns <- (dja[2:n]-dja[1:(n-1)])/dja[1:(n-1)]
> summary( glm(returns[2:n] ~ returns[1:(n-1)]) )
...
```

```
Coefficients:
                      Estimate Std. Error t value Pr(>¦t¦)
(Intercept)         -0.0001138  0.0002363  -0.482    0.630
returns[1:(n - 1)]  -0.0144411  0.0225321  -0.641    0.522
...
```

이러한 속성은 이 시계열 데이터가 랜덤 워크를 따른다는 것을 암시한다. 즉, y_t와 y_{t-1}의 **차이**는 서로 독립이다. 만약 랜덤 워크가 있다면 더 쉽게 모델링하기 위해 이 반환 변환을 수행해야 한다.

$AR(1)$항이 1보다 크면 더 복잡해진다. 이 경우 y_t값이 y_1에서 기하급수적으로 멀리 이동하기 때문에 시계열 데이터가 **발산**하는 결과가 발생한다. 예를 들어 [그림 2-21]은 1에 매우 가까운 $\beta_1 = 1.02$라도 관측치가 얼마나 빨리 발산하는지 보여준다. 이 데이터는 발산하는 형태이기 때문에 모델링이나 예측에 쓸모가 없다. 회귀를 실행하고 이러한 $AR(1)$항을 찾으면 회귀에 포함해야 할 추세 변수가 누락되었을 가능성이 있다.

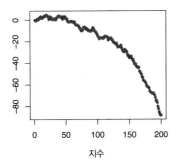

그림 2-21 AR(1) 계수가 $\beta_1 = 1.02$인 발산 시계열 데이터

마지막으로 가장 흥미로운 시계열 데이터는 −1과 1 사이의 $AR(1)$항을 가지고 있는 경우다. y_t는 항상 평균쪽으로 다시 당겨지기 때문에 이러한 데이터를 **정상** 시계열이라고 한다. 가장 일반적이고 유용한 AR 시계열 유형이다. 정상 시계열의 경우 과거 정보가 중요하다. 하지만 [그림 2-22], [그림 2-23], [그림 2-24]를 볼 때 제한된 수평선을 기준으로 자기상관관계가 빠르게 감소하는 것을 볼 수 있다.

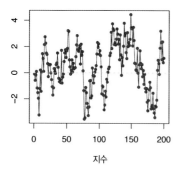

그림 2-22 $\beta_1 = 0.8$인 정상(즉, 평균 회귀) 시계열

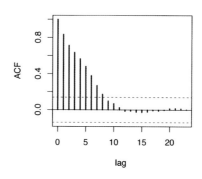

그림 2-23 정상 시계열 ACF

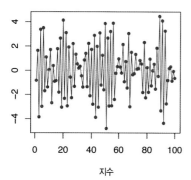

그림 2-24 $\beta_1 = -0.8$인 정상 시계열. 음의 상관관계가 있는 AR(1) 시계열이 있을 수 있다. 하지만 실제로는 매우 드물다.

정상 시계열의 중요한 속성은 평균 회귀다. 다음과 같이 y_t와 y_{t-1}을 모두 평균 μ 방향으로 이동하는 것에 대해 생각해보자.

$$y_t - \mu = \beta_1 (y_{t-1} - \mu) + \varepsilon_t$$

$|\beta_1| < 1$이기 때문에 y_t는 y_{t-1}보다 μ에 더 가까울 것으로 예상할 수 있다. 평균 회귀는 흔하게 볼 수 있으며 향후 행동을 예측하는 데 사용할 수 있다.

AR 개념을 다음과 같이 더 높은 지연으로 확장하는 것도 가능하다.

$$AR(p) : Y_t = \beta_0 + \beta_1 Y_{t-1} + \ldots \beta_p Y_{t-p} + \varepsilon$$

고차 AR을 생각할 때의 단점은 (다중공선성 multicollinearity 때문에) 적절한 지연 차수를 선택하는 방법에 따라 가설 검정을 망칠 수 있다는 점이다. 그러나 3장에서 다룰 모델 선택 방법을 사용하면 데이터에 따라 적절한 지연 차수를 선택할 수 있다. 이러한 방법을 사용하면 $AR(p)$에서 더 큰 p를 자유롭게 고려할 수 있다. 유일한 문제는 더 높은 차수를 포함할 경우 β_1을 간단히 해석하는 것이 불가능해진다는 점이다. 또한 더 높은 지연이 필요하다는 것은 종종 데이터에서 더 지속적인 추세나 주기성을 놓치고 있다는 의미일 수도 있다.

마지막으로 공간에 대해서는 어떨까? 공간은 시간과 비슷하지만 차원에 대한 정의가 다르다. 우리는 이미 지리적 효과를 이용한 추세 제거에 대해 논의했다. 공간적 자기의존성을 처리하려면 모델링 위치에서 근처에 있는 s에 대해 y_s를 포함하면 된다. 예를 들어 지도에서 주변 상태에 대한 평균이나 이미지에서 주변 픽셀의 평균을 조건화할 수 있다. 이러한 모델을 공간 자기회귀 spatial auto-regressive (SAR) 모델이라고 하며, 시간적 AR과 같이 가장 근접한 주변만 포함하여 대부분의 종속성을 처리할 수 있다. 이 기술을 자세히 다루지는 않겠지만 9장에서 캘리포니아 주택 가격 데이터를 사용한 SAR 모델링에 대해 알아볼 것이다. 또한 9장에서는 공간 의존적인 데이터를 모델링하는 데 일반적으로 사용되는 가우스 프로세스 Gaussian process (GP) 모델을 소개한다. GP를 사용하여 SAR을 모델링하려면 GP 회귀 함수에 대한 입력으로 공간 정보(예를 들면 위도 및 경도)를 추가하면 된다.

## CHAPTER 3

정규화

더 다양한 신호를 담을 수 있는 고차원 모델의 경우 **미래** 데이터를 예측하기 위해 가장 적합한 모델을 선택하고 과적합을 방지하는 데 신경을 써야 한다. 이를 위해 먼저 괜찮은 여러 후보 모델을 선정한다. 그런 다음 이 후보들 가운데 새 데이터를 예측할 때 오차율 추정치를 최소화하는 모델을 선택한다. 이 장에서는 이러한 고차원 모델링을 위한 주요 기술을 소개한다.

3.1 표본 외 성능

이전 장에서는 모델이 학습 데이터에 얼마나 잘 맞는지 측정하는 방법으로 **편차**에 대해 소개했다. 예측과 의사결정을 위해 모델을 적용할 때 실제로는 **표본 내**(IS) 편차에 대해 그렇게 신경을 쓰지 않는다. 더 중요한 것은 **표본 외**(OOS) 편차다. 즉, 모델이 **새로운** 데이터에 얼마나 잘 맞는가를 고려해야 한다.

정말로 신경 써야 할 유일한 R^2은 표본 외 R^2이다. **표본 내** R^2과 **표본 외** R^2의 차이는 $\hat{\beta}$을 적합할 때 어떤 데이터를 사용하는지와 어떤 편차를 계산하는지에 달려있다. 데이터 $[x_1, y_1] \dots [x_n, y_n]$이 있다고 가정하자. 그리고 이 데이터를 사용하여 선형 회귀에서 $\hat{\beta}$를 적합한다. 이 때 표본 내 편차는 다음과 같다.

식 3-1
$$\text{dev}_{IS}(\hat{\beta}) = \sum_{i=1}^{n}(y_i - x_i'\hat{\beta})^2$$

표본 외 R^2의 경우 $\hat{\boldsymbol{\beta}}$은 동일하지만(여전히 관측치 $1...n$에 적합) 다음과 같이 새로운 관측치에 대해 편차를 계산한다.

$$\text{dev}_{\text{OOS}}(\hat{\boldsymbol{\beta}}) = \sum_{i=n+1}^{n+m}(y_i - \boldsymbol{x}_i'\hat{\boldsymbol{\beta}})^2$$

이 두 가지를 구분하는 것은 매우 중요하다. 데이터가 크고 입력이 많을 경우 모델이 학습 데이터를 **과적합**하여 미래의 관찰값에서 발견되지 않을 노이즈에 영향을 받기 쉽다. 결국 예측 오류가 증가하므로 과적합 모델은 없느니만 못하게 된다.

예를 들어 어떤 반도체 제조 공정에 대한 품질 관리 데이터가 있다고 하자. 이 분야의 특성상 오차가 거의 없어야 하는 복잡한 작업이 많다. 생산 라인에는 수백 개의 진단 센서가 있으며 공정상의 다양한 입력과 출력을 측정한다. 여기서 목표는 센서 데이터를 이용해 칩 고장을 예측하는 모델을 구축하는 것이다. 그런 다음 오류가 발생할 위험이 있는 칩에 추가적인 (비용과 노동력이 많이 드는) 검사를 받을 수 있도록 경고해줄 수 있다.

학습 데이터로 진단 신호의 관측값을 담은 길이가 200인 벡터 $\boldsymbol{x}$ 1,500개와 각각의 경우 칩의 고장 여부를 나타내는 이진 데이터를 사용한다.[49]

로지스틱 회귀 모델은 다음과 같다.

식 3-2
$$p_i = \text{p}(\text{fail}_i|\boldsymbol{x}_i) = \frac{e^{\alpha+\boldsymbol{x}_i'\beta}}{(1+e^{\alpha+\boldsymbol{x}_i'\beta})}$$

R을 이용해 이것을 적합하고 **glm** 함수[50]를 사용하여 **표본 내** 편차를 계산할 수 있다.

```
> full <- glm(FAIL ~ ., data=SC, family=binomial)
Warning message:
glm.fit: fitted probabilities numerically 0 or 1 occurred
> 1 - full$deviance/full$null.deviance
[1] 0.5621432
```

---

49 여기서 입력 x_{ij}는 실제로 직교한다. 이 입력들은 원래 더 큰 데이터에서 구한 200개의 주성분 방향을 말한다(7장 참고).
50 R에서 이것을 실행하면 스팸 회귀 때와 동일한 완벽 적합 경고가 나온다. 이것이 과적합으로 인한 증상일 수 있음을 기억하자.

여기서 이 회귀의 R^2이 56%라는 것을 알 수 있다. 고장과 성공의 절반은 200개의 진단 신호를 통해 설명된다. 로지스틱 회귀이기 때문에 이 R^2은 [식 2–24]의 이항편차를 이용한다.

[그림 3–1]은 반도체 회귀에서 귀무가설 $\beta_k = 0$ 검정에 대한 200개의 p값 분포를 보여준다. 1장의 FDR 논의에서 귀무가설의 p값이 균일한 분포를 가진다는 점을 기억하자. 이와 대조적으로 여기서는 0 근처에서 분포가 급증하는 것(유용한 진단 신호를 나타냄)을 볼 수 있으며 나머지는 1 방향으로(고장 예측에 도움이 안 되는 신호일 가능성이 높음) 불규칙하게 퍼져있다. 제어된 거짓 발견 비율(FDR, 1장 참고)로 더 작은 모델을 얻기 위해 BH 알고리즘을 사용할 수 있다. [그림 3–2]는 10%의 FDR에 대한 절차를 보여준다. 이는 $\alpha = 0.0122$의 p값 기각 컷오프를 생성하고 이는 25개의 유의미한 회귀 계수를 의미한다(이 중 22~23개가 실제 신호라고 예상된다).

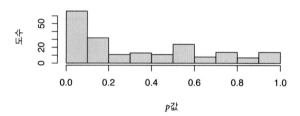

그림 3-1 반도체 회귀 계수에 대한 p값의 히스토그램

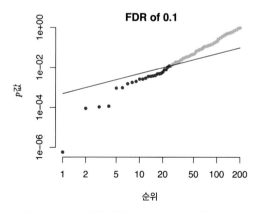

그림 3-2 반도체 p값에 대한 FDR. 선 아래의 점은 FDR이 10%인 유의미한 25개의 β_k다.

유의미한 25개의 신호를 식별하고 해당 변수에 대해서만 glm을 다시 실행하여 훨씬 더 간결한 모델을 만들 수 있다.

```
> signif <- which(pvals <= 0.0122)
> head(signif)
 SIG2 SIG17 SIG19 SIG20 SIG22 SIG24
    2    17    19    20    22    24
> cutvar <- c("FAIL", names(signif))
> cut <- glm(FAIL ~ ., data=SC[,c("FAIL", names(signif))], family="binomial")
> 1 - cut$deviance/cut$null.deviance # new in-sample R2
[1] 0.1811822
```

25개의 신호만을 사용한 작은 모델에서는 $R^2_{cut} = 0.18$으로 전체 모델의 $R^2_{full} = 0.56$보다 훨씬 작다. 일반적으로 표본 내 R^2은 항상 공변량이 많을수록 증가한다. 이 표본 내 R^2는 정확히 MLE $\hat{\beta}$을 적합할 때 최대화한 것이기 때문에 glm에 더 많은 $\hat{\beta}_k$를 제공할수록 적합이 더 잘 될 수 있다. 이것이 바로 표본 내 R^2을 신경 쓰지 않는 이유다. 설계에 정크 변수를 추가하는 것만으로도 성능이 더 좋아 보이게 만들 수 있기 때문이다. 진짜 중요한 질문은 각 모델이 **새로운** 데이터를 얼마나 잘 예측하느냐다.

물론 미래의 데이터가 아직 없기 때문에 어떤 성능을 보일지 알 수 없다. 그러나 학습 데이터에서 미리 제외해 둔 데이터로 모델을 평가하여 미래 데이터에 대해 예측해볼 수 있다. [알고리즘 4]는 이 방법을 자세히 설명한다.

알고리즘 4　　K-폴드 표본 외 검증

n개의 관찰 데이터셋 $\{[x_i, y_i]\}_{i=1}^n$이 주어질 때

- K개의 균등한 크기를 갖는 임의의 하위 집합(폴드)으로 데이터를 분할한다.
- $k = 1 \cdots K$에 대해,
    - k번째 폴드의 데이터를 제외한 나머지 데이터를 사용하여 계수 $\hat{\beta}$를 적합한다.
    - 제외했던 k번째 폴드를 이용해 R^2을 계산한다.

이렇게 하면 K개의 표본 외 R^2값의 표본이 만들어진다. 이 표본은 새 데이터에 대한 모델의 예측 성능을 보여주는 분포의 추정으로 볼 수 있다.

반도체 데이터의 경우 **전체** 또는 **작은** 회귀 모델 모두에서 표본 외 검증을 수행할 수 있다. 이를 위해 먼저 편차와 R^2을 계산하는 몇 가지 함수를 정의해야 한다.

```r
## binomial일 경우 pred는 확률값(0<pred<1)이어야 한다.
> deviance <- function(y, pred, family=c("gaussian","binomial")){
+     family <- match.arg(family)
+         if(family=="gaussian"){
+             return(sum((y-pred)^2))
+         }else{
+             if(is.factor(y)) y <- as.numeric(y)>1
+             return(-2*sum(y*log(pred) + (1-y)*log(1-pred)))
+         }
+ }
## 귀무편차를 계산하고 R2를 구한다.
> R2 <- function(y, pred, family=c("gaussian","binomial")){
+         fam <- match.arg(family)
+         if(fam=="binomial"){
+             if(is.factor(y)){y <- as.numeric(y)>1}
+         }
+         dev <- deviance(y, pred, family=fam)
+         dev0 <- deviance(y, mean(y), family=fam)
+         return(1-dev/dev0)
+ }
```

선형 또는 로지스틱 회귀에 이 함수들을 사용할 수 있다. 다음 장부터는 이러한 편차 계산이 내장된 R 패키지 함수를 사용할 것이다. 하지만 한 번쯤은 직접 코딩해보는 것이 좋다. 다음으로 데이터를 여러 폴드로 나눈다.

```r
> n <- nrow(SC) # 관측 데이터의 개수
> K <- 10 # 폴드 개수
> # 폴드 소속 벡터를 무작위로 생성한다.
> foldid <- rep(1:K,each=ceiling(n/K))[sample(1:n)]
> # 결과를 위한 빈 데이터프레임을 만든다.
> OOS <- data.frame(full=rep(NA,K), cut=rep(NA,K))
```

마지막으로 for 루프를 이용해 표본 외 실험을 실행한다.

```r
> for(k in 1:K){
+     train <- which(foldid!=k) # 'k'번째 폴드를 제외한 나머지를 학습에 사용한다.
```

```
+
+       ## 두 회귀 모델을 적합한다.
+       rfull <- glm(FAIL~., data=SC, subset=train, family=binomial)
+       rcut <- glm(FAIL~., data=SC[,cutvar], subset=train, family=binomial)
+
+       ## 예측 결과: type=response를 통해 확률값을 얻을 수 있다.
+       predfull <- predict(rfull, newdata=SC[-train,], type="response")
+       predcut <- predict(rcut, newdata=SC[-train,], type="response")
+
+       ## R2를 계산한다.
+       OOS$full[k] <- R2(y=SC$FAIL[-train], pred=predfull, family="binomial")
+       OOS$cut[k] <- R2(y=SC$FAIL[-train], pred=predcut, family="binomial")
+
+       ## 진행 상황을 출력한다.
+       cat(k, " ")
+ }
1 2 3 4 5 6 7 8 9 10
```

표본 외 R^2 결과를 그려보면 놀라운 사실을 알 수 있다. [그림 3-3]을 보면 전체 모델이 실제로는 음의 R^2을 결과로 보여준다! 어떻게 이런 일이 일어날 수 있을까? R^2 공식을 살펴보자.

$$1 - \text{dev}(\hat{\boldsymbol{\beta}})/\text{dev}(\boldsymbol{\beta} = \mathbf{0})$$

적합 모델이 귀무 모델보다 성능이 안 좋으면 R^2은 음수가 된다. 즉, 추정값 $\hat{y}$이 전체 평균 $\bar{y}$보다 참값과의 차이가 더 크다. 이 예제에서는 과적합된 전체 모델을 기반으로 하는 일부 과정을 사용하는 대신 15번째 칩을 매번 버리는 편이 더 낫다.

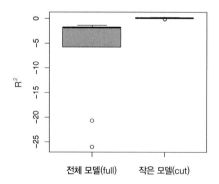

그림 3-3 전체(신호 200개) 및 작은(신호 25개) 반도체 로지스틱 회귀 모델에 대한 표본 외 R^2

전에는 R^2값이 음수인 경우를 본 적이 없을 수도 있다. 만약 그렇다면 아마 표본 내 성능만 봤기 때문이다. 표본 외 R^2이 음수인 경우는 불행히도 예상보다 더 일반적이다. 이 경우 표본 외 R^2의 평균은 전체 모델의 경우 -6.5(또는 -650%)이고 작은 모델의 경우 0.09로 양수다. 따라서 작은 모델은 표본 내 성능(약 $1/2$)보다 표본 외 성능이 낮지만 그래도 귀무 모델보다는 9% 더 좋은 성능을 보인다.

여기서 **가장 중요한 것은 표본 외 R^2이다**. 정크 변수를 추가하고 과적합을 유도하는 것만으로도 더 좋은 표본 내 R^2을 얻을 수 있기 때문에 이 값은 크게 신경 쓰지 않는다. 표본 외 실험을 사용하여 최상의 모델을 선택하는 것을 **교차검증**^{cross validation}(CV)이라고 한다. 데이터를 사용하여 '최고'의 모델을 선택하는 것이 최신 데이터 분석의 핵심이기 때문에 이 부분이 중요한 역할을 할 것이다. 그전에 선택을 위한 좋은 후보 모델들을 선정하는 전략이 필요하다.

> 여기서 짚고 넘어갈 점이 있다. 작은 모델에 있는 25개의 변수를 선택하는 데 전체 표본을 사용했다. 진정한 표본 외 실험은 **for 루프 안에서** FDR 제어를 수행해야 결과가 종단간 선택 절차의 유효성을 보여줄 수 있다. 일반적으로 데이터로 하는 모든 작업에서 표본 외 성능에 대한 정확한 평가를 얻기 위해 따로 **빼뒀던 폴드는** 사용하지 않는다.

3.2 정규화 경로

그럼 후보 모델은 어떻게 구할까? 현실적으로 가능한 모든 모델을 몇 가지로 간단히 분류하는 것은 불가능하다. 예를 들어 p개의 잠재적 공변량이 있는 회귀 설정의 경우 각 공변량을 포함할지 말지 여부에 따라 2^p개의 다른 모델을 만들 수 있다. 공변량 20개만으로도 백 개가 넘는 후보 모델을 구할 수 있다.

이 절에서는 정규화와 관련된 중요한 개념을 소개한다. 단순한 것에서 복잡한 것까지 가능한 후보 모델의 목록을 열거하는 식으로 모델 복잡성에 페널티를 준다.

모델 선택에 대한 일반적이지만 엉성한 한 가지 접근 방식은 p값을 기반으로 한다.

- $\mathtt{glm}$을 이용해 전체 MLE 회귀를 실행하여 각 입력 후보의 계수에 대한 p값을 구한다.
- 그런 다음 p값이 임곗값 α 미만인 입력만 사용하여 $\mathtt{glm}$을 다시 실행한다.

더 나아가 모델 시퀀스를 생성하기 위해 일련의 α 임곗값(아마도 BH FDR 제어 알고리즘에 의해 정해진 FDR 값에 해당하는)을 사용할 수 있다. 그런 다음 이전에 반도체 데이터에서 했던 표본 외 실험으로 모델들을 비교할 수 있다.

이러한 일반적인 습관이 별로 **좋지 않은** 이유는 다음과 같다.

- 다중공선성(입력들 간의 상관관계)이 있는 경우 변수 중 하나가 유용한 신호를 제공하더라도 모든 변수에 대한 p값은 커진다. 즉, 통계적으로 무의미하다. 어느 것을 포함해야 할지 모르기 때문에 결국 아무것도 포함할 수 없게 된다.

- 이 p값들은 과적합 모델을 기반으로 한다. 예를 들어 반도체 데이터 분석의 경우 예측 작업에서 $\bar{y}$보다 훨씬 더 안 좋은 모델에서 p값을 추정한다. 만약 이러한 p값을 사용한다면 최악의 회귀 적합을 기반으로 후보 모델군을 만들게 된다. $p > n$이면 glm이 수렴하지 않기 때문에 결국은 전체 모델을 얻을 수 없다.

이렇게 전체 모델 적합을 확인한 다음 모델의 크기를 축소하는 접근 방법을 **후진 단계별 회귀** backward stepwise regression 라고 하는데, 이러한 방법은 피해야 한다.

더 나은 해결책은 [알고리즘 5]에서 설명한대로 단순한 것에서 복잡한 것으로 **전진 단계별 회귀** forward stepwise regression 를 이용하여 이전과는 반대로 진행하는 것이다.

알고리즘 5　　전진 단계별 회귀

- 모든 일변량 모델을 적합한다. 표본 내 R^2이 가장 큰 것을 선택하고 해당 변수 x_s를 모델에 포함한다.

- 다음과 같이 x_s를 포함하는 모든 이변량 모델을 적합한다.

$$y \sim \beta_s x_s + \beta_j x_j \ \forall j \neq s$$

그리고 R^2이 가장 큰 x_j를 모델에 추가한다.

- 다음 과정을 반복한다.

현재까지 포함한 변수 집합을 S라고 할 때 벡터 $\pmb{x}_s$로 표시되는 다음과 같은 모든 모델을 적합한다.

$$y \sim \pmb{\beta}'_S \pmb{x}_S + \beta_j x_j \ \forall j \notin S$$

그리고 다시 표본 내 R^2을 최대화하는 x_j에 대해 j를 S에 추가한다.

모델 복잡도가 미리 정해놓은 수준에 도달할 때까지 계속 진행하거나 모델 선택 규칙(예를 들어 R에서는 이 장의 뒷부분에서 살펴볼 AIC를 사용한다)에 의해 변수를 하나 더 추가하는 모델보다 현재 모델이 더 좋을 때 반복을 중지할 수 있다.

[알고리즘 5]는 **탐욕적**greedy **검색 전략**을 보여주는 첫 번째 예다. 다음 반복에서 복잡도를 늘릴 때 근시안적으로 현재 검색 상태에서 가장 좋아 보이는 방향으로 진행한다. 이 검색 경로의 **전역** 속성을 최적화하지 않음에도 불구하고[51] 탐욕 알고리즘은 빠르고 안정적이며 많은 ML 전략에서 중요한 역할을 한다.

전진 단계별 방법이 아직은 약간 부족하지만 최신 정규화 방법을 통해 이것을 엄청나게 개선할 수 있다. 하지만 단순한 모델에서 복잡한 것까지 순차적으로 검색하는 이러한 일반적인 접근 방식은 여러 가지 이유로 유용하다. 한 가지 장점은 안정성이다. 데이터가 약간 흔들릴 경우(조금 다른 표본을 얻는 경우) 과적합으로 인해 전체 모델이 크게 변하여 후보 모델의 전체 검색 경로가 달라질 수 있기 때문에 후진 단계별 방법은 **불안정**하다. 이와 반대로 단순 일변량 또는 귀무 모델은 데이터 리샘플링에서도 거의 동일하게 유지되므로 **전진** 검색 경로가 항상 비슷한 위치에서 시작한다.

R은 이 단계별 루틴을 위해 step 함수를 제공한다. null이라는 시작 모델과 scope라는 가능한 가장 큰 모델을 인수로 지정해야 한다. 예를 들어 반도체 데이터에 다음과 같이 사용한다.

```
> null <- glm(FAIL~1, data=SC)
> # 전진 단계별 방법: 시간이 오래걸린다!
> system.time(fwd <- step(null, scope=formula(full), dir="forward"))
...
Step:  AIC=-92.59
FAIL ~ SIG2
...
   user  system elapsed
 82.183   8.351  94.621
```

---

51 옮긴이_전체적으로 최적의 경로를 고려하지 않고 현재 위치에서 가장 좋아보이는 다음 진행 방향만을 고려한다. 결국 전역 최적화가 아닌 지역 최적화 결과를 얻게 되는 단점이 있다.

```
> length(coef(fwd))
[1] 69
```

이 절차는 **SIG2**만을 포함하는 일변량 모델부터 68개의 입력 신호(절편 포함)가 포함된 모델까지 모두 70개의 모델을 나열한다. 최종 모델의 AIC 점수가 69개 입력 모델의 AIC 점수보다 낮았기(좋았기) 때문에 알고리즘이 68에서 멈춘 것이다.[52] 68개에서 69개로 입력이 늘어날 때 AIC가 더 나빠졌기 때문에 70개 이상의 입력으로는 더는 좋아지지 않는다는 가정에 따라 최적의 모델을 찾았다고 판단하고 탐욕적 검색을 멈춘다.

step() 절차는 **정말** 느리다. 노트북에서 이 작은 반도체 데이터셋을 돌리는 데 95초가 걸렸다. 일반적으로 계수의 부분 집합(나머지는 0으로 설정)에 대한 최대가능도 추정을 적용하여 후보 모델을 열거하는 부분 집합 선택 알고리즘은 모두 느리다. 회귀에 하나의 변수를 추가하면 다른 변수의 계수도 모두 크게 바뀌기 때문에 각 모델을 처음부터 다시 적합해야 한다.

부분 집합 선택과 관련된 매우 중요한 문제는 바로 **불안정성**이다. 적합 모델은 부분 집합에 따라 완전히 달라지기 때문에 표본 외 성능 역시 크게 달라진다. 부분 집합 선택 시 예측 성능에 큰 변화를 가져오는 작은 실수(예를 들어 공변량 68개가 아닌 69개를 포함하는)를 하기 쉽다. 또한 데이터가 약간 흔들리고 경로에 약간의 변경이 있을 경우(예를 들어 다섯 번째로 포함시킬 변수가 변경되는) 후보 모델의 전체 집합이 완전히 달라질 수 있다. 이러한 불안정성은 신뢰할 수 있는 모델 선택을 불가능하게 만든다. 다행히 페널티 개념을 도입하여 이 알고리즘을 안정화할 수 있다.

현대 통계에서 핵심은 바로 정규화다. 이것은 최적화와는 별개로 시스템 안정화를 위해 복잡도에 페널티를 주는 전략이다. 대부분의 고전 통계 절차에서는 다음과 같이 편차를 최소화한다(동시에 가능도를 최대화한다).

$$\hat{\boldsymbol{\beta}} = \operatorname{argmin} \{-\tfrac{2}{n} \log \operatorname{lhd}(\boldsymbol{\beta})\}$$

대신 정규화 전략은 다음과 같이 불이익을 받는 편차를 최소화하는 것과 연결된다.

---

52 AIC는 표본 외 예측 성능에 대한 근사치다. 다음 장을 참조하자.

식 3-3

$$\hat{\boldsymbol{\beta}} = \text{argmin} \left\{ -\frac{2}{n} \log \text{lhd}(\boldsymbol{\beta}) + \lambda \sum_k c(\beta_k) \right\}$$

여기서 $c(\beta)$는 계수의 크기에 대한 비용이다. $c(\beta) = |\beta|$과 같이 절대값 비용을 사용하면 일반적이고 유용한 **lasso** 추정기가 된다. 앞으로 여러분의 데이터 과학 영역에서 중요한 역할을 하게 될 것이다.

[식 3-3]을 자세히 풀어서 살펴보자. [식 2-18]의 MLE 편차 최소화에 페널티항 $\lambda\Sigma_k c(\beta_k)$을 추가한 것이다. 이 페널티는 각 β_k의 크기만큼 비용을 부과한다. β_k 계수에 따라 다른 입력 x와 함께 예측된 $\hat{y}$값이 이동할 수 있기 때문에 복잡성에 불이익을 주는 것이다. 이 값이 모두 0에 가까워질수록 $\hat{y}$값의 변동성은 $\bar{y}$ 근처로 축소되고 전체 시스템 안정성이 개선된다.

결정 이론적 관점에서 [식 3-3]을 또 다르게 해석할 수 있다. 기본적으로 모든 결정에는 비용이 따른다고 보는 프레임워크다. 추정 및 가설 검정이라는 두 단계의 프로세스에 초점을 맞춘 고전적 통계 의사결정 프로세스를 고려한다면 비용은 무엇을 의미할까?

- **추정 비용:** 편차! 데이터와 모델 간의 거리이며 MLE를 최소화하기 위해 필요한 비용이다.
- **검정 비용:** $\hat{\beta}_j \neq 0$에 고정된 가격이 적용된다. 이는 **유의미한 증거**가 없는 한 $\hat{\beta}_j = 0$을 설정하는 가설 검정 절차에 내재되어 있다. 즉, 귀무가설을 **채택하고** 그렇지 않을 경우에는 선택에 대한 비용을 지불해야 한다.

따라서 고전적인 통계학에서 $\hat{\beta}$에 대한 비용은 표본 내 편차와 0에서 멀어지는 것에 대한 페널티를 더한 것이다. 그러나 0에서 벗어나려는 비용(불안정성에 대한 비용)은 가설 검정 시나리오 안에 숨겨져 있다. [식 3-3]은 이 두 가지 비용을 모두 명시적으로 보여준다.

페널티 함수는 어떻게 만들어질까? 첫째, $\lambda > 0$은 페널티 가중치를 의미한다. 일부 데이터의 의존성과 관련해서 선택해야 하는 조정 파라미터이며 이 장의 마지막 절에서 어떻게 선택하는지 소개한다. 지금은 일단 고정됐다고 간주한다. 나머지 페널티는 비용 함수의 형태에 따라 결정된다. 항상 $c(\beta)$는 $\beta = 0$일 때 가장 낮으며 $|\beta| > 0$에서 증가한다. 이 구조는 안정성에 대한 선호도를 의미한다. 그 외에 비용 함수에 대한 다양한 옵션이 존재한다. [그림 3-4]는 그 중 몇 가지를 보여준다.

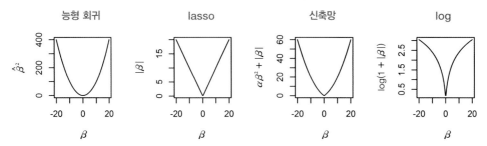

그림 3-4 일반적으로 자주 사용하는 페널티 함수: 왼쪽부터 능형 회귀 β^2, lasso $|\beta|$, 신축망^{elastic net} $\alpha\beta^2 + |\beta|$, 비볼록 ^{non-convex} 페널티 함수 $\log(1+|\beta|)$

이들은 서로 다른 특징을 보인다. 능형 회귀 페널티 β^2은 β가 작을 때는 거의 페널티를 적용하지 않지만 클 때는 페널티가 빠르게 증가한다. 이는 각 공변량의 효과가 작으며 모델을 지배하는 큰 계수가 없다고 생각하는 시나리오에 적합하다. lasso의 절대값 페널티 $|\beta|$는 0으로부터의 편차에 따라 일정한 페널티를 적용한다. β를 1에서 2로 이동하는 것은 101에서 102로 이동하는 것과 같은 비용이 발생한다. 그리고 신축망은 능형 회귀와 lasso를 단순히 조합한 것이다.

맨 오른쪽의 로그 페널티와 같은 페널티 함수는 바깥으로 갈수록 **기울기가 감소**하는 특징이 있다. β가 0에서 조금만 변해도 페널티 비용이 크게 움직이지만 값이 커질수록 페널티 변경 비율이 점점 작아진다. 이러한 페널티 함수는 편향없이 큰 신호를 추정할 수 있도록 허용하면서 적합할 때 0이 많이 나오는 것을 권장한다. 이론통계학자들은 이러한 비볼록 페널티 함수를 선호한다. 그러나 단계별 회귀에서 자주 보이는 불안정성과 계산 문제로 인해 실제로는 주의해서 다루어야 한다. 실제로 $c(\beta) = \mathbb{1}_{[\beta \neq 0]}$인 L_0 비용에서 페널티 편차를 해결하는 것으로 단계별 회귀를 해석할 수 있다. 변수를 추가할 때마다 완전히 다른 모델을 다시 적합해야 하는 부분 집합 선택 문제는 비볼록 페널티와 관련된 문제의 극단적인 예다.

lasso의 장점은 능형 회귀와 같은 볼록 페널티의 안정성을 유지하면서도 가능한 큰 신호에 최소한의 편향을 제공한다는 것이다. lasso와 같이 '뾰족한' 모양의 페널티 함수의 또 다른 장점은 자동으로 변수들을 골라낸다는 것이다. 즉, $\hat{\beta}_k$값 중 일부는 정확히 0이 된다. 0에 가까운 게 아니라 정확히 0이며, **모델에 필요가 없기 때문에 저장하거나 고려할 필요가 없다.** [그림 3-5]는 그 이유를 잘 보여준다. 편차는 부드러운 반면 절대값 함수는 뾰족한 형태다. 그리고 페널티가 지배적이면 0에서 합이 최소가 될 수 있다. 예를 들어 [그림 3-4]에서 능형 회귀를 제외한 $|\beta|$이 들어있는 모든 함수가 여기에 해당한다.

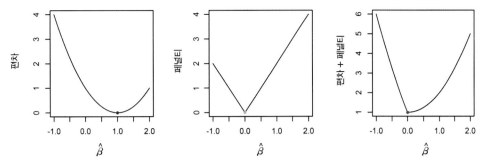

그림 3-5 $\hat\beta = 0$일 때 페널티 편차가 최소화되는 예

정리하자면 **다양한** 페널티 옵션이 있으며 lasso 함수는 환상적인 기본 옵션이다. lasso 함수를 기준으로 삼고 특별한 이유가 있다면 다른 것을 고려할 수 있다.

lasso 단독으로는 모델 선택을 할 수 없다. lasso는 선택 가능한 여러 **후보 모델을 나열**하는 메커니즘을 제공한다. lasso 정규화 경로는 **페널티** $\lambda_1 > \lambda_2 \ldots > \lambda_T$에 대해 다음 페널티 로그 가능도 함수를 최소화한다.

식 3-4
$$-\frac{2}{n}\log \mathrm{lhd}(\boldsymbol{\beta})+\lambda \sum_j |\beta_j|$$

[식 3–4]는 계수가 $\hat{\boldsymbol{\beta}}_1, \ldots, \hat{\boldsymbol{\beta}}_T$인 추정 회귀 모델들을 제공한다. 이 모델 중에서 최상의 $\hat\lambda$을 선택하기 위해 모델 선택 도구를 사용한다. 예를 들어 여러 페널티 함수 간의 성능을 비교하기 위해 표본 외 실험을 수행할 수 있다.

<hr>

알고리즘 6   lasso 정규화 경로

$\lambda_1 = \min\{\lambda : \hat{\boldsymbol{\beta}}_\lambda = \mathbf{0}\}$에서 시작한다.

$t = 1 \ldots T$에서
- $\delta \in (0,1)$에 대해 $\lambda_t = \delta\lambda_{t-1}$로 설정한다.
- 페널티 λ_t에서 [식 3–4]를 최적화하는 $\hat{\boldsymbol{\beta}}_t$를 찾는다.

<hr>

[알고리즘 6]은 $\hat{\boldsymbol{\beta}}_1 = \mathbf{0}$이 될 만큼 큰 λ_1에서 시작한다. 다음 수식을 통해 이 값을 얻을 수 있다.

$$\lambda_1 = \max \left\{ \left| \frac{\partial \left[-\frac{2}{n} \log \mathrm{lhd}(\boldsymbol{\beta}) \right]}{\partial \beta_k} \right| \right\}_{k=1}^{p}$$

대부분의 소프트웨어는 시작점을 자동으로 찾아준다. 그런 다음 $\hat{\boldsymbol{\beta}}_\lambda$를 반복적으로 업데이트하면서 λ를 줄여간다. 여기서 $\hat{\boldsymbol{\beta}}_\lambda$는 페널티 가중치 λ에서 [식 3-4]에 대한 해를 나타낸다. 중요한 것은 계수 업데이트가 λ에서 부드럽다는 것이다. 즉, $\lambda_t \approx \lambda_{t-1}$일 때 $\hat{\boldsymbol{\beta}}_t \approx \hat{\boldsymbol{\beta}}_{t-1}$와 같다.

이것은 lasso 알고리즘의 **속도**와 **안정성**에 영향을 준다. 이 속도는 각 업데이트 $\hat{\boldsymbol{\beta}}_{t-1} \rightarrow \hat{\boldsymbol{\beta}}_t$가 작고 빠르다는 사실에서 비롯된다. 안정성은 이런 속성을 그대로 갖고 있다. 데이터 표본 간에 선택한 λ가 달라지더라도 여전히 근처에 남아있으므로 선택한 $\hat{\boldsymbol{\beta}}$도 역시 그 근처에 있게 된다. 하위 집합을 선택할 때와는 달리 데이터가 조금 흔들리는 것은 $\hat{y}$ 예측에 큰 영향을 주지 않는다.

전체적인 내용을 시각적으로 보면 더 이해하기 쉽다. 예를 들어 1만 명의 웹 검색 로그가 포함된 브라우저 데이터셋이 있다고 하자. 트래픽이 가장 많이 발생하는 1,000개의 웹사이트에 대해 1년 치 브라우저 로그를 추출했다. 이 데이터에서 각 브라우저는 같은 해에 온라인에서 최소 1달러 이상을 지출했다. 회귀 분석을 예로 들면 총 온라인 지출을 사용자 관심에 대한 반응 변수로 다루고 이를 사용자가 여러 웹사이트에서 보낸 시간의 비율로 회귀 분석을 할 수 있다. 즉, 브라우저 기록을 통해 온라인 소비를 예측하고자 한다. 이 때 [식 3-5]와 같은 로그 선형 모델을 사용한다.

식 3-5 $$\log(\mathrm{spend}) = \alpha + \boldsymbol{\beta}'\boldsymbol{x} + \varepsilon$$

여기서 $\boldsymbol{x}$는 사이트 방문 비율을 나타내는 벡터다. 예를 들어 이 모델을 이용해 브라우저 기록에 대한 함수로 사용자 예산을 추정하고 세분화할 수 있다.

[그림 3-6]의 **경로 플롯**은 [알고리즘 6]의 결과를 보여준다. 이 알고리즘에서는 λ가 감소하면서 **오른쪽에서 왼쪽으로** 이동한다. 여기서 y축은 λ_t에 대한 $\hat{\boldsymbol{\beta}}$을 나타낸다. 서로 다른 색깔은 다른 $\hat{\boldsymbol{\beta}}$을 의미한다. 이 그림에 수직선을 그었을 때 만나는 점들은 각 후보 모델을 나타낸다. 경로가 왼쪽으로 진행될수록 $\hat{\boldsymbol{\beta}}_t$에 0이 아닌 $\hat{\beta}_k$값들이 더 많이 포함되면서 모델은 점점 더 복잡해진다. 그림 상단에 있는 숫자는 특정 구간에서 0이 아닌 $\hat{\beta}_k$의 수를 나타낸다.

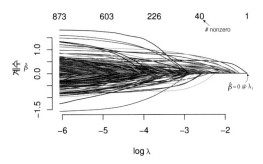

그림 3-6 브라우저 데이터에 대한 lasso 경로 플롯. 정규화 경로 알고리즘은 λ_t가 감소하면서 오른쪽에서 왼쪽으로 진행한다.

이 그림과 기본 경로 추정은 gamlr이라는 R 패키지를 사용하여 구현했다. 앞으로 이 패키지를 많이 사용할 것이다. 이 패키지는 빠르고 안정적인 lasso 경로를 제공한다. R에는 lasso 추정을 위한 다른 훌륭한 옵션들도 있지만 gamlr은 앞으로 다룰 특수 기능(예를 들어 수정된 AIC와 분산 다항 회귀)을 제공한다는 이점이 있다.

> glmnet 패키지 또한 lasso 추정을 위한 훌륭한 옵션이다. gamlr과 glmnet은 비슷한 표기법을 사용하며 비슷한 최적화 과정(좌표 하강)을 사용한다. 다른 점은 lasso를 넘어서 다른 일을 할 수 있느냐에 있다. gamlr는 [그림 3–4]의 로그 페널티([그림 3–7] 참조)와 같이 편향 페널티를 감소시키는 기능이 있는 반면 glmnet은 같은 수치의 신축망을 제공한다.

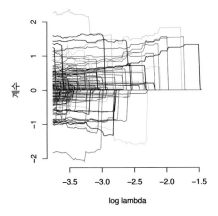

그림 3-7 별도로 gamlr은 전진 단계적 하위 집합 선택 절차를 실행할 수 있다. [그림 3-8]은 브라우저 데이터에 대한 해당 경로 플롯을 보여준다. [그림 3-6]의 부드러운 lasso 경로와 많이 다르게 추정된 경로가 불규칙하게 흔들리는 것을 확인할 수 있다. 추정 경로에서 이러한 불연속성은 하위 집합 선택의 불안정성 때문이다.

gamlr에서 lasso를 실행하는 것은 간단하다. glm과 다른 점은 수치형 모델 행렬을 직접 만들어야 한다는 것이다. 그러나 일단 만들고 나면 브라우저 데이터에서 xweb과 같이 gamlr은 기본적으로 전체 경로를 실행한다.

```
> spender <- gamlr(xweb, log(yspend))
> spender

gaussian gamlr with 1,000 inputs and 100 segments.
```

[그림 3-6]의 경로 플롯은 plot(spender)를 통해 만든 것이다. family 인수를 이용해 다음과 같이 로지스틱 lasso 회귀를 수행할 수도 있다.

```
> gamlr(x=SC[,-1], y=SC$FAIL, family="binomial")
```

gamlr의 기본 작동은 시작점 λ_1(전체의 1%)에서 λ_T까지 100개의 λ에 대한 해를 구한다. 필요에 따라 변경할 수 있는 몇 가지 일반적인 인수가 있다.

- verb=TRUE: 진행 상황을 출력한다.
- nlambda: T, λ 그리드의 크기를 정한다.
- lambda.min.ratio(또는 lmr): λ_T/λ_1, 경로 끝을 정의한다.

더 많은 문서와 도움말을 보려면 ?gamlr을 입력한다.

gamlr을 사용할 때 가장 어려운 부분은 수치형 모델 행렬을 지정하는 것이다. glm에서 호출하는 model.matrix 함수를 사용할 수 있다. 그러나 glmnet이나 여러 머신러닝 R 패키지와 같이 gamlr에서는 희소 행렬을 표현하기 위해 Matrix 라이브러리를 활용할 수 있다. 희소 행렬이란 0인 요소가 많은 행렬로, 최신 데이터 분석에서 흔히 볼 수 있다. 예를 들어 상호작용하는 많은 범주형 변수를 0/1 지표 변수로 표시할 때 희소 설계가 가능하다. 그런 다음 행렬의 값이 0인 요소를 무시할 수 있기 때문에 효율적이다. gamlr과 같은 패키지는 저장 비용을 낮추고 계산 속도를 높이기 위해 희소 행렬 구조를 활용할 수 있다. 이것은 실제 문제에서 아주 중요하다.

일반적인 희소 행렬 표현 방법은 i번째 행, j번째 열 그리고 항목값 x 이렇게 세 가지 핵심 요소가 있는 단순 삼중항 행렬$^{\text{simple triplet matrix}}$(STM)이다. 행렬의 다른 요소는 모두 0으로 간주한다. 예를 들면 다음과 같다.

$$\begin{bmatrix} -4 & 0 \\ 0 & 10 \\ 5 & 0 \end{bmatrix} \text{을} \begin{cases} i = 1,\ 3,\ 2 \\ j = 1,\ 1,\ 2 \quad \text{으로 저장한다.} \\ x = -4,\ 5,\ 10 \end{cases}$$

`Matrix` 라이브러리는 희소 행렬을 만들고 활용하기 위한 도구들을 제공한다. 예를 들어 `sparseMatrix` 함수를 사용하면 i, j, x 요소로 행렬을 만들 수 있다. 이 함수를 이용해 브라우저 회귀를 위한 xweb을 만들어보자.

```
> ## 이 테이블은 3개의 열을 갖는다.
> ## id(기기 아이디), site(사이트 아이디), visits(방문 횟수)
> web <- read.csv("browser-domains.csv")
> ## 실제 웹사이트의 이름을 읽어와서 site에 맞게 넣어준다.
> sitenames <- scan("browser-sites.txt", what="character")
Read 1000 items
> web$site <- factor(web$site, levels=1:length(sitenames), labels=sitenames)
> ## 기기 아이디도 factor로 만든다.
> web$id <- factor(web$id, levels=1:length(unique(web$id)))
>
> ## 기기별 총 방문 횟수와 각 사이트에 머문 시간의 비율을 계산한다.
> ## tapply(a,b,c)는 요인 b의 모든 레벨에 대해 c(a)를 계산한다.
> machinetotals <- as.vector(tapply(web$visits,web$id,sum))
> visitpercent <- 100*web$visits/machinetotals[web$id]
>
> ## 이 정보를 이용해 희소 행렬을 만든다.
> ## 앞으로 자주 사용할 예정이니 익숙해지도록 하자.
> xweb <- sparseMatrix(
+    i=as.numeric(web$id), j=as.numeric(web$site), x=visitpercent,
+    dims=c(nlevels(web$id),nlevels(web$site)),
+    dimnames=list(id=levels(web$id), site=levels(web$site)))
>
> ## 브라우저 1에서 어떤 사이트에 접속했는지 알아보자.
> head(xweb[1, xweb[1,]!=0])
        atdmt.com          yahoo.com              msn.com
        4.0520260         11.8559280            0.2501251
       google.com            aol.com     questionmarket.com
        6.5282641          0.1500750            1.3506753
```

데이터가 삼중항 형식(데이터베이스의 출력에서 자주 볼 수 있다)일 경우 sparseMatrix를 사용하여 모델 행렬을 만들 수 있다. 데이터가 범주형 항목을 포함하는 데이터프레임으로부터 올 경우 익숙한 모델 행렬 함수의 희소 버전인 sparse.model.matrix를 사용할 수 있다. 이전의 OJ 예제에서 이 도구를 사용하여 설계의 지표 변수 부분을 다시 실행할 수 있다.

```
> oj <- read.csv("oj.csv")
> xbrand <- sparse.model.matrix( ~ brand, data=oj)
> xbrand[c(100,200,300),]
3 x 3 sparse Matrix of class "dgCMatrix"
    (Intercept) brandminute.maid brandtropicana
100           1                .              1
200           1                1              .
300           1                .              .
```

이것은 2장에서 사용한 설계의 희소 버전을 생성한다. 그러나 여기서 좀 더 주의할 필요가 있다. 이것은 사실 lasso 회귀를 위한 올바른 설계가 아니다.

MLE 회귀 분석의 경우 도미니크 또는 트로피카나가 브랜드 요인의 참조 수준인지는 중요하지 않다. 둘 중 아무나 절편에 포함되더라도 결국 동일한 예측 결과 $\hat{y}$을 얻게 된다. 그러나 페널티를 고려할 때는 **요인 참조 수준이 중요하다!** 페널티 $\hat{\beta}_k$가 0에 가까워질수록 모든 요인 계수는 절편 방향, 즉 참조 수준으로 줄어든다. 그리고 미닛메이드를 도미니크 대신 트로피카나 쪽으로 밀면 결과가 달라진다.

이것을 해결하는 방법은 참조 수준을 제거하는 것이다. 편차에 페널티를 추가하면 K−수준 요인에 대해 계수를 $K-1$개만 가질 필요가 없다. 만약 모든 범주 수준이 자체 더미 변수를 갖는다면 모든 요인 수준 효과는 공유 절편 쪽으로 줄어든다. 0이 아닌 $\hat{\beta}_k$를 얻는 확실히 구분되는 효과만 있는 공유 평균 쪽으로 축소된다.

R에서 **추가** 요인 수준을 생성하여 각 수준에 대한 별도의 더미를 만들 수 있다.[53] 특히 다음 함수들은 NA(R에서 '결측값'을 의미)를 참조 수준으로 만든다.

---

[53] 이는 결측 데이터에 대한 프레임워크를 제공한다는 추가적인 이점이 있다. 결측 데이터를 보정하는 방법은 6.4절을 참고하자.

```
> xnaref <- function(x){
+   if(is.factor(x))
+     if(!is.na(levels(x)[1]))
+       x <- factor(x,levels=c(NA,levels(x)),exclude=NULL)
+     return(x) }

> naref <- function(DF){
+   if(is.null(dim(DF))) return(xnaref(DF))
+   if(!is.data.frame(DF))
+     stop("You need to give me a data.frame or a factor")
+   DF <- lapply(DF, xnaref)
+   return(as.data.frame(DF))
+ }
```

이 함수들을 사용하여 모든 브랜드에 대한 항목이 포함된 새로운 OJ 설계 행렬을 만든다.

```
> oj$brand <- naref(oj$brand)
> xbrand <- sparse.model.matrix( ~ brand, data=oj)
> xbrand[c(100,200,300),]
3 x 4 sparse Matrix of class "dgCMatrix"
    (Intercept) branddominicks brandminute.maid brandtropicana
100           1              .                .              1
200           1              .                1              .
300           1              1                .              .
> oj$brand[c(100,200,300)]
[1] tropicana    minute.maid dominicks
Levels: <NA> dominicks minute.maid tropicana
```

lasso 회귀 설계에서 유일하게 다른 점은 공변량의 크기가 중요하다는 것이다. β_k는 모두 동일한 λ에 의해 페널티를 받기 때문에 비교 가능한 범위에 있는지 확인해야 한다. 예를 들어 $x\beta$는 $(2x)\beta/2$와 동일한 효과를 갖지만 $|\beta|$는 $|\beta/2|$ 페널티 비용의 두 배가 된다. 이에 대한 일반적인 해결책은 비용 함수에서 β_j에 x_j의 표준편차 $\mathrm{sd}(x_j)$를 곱하여 범위를 표준화하는 것이다. 즉, [식 3-4] 대신 $(-2/n)\log \mathrm{LHD}(\boldsymbol{\beta}) + \lambda\Sigma_j\mathrm{sd}(x_j)|\beta_j|$를 최소화하면 된다. 이것은 β_j의 페널티가 x_j에서 표준편차 1 정도의 변화로 측정된다는 것을 의미한다. 예를 들어 미터 단위에서 피트 단위 또는 화씨에서 섭씨 단위로 범위를 전환해도 적합 모델이 변경되지 않는다.

이러한 표준화 스케일링은 standardize = TRUE 인수를 통해 gamlr(및 대부분의 다른 lasso 구현)에서 기본적으로 쓰인다. 가끔은 standardize = FALSE를 원하는 경우가 있다. 일반적으로 카테고리 멤버십을 나타내는 모든 지표 변수(예를 들어 브랜드 또는 지역)가 있는 경우 standardize = FALSE를 원할 수 있다. 이 경우 표준화는 공통 범주에 더 많은 페널티를 적용하고($sd(x_j)$가 더 높기 때문에) 희귀한 범주에 대해서는 더 작은 페널티를 적용하므로 바람직하지 않을 수 있다. 그러나 특별한 이유가 없다면 기본적으로 standardize = TRUE를 사용한다.

3.3 모델 선택

앞서 여러 번 말했듯이 유망한 후보 변수의 경로를 얻기 위해 lasso를 사용한다. 페널티 가중치 λ는 일종의 신호 대 노이즈signal-to-noise 필터다. VHF 라디오의 스켈치(노이즈 제거 기능)처럼 작동한다. 끝까지 올리면 아무 소리도 들리지 않지만 완전히 낮추면 노이즈만 들린다. 라디오를 통해 의사소통하려면 상대방의 목소리는 들리고 배경 소음은 들리지 않는 중간 지점을 찾아야 한다. 좋은 통계적 예측도 마찬가지다. 노이즈가 거의 없는 좋은 신호를 제공하는 λ를 찾아야 한다.

후보 모델의 경로가 주어지면 '보이지 않는 데이터를 예측하는 데 가장 적합한 모델은 무엇일까?'라고 질문하여 최상의 모델을 선택한다. 물론 보이지 않는 데이터라는 것은 본 적이 없기 때문에 실제로 알 수 없다. 하지만 예측 성능을 추정하기 위해 이미 사용하고 있는 표본 외 실험과 비슷한 선택 전략을 만들 수 있다. 이러한 실험을 사용하여 모델을 선택하는 절차를 CV 라고 한다. [알고리즘 7]의 기본 과정을 따른다.

알고리즘 7 K-폴드 CV

데이터를 폴드fold라고 하는 크기가 비슷한 K개의 하위 집합으로 무작위 분할한다. 그런 다음 k = 1 … K에 대해 다음을 수행한다.

- k번째 폴드를 제외한 모든 데이터를 사용하여 후보 모델을 학습시킨다.
- 학습에서 제외했던 k번째 폴드 데이터를 이용해 이 적합 모델의 예측에 대한 오차율을 구한다.

최종 결과는 각 후보 모델에 대한 OOS 오차의 표본이 되며 이러한 표본을 사용하여 가장 좋은 모델을 추정할 수 있다.

이렇게 데이터를 폴드로 분할하면 각 관측값이 검증을 위해 한 번씩 학습 데이터에서 제외된다. 즉, 각 데이터 포인트에는 예측을 망칠 가능성이 생긴다. 이렇게 하면 중복이 있는 부분 집합을 무작위로 샘플링하지 않고 CV 모델 선택의 분산을 줄일 수 있다.

> 예를 들어 전체 데이터를 사용하여 25개의 컷 변수를 선택할 때 이 장의 시작 부분에 있는 반도체 예제처럼 속지 않도록 주의해야 한다. 일반적으로 데이터에 무언가를 수행할 때 폴드로 분할하여 CV 루프 내에서 수행한다.

일반적으로 '오차율'은 편차로 측정한다. 하지만 또 다른 문제에서는 오분류율 또는 오차 분위수와 같이 다른 OOS 통계량에 초점을 맞춘다. CV 절차가 실제로 모델을 적용하는 방법과 유사하길 원하므로, 예를 들어 시계열 데이터를 예측하려는 경우 이전 학습 데이터만을 사용하여 미래의 남은 폴드를 예측한다.

여기서 공통 질문은 'K는 어떻게 선택할까?'다. K값은 클수록 좋다. 하지만 그렇다고 마냥 시간을 낭비할 수는 없기 때문에 필요한 만큼 사용하면 된다. CV를 수행하면 각 모델과 관련된 오차 분포(모델 t에 대해 $\varepsilon_{t1} \ldots \varepsilon_{tK}$)를 갖게 된다. 예상 평균 오차율은 표준오차가 $\mathrm{sd}(\varepsilon_{tk})/\sqrt{K}$일 때 $\bar{\varepsilon}_t$와 같다. 만약 이 표준오차가 너무 커서, 즉 모든 $\bar{\varepsilon}_t \pm \mathrm{sd}(\varepsilon_{tk})/\sqrt{K}$가 서로 겹쳐 있어서 어떤 것이 가장 작은 $\bar{\varepsilon}_t$인지 알 수 없다면 표본 불확실성을 줄이기 위해 K를 증가시킬 수 있다. gamlr의 기본값은 nfold = 5로 보통은 충분하지만 필요한 경우 늘릴 수 있다.

> 폴드 수를 늘리더라도 정밀도 증가에는 한계가 있다. $K = n$인 리브 원 아웃leave-one-out CV의 극단적인 경우는 몬테카를로 오차가 없기 때문에 좋다. 하지만 만약 관찰 데이터 사이에 의존성이 약간이라도 있으면 나쁜 결과를 얻을 수 있다. K값이 작을수록 이러한 유형의 오류에 더 강인한 CV가 된다.

lasso를 위한 CV는 후보 모델의 전체 경로를 쉽게 추정할 수 있기 때문에 특히 더 간단하다. [알고리즘 8]은 이 과정을 보여준다.

후보 모델 $\hat{\beta}_1 \ldots \hat{\beta}_T$의 경로를 얻기 위해 페널티 가중치 $\lambda_1 > \lambda_2 \ldots > \lambda_T$에 대해 [식 3-4]를 최소화하는 것으로 시작한다.

그런 다음 각 $k = 1 \ldots K$ 폴드에 대해 다음을 수행한다.

- 동일한 λ_t 시퀀스를 사용하여 k번째 폴드 $fold_k$를 제외한 모든 데이터에 lasso 경로 $\hat{\beta}_1^k \ldots \hat{\beta}_T^k$를 적합한다.

- 각 $\hat{\beta}_T^k$에 대해 아까 제외했던 데이터에 대한 적합 편차를 다음과 같이 계산한다.

$$e_t^k = -\frac{2}{n_k} \sum_{i \in \text{fold}_k} \log \mathrm{p}(y_i \,|\, \boldsymbol{x}_i' \hat{\beta}_T^k)$$

여기서 n_k는 $fold_k$에 있는 데이터의 수를 의미한다.

$\overline{e}_t = \frac{1}{K} \sum_k e_t^k$와 $\mathrm{se}(\overline{e}_t) = \sqrt{\frac{1}{(K-1)} \sum_k (e_t^k - \overline{e}_t)^2}$ 는 각 λ_t에서 OOS 편차에 대한 추정치 및 표본오차를 의미한다. 마지막으로 이 결과를 사용하여 '최상의' $\hat{\lambda}_t$를 선택하고, 모델링과 예측을 위해 해당하는 전체 표본 계수 추정값 $\hat{\beta}_t$를 사용한다.

이 과정을 시각적으로 나타내면 더 이해하기 쉽다. 다행히 gamlr는 표준 gamlr 함수와 동일한 구문을 사용하는 cv.gamlr에 [알고리즘 8]의 모든 과정을 구현해놓았다.

```
> cv.spender <- cv.gamlr(xweb, log(yspend))
> plot(cv.spender)
```

[그림 3-8]에서 보듯 λ 선택에는 두 가지 옵션이 있다. CV-min 규칙은 최소 평균 OOS 오차에 해당하는 λ_t를 선택하는 것이다. 두 번째 옵션인 CV-1se 규칙은 평균 OOS 편차가 최솟값에서 표준편차([알고리즘 8]의 $se(e_t)$)보다 크지 않은 경우에 λ_t가 가장 큰 것을 최선이라고 정의한다. [그림 3-8]에서 가장 오른쪽에 있는 점선이 이 경우에 해당한다.

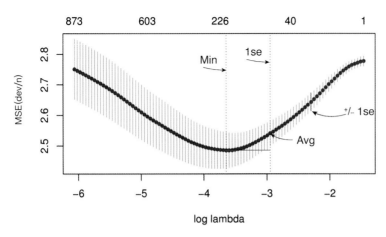

그림 3-8 브라우저 데이터에 대한 CV lasso. 파란색 점은 OOS 오차를 의미하고 오차 막대는 ±1 표준오차를 표시한다. 수직선들은 CV-min과 CV-1se 규칙을 표시한다.

대부분의 문제에서 CV-min 규칙을 사용하는 것이 좋다. OOS 예측 성능에 중점을 두는 경우 CV-min 규칙을 선택하는 것이 최선이다. CV-1se 규칙은 더 **보수적**이다. 합리적이면서도 임시적인 방식으로 더 단순한 모델을 추구한다. 예를 들어 특별한 기본 원리를 표현하는 0이 아닌 $\hat{\beta}_k$를 해석하는 데 비중을 두는 경우 사용할 수 있다. 고차원에서는 다중공선성이 계수가 0이 아닌 것을 어느 정도 임의적으로 만들 수 있기 때문에 이러한 해석은 주의해야 한다. 따라서 주로 예측 성능에 중점을 둔다. 하지만 `glmnet`에서 기본값으로 CV-1se 규칙을 사용하기 때문에 `gamlr`에서도 이것을 기본값으로 사용한다. CV-min 선택을 사용하려면 `select = "min"`을 추가해야 한다.

적합한 `cv.gamlr` 객체에 대해 `coef()`를 호출하면 자동으로 모델 선택을 수행한다.

```
> beta1se <- coef(cv.spender)
> betamin <- coef(cv.spender, select="min")
> cbind(beta1se,betamin)[c("tvguide.com","americanexpress.com"),]
2 x 2 sparse Matrix of class "dgCMatrix"
                          seg35       seg51
tvguide.com             .          -0.02353007
americanexpress.com 0.03864475   0.04841310
```

*tvguide.com*에서 보낸 시간은 CV-1se 규칙을 따르면 선택이 되지 않지만 CV-min 규칙을 따르면 총지출에 부정적인 효과를 주는 것을 볼 수 있다. *americanexpress.com*에 접속 기록

이 있는 브라우저는 두 가지 선택 규칙에서 더 많은 비용을 지출하는 경향이 있다.

> 부트스트랩과 CV의 차이는 복원추출을 하는지 비복원추출을 하는지 여부다. 이 장의 마지막 절에서는 표준 비모수적 부트스트랩이 예측 불확실성을 과소평가하는 경향에 대해 논의하고 lasso에 대한 불확실성을 정량화할 수 있는 대체 알고리즘을 설명한다.

CV 알고리즘과 선택 규칙이 어려워 보이지만 기본 아이디어는 간단하다. 기본 아이디어는 따로 떼어 놓은 데이터에 대한 오차를 사용하여 미래 관측값에 대한 예측 오차를 대략적으로 추정하는 것이다. [그림 3-8]의 곡선은 서로 다른 λ에 대해 표본 외 예측 편차(이 경우 $(\hat{y}_f - y_f)^2$)의 추정치를 보여준다. 예를 들면 CV−min에서 $\hat{\lambda} = \exp(-3.7)$로 표본 외 R^2이 약 $1 - 2.5/2.78 \approx 0.10$이라고 그래프를 읽을 수 있다.[54] 표준오차 간격은 각 편차 추정치에 대한 빈도주의 불확실성을 보여준다. 이러한 오차 범위가 너무 커서 어떤 λ가 가장 좋은지 결정할 수 없는 경우, 단순히 폴드 수를 증가시켜 편차 추정값의 표본크기를 늘릴 수 있다.

정보 기준information criteria (IC)은 모델 선택을 위한 CV의 대안이다. IC는 CV가 계산 실험을 통해 추정하고자 하는 OOS 오차 유형에 대한 해석적 근사치다. CV 실험을 할 시간이 없거나(매번 많은 연산이 필요해서 K번을 모두 반복할 수 없는 경우) CV 선택에서 몬테카를로 변화가 마음에 들지 않는 경우(폴드는 무작위이므로 알고리즘을 여러 번 실행하면 약간 다른 결과를 얻을 수 있다) IC를 사용할 수 있다.

AICc, AIC, BIC 등 다양한 정보 기준이 있다. 이 정보 기준들은 모두 서로 다른 진리에 대한 정의와 서로 다른 해석적 근사치를 사용하여 적합 모델과 '진리' 사이의 거리를 근사화한다. IC는 어떤 거리를 측정하는 것이므로 모델 선택 시 IC가 최소인 모델을 고르도록 할 수 있다.

가장 일반적인 것은 아카이케Akaike 정보 기준(AIC)이다.

식 3-6
$$\text{AIC} = \text{deviance} + 2df$$

여기서 편차는 표본 내 편차를 의미하며 df는 모델 자유도다.

---

54 귀무 모델 OOS 편차는 약 2.78로 가장 오른쪽에 있는 점이다. 모든 페널티 계수가 0으로 추정되는 가장 큰 페널티 λ_1에 해당한다.

예를 들어 `summary.glm` 출력은 다음과 같다.

```
Null deviance: 731.59 on 1476 degrees of freedom
Residual deviance: 599.04 on 1451 degrees of freedom
AIC: 651.04
```

R 출력에서 **자유도**란 '적합 이후 남은 자유도'를 의미한다. 즉, $n-df$를 말한다. 많은 통계학 서적에서는 AIC가 가장 작은 모델을 권한다.

MLE 적합에서 df는 단순히 모델의 파라미터 수다. 더 일반적으로 $\hat{y}$과 y 사이의 상관관계를 측정한다. 즉, 관찰 데이터를 잘 적합하기 위해 이 모델에 필요한 유연성을 측정한다. 이론적으로 깊이 들어가 보면[55] MLE 모델처럼 lasso에서 df는 주어진 λ에서 0이 아닌 $\hat{\beta}_j$의 수와 같다. 이는 다른 페널티 비용 함수에는 해당되지 않으며 lasso 회귀의 또 다른 장점이다(예를 들어 능형 회귀 회귀의 경우 모든 계수가 0은 아니지만 0으로 축소되기 때문에 df는 전체 모델 차원보다 작아진다). 따라서 전체 표본의 `gamlr` 경로를 계산하고 0이 아닌 계수의 개수와 표본 내 편차를 [식 3-6]에 입력하여 lasso 페널티 선택에 AIC를 적용할 수 있다. R에는 이를 수행하기 위한 함수가 있다.

```
> AIC(spender)
      seg1       seg2       seg3       seg4       seg5       seg6       seg7       seg8
10236.678  10221.410  10205.650  10191.269  10178.147  10159.757  10136.497  10107.909
...
    seg100
  9109.330
```

그러나 AIC는 고차원 데이터에서 과적합으로 이어지는 경향이 있다. AIC 근사가 'n이 클 때' 적합하다고 주장하는 것이 일반적이다. 하지만 실제로는 n/df이 클 때 통하는 말이다. df가 n에 비해 크면 $2df$ 복잡성 비용이 매우 작아지고 최적의 예측을 위해 원하는 것보다 더 복잡한 모델을 얻을 수 있다. 그 이유를 이해하려면 AIC가 어떻게 작동하는지 자세히 살펴봐야 한다.

AIC는 OOS 편차에 대한 추정치다. CV 실험에서 추정하는 것과 동일한 통계량을 목표로 한다.

---

55 Hui Zou, Trevor Hastie, and Robert Tibshirani. On the degrees of freedom of the lasso. *The Annals of Statistics*, 35: 2173-2192, 2007.

즉, 크기가 n인 또 다른 독립 표본에서 편차가 무엇인지 알 수 있다. 모델을 이 데이터에 맞도록 조정했기 때문에 IS 편차는 너무 작고 IS 오차는 OOS 오차를 지나치게 어림짐작한 추정치라는 것을 알고 있다. 이론적으로 좀 더 깊이 들어가보면[56] IS−OOS 편차는 대략 $2df$와 같으며 이것이 아카이케가 제안한 AIC의 기본 원리다. 그러나 선형 회귀의 관점에서 좀 더 자세히 살펴보면 IS와 OOS 편차의 차이는 실제로 $2df\,\mathbb{E}[\sigma^2/\hat{\sigma}^2]$와 같다. σ는 추가 오차의 실제 표준편차를 의미하며 $\hat{\sigma}$는 표본 내에서의 표준편차, 즉 적합 잔차의 표준편차를 의미한다. 아카이케는 이 두 표준편차가 거의 동일하다고 가정했다. 차원이 낮은 모델일 경우에는 이 가정이 맞지만 모델이 과적합될 경우에는 맞지 않다(예를 들어 $f \approx n$인 경우). 따라서 다음과 같이 OOS 편차에 대한 근사치를 개선할 수 있다.

$$\text{AICc} = \text{deviance} + 2df\,\mathbb{E}\left[\frac{\sigma^2}{\hat{\sigma}^2}\right] = \text{deviance} + 2df\,\frac{n}{n-df-1}$$

AICc는 **수정된 AIC**로 매우 유용한 모델 선택 도구다.[57] 선형 회귀, 로지스틱 회귀 또는 기타 다른 (적합을 위해 MLE 또는 lasso 페널티를 이용한) 일반화 선형 모델에 적용이 가능하다. 대부분의 예에서 CV−min 규칙에 가까운 모델 선택 결과를 제공한다. 사실 필자는 AICc와 CV−min의 결과가 같지 않을 때에는 뭔가 이상하다고 느껴져 이 결과들을 믿지 않는다. n/df이 클 경우 AICc≈AIC다. 따라서 AIC 대신 **항상** AICc를 사용하는 것이 좋다. AIC가 잘 맞지 않는 경우에도 AICc는 잘 작동하며 동일한 결과를 제공한다.

gamlr 패키지는 기본적으로 모델 선택을 위해 AICc를 사용한다. AICc로 선택한 세그먼트는 경로 플롯에 수직선으로 표시된다. 적합한 gamlr 객체에서 계수를 요청하는 경우 AICc를 최소로 하는 모델이 선택될 것이다.[58]

---

56 H. Akaike. Information theory and the maximum likelihood principle. In B.N. Petrov and F. Csaki, editors, *2nd International Symposium on Information Theory*. Akademiai Kiado, 1973.

57 Clifford M Hurvich and Chih−Ling Tsai. Regression and time series model selection in small samples. *Biometrika*, 76: 297-307, 1989.

58 소프트웨어에서는 보이지 않지만 AICc에 들어가는 편차 연산의 경우 [식 2−17]에서 상수 C를 확장하는 전체 편차를 사용해야 한다. 이는 AIC와 AICc가 실제로 '완전 포화' 모델에 대한 로그 가능도와 편차를 더한 음의 로그 가능도에 대해 정의되기 때문이다. 정상적인 선형 회귀의 경우 $\hat{\sigma}^2 = \sum_i (y_i - \boldsymbol{x}_i'\,\beta)^2/n$로 대체한 후 $\text{dev}(\boldsymbol{\beta}) = n\log(\hat{\sigma}^2) + \sum_{i=1}^{n}(y_i - \boldsymbol{x}_i'\,\beta)^2/\hat{\sigma}^2 = n(\log[\hat{\sigma}^2]+1)$를 사용한다.

```
> B <- coef(spender)[-1,]
> B[c(which.min(B), which.max(B))]
   cursormania.com shopyourbargain.com
        -0.998143           1.294246
```

AIC와 이것을 개선한 AICc 외에도 일반적으로 사용되는 다른 옵션들이 있다. BIC는 다음과 같다. 여기서 B는 베이지안^{Bayes}를 나타낸다.

식 3-7 $$BIC = deviance + \log(n) \times df$$

이것은 AIC와 **비슷해 보이지만** 다르다. BIC는 베이지안 사후 확률 모델($p(\lambda_t | \text{data})$)을 근사하려고 하는데, 대충 λ_t가 데이터를 생성한 실제 프로세스의 파라미터일 확률이라고 해석할 수 있다. 이는 데이터를 **보기 전**에 모델이 참일 확률에 따라 수행된다.[59] 기본적으로 AIC와 AICc가 예측을 최적화하려는 반면에 BIC는 '진정한' 모델을 얻고자 한다. 이로 인해 BIC는 더 보수적이고 중소 규모의 표본에서는 CV−1se 규칙과 매우 유사하게 작동한다. 그러나 큰 표본에서는 예측 목적에 과소적합^{underfitting}하는 경향이 있다. 즉, 매우 큰 λ와 아주 단순한 모델을 선택한다.

[그림 3-9]는 모든 OOS 오차 추정을 보여주고 [그림 3-10]은 해당하는 모델 선택 규칙을 보여준다. AIC와 AICc 곡선은 모두 CV 곡선처럼 보인다. AICc 선택 규칙은 CV−min 규칙과 매우 비슷하지만 AIC는 더 작은 λ(더 복잡한 모델)를 선택한다. 이 경우 BIC와 CV−1se 규칙은 비슷한 모델 선택을 제공한다. 더 큰 샘플에서는 BIC가 (과소적합되기 쉬운) 훨씬 더 단순한 모델을 선택하면서 차이가 발생하는 것을 볼 수 있다. 이러한 선택 규칙을 모두 사용하면 다양한 답을 얻을 수 있다. 일반적으로 시간이 많고 답이 중요하다면 CV를 하지만 AICc도 빠르고 안정적이다. 필자는 AICc와 CV−min 선택 규칙을 조합하여 사용하는 경향이 있다.

---

[59] BIC는 'unit−info' 사전 확률을 사용한다. $N(\hat{\beta}, \frac{2}{n} \text{var}(\hat{\beta})^{-1})$.

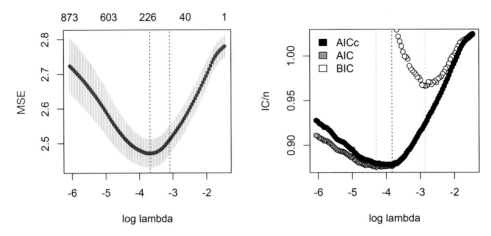

그림 3-9 OOS 성능에 대한 CV와 IC 추정치

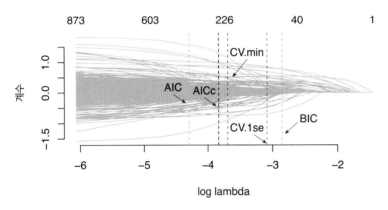

그림 3-10 lasso 경로에 따른 CV와 IC 선택 규칙

지금까지 공부한 방법들을 통합하기 위해 하키 데이터의 일부를 살펴보자. `gamlr` 패키지에 NHL^{National Hockey League} 2002~2014 시즌의 모든 골에 대한 데이터가 들어있다. `?hockey`를 입력하면 이 주제에 대한 (분명히 매우 중요한) 자세한 내용과 참고 문헌을 얻을 수 있다.[60]

여기서 목표는 일반적인 하키 성능 지표인 선수 '플러스-마이너스(PM)'의 개선된 버전을 만드는 것이다. 고전적인 PM은 선수가 빙상에 있을 때 득점한 골에 대한 함수다. 즉, 팀의 골 수

60 Robert Gramacy, Matt Taddy, and Sen Tian. Hockey performance via regression. *Handbook of Statistical Methods for Design and Analysis in Sports*, 2015.

에서 상대 골 수를 뺀 것이다. 이 접근 방식의 한계는 분명하다. 팀원이나 상대에 대한 고려가 없다. 하키에서는 선수들을 '라인'별로 묶고 코치가 상대팀의 '라인끼리 붙이는' 경향이 있다. 따라서 선수의 PM은 상대팀과 동료들의 경기에 의해 인위적으로 과대평가되거나 과소평가될 수 있다.

회귀를 통해 더 나은 성능 지표를 구할 수 있을까? 모든 골을 이진 반응으로 구성해보자. 홈팀의 골은 1이고 원정팀의 골은 0이다.

```
> data(hockey)
> head(goal)
  homegoal    season team.away team.home period differential playoffs
1        0 20022003       DAL       EDM      1            0        0
2        0 20022003       DAL       EDM      1           -1        0
3        1 20022003       DAL       EDM      2           -2        0
4        0 20022003       DAL       EDM      2           -1        0
5        1 20022003       DAL       EDM      3           -2        0
6        1 20022003       DAL       EDM      3           -1        0
```

이 값을 누가 시합 중에 있었는지 나타내는 더미 변수로 회귀할 수 있다. 여기서 홈팀 선수는 +1의 값을 얻고 원정팀 선수는 −1을 얻는다(경기에 뛰지 않은 선수는 모두 0). R에서 이것을 희소 행렬 player로 저장한다.

```
> player[1:3,2:7]
3 x 6 sparse Matrix of class "dgCMatrix"
     ERIC_BREWER ANSON_CARTER JASON_CHIMERA MIKE_COMRIE ULF_DAHLEN ROB_DIMAIO
[1,]           1            .             1           .          .          -1
[2,]           .            1             .           1         -1           .
[3,]           .            1             .           1          .          -1
```

경기에서 뛰는 선수들의 효과를 제어하는 것 외에도 선수의 능력과 관련이 없는 관중, 코치, 일정 등의 요소를 제어하고 싶을 수 있다. 이를 위해 각 팀의 시즌에 대한 고정 효과 $\alpha_{team,season}$를 추가한다. 또한 특수팀 구성 상황(예를 들어 5 대 4 파워플레이)은 α_{config} 효과를 통해 제어한다. 전체 로지스틱 회귀 모델은 다음과 같다.

$$\log \frac{\text{p(home.goal)}}{\text{p(away.goal)}} = \alpha_0 + \alpha_{team,season} + \alpha_{config} + \sum_{\substack{home \\ players}} \beta_j - \sum_{\substack{away \\ players}} \beta_j$$

여기서 β_j는 j번째 선수의 부분적 효과로 해석할 수 있다. 골을 득점하고 선수 j가 얼음 위에 있을 때 그의 팀이 득점한 확률에 e^{β_j}가 곱해진다. 이것은 기존 PM 점수를 회귀 기반으로 개선한 것이다.

모델을 실행하고 cv.gamlr을 호출하여 CV 선택을 사용할 수 있다.

```
> x <- cbind(config,team,player)
> y <- goal$homegoal
> cv.nhlreg <- cv.gamlr(x, y, verb=TRUE,
+                        free=1:(ncol(config)+ncol(team)),
+                        family="binomial", standardize=FALSE)
fold 1,2,3,4,5,done.
```

cv.gamlr 객체는 여러 항목 중 하나로 gamlr 객체(전체 데이터 경로 적합)를 저장하며 [그림 3-11]과 같이 정규화 경로와 CV 실험을 모두 그릴 수 있다.

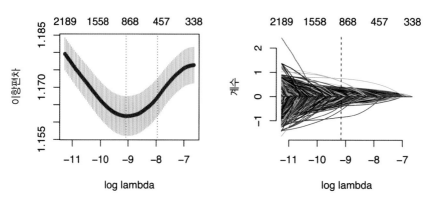

그림 3-11 하키 회귀에 대한 OOS 오차(왼쪽)와 경로(오른쪽) 그림

```
> par(mfrow=c(1,2))
> plot(cv.nhlreg)
> plot(cv.nhlreg$gamlr)
```

AICc와 CV-min 모두 e^{-9}보다 조금 작은 λ를 선택한다. CV-1se 규칙은 e^{-8} 근처에서 더 큰 λ(더 간단한 모델)를 선택한다. AIC는 AICc 선택과 비슷한 λ를 선택한다. $n \approx 70{,}000$골과 2,400명의 선수로 n/df이 크기 때문에 과적합은 아니다.

```
> log(cv.nhlreg$gamlr$lambda)[which.min(AIC(cv.nhlreg$gamlr))]
    seg55
-9.165555
```

반면 BIC는 보수적이며 $\hat{\beta} = 0$인 귀무 모델을 선택한다.

```
> which.min(BIC(cv.nhlreg$gamlr))
seg1
   1
```

BIC는 OOS 오차를 최소로 하는 확률이 가장 높은 λ를 찾는다. 이는 예상 OOS 오차가 가장 낮은 λ를 찾는 것과는 미묘하게 다르다. 예를 들어 기대 오차를 최소로 하는 λ에서 OOS 오차에 대해 불확실성이 더 크다면, 기대 오차는 더 높지만 이 값 주위에서 불확실성이 더 낮은 다른 값이 최고일 확률이 더 높을 수 있다. 하지만 실제 적용에서 n이 커질수록 BIC는 어쩔 수 없이 과소적합하는 경향이 있다.

여기서 귀무 모델은 단순한 절편이 아니라 팀과 시즌에 대한 지표와 함께 경기장과 관련한 정보들을 포함한다. 따라서 BIC는 어떤 선수가 중요하지 않다는 것이 아니라 주어진 시즌의 팀 평균 경기 수준과 완전히 구분할 수 없다고 말하고 있다.

```
> Baicc <- coef(nhlreg)[colnames(player),]
> sum(Baicc!=0)
[1] 646
```

회귀 결과를 간단히 살펴보면 AICc가 0이 아닌 측정 가능한 646개의 선수 효과를 선택한다는 것을 알 수 있다.

여기에 몇 가지 유의할 점이 있다. 첫째, free라는 인수를 도입했다. 이는 페널티를 원하지 않는 설계 행렬의 열을 나타낸다. 이 경우 특수팀과 팀 시즌 변수를 **페널티 없이** 유지하기 위해 사용한다. 모델에 포함시켜야 한다는 것을 알고 있으므로 제한 없이 포함시켰다.

둘째로 주목할 점은 standardize=FALSE를 사용한 것이다. 이것은 모든 페널티 변수가 동일한 척도(선수 존재 또는 부재)에 있는 특별한 경우다. standardize=FALSE가 없으면 각 계수(선수 효과)에 대한 페널티를 선수 행렬에서 해당 선수의 표준편차와 곱한다. 표준편차가 큰 선수는 경기에 많이 뛰는 선수고 표준편차가 작은 선수는 경기에 거의 뛰지 않는 선수다(거의 모두 0). 따라서 이 경우 표준편차에 의한 가중치 페널티는 정확히 우리가 원하는 것이 아니다. 출전 시간이 긴 선수에게는 더 큰 페널티를, 거의 출전하지 않는 선수에게는 더 작은 페널티를 준다. 실제로 standardize=FALSE 없이 회귀를 실행하면 많은 2군 선수들이 상위권으로 올라간다.

```
> nhlreg.std <-  gamlr(x, y,
+                      free=1:(ncol(config)+ncol(team)), family="binomial")
> Bstd <- coef(nhlreg.std)[colnames(player),]
> Bstd[order(Bstd, decreasing=TRUE)[1:10]]
        JEFF_TOMS      RYAN_KRAFT    COLE_JARRETT   TOMAS_POPPERLE   DAVID_LIFFITON
        1.7380706       1.4826419       1.2119318        1.1107806        1.0974872
 ALEXEY_MARCHENKO    ERIC_SELLECK     MIKE_MURPHY      DAVID_GOVE       TOMAS_KANA
        1.0297324       1.0060015       0.9600939        0.9264895        0.8792802
```

이와 대조적으로 주요 분석에서 상위권에 있는 선수들은 거의 모두 아는 스타 선수들이다.

```
> Baicc[order(Baicc, decreasing=TRUE)[1:10]]
PETER_FORSBERG  TYLER_TOFFOLI   ONDREJ_PALAT ZIGMUND_PALFFY  SIDNEY_CROSBY
JOE_THORNTON
        0.7548254       0.6292577       0.6284040        0.4426997        0.4131174
0.3837632
    PAVEL_DATSYUK  LOGAN_COUTURE      ERIC_FEHR MARTIN_GELINAS
        0.3761981       0.3682103       0.3677283        0.3577613
```

주요 분석에서 하위권에 있는 선수들은 출전 시간이 짧은 선수가 아니라 출전 시간 대비 성적이 저조한 선수들이다.

```
> Baicc[order(Baicc)[1:10]]
    TIM_TAYLOR   JOHN_MCCARTHY P. J._AXELSSON NICLAS_HAVELID      THOMAS_POCK
MATHIEU_BIRON
       -0.8643214      -0.5651886      -0.4283811       -0.3854583       -0.3844128
-0.3512101
   CHRIS_DINGMAN   DARROLL_POWE RAITIS_IVANANS   RYAN_HOLLWEG
       -0.3342243      -0.3339906      -0.3129481       -0.2988769
```

조금 더 자세히 살펴보면 시드니 크로스비^{Sidney Crosby}가 출전한 경우 골을 득점할 때마다 피츠버그 펭귄스Pittsburgh Penguins가 득점할 확률(실점할 경우에 비해)이 51% 증가한다는 것을 알 수 있다.

```
> exp(Baicc["SIDNEY_CROSBY"])
SIDNEY_CROSBY
     1.511523
```

한편 블루재키츠Blue Jackets(또는 2011~2012년 이전 킹스Kings)는 잭 존슨Jack Johnson이 출전했을 때 득점 확률이 약 22% 감소한다.

```
> exp(Baicc["JACK_JOHNSON"])
JACK_JOHNSON
   0.7813488
```

마지막으로 절편을 통해 **홈팀의 이점**을 살펴볼 수 있다.

```
> exp(coef(nhlreg)[1])
[1] 1.082354
```

다른 공변량에 대한 조건 없이 홈팀이 골을 넣을 가능성이 약 8% 정도 더 높다. 홈팀에게 이점이 있다는 것을 보여준다!

3.4 lasso에 대한 불확실성 정량화

1장을 시작하면서 모델 파라미터에 대한 불확실성을 다루는 두 가지 고차원적인 접근 방식에 대해 소개했다. 1장에서 논의한 것처럼 파라미터 추정에 대한 불확실성을 정량화하고 이 불확실성을 의사결정 프로세스에 반영할 수 있다. 아니면 이 장에서 했던대로 불확실성을 명시적으로 다루지 않고 정규화를 사용하여 추정치에서 **노이즈를 제거**할 수 있다. 즉, 안전한 귀무가설 쪽으로 축소하여 불확실성이 존재하는 상황에서 신뢰할 수 있는 점추정치를 제공하는 절차를 사용한다. 추정과 검정 사이의 고전적인 이분법보다는 변수가 0인지 아닌지에 대한 의사결정을 단일 최적화 목표 함수로 통합했다고 볼 수 있다.

이번 절에서는 하이브리드 시나리오를 소개한다. 고차원 데이터 분석을 위해 lasso를 사용하면서 동시에 lasso 추정치에 대한 불확실성 측정값을 제공해야 한다. 예를 들어 분석 목표가 기본 예측보다 더 복잡하거나, 과대 또는 과소평가에 대한 비대칭 손실이 있거나, 어떤 결과에 대한 신뢰구간과 같은 것을 보기 원할 경우에 적합하다.

lasso와 같은 방법에 대한 불확실성을 정량화하는 것은 쉽지 않다. 페널티항이 존재하기 때문에 표본 분포와 표준오차를 추정하는 것이 어려워진다. 또한 목표 함수가 매우 고차원일 경우 불확실성을 정확하게 정량화하는 것은 불가능하다. 즉, 전체 벡터 β에 대한 결합구간이 아닌 단일 β_j에 대한 한계구간을 구할 수 있다. 하지만 lasso 추정 이후 빈도주의 관점에서의 불확실성에 대한 근사치를 얻기 위해 사용할 수 있는 몇 가지 좋은 도구가 있다. 여기서는 모수적 부트스트랩과 서브샘플링 subsampling 방법에 대해 소개한다. 표본 분할 방법에 대해서는 6장을 참고하자.

lasso에는 1장에서 소개한 불확실성 정량화 방법들이 적용되지 않기 때문에 이 방법들을 넘어서는 뭔가가 필요하다. 먼저 앞서 소개한 불확실성 정량화 방법들이 적용되지 않는 이유를 살펴보자. 첫째, lasso 추정에 사용할 수 있는 좋은 이론적 표준오차가 없다. MLE 회귀에 사용하는 중심극한정리에 기반한 결과들은 페널티가 있거나 고차원에서 추정할 경우에는 유효하지 않다. 둘째, 비모수적 부트스트랩은 모델 선택을 수행할 경우에 적합하지 않다. 왜 이런 일이 일어나는지 알아보기 위해 부트스트랩 표본에서 CV 루틴의 한 폴드를 실행한다고 상상해보자. 관측치가 **복원**추출되었으므로 학습용 표본과 검증용 폴드에 동일한 관측치가 있을 수 있다. 이렇게 하면 동일한 (실제로는 예측 불가능한) 랜덤 노이즈가 학습용과 검증용 폴드 모두에 들어있기 때문에 실제보다 예측하기 더 쉬워 보이게 된다. 결과적으로 부트스트랩을 적용한 CV 과정은 전체 표본에서보다 더 작은 페널티를 선택하는 경향이 있다. 즉, 부트스트랩 표본은 실제 추정기에 비해 상대적으로 과적합되기 쉽다. 따라서 이 추정기에 대한 불확실성을 정량화하는데 사용할 수 없다.

하지만 이와 달리 **모수적** 부트스트랩 알고리즘은 lasso와 함께 작동하도록 만들 수 있다. 모수적 부트스트랩은 각 부트스트랩 표본에 대한 데이터를 표본추출하는 대신 가정한 데이터 생성 프로세스의 추정치로부터 **새로운** 관측치를 생성한다. 새로운 관측치에는 중복이 없기 때문에 앞에서 설명한 과적합 문제가 발생하지 않는다.

모수적 부트스트랩의 경우 lasso 적합을 위해 전체 표본에서 표본추출을 하고 싶지 않을 수 있다. 정규화를 사용하기로 한 것은 분산과 편향을 서로 맞바꾼 것으로 볼 수 있다. 0에 가까운 계수는 더 안정적이고 랜덤 노이즈에 덜 민감해진다. 그러나 이상적으로는 모수적 부트스트랩에서 시뮬레이션 데이터를 생성하는 모델은 실제 데이터를 생성하는 프로세스에 대한 **편향되지 않은** 추정치를 따라야 한다. 저차원에서는 MLE 적합 모델을 이용해 시뮬레이션 할 수 있다(모수적 부트스트랩에 대한 대부분의 이론은 이러한 시나리오를 가정한다). 그러나 고차원 문제에서 MLE는 잘못된 모델을 추정할 수 있다(관측치보다 파라미터가 더 많을 경우 아예 존재하지 않을 수도 있다). 실제로 편향 추정치가 0까지는 아니지만 전체 표본 lasso보다 편향이 적은 적합 모델에서 시뮬레이션하는 것이 좋다. 여기에 대한 엄격한 규칙은 없지만 전체 표본 AICc 또는 CV-min을 통해 선택한 페널티($\hat{\lambda}$)를 취하고 다음과 같이 크기의 약 25% 정도 되는 페널티($\bar{\lambda} \approx \hat{\lambda}/4$)를 사용하여 데이터 생성을 위한 모델을 적합하는 것이 도움이 됐다. 그러나 실제 현장에서는 이 선택에 대한 민감도를 고려해야 하고, 예를 들면 잠시 후에 다룰 대체 서브샘플링 절차와 비교해야 한다.

다시 말하지만, lasso는 편향된 추정기이므로 표준오차 추정을 거치는 것보다는 직접 신뢰구간을 지정해야 한다. 이것은 [알고리즘 2]에서 소개한 CI 부트스트랩과 비슷하다. 부트스트랩 추정치가 실제 추정값과 어떻게 다른지 그리고 높거나 낮게 편향되었는지를 정량화하고자 한다. [알고리즘 9]에서 전체 절차를 자세히 설명한다.

알고리즘 9   **lasso 신뢰구간을 위한 모수적 부트스트랩**

데이터 $\{[x_i, y_i]\}_{i=1}^{n}$와 페널티 $\hat{\lambda}$(AICc 또는 CV-min 규칙을 통해 선택)를 이용한 전체 표본 lasso 계수 추정치 $\hat{\boldsymbol{\beta}}$가 있다.

가능도 최대화(낮은 차원의 경우)나 더 작은 페널티($\bar{\lambda} \approx \hat{\lambda}/4$)를 이용한 lasso를 통해 페널티가 낮거나 없는 추정치 $\bar{\boldsymbol{\beta}}$를 구한다. 그리고 $b = 1 \ldots B$에 대해 다음을 실행한다.

- $\bar{\boldsymbol{\beta}}$와 표본 공변량 $\{x_i\}_{i=1}^{n}$을 사용하여 적합한 회귀 모델로부터 n개의 반응 $\{y_i^b\}_{i=1}^{n}$을 생성한다. 예를 들어 선형 회귀에서는 다음과 같이 데이터를 생성한다.

  식 3-8
  $$y_i^b \sim \mathrm{N}(x_i'\bar{\boldsymbol{\beta}}, \bar{\sigma}^2)$$

  여기서 $\bar{\sigma}^2$은 $\bar{\boldsymbol{\beta}}$ 적합에 따른 잔차의 분산을 의미한다.

- $\hat{\boldsymbol{\beta}}$을 추정할 때와 똑같은 페널티 선택 알고리즘을 사용하여 데이터 $\{[x_i, y_i^b]\}_{i=1}^{n}$에 대해 부트스트랩 계수 추정값 $\hat{\boldsymbol{\beta}}_b$를 구한다.

이 계수에 대한 함수 $f(\boldsymbol{\beta})$의 $\alpha\%$ CI를 구하려면 오차 $\{f(\hat{\boldsymbol{\beta}}_b) - f(\hat{\boldsymbol{\beta}})\}_{b=1}^{B}$의 $\alpha/2$와 $1-\alpha/2$ 백분위수($t_{\alpha/2}$와 $t_{1-\alpha/2}$)를 계산한다. 그리고 신뢰구간을 다음과 같이 설정한다.

식 3-9
$$[f(\hat{\boldsymbol{\beta}}) - t_{1-\alpha/2}, f(\hat{\boldsymbol{\beta}}) - t_{\alpha/2}]$$

앞에서 다뤘던 하키 예제를 다시 생각해보자. [그림 3-11]의 오른쪽 그래프에서 AICc로 선택한 페널티 가중치가 $\hat{\lambda} \approx \exp[-9]$인 것을 볼 수 있다. 동일한 경로에서 좀 더 작은 페널티 $\bar{\lambda} \approx \exp[-11.25]$를 이용해 적합한 모델로부터 시뮬레이션을 통해 모수적 부트스트랩을 수행한다. 이 적합 모델에서 생성하기 위해 먼저 이 $\bar{\beta}$에 해당하는 이항 확률을 구한다.

```
> log(nhlreg$lambda[61])
    seg61
-9.444656
> Qlowpen <- drop(predict(nhlreg, x, select=61, type="response"))
```

그런 다음 부트스트랩 표본에서 원정팀이 득점했는지 홈팀이 득점했는지를 나타내는 새로운 0/1 값을 생성하기 위해 rbinom 함수를 사용한다.

각 lasso 적합을 수행하는 데 시간이 많이 걸리기 때문에 상대적으로 적은 반복(B=100)으로 [알고리즘 9]를 실행한다.

```
> Bhat <- coef(nhlreg)
> Bparboot <- sparseMatrix(dims=c(nrow(Bhat),0),i={},j={})
> B <- 100
> for(b in 1:B){
+    yb <- rbinom(nrow(x), Qlowpen, size=1)
+    fitb <- gamlr(x, yb,
+                  free=1:(ncol(config)+ncol(team)),
+                  family="binomial", standardize=FALSE)
+    Bparboot <- cbind(Bparboot, coef(fitb))
+    print(b)
+ }
```

결과적으로 행렬 Bparboot는 AICc 페널티 선택에서 얻은 $\hat{\beta}_b$ 계수 추정치의 $p \times B$ 표본이다. [식 3-9]를 적용하여 특정 계수에 대한 90% 구간을 구할 수 있다. 예를 들어 크로즈비 선수로 인한 골 오즈 비 승수의 90% CI를 알고 싶다고 하자. 이것은 로지스틱 회귀이기 때문에 선수 j

의 오즈 비는 $f(\beta) = e^{\beta j}$ 다.

```
> # 다른 선수들도 해보자.
> WHO <- "SIDNEY_CROSBY"
> fB <- exp(Bhat[WHO,])
> tval <- quantile(exp(Bparboot[WHO,]), c(.95,.05))
> 2*fB - tval
      95%        5%
 1.394209 1.776736
```

크로즈비가 출전하면 펭귄스가 득점할 확률이 38%에서 79%까지 높아진다. 또한 이전 절의 마지막 부분에서 계산한 홈팀의 이점에 대한 불확실성 범위를 제공할 수 있다.

```
> fB <- exp(Bhat[1,])
> tval <- quantile(exp(Bparboot[1,]), c(.95,.05))
> 2*fB - tval
      95%        5%
 1.060105 1.095895
```

홈팀이 득점할 확률은 원정팀이 득점할 확률보다 6~10% 정도 더 높다.

모수적 부트스트랩의 단점은 가정한 데이터 생성 프로세스의 정확도에 크게 의존하는 점이다. 예를 들어 선형 lasso를 사용하는 경우 일반적으로 분산이 일정한 가우스 분포에서 새로운 오차가 생성되어야 한다. [알고리즘 9]의 [식 3-8]에 있는 모델이 **정확하게** 이것을 따른다는 가정이 깔려있다. 실제로는 이 가정이 정확히 맞지 않더라도 회귀추정에 선형 lasso를 자주 사용한다. OLS와 마찬가지로 오차가 이분산적이고 각 관측치에 서로 다른 분산 σ_i^2이 있더라도 선형 모델링은 β에 대한 좋은 추정치를 제공할 수 있다. 그러나 이렇게 가정이 잘못된 상황에서 모수적 부트스트랩을 적용하면 근본적으로 부정확한 불확실성 추정치를 제공한다. 일반적으로 과소추정이 일어날 수 있다.

서브샘플링은 부트스트랩의 대안이 될 수 있다. 비모수적 부트스트랩은 복원추출로 인해 반복되는 관찰 데이터들이 예측을 인위적으로 쉬워 보이게 만들기 때문에 모델 선택에 적합하지 않다. 대신 서브샘플링[61]에서는 전체 표본크기 n보다 작고 반복이 없는 크기가 m인 **비복원 하위**

---

61 [Politis, 1999]에서 서브샘플링 방법에 대해 자세히 다룬다. Dimitris N. Politis, Joseph P. Romano, and Michael Wolf. *Subsampling*. Springer, 1999.

표본 *B*를 사용하여 목표를 재추정한다. 이상적으로 이러한 하위 표본에는 데이터가 겹치는 일이 발생하지 않는다. 데이터를 $B = n/m$ 폴드와 마찬가지로 분할하고 각 독립 폴드에 대한 파라미터를 구한다. 하지만 이와 동시에 B가 전체적으로 표본 분포를 대표할 수 있을 만큼 충분히 커야 하며 *m* 역시 전체 표본에서의 결과와 유사한 결과를 얻을 수 있을 만큼 충분히 커야 한다. 예를 들어 lasso 문제에서 *m*은 하위 표본 추정에서 모든 계수가 0이 될 정도로 작을 수는 없다. 그러나 아마도 $m \geq n/5$일 것이며 합리적인 신뢰구간을 얻으려면 $B = 5$ 이상의 하위 표본 추정치가 필요하다.

실제로 계산 시간을 고려하여[62] 적당히 큰 *B*를 선택하고, 추정 루틴이 여전히 적절한 추정을 제공한다면 가능한 작은 *m*을 선택한다. 여기서 후자는 주관적인 사항이다. 필자는 $m \approx n/4$을 사용하지만, 신뢰구간이 그 값에 지나치게 민감하지 않은지 확인하기 위해 이 숫자를 조정할 수 있다.

부트스트랩 알고리즘과 마찬가지로 전체 표본 추정기의 표본추출 변동성을 모델링하기 위해 하위 집합에 대한 추정값의 변동성을 사용할 수 있다. 하지만 비모수적 부트스트랩과 달리 각 하위 표본 추정치는 거의 독립적인 데이터를 기반으로 한다. 이러한 이유로 서브샘플링은 부트스트랩이 실패하는 경우(lasso 추정과 이후 모델 선택 같은)에 잘 작동한다.

서브샘플링의 문제점은 각 추정치가 실제보다 작은 표본을 기반으로 한다는 것이다. 따라서 서브샘플링 알고리즘에서는 크기가 *n*인 표본 추정치에 대한 크기가 *m*인 표본 불확실성을 조정할 수 있도록 학습률^learning rate^을 가정한다. 학습률이란 표본크기에 따라 표준오차가 얼마나 빨리 감소하는지를 나타낸다. 예를 들어 일반적인 평균 추정 설정에서 표본평균 $\bar{x}_n = (1/n) \sum_i x_i$를 실제 평균 $\mathbb{E}[x]$의 추정치로 사용하며 이 추정값에는 표준오차가 포함되어 있다. 여기서 아래 첨자 *n*은 표본크기에 대한 의존성을 나타낸다.

식 3-10
$$\text{se}(\bar{x}_n) = \sqrt{\frac{\text{var}(x)}{n}}$$

여기서 학습률은 $\sqrt{n}$이라고 할 수 있다. $\text{var}(x)$는 일정한 양이므로 표준오차는 표본크기의 제곱근만큼 감소한다. 예를 들어 x_i 중 크기가 *m*인 더 작은 표본의 평균이 $\bar{x}_m$이라고 가정하자.

---

62 병렬 컴퓨팅을 사용하여 서브샘플링이나 부트스트랩 알고리즘의 속도를 높일 수 있다.

두 개의 서로 다른 표본크기에 따른 불확실성의 연관성을 다음과 같이 표현할 수 있다.

식 3-11

$$\text{se}(\overline{x}_n) = \sqrt{\frac{m}{n}}\ \text{se}(\overline{x}_m)$$

중심극한정리와 관련하여[63] 학습률 $\sqrt{n}$ 은 다양한 추정 알고리즘에서 대부분 그대로 유지된다. 예를 들어 MLE에서 학습률은 항상 $\sqrt{n}$ 이다. 모델 선택과 페널티가 추가되면 학습률을 $\sqrt{n}$ 으로 가정하는 것이 조금 어려워진다. 하지만 파라미터의 차원이 **너무** 크지 않으면[64] lasso 추정치에 $\sqrt{n}$ 학습률을 가정하는 것이 가능하다.[65] 이 가정을 사용할 때 lasso 추정 함수에 대한 비모수적 신뢰구간을 구하기 위해 [알고리즘 10]의 서브샘플링 절차를 사용할 수 있다.

알고리즘 10 $\sqrt{n}$ 학습에서 서브샘플링 CI

데이터 $Z = \{z\}_{i=1}^{n}$ 과 모집단 목표 θ 를 근사하기 위해 이 데이터로부터 계산된 전체 표본 추정치 $\hat{\theta}$ 이 있다.

$n/2$ 보다 크지 않은 하위 표본크기 m 을 설정한다. 기본값으로 $m = n/4$ 을 사용한다. 그런 다음 $b = 1...B$ 에 대해 다음을 수행한다.

- 전체 표본 Z에서 m개의 관측값 중 비복원추출로 하위 표본 Z_b를 뽑는다.
- θ에 대한 하위 표본 추정치 $\hat{\theta}_b$를 구하기 위해 Z_b에 대한 추정을 실행한다.
- 오차 $e_b = (\hat{\theta}_b - \hat{\theta})$을 계산한다.

지금까지 구한 $\{e_b\}_{b=1}^{B}$ 에서 먼저 표본오차($t_{\alpha/2}$와 $t_{1-\alpha/2}$)에 대한 $\alpha/2$ 및 $1 - \alpha/2$ 백분위 수를 계산하고 다음과 같이 구간을 설정하여 θ에 대한 $\alpha\%$ CI를 구한다.

식 3-12

$$\left[\hat{\theta} - \frac{\sqrt{m}}{\sqrt{n}}\, t_{1-\alpha/2,}\ \hat{\theta} - \frac{\sqrt{m}}{\sqrt{n}}\, t_{\alpha/2} \right]$$

---

63 그 이유는 수학적으로 보면 대부분의 추정기가 사용하는 표본 분포를 2차 테일러 급수 전개했을 때 $1/n$에 비례하는 분산이 나오기 때문이다.

64 자세히 보면 데이터를 추가할 때 선택한 페널티 λ이 $1/\sqrt{n}$ 만큼 빠르게 감소할 수 있다. 이것은 관찰 데이터를 추가하면서 파라미터는 추가하지 않는 경우에만 가능하므로, 텍스트를 더 많이 추가할수록 어휘 수가 늘어나는 단어 모음 모델링과 같은 설정은 제외한다.

65 Keith Knight and Wenjiang Fu. Asymptotics for lasso-type estimators. *Annals of Statistics*, pages 1356-1378, 2000.

하키 데이터 분석으로 다시 돌아가서 $m = 17,362 \approx n/4$이고 $B = 100$인 하위 표본 추정치를 추출한다.

```
> n <- nrow(x)
> B <- 100
> ( m <- round(n/4) )
[1] 17362
```

n이 B의 약수가 아니기 때문에 결과적으로 부분 집합의 크기는 $m_b = 3,473$와 $m_b = 3,472$이 섞여있다. 이제 [알고리즘 10]을 실행할 수 있다. 앞에서 설명한 것처럼 $\theta = e^{\beta_j}$ 형식(오즈 비)의 통계량을 목표로 할 것이다.

```
> Esubs <- sparseMatrix(dims=c(nrow(Bhat),0),i={},j={})
> for(b in 1:B){
+    subs <- sample.int(n, m)
+    fitb <- gamlr(x[subs,], y[subs],
+                free=1:(ncol(config)+ncol(team)),
+                family="binomial", standardize=FALSE)
+    eb <- (exp(coef(fitb)) - exp(coef(nhlreg)))
+    Esubs <- cbind(Esubs, eb)
+ }
```

홈팀의 이점을 다시 살펴보면 서브샘플링은 모수적 부트스트랩으로 얻은 구간과 비슷한 95% CI를 찾는다.

```
> thetahat <- exp(coef(nhlreg)[1,])
> tval <- quantile(Esubs[1,], c(.95,.05))
> thetahat - tval*sqrt(m)/sqrt(n)
     95%       5%
1.066360 1.092478
```

소수점 둘째 자리까지 보면 원정팀의 득점 확률에 비해 홈팀의 득점 확률이 7%에서 10% 정도 높다는 것을 알 수 있다.

하지만 크로스비 효과를 살펴보면 모수적 부트스트랩의 CI와 눈에 띄게 다른 구간을 얻게 된다.

```
> WHO <- "SIDNEY_CROSBY"
> thetahat <- exp(coef(nhlreg)[WHO,])
> tval <- quantile(Esubs[WHO,], c(.95,.05))
> thetahat - tval*sqrt(m)/sqrt(n)
      95%        5%
 1.426549  1.735710
```

모수적 부트스트랩의 구간이 38%~79%인 반면 서브샘플링 90% CI는 크로스비의 오즈 비가 45%~77%로 증가한다. 서브샘플링 구간은 더 좁고 중앙에서는 59% 대신 61%로 약간 더 높다.

어떤 결과를 믿어야 할까? 불행히도 이 질문에 대한 명확한 답은 없다. 모수적 부트스트랩과 서브샘플링 모두 현실에 대한 가정에 크게 의존한다. 모수적 부트스트랩의 경우 실제 목표 확률이 어떤 실제 로지스틱 회귀 모델로부터 독립적으로 도출된 것으로 가정한다. 반대로 서브샘플링 절차는 관측치 간의 의존성을 허용하고(이는 서브샘플링된 블록들에 드러남) 로지스틱 회귀 모델이 잘못 지정될 가능성을 허용한다. 그러나 서브샘플링은 가정된 $\sqrt{n}$ 학습률[66](기본적으로 확인할 수 없음)에 크게 의존적이다. 또한 이 방법에는 모수적 부트스트랩에 대한 감소한 페널티 $\bar{\lambda}$와 서브샘플링에 대한 표본크기 m과 같이 선택해야 하는 조정 파라미터가 존재한다. 결국 이 두 방법 모두 근사화 도구로 봐야 하며 적절한 의심도 가지고 있어야 한다. 이 경우 개인적으로는 가장 보수적인 구간을 선택하고 크로스비 증가율이 38~79% 사이라고 결론을 내릴 것이다.

마지막으로 크로스비 효과에 대한 서브샘플링과 모수적 부트스트랩의 간격은 모두 전체 표본 추정치인 51%를 **중심으로 하지 않는다**. 무슨 일이 일어난 것일까? 서브샘플링의 [식 3-12] 및 모수적 부트스트랩의 [식 3-9]와 같은 구간(비모수 CI 부트스트랩의 [식 1-6]뿐만 아니라)은 전체 표본 추정기에서 **편향**을 수정하도록 설계되었다. 이 경우 서브샘플링과 모수적 부트스트랩 추정값은 일반적으로 전체 표본 추정값보다 작다. 서브샘플링에서 크로스비 효과에 대한 $\{e_b\}_{b=1}^{B}$의 분포는 [그림 3-12]와 같다. 이는 전체 표본 추정치가 무한한 데이터에 대한 추정값,

---

66 이 예제에서는 $\sqrt{n}$ 학습에 대한 가정을 의심하게 된다. 경기 횟수가 많아질수록 더 많은 선수가 추가될 것이므로 표본크기에 따라 차원이 커지지 않는다는 가정이 비현실적이다.

즉 실제 모집단 파라미터에 비해 하향 편향될 가능성이 있다는 것을 보여준다. 따라서 **하향** 편향을 확인할 수 있고 결과적으로 90% 구간은 크로즈비의 오즈 비에 대한 원래 추정치보다 상향 수정하여 이 편향을 수정한다.

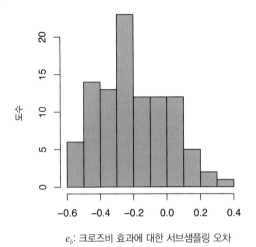

e_b: 크로즈비 효과에 대한 서브샘플링 오차

그림 3-12 크로즈비의 팀이 득점할 확률에 대한 오즈 비 $\theta = \exp[\beta_{crosby}]$를 위한 $B = 100$ 서브샘플링 오차 e_b의 히스토그램

## CHAPTER 4

분류

우리가 가장 많이 마주하는 예측 문제는 바로 분류 문제다. 여러 옵션 중에서 웹사이트 사용자의 의도를 예측하거나, 일부 정당 중에서 화자의 정치적 성향을 예측하거나, 태그가 없는 이미지의 주제를 예측할 수 있다. 물론 이런 예제들은 반응 y가 입력 x에 대한 함수인 일반적인 회귀 프레임워크에도 적합하다. 하지만 차이점은 y가 이제는 $y \in \{1, 2, \ldots, m\}$인 어떤 범주의 원소라는 것이다. 여기서 예측 문제는 새로운 x가 주어졌을 때 반응 범주에서 가장 좋은 $\hat{y}$이 무엇인지 추측하는 것이다.

4.1 최근접 이웃

우리는 이미 로지스틱 회귀를 통해 이종 분류에 대해 알아보았다. 여기서 로짓 연결을 통해 $y \in \{0, 1\}$과 $p(y = 1 | x)$를 모델링했다. 이진 로지스틱 회귀는 클래스가 두 개 이상인 일반적인 **다항** 로지스틱 회귀의 특별한 경우다. 일반적인 모델링 방법은 나중에 이 장에서 다시 설명할 것이다. 먼저 간단하고 직관적인 분류기인 **최근접 이웃**nearest neighbor 알고리즘에 대해 알아보자.

K-NN(K-최근접 이웃) 알고리즘은 'x 주변에 있는 관측치들의 가장 일반적인 클래스는 무엇일까?'라는 질문을 통해 x에 대한 클래스 $\hat{y}$을 예측한다. [그림 4-1]은 [알고리즘 11]의 K-NN 과정을 보여준다. 검정색 점은 x_f를 의미하며 이 점에서 클래스를 예측하려고 한다. 점선은 가장 가까운 이웃 점들을 연결하는데, $K = 3$인 경우 이웃 점은 두 개의 흰색 점과 하나의

빨간색 점이다. 따라서 가장 빈도수가 높은 이웃 클래스는 흰색이다. 따라서 3-NN 예측의 결과 $\hat{y}_f$ = 흰색이다. 이 이웃 데이터는 클래스 확률에 대한 **대략적인** 추정치를 제공하며 여기서는 $\hat{p}_f(white)$ = 2/3라고 할 수 있다.

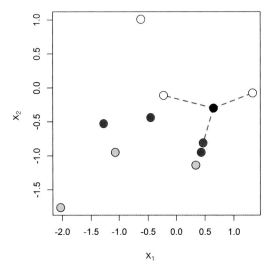

그림 4-1 K-NN 예제. 검정색 점은 클래스를 예측하고자 하는 x를 의미하며 다른 점에 있는 색깔(빨간색, 밝은 회색, 흰색)은 서로 다른 클래스를 나타낸다.

여기서 거리는 원래 x값으로부터 측정되므로 단위가 중요하다. 정규화와 마찬가지로 K-NN 거리 계산에 기본적으로 표준편차 단위를 사용하도록 설정한다. R의 **scale** 함수를 사용하여 $\bar{x}_j = x_j/sd(x_j)$로 변환한 다음 K-NN 알고리즘에 입력한다.

알고리즘 11 K 최근접 이웃

클래스를 예측하기 위한 입력 벡터 x_f가 주어지면 레이블이 이미 정해진 관측 데이터셋 $\{[x_i, y_i]\}_{i=1}^n$ 중에서 가장 가까이에 있는 K개의 이웃 데이터를 찾는다. 여기서 근접한 정도를 측정하기 위해 다음과 같이 유클리드 거리를 사용한다.

$$d(x_i, x_f) = \sqrt{\sum_{j=1}^p (x_{ij} - x_{fj})^2}$$

그리고 나면 라벨링된(클래스 정보가 있는) 다음과 같은 K개의 최근접 관측 데이터셋을 구할 수 있다.

$$[\boldsymbol{x}_{i1}, y_{i1}] \ldots [\boldsymbol{x}_{iK}, y_{iK}]$$

$\boldsymbol{x}_f$에 대한 예측 클래스는 다음과 같이 이 데이터셋에서 가장 자주 나오는 클래스가 된다.

$$\hat{y}_f = \text{mode}\{y_{i1} \ldots y_{iK}\}$$

실제 예로 유리 조각의 속성을 나타내는 데이터셋을 살펴보자. 이 **법의학 유리** 데이터셋은 MASS[67]라는 R 라이브러리에 **fgl**이라는 이름으로 포함되어 있다.

```
> library(MASS)
> data(fgl)      # R로 데이터를 불러온다.
```

이 데이터에는 214개의 유리 조각에 대해 **Na, Mg, Al, Si, K, Ca, Ba, Fe** 원소의 산화물 중량에 따른 굴절률$^{\text{refractive index}}$(RI)과 화학 조성을 측정한 결과가 포함되어 있다. 이 정보를 입력받아 다음과 같은 6가지 유리 종류를 예측한다.

- **WinG**: 플로트^{float} 유리창[68]
- **WinNF**: 비플로트^{nonfloat} 유리창
- **Veh**: 차량 유리창
- **Con**: 용기(병)
- **Tabl**: 식기
- **Head**: 차량 헤드라이트

[그림 4-2]는 이 데이터를 시각화한 것이다. 일부 입력 정보는 분명히 유리 종류를 **구분하는 데 중요한 판별자**일 것이다. 예를 들어 **Ba**는 차량 헤드라이트에 상대적으로 풍부하게 존재하지만

---

67 W.N. Venables and B.D. Ripley. *Modern Applied Statistics with S*, 4th edition. Springer, 2002.

68 플로트 유리는 대부분 요즘 창문에 사용되며 용융금속 층에 용융된 유리물을 띄워서 만든다. 이전에는 단단한 금속 표면에 용융된 유리를 냉각하는 공정 방식을 사용했다.

나머지에서는 거의 항상 미량으로 존재한다. Mg는 가정용과 차량용 창문 모두에서 공통으로 존재한다. 다른 입력들은 판별에 더 미미한 역할을 하거나 상호작용에서만 중요할 수 있다.

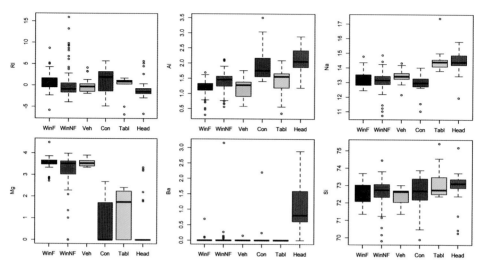

그림 4-2 유리 종류별 파편의 원소 조성 분포

R에서 최근접 이웃 알고리즘을 수행하기 위해서는 knn 함수가 포함된 class 패키지를 불러오면 된다. 그런 다음 라벨 *y*와 함께 학습 데이터 *x*의 **수치** 행렬을 만들고 예측하고자 하는 새 테스트 값을 제공한다. knn의 경우 glm과 달리 테스트 데이터를 함께 제공해야 한다. knn은 모델을 적합하는 대신 단순히 테스트 데이터의 각 관측치에 대한 이웃의 수를 계산한다.[69]

유리 예제의 경우 먼저 거리가 표준 분포에 있도록 다음과 같이 데이터의 스케일을 조정한다.

```
> x <- scale(fgl[,1:9])    # 10번째 열은 클래스 정보를 담고 있다.
> apply(x,2,sd)    # ?apply 도움말을 확인해보자.
RI Na Mg Al Si  K Ca Ba Fe
 1  1  1  1  1  1  1  1  1
```

---

69 좀 더 효율적인 근사 최근접 이웃 알고리즘이 존재하긴 하지만 *K*-NN은 기본적으로 데이터 크기가 커질수록 계산량이 비현실적으로 커지기 때문이다.

이제 모든 변수의 표준편차는 1이다. 그런 다음 예측을 위한 임의의 **test** 데이터를 따로 떼어 놓고 다음과 같이 1–NN과 5–NN 알고리즘을 모두 실행한다.

```
> library(class)
> test <- sample(1:214,10)
> nearest1 <- knn(train=x[-test,], test=x[test,], cl=fgl$type[-test], k=1)
> nearest5 <- knn(train=x[-test,], test=x[test,], cl=fgl$type[-test], k=5)
> data.frame(fgl$type[test],nearest1,nearest5)
   fgl.type.test. nearest1 nearest5
1            Head     Head     Head
2           WinNF    WinNF    WinNF
3            WinF     WinF     WinF
4            WinF      Veh    WinNF
5            Head     Head     Head
6            WinF     WinF     WinF
7             Veh    WinNF     WinF
8             Veh    WinNF     WinF
9             Veh      Veh     WinF
10           Head     Head     Head
```

1–NN은 80%의 정확도를 보이는 반면 5–NN은 70%의 정확도를 보인다. 하지만 무작위로 테스트셋을 다시 돌려보면 수치가 많이 달라지는 것을 볼 수 있다.

K–NN을 실제 문제에 적용할 때 몇 가지 중요한 문제가 있다. 먼저 K–NN 예측 결과가 K값에 따라 **불안정**해질 수 있다는 점이다. 예를 들어 [그림 4-1]에서 빈도수로 확률을 계산하면 다음과 같다.

$$K = 1 \Rightarrow \hat{p}_f(white) = 0$$
$$K = 2 \Rightarrow \hat{p}_f(white) = 1/2$$
$$K = 3 \Rightarrow \hat{p}_f(white) = 2/3$$
$$K = 4 \Rightarrow \hat{p}_f(white) = 1/2$$

예측 결과 $\hat{y}_f$ 역시 K에 따라 달라진다. 3장에서 언급했듯이 이러한 예측의 불안정성 때문에 최적의 K를 선택하는 것이 어려워진다. 따라서 CV는 K–NN에 적합하지 않다. 또한 각각의 새로운 $\boldsymbol{x}_f$에 대한 예측은 최근접 이웃을 구하기 위해 엄청난 연산을 필요로 하기 때문에 K–NN을 빅데이터에서 사용하기에는 비용이 너무 크다.

따라서 K-NN은 문제에 접근하는 방법에 대한 직관을 얻기 위한 좋은 아이디어인 전진 단계적 회귀와 유사하지만, 너무 조잡해서 실제로 유용하지 않다. 이를 해결하는 방법은 **확률**에 대한 모델을 고려하여 분류 기준으로 사용하는 것이다.

4.2 확률, 비용, 분류

확률 모델링에 대해 살펴보기 전에 확률과 분류의 관계에 대해 알아볼 필요가 있다. 개념 설명을 위해 $y \in \{0, 1\}$인 이진 문제로 다시 단순화하자. 이진 문제에는 두 가지 오류가 나올 수 있다.

- **거짓 양성**: $y = 0$을 $\hat{y} = 1$로 예측한다.
- **거짓 음성**: $y = 1$을 $\hat{y} = 0$으로 예측한다.

각 오류 유형에 따라 비용이 다를 수 있다. 의사는 진단에 실패하는 것보다 과잉 진료하는 것에 더 낮은 비용을 부과한다. 미국 형사사법제도는 유죄인 사람이 석방되는 것보다 무고한 사람이 처벌받는 것에 더 많은 비용을 부과한다.

더 일반적으로 **모든 결정에는 비용이 따른다**. 최적의 결정을 내리려면 가능한 결과의 확률을 추정해야 한다. 이러한 확률을 통해 다른 행동에 따른 **예상 손실**을 평가할 수 있다. 각 결과에 대한 확률, 즉 가능한 결과에 대한 $p_k(k = 1 \ldots K)$를 알고 있다고 가정하자. 그리고 각 결과 k는 행동 a에 따라 비용 $c(a, k)$를 갖는다. 그러면 행동 a에 대한 예상 손실은 다음과 같다.

식 4-1
$$\mathbb{E}[loss(a)] = \sum_k p_k c(a, k)$$

> 통계학자는 예상 손실을 종종 **위험**이라고 부른다. 하지만 이 용어는 금융 경제에서 손실에 대한 분산(및 기능)을 측정하는 데 일반적으로 사용되기 때문에 여기서는 사용하지 않는다.

예를 들어 다음 주에 $125를 갚겠다는 계약에 따라 누군가에게 $100를 대출해주기로 결정한 것을 행동 a라고 가정하자. 만약 그들이 **채무불이행**할 가능성을 10%로 본다면, 예상 손실은 $100 \times 0.1 - 25 \times 0.9 = -12.5$다(여기서 마이너스는 수익은 비용의 마이너스기 때문이다). 이 경우 $12.50의 **수익**이 예상되므로 거래를 통해 이익을 얻을 수 있다. 다양한 결과의 확률을 알고 나면 예상 수익과 손실을 평가하고 최적의 결정을 내릴 수 있다.

다행히 어떻게 로지스틱 회귀를 통해 확률을 추정하는지 알고 있다. 확률에 기반한 분류를 하나씩 알아보기 위해 독일 현지 대출 기관의 대출 및 신용에 대한 실제 데이터셋을 사용할 것이다.[70] 신용점수 매기기는 분류의 고전적인 문제이며 여전히 머신러닝에서 큰 부분을 차지하는 응용 분야다. 이전 대출 결과(채무불이행 또는 채무이행)를 사용하여 신규 대출의 잠재적인 성과를 예측할 수 있는 모델을 학습시킨다.

credit.R에서 데이터를 정리한 후 이진 Default 결과와 함께 대출자 및 대출 특성에 대한 데이터프레임을 구한다.

```
> head(credit)
  Default duration amount installment age  history      purpose foreign  rent
1       0        6   1169           4  67 terrible goods/repair foreign FALSE
2       1       48   5951           2  22     poor goods/repair foreign FALSE
3       0       12   2096           2  49 terrible          edu foreign FALSE
4       0       42   7882           2  45     poor goods/repair foreign FALSE
5       1       24   4870           3  53     poor       newcar foreign FALSE
6       0       36   9055           2  35     poor          edu foreign FALSE
> dim(credit)
[1] 1000    9
```

서로 **상호작용**하는 모든 입력(모든 쌍별 상호작용을 포함)을 가지고 Default에 대한 로지스틱 lasso 회귀를 실행한다. 모든 요인 수준(절편에 참조 수준을 제외한)을 포함하는 설계를 위해 3장에서 설명한 naref 함수를 사용한다. gamlr에 입력되는 데이터에 대해 이 함수를 호출할 수 있다.

```
> library(gamlr)
> source("naref.R")
> credx <- sparse.model.matrix( Default ~ .^2, data=naref(credit))[,-1]
> default <- credit$Default
> credscore <- cv.gamlr(credx, default, family="binomial", verb=TRUE)
fold 1,2,3,4,5,done.
```

70 UC Irvine Machine Learning Repository(*https://archive.ics.uci.edu/ml/index.php*)에서 가져왔다.

[그림 4-3]은 결과적으로 얻은 정규화 경로와 OOS 예측 성능을 보여준다. 만약 OOS 실험을 다시 반복하면 결과가 달라질 수 있지만 AICc는 CV-min 절차보다 약간 더 복잡한 모델을 선택한다. 이 랜덤 폴드의 경우 CV-min에 의해 선택된 20개의 변수가 있다. AIC와 AICc는 모두 21개의 변수를 선택하고 BIC는 19개의 변수를 선택한다. 반면 CV-1SE 규칙은 12개의 변수만 선택하는 보수적인 결과를 보여준다. 앞으로 이 예제의 나머지 부분에서는 AICc에서 선택한 모델을 사용할 것이다.

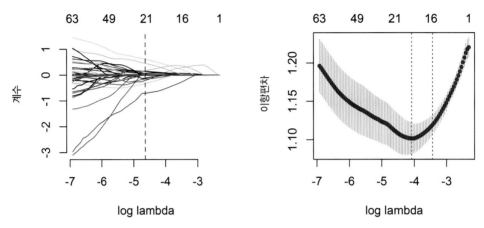

그림 4-3 독일 신용평가 데이터를 이용한 로지스틱 lasso 회귀에 대한 정규화 경로와 CV 결과. 경로 플롯(왼쪽 그림)의 점선은 AICc 선택을 표시하며 오른쪽 그림의 점선들은 CV-min과 CV-1se의 결과를 보여준다.

이 적합 모델로 predict 함수를 사용하여 채무를 불이행할 확률을 구할 수 있다.

```
> pred <- predict(credscore$gamlr, credx, type="response")
> pred <- drop(pred) # 희소 행렬 포맷을 제거한다.
```

[그림 4-4]는 **표본 내** 적합 결과를 보여준다. 이 문제는 노이즈가 심해 실제 채무불이행과 채무이행에 대한 확률의 구분이 어렵다. 즉, 우리가 선택한 분류 규칙은 수많은 거짓 음성과 거짓 양성 결과를 유발한다.

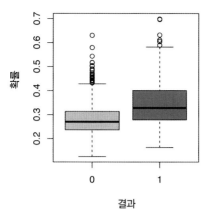

그림 4-4 신용평가 lasso 분석에 대한 표본 내 적합 결과

어떤 분류 규칙 또는 컷오프는 $p_f \leq p$일 때 $\hat{y}_f = 0$, $p_f > p$일 때 $\hat{y}_f = 1$로 예측하는 확률 p를 말한다. 앞에서 언급했듯이 이러한 규칙에는 두 가지 유형의 오류가 있다. $\hat{y} = 1$이지만 $y = 0$인 거짓 양성과 $\hat{y} = 0$이지만 $y = 1$인 거짓 음성이다. 이것은 다음과 같이 비율로 변환할 수 있다.

$$\text{거짓 양성 비율}^{\text{false positive rate}}(\text{FPR}) = \frac{\text{기대 거짓 양성 수}}{\text{분류된 양성 수}}$$

$$\text{거짓 음성 비율}^{\text{false negative rate}}(\text{FNR}) = \frac{\text{기대 거짓 음성 수}}{\text{분류된 음성 수}}$$

이는 가설 검정의 맥락에서 연구한 거짓 발견 비율과 유사하다.

$100를 대출해주고 $125를 상환받는 경우(물론 채무불이행할 경우 $100를 잃게 된다)를 생각해보자. 채무를 불이행할 확률 p를 사용하여 다음이 참이라면 예상 손실은 음수가 된다. 즉, 수익을 기대할 수 있다.

$$-25 \cdot (1 - p) + 100 \cdot p < 0 \qquad p < \frac{25}{125} = \frac{1}{5}$$

따라서 대출을 해줄지 말지 결정하기 위한 컷오프 확률은 $p = 0.2$다.[71]

$p = 0.2$ 규칙을 독일 신용평가 모델과 데이터에 적용하여 FPR과 FNR의 표본 내 추정치를 찾는다. 그 결과 0.61의 FPR(대출을 거부한 사람 중 61%가 돈을 갚을 수도 있었다)과 0.07의 FNR(대출해준 사람 중 7% 정도만 채무를 불이행할 것으로 보인다)을 얻었다.

```
> rule <- 1/5
> # 거짓 양성 비율
> sum((pred>rule)[default==0])/sum(pred>rule)
[1] 0.6059744
> # 거짓 음성 비율
> sum((pred<rule)[default==1])/sum(pred<rule)
[1] 0.07744108
```

비교를 위해 컷오프가 $p = 0.5$일 경우를 계산해보면 FPR = 0.32, FNR = 0.25다. 여기서 파생된 결정 규칙은 채무불이행에 더 높은 비용을 청구하기 때문에 거짓 음성보다 훨씬 더 많은 거짓 양성을 얻게 된다.

FPR과 FNR은 분류한 데이터의 수로 오류의 수를 정규화한다(예를 들어 긍정으로 **분류한** 숫자에 대한 거짓 양성의 비율). 분류 오류를 설명하는 또 다른 일반적인 방법은 각 클래스의 **실제** 데이터 수로 정규화하는 방법이다.

- **민감도**sensitivity: 실제 $y = 1$을 1이라고 분류한 비율
- **특이도**specificity: 실제 $y = 0$을 0이라고 분류한 비율

대부분의 $y = 1$인 관측 데이터에 대해 $\hat{y} = 1$로 예측한다면 이 규칙은 민감도가 높다고 할 수 있다. 대부분의 $y = 0$인 관측 데이터에 대해 $\hat{y} = 0$이라고 예측한다면 이 경우는 특이도가 높다고 할 수 있다. 독일 신용평가 예제에서 $p = 0.2$인 컷오프 규칙은 민감도는 높지만(92%) 특이도는 높지 않다(39%).

---

71 일반적으로 상환할 경우 $100 + X$를 받는 이 간단한 설정에서는 $p < X/(100 + X)$이면 이익을 기대할 수 있다. 따라서 돈을 갚지 않을 확률 p가 주어지면 총 이자 비용을 $X > 100 \cdot p/(1 - p)$로 설정할 수 있다. 이는 대출 금액에 불이행 오즈 비를 곱한 것이다.

```
> sum( (pred>1/5)[default==1] )/sum(default==1)      ## 민감도
[1] 0.9233333
> sum( (pred<1/5)[default==0] )/sum(default==0)      ## 특이도
[1] 0.3914286
```

다시 말하지만, 이것은 채무불이행 및 대출 상환과 관련한 비용의 비대칭성 때문에 발생한다.

잠재적 분류 규칙을 시각적으로 잘 보여주는 것은 1−특이도에 대한 민감도의 변화를 보여주는 수신자 조작 특성receiver operating characteristic (ROC) 곡선이다. 이 곡선의 이름은 신호 처리에서 나온 것이다. 모델 학습이 잘 됐다면 이 곡선은 왼쪽 상단 모서리 쪽으로 쏠리게 된다. 이것은 높은 특이도를 유지하면서 높은 민감도를 얻을 수 있다는 것을 나타낸다. 모든 적합통계량이나 그래프와 마찬가지로 표본 내 결과와 표본 외 결과에 대한 ROC 곡선을 모두 얻을 수 있다(항상 후자에 더 관심이 있다).

[그림 4-5]는 독일 신용평가 예제에 대한 ROC 곡선을 보여준다. 이 OOS 그래프는 데이터 절반을 이용해 AICc로 선택한 lasso 모델을 적합하고 나머지 절반을 이용해 특이도와 민감도를 평가한 결과다. IS 곡선보다 OOS 곡선이 약간 더 평평하다. 즉, 대각선에 더 가깝다. 새로운 데이터에 대한 예측에서 민감도와 특이도 사이의 트레이드오프trade-off가 표본 내 적합보다 표본 외 적합에서 더 악화된다.

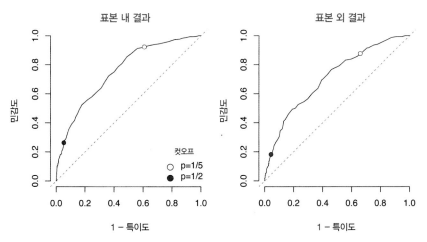

그림 4-5 독일 신용평가 예제에 대한 IS와 OOS 적합 결과에 대한 ROC 곡선. 곡선 위의 점들은 $p = 0.2$와 $p = 0.5$ 규칙을 표시한다.

이 신용 분석은 향후 의사결정에서 소급적 분석을 사용하는 것에 대한 주의를 환기시킨다. 신용 이력에 대한 함수로서 체납자의 비율을 보여주는 [그림 4-6]을 살펴보자. 신용 이력이 악화될수록 채무불이행률이 **낮아지는 것**을 볼 수 있다! 왜 이런 일이 일어난 걸까?

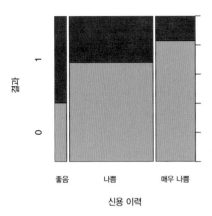

그림 4-6 신용 이력에 따른 대출 결과를 보여주는 모자이크 플롯

여기서 문제는 대출이 승인되는 상황이 신용 이력에 따라 달라진다는 것이다. 좋은 이력을 가진 사람은 더 위험한 프로젝트를 위해 큰 대출을 받을 수 있는 반면, 신용 이력이 좋지 못한 사람은 채무불이행을 확실히 피할 수 있는 시나리오에서만 소액 대출을 받을 수 있다. 따라서 서로 다른 이력 그룹에 속한 고객은 서로 다른 종류의 대출에 **선정된 것**이다. 인과관계를 통해 예상한 것과 반대되는 이 데이터에는 신용 이력과 채무불이행의 상관관계가 있다.

이 문제의 일부는 제어 변수를 조정하여 바로잡을 수 있다. 회귀 분석에서 공변량으로 대출 규모와 시나리오를 포함한다면 아마 이 선택 문제를 해결하고 올바른 인과 모델을 구할 수 있을 것이다. 이것을 올바르게 수행하는 방법은 5장에서 다룬다. 하지만 일반적으로 과거 데이터에 대한 단순한 분석을 기반으로 미래의 행동에 변화를 주는 것은 위험하다. 이 경우 '장부'로 된 수많은 대출 사례의 예상 연체율을 분석하기 위해 이 데이터를 사용할 수 있다고 확신한다. 이러한 대출은 학습 데이터를 생성한 것과 동일한 대출 승인 프로세스로부터 나왔기 때문이다. 하지만 이 모델을 향후 대출 승인을 자동화하는 **로봇 은행원**에 사용하는 것은 훨씬 더 주의를 기울여야 할 것이다.

4.3 다항 로지스틱 회귀

좋은 분류는 좋은 확률 모델에서 시작된다는 것을 배웠다. 이진 분류의 경우 확률 모델을 구축하기 위해 이진 로지스틱 회귀를 사용할 수 있다. K '범주' 중 하나가 응답이 되는 다중 클래스 문제에서도 이와 유사한 일반화된 선형 모델을 만들 수 있다.

먼저 다중 클래스 응답을 길이가 K인 이진 벡터 $y_i = [0, 1, ..., 0]$로 다시 작성해야 한다. 여기서 응답 i가 클래스 k인 경우 $y_{ik} = 1$이다. 그런 다음 2장으로 돌아가서 [식 2-1]의 일반화 선형 모델 공식에 따라 다음과 같은 모델을 만들어야 한다.

식 4-2 $\qquad k = 1 \ldots K$에 대해 $\mathbb{E}[y_{ik} \mid \boldsymbol{x}_i] = \mathrm{p}(y_{ik} = 1 \mid \boldsymbol{x}_i) = f(\boldsymbol{x}_i' \boldsymbol{B})$

여기서 $\boldsymbol{B} = [\boldsymbol{\beta}_1 \cdots \boldsymbol{\beta}_K]$는 각 클래스에 대한 계수 열이 있는 **행렬**이다. 목적에 맞게 잘 작동하도록 로지스틱 회귀를 확장한 것이 확률을 모델링한 **다항 로지스틱 회귀**이며 다음과 같이 나타낸다.

식 4-3 $\qquad \mathrm{p}(y_j = 1 \mid \boldsymbol{x}) = p_j(\boldsymbol{x}) = \dfrac{e^{x'\beta_j}}{\sum_{k=1}^{K} e^{x'\beta_k}}$

여기서 링크 함수 $e^{z_j} / \sum_k e^{z_k}$는 다항 로짓이다. 머신러닝에서는 종종 **소프트맥스**softmax 함수라고 불리며 실젯값(예를 들어 $x_i \beta_k$)을 확률로 변환하는 가장 일반적인 방법이다. $\boldsymbol{\beta}_j = \boldsymbol{0}$인 '참조' 결과 클래스를 설정하는 것에 맞춰 다른 곳에서는 분모를 $1 + \sum_k e^{x'\beta_k}$로 지정하는 것을 볼 수 있다. 요인 참조 수준의 경우와 마찬가지로 이것은 최대가능도 추정의 부산물이다(잘 정의된 최댓값을 얻기 위해 변수의 공간을 제한해야 한다). 그리고 이 문제는 정규화를 통해 해결할 수 있다.

다항 분포에서의 가능도는 간단하다. $y_{ik} = 1$일 확률 p_{ik}가 주어지면 관측된 데이터의 확률은 다음에 비례한다.

식 4-4 $\qquad \displaystyle\prod_{i=1}^{n} \prod_{k=1}^{K} p_{ik}^{y_{ik}}$

여기서 $a^0 = 1$이고 $a^1 = a$인 것을 기억하자.

[식 2-22]와 비교해보면 이항 가능도가 [식 4-4]에서 $K = 2$인 경우에 해당한다는 것을 확인할 수 있다. y_i의 정의가 스칼라에서 길이가 2인 이진 벡터로 변경되었다는 것에 유의하자.

[식 4-4]에 로그를 취하고 -2를 곱하면 다음과 같은 다항편차가 생성된다.

식 4-5
$$\mathrm{dev} = -2\sum_i \sum_k y_{ik} \log(p_{ik})$$

마지막으로 회귀 계수 $\boldsymbol{B} = [\boldsymbol{\beta}_1 \ldots \boldsymbol{\beta}_k]$에 대한 함수로 p_{ik}를 표현하여 [식 4-3]의 로짓 링크를 대입하면 다음과 같이 전개할 수 있다.

식 4-6
$$\mathrm{dev}(\boldsymbol{B}) = -2\sum_{i=1}^{n} y_{ik} \log p_{ik}(\boldsymbol{x}_i'\boldsymbol{B})$$

$$= -2\sum_{i=1}^{n}\left[\sum_{k=1}^{K} y_{ik}\; \boldsymbol{x}_i'\boldsymbol{\beta}_k - m_i \log\left(\sum_{k=1}^{K} e^{\boldsymbol{x}_i'\beta_k}\right)\right]$$

[식 4-6]의 첫 번째 줄에서 두 번째 줄을 유도하는 것은 좋은 수학 문제. 여기서 $m_i = \Sigma_k\, y_{ik}$는 관찰 데이터 i에서 '결과'의 총 개수다. 현재 분류 예제에서는 하나의 결과만 가능하기 때문에 $m_i = 1$이다. 하지만 [식 4-6]은 y_{ik}가 개수를 의미하고 양의 정수가 될 수 있는 다른 설정에서 유용하다. 예를 들어 텍스트 분석에서 y_{ik}은 어떤 문서에 나온 단어의 개수가 될 수 있다.

늘 그렇듯이 페널티 편차 최소화를 통해 다항 로지스틱 회귀를 추정한다.

식 4-7
$$\hat{\mathbf{B}}_\lambda = \mathrm{argmin}\left\{-\frac{2}{n}\sum_{i=1}^{n} y_{ik} \log p_{ik}(\boldsymbol{x}_i'\boldsymbol{B}) + \lambda \sum_k \sum_j |\beta_{kj}|\right\}$$

모든 클래스 k에 걸쳐 하나의 페널티 λ가 있다. 나중에 추정 전략에서 이 부분을 완화할 예정이다.

gamlr 패키지는 [식 4-7]의 추정 루틴을 포함하지 않는다. 대신 다음 절에서 설명할 **분산 다항 회귀**distributed multinomial regression(DMR)라는 효율적인 병렬 연산 전략을 제공한다. 그때까지 glmnet 패키지를 family="multinomial" 인수와 함께 사용하여 다항 로지스틱 회귀 분석을 수행할 수 있다. glmnet과 gamlr는 거의 동일한 구문을 사용하지만 약간의 차이가 있다. 두 패키지 모두 자세한 도움말 문서를 제공한다.

K-NN 알고리즘을 설명할 때 사용했던 법의학 유리 데이터를 다시 살펴보자. gamlr처럼 glmnet도 희소 행렬을 사용한다. 설계 행렬은 굴절률과 상호작용하는 모든 화학적 조성 변수를 포함한다.

```
> library(glmnet)
Loaded glmnet 4.1-1
> xfgl <- sparse.model.matrix(type~.*RI, data=fgl)[,-1]
```

그런 다음 cv.gamlr을 호출하여 [식 4-7]을 최소화하고 CV 실험을 수행할 수 있다.

```
> gtype <- fgl$type
> glassfit <- cv.glmnet(xfgl, gtype, family="multinomial")
```

cv.glmnet 객체는 cv.gamlr 객체와 유사하다. [그림 4-7]과 같이 모든 폴드의 OOS 편차 결과를 시각화할 수 있다. 가장 낮은 OOS 편차는 약 2.0이고 귀무 모델의 편차는 약 3.0이며 이는 R^2이 대략 1/3 정도라는 것을 의미한다. [그림 4-8]은 lasso 경로를 보여준다. [그림 4-8]에서 유리의 종류, 즉 각 β_k에 대한 별도의 경로 플롯이 있다는 것을 알 수 있다. 하지만 모델 사양에는 모든 클래스에 대해 λ가 하나 존재한다. [그림 4-7]에서 CV-min 규칙은 $\log\lambda \approx$ -6에서 경로 슬라이스를 선택한다.

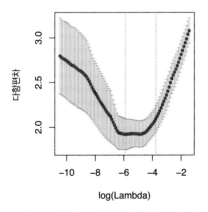

그림 4-7 법의학 유리 데이터의 다항 로지스틱 lasso 회귀에 대한 CV 폴드의 OOS 편차. 이 그림에서 수직선은 CV-min과 CV-1se 선택 규칙을 의미한다.

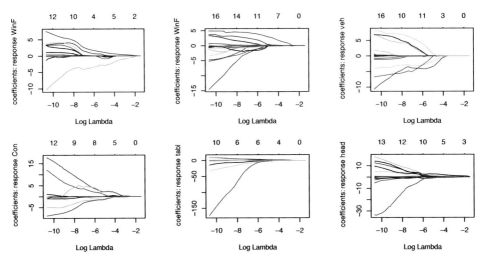

그림 4-8 법의학 유리 데이터의 glmnet 다항 로지스틱 lasso 회귀를 위한 lasso 정규화 경로

predict 함수는 적합 모델에 대한 확률을 알려준다.

```
> probfgl <- drop(predict(glassfit, xfgl, type="response"))
```

분류 문제에서 확률은 이전 절에서 설명한대로 의사결정 비용과 연결할 수 있다(다중 클래스 문제의 경우 상황은 조금 더 복잡하지만 기본 논리는 변하지 않는다). 대칭 비용이 있는 일반적인 설정에서는 **최대 확률 규칙**maximum probability rule $\hat{k} = \text{argmax}_k \{\hat{p}_k : k = 1 \dots K\}$를 사용할 수 있다. apply(probs, 1, which.max)를 사용하여 R로 구현할 수 있으며, 이는 probs의 각 행에서 최대인 열의 인덱스를 제공한다.

선형 및 로지스틱 회귀에 대한 적합 플롯과 유사한 다항 분포에 대한 표본 내 적합 플롯을 만들 수 있다. [그림 4-9]는 표본 내 관찰값에 대한 $\hat{p}_{ik_i}$의 상자 그림을 보여준다. 여기서 k_i는 실제 클래스, 즉 $y_{ik_i} = 1$을 의미한다. 적합이 잘 될수록 플롯의 모든 상자는 1.0에 가까워질 것이다. [그림 4-2]를 보면 바륨 덕분에 차량 헤드라이트 유리를 잘 구분할 수 있는 반면 다른 것들은 확신할 수 없다. 차량용 유리, 용기나 식기용 유리는 적합 확률이 낮지만 표본 수도 적다(상자 너비는 표본크기에 비례한다).

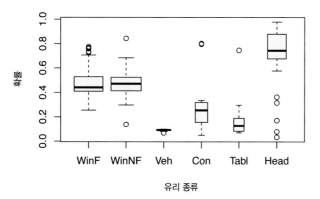

그림 4-9 법의학 유리 데이터의 다항 로지스틱 lasso 회귀에 대한 IS 적합 결과. 각 상자의 너비는 해당 클래스의 표본 크기에 비례한다.

회귀 계수를 얻기 위해 이미 익숙한 coef 함수를 사용한다. cv.gamlr에서와 마찬가지로 select="min"을 추가하여 CV−min 선택을 적용할 수 있다. glmnet의 원래 출력은 각각의 결과 클래스를 원소로 갖는 리스트이며, 이를 $p \times K$ 행렬 $\hat{\mathbf{B}}$로 변경하기 위해 간단한 포매팅[72] 을 수행한다.

```
> B <- coef(glassfit, select="min")
> B    # 계수 리스트 객체다. 유리 종류당 하나의 행렬을 갖는다.
> # 하나의 행렬로 통합한다.
> B <- do.call(cBind, B)
> # 귀찮게도 열 이름이 삭제된다.
> colnames(B) <- levels(gtype) # 열 이름을 다시 추가한다.
```

MN 로짓 계수를 해석하는 일은 그리 간단하지 않다. 이항 로지스틱 회귀에서는 β값을 로그 오즈 비에 대한 선형적인 효과로 간단하게 해석했음을 기억하자. 그러나 이제 두 개가 아닌 K개의 범주를 비교한다. 로그 오즈 비 해석은 다음과 같이 어떤 클래스 **쌍**에 대한 계수 간 **차이**에 적용할 수 있다.

식 4-8
$$\log\left(\frac{p_a}{p_b}\right) = \log\left(\frac{e^{x'\beta_a}}{e^{x'\beta_b}}\right) = x'[\boldsymbol{\beta}_a - \boldsymbol{\beta}_b]$$

---

72 glmnet은 예측 결과를 $n \times K \times 1$ 배열로 반환하므로 drop() 함수를 사용하여 $n \times K$ 행렬로 만든다.

예를 들어 Mg가 1 유닛 만큼 증가하면 플로트 유리와 비플로트 유리의 오즈 비는 약 1/3 정도 감소하는 반면 용기 유리에 대한 비플로트 유리의 오즈 비는 약 2/3만큼 **증가**한다.

```
> exp(B["Mg", "WinNF" ]-B["Mg", "WinF"])
[1] 0.6554258
> exp(B["Mg", "WinNF"]-B["Mg", "Con"])
[1] 1.674114
```

Mg가 증가할수록 플로트 유리창과 비플로트 유리창의 확률 모두 증가하지만 플로트 유리창의 확률이 비플로트 유리창의 확률보다 더 증가한다고 추론할 수 있다. 이것은 [그림 4-2]를 통해 설명이 가능하다.

일단 이러한 쌍별 오즈 비 비교에 익숙해지면 모델을 해석하는 방법은 다른 일반화 선형 모델과 동일하다. 예를 들어 적합 회귀 분석에서 RI:Mg 상호작용 계수 $\hat{\beta}_{\text{winNF, RI:Mg}}$는 WinNF의 경우 -0.05, WinF의 경우 0으로 추정된다. 따라서 플로트 유리창에 대한 비플로트 유리창의 오즈 비에서 Mg의 단위 추가에 대한 승법 효과는 RI의 각 단위 증가에 대해 다음과 같이 곱해진다.

$$\exp\left[\hat{\beta}_{\text{winNF, RI:Mg}} - \hat{\beta}_{\text{winF, RI: Mg}}\right] = e^{-0.05} \approx 0.95$$

이전부터 비플로트 유리창에 대한 플로트 유리창의 오즈 비는 **굴절률 0**에서 Mg의 각 단위 증가에 대해 0.66을 곱한다. 이 승수는 $RI = 5$에서 $0.66 \cdot 0.95^5 \approx 0.51$, $RI = -5$에서 $0.66 \cdot 1.05^5 \approx 0.84$가 된다.

다항 로짓에 대해 배울 때 자주 하는 질문은 '다른 모든 클래스에 대한 어떤 한 클래스의 오즈 비가 x에 따라 어떻게 변할까?'다. 안타깝지만 이 관계는 다음과 같이 **비선형적**이다.

식 4-9 $$\log\left[\frac{p_k}{1-p_k}\right] = \log\left[\frac{p_k}{\sum_{j \neq k} p_j}\right] = x'\beta_k - \log \sum_{j \neq k} e^{x'\beta_j}$$

예를 들어 하나의 공변량에서 단위 변화의 효과에 대한 고정된 관계는 없다. 두 개의 다른 입력 위치에서 확률을 계산하고 서로를 명시적으로 비교할 필요가 있다.

다항 로지스틱 모델을 사용하다보면 각 클래스의 **중요도** 역할을 하는 $e^{x'\beta_k}$ 개념에 익숙해질 것이다. 각각의 중요도는 잠재적인 클래스의 확률을 결정하기 위해 서로 경쟁한다. 이러한 해석은 다음 절에서 다룰 알고리즘의 기초가 된다.

4.4 분산 다항 회귀

이전 절에서 회귀 또는 다른 다항 로짓을 실행해봤다면 다항 회귀가 느리다는 점을 알게 됐을 것이다. 선형 또는 로지스틱 lasso와 다르게 모든 것을 K번 반복해야 하고 계수가 K배 더 많기 때문이다. 각 $\hat{\beta}_k$에 대한 편차가 로짓 링크 $p_k = e^{x'\beta_k} / \sum_j e^{x'\beta_j}$를 통해 다른 모든 범주 계수에 의존적이기 때문에 계산 병목 현상이 발생한다.

푸아송 분포와 다항 분포 사이의 잘 알려진 관계를 통해, 다음과 같이 다항 로지스틱 회귀 계수는 실질적으로 각각의 로그 선형방정식에 대해 **독립적인** 추정으로 얻을 수 있는 계수와 비슷할 수 있다.

식 4-10
$$\mathbb{E}[y_{ik}|\boldsymbol{x}_i] = \exp(\boldsymbol{x}'_i\boldsymbol{\beta}_k)$$

이 방법은 이전에 로그 선형 모델에서 사용했던 가우스 분포(제곱오차 손실) 대신 푸아송 분포 가능도를 사용하여 [식 4-10]의 계수를 추정하는 것이다. 즉, 다음과 같은 가정이 필요하다.

식 4-11
$$y_{ik} \sim \text{Poisson}\,(\exp[\boldsymbol{x}'_i\boldsymbol{\beta}_k])$$

이것은 다음과 같이 푸아송편차 목표 함수로 이어진다.

식 4-12
$$\text{dev}(\boldsymbol{\beta}_k) \propto \sum_{i=1}^{n} \exp(\boldsymbol{x}'_i\boldsymbol{\beta}_k) - y_i(\boldsymbol{x}'_i\boldsymbol{\beta}_k)$$

lasso 페널티 정규화를 추가하면 다음과 같이 페널티 편차를 최소화하는 회귀 계수를 추정할 수 있다.

$$\hat{\boldsymbol{\beta}}_k = \operatorname{argmin}\left\{\sum_{i=1}^{n} \exp\left(\boldsymbol{x}_i'\boldsymbol{\beta}_k\right) - y_i\left(\boldsymbol{x}_i'\boldsymbol{\beta}_k\right) + \lambda_k \sum_j |\beta_{kj}|\right\}$$

식 4-13

푸아송 분포는 $y \in \{0, 1, 2, \dots\}$인 **횟수** 데이터에 주로 사용된다. $y_{ik} \in \{0, 1\}$이라는 것을 안다면 이것은 잘못된 모델이다. 하지만 최근 연구[73]에서 특히 예측 목적을 위해 두 모델이 서로 대체될 수 있다는 것이 입증되었다. 다항 로짓 파라미터를 추정하기 위해 [식 4-13]을 사용하는 것을 **분산 다항 회귀**라고 한다. 이 푸아송 근사 방법은 각 결과 클래스에 대해 다른 λ_k를 검증하고 선택할 수 있기 때문에 lasso 설정에서 예측을 **개선**할 수도 있다.

DMR을 사용할 때 가장 큰 장점은 각 $\hat{\beta}_k$를 **병렬**로 구할 수 있다는 것이다. '병렬 처리'는 서로 다른 프로세서에서 동시에 많은 연산을 수행하는 것이다. 과학 연구용 슈퍼 컴퓨터는 엄청난 속도를 위해 오랫동안 병렬 처리를 사용해왔지만 2000년대 초부터 개인용 컴퓨터는 많은 프로세서 코어를 갖는 것이 표준이 되었다. 심지어 휴대 전화와 같은 작은 모바일 장치에도 2~4개의 코어가 들어간다. 이러한 병렬화는 현대 컴퓨팅의 핵심이며 여러분도 이미 이 혜택을 보고 있다. 예를 들면 노트북에서 동시에 여러 개의 애플리케이션을 실행할 수 있고 대규모 병렬 처리를 위해 수천 개의 작은 코어가 들어간 특수 그래픽 처리 장치 graphical processing unit (GPU)를 이용해 디지털 비디오를 볼 수 있다.[74]

R의 `parallel` 라이브러리를 사용하면 여러 코어를 쉽게 활용할 수 있다. `detectCores()`를 사용하여 코어의 개수를 확인할 수 있다. `parallel` 라이브러리는 프로세서 클러스터를 구성하는 방식으로 작동하며 `makeCluster` 함수으로 만들 수 있다.[75]

```
> library(parallel)
> detectCores()
[1] 4
> cl <- makeCluster(4)
> cl
socket cluster with 4 nodes on host 'localhost'
```

---

73 Matt Taddy. Distributed multinomial regression. *The Annals of Applied Statistics*, 9:1394-1414, 2015b.

74 이러한 GPU는 심층 신경망 학습에도 동일하게 사용되는 하드웨어다.

75 이것은 컴퓨터가 병렬화를 지원한다는 가정하에 가능하다. 그렇지 않을 경우 디버깅이 필요하다. 보통은 발생한 오류에 대해 인터넷 검색을 해보는 것이 좋다.

클러스터로 병렬 컴퓨팅을 할 수 있도록 설계된 R 함수들을 위한 생태계가 있다. 예를 들어 일반적인 for 루프의 병렬 연산을 위한 대안으로 parLapply 함수를 생각할 수 있다. 좋은 습관은 병렬 컴퓨팅을 마친 후 병렬 컴퓨팅을 위해 점유했던 프로세서들을 다른 작업에서 사용할 수 있도록 stopCluster(cl)를 실행하는 것이다.

distrom 라이브러리의 dmr 함수는 다항 로지스틱 회귀를 위한 DMR 병렬 추정 전략을 구현한 것이다. dmr에 병렬 클러스터 객체를 제공하면 [식 4-13]의 푸아송 lasso 회귀에 대한 gamlr 작업을 사용 가능한 코어에 전달한다. 이는 다항 로지스틱 회귀를 더 빠르게 적합하는 방법이다. dmr은 gamlr을 기반으로 하기 때문에 이 구문에 익숙할 것이다. dmr(cl, covars, counts, ...)를 호출하기만 하면 된다. 여기서,

- cl은 parallel 클러스터 객체다.
- covars는 x를 의미한다.
- counts는 y를 의미한다.
- ...는 gamlr에 대한 추가 인수를 의미한다.

cv=TRUE 옵션과 함께 dmr을 호출할 수도 있다. 이 경우 각 푸아송 회귀에 대해 cv.gamlr을 실행하며 다항 OOS 편차가 아닌 푸아송에 대한 유효성을 검사를 진행한다.

법의학 유리 데이터에 대해 dmr을 사용할 수 있으며 출력은 각 유리 종류에 대한 gamlr 객체들의 list 객체가 된다.

```
> library(distrom)
> glassdmr <- dmr(cl, xfgl, gtype, verb=TRUE)
fitting 214 observations on 6 categories, 17 covariates.
converting counts matrix to column list...
distributed run.
socket cluster with 4 nodes on host 'localhost'
> names (glassdmr)
[1] "WinF"  "WinNF" "Veh"   "Con"   "Tabl"  "Head"
> glassdmr[["WinF"]]

poisson gamlr with 17 inputs and 100 segments.
```

편리하게도 리스트의 각 요소는 선형 및 로지스틱 lasso를 위해 이미 익숙하게 사용했던

gamlr 객체와 동일하다. 이 객체는 λ_{kt} 페널티 가중치 경로에 따른 $\hat{\boldsymbol{\beta}}_k$의 경로 플롯을 포함한다. [그림 4-10]과 같이 경로를 시각화하거나 표준 gamlr 객체로 다른 작업들을 수행할 수 있다.

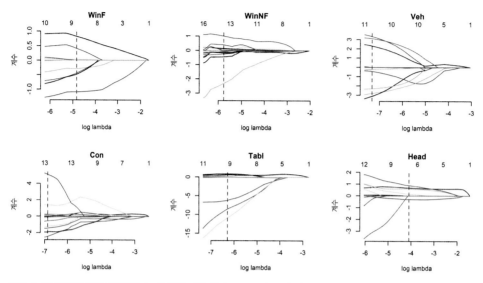

그림 4-10 법의학 유리 데이터의 dmr을 통한 다항 회귀 lasso 경로. 점선은 AICc 선택을 보여준다.

[그림 4-10]의 AICc 선택에 주목하자. $\hat{\boldsymbol{\beta}}_k$마다 적합한 페널티가 서로 다르기 때문에 결과 클래스에 따라 선택하는 계수가 달라진다. AICc에서 선택한 계수 및 예측을 얻기 위해 coef를 호출하고 dmr 객체에서 직접 예측할 수 있다. 또는 다른 모델 선택을 요청하기 위해 select 인수를 사용한다.

```
> Bdmr <- coef(glassdmr)
> round(Bdmr, 1)
18 x 6 sparse Matrix of class "dmrcoef"
          WinF WinNF   Veh   Con  Tabl  Head
intercept -28.4  13.4 169.4 118.2 -12.1 -22.2
RI           .     .     .     .     .     .
Na        -0.3  -0.2  -0.3  -2.5   0.6   0.6
Mg         0.8    .    2.3  -1.5    .   -0.3
Al        -1.1   0.4  -0.4   1.4   0.8   0.9
Si         0.4  -0.1  -2.8  -1.3    .    0.1
K           .     .   -3.1    .   -8.5    .
```

Ca	.	-0.5	3.3	0.3	0.2	.
Ba	.	-2.3	.	.	-6.2	0.7
Fe	-0.5	1.0	-2.3	5.1	-10.9	.
RI:Na	.	.	.	0.2	.	.
RI:Mg	0.0	-0.1	.	-0.1	-0.1	.
RI:Al	.	-0.1	.	.	.	.
RI:Si	.	0.0	.	.	.	.
RI:K	.	0.1	.	.	.	.
RI:Ca	.	.	-0.2	-0.2	0.0	.
RI:Ba	.	0.1	.	-0.6	.	.
RI:Fe	-0.4	-0.2	3.1	-1.9	.	.

glmnet를 실행하고 그 결과를 비교하면 계수 간의 차이를 발견할 수 있다. 절편은 매우 다르다. 그러나 이러한 차이는 softmax 함수에서 정규화를 거치면 사라진다. 회귀 계수도 역시 다르다. 이는 glmnet에서 공유하는 λ(CV-min 규칙에 따라 $\hat{\lambda} \approx e^{-5}$에서 선택)가 하나인 것과 달리 각 유리 종류에 대해 선택된 λ_k 페널티가 서로 다르기 때문이다. 하지만 비슷한 예측 결과를 가져온다. [그림 4-11]은 20-폴드 OOS 실험을 통해 다항편차라는 측면에서 dmr와 glmnet의 OOS 성능에 차이가 거의 없음을 보여준다. 이 작은 데이터($n = 214$)의 경우 다른 모델 선택 기준을 고려하더라도 실제 차이가 없다. 더 큰 데이터에서 dmr은 때때로 glment보다 훨씬 뛰어난 성능을 보이는데 이는 클래스별 λ_k 페널티를 사용하기 때문이다.

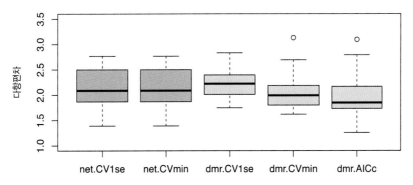

그림 4-11 법의학 유리 데이터를 사용한 20-폴드 실험에서 dmr과 glmnet의 OOS 성능. 모든 모델 선택(CV 포함)은 각 폴드에 대해 남은 실험 데이터 없이 실행한다.

유리 데이터 분류와 같은 예제에서 dmr의 병렬화 전략은 유용한 효율성 향상을 가져온다. 프로세서가 4개인 경우 모든 모델 추정치를 약 1/4 시간 안에 계산할 수 있다. 이 방법의 장점은 결과 클래스가 **엄청** 많은 경우 다항 로지스틱 회귀를 적합할 때 잘 나타난다. 이 경우 병렬화는 실행 가능 또는 불가능이라는 차이를 만들 수 있다.

DMR은 텍스트 분석을 위해 개발됐다. 7장에서 자세히 설명하겠지만 문서를 단어의 수로 요약하는 것은 유용하다. **다항 역회귀**^{multinomial inverse regression} (MNIR) 모델은 '단어'가 결과 클래스인 다항 로지스틱 회귀에서 문서 속성의 함수로 단어의 개수를 분석한다. [식 4–10]의 근사 공식을 사용하여 $\hat{\boldsymbol{\beta}}_k$를 추정하는 작업이다. 여기서 y_{ik}은 문서 i에서 단어 k의 개수이고 $\boldsymbol{x}_i$는 문서 속성(저자, 날짜 등)이다. 추정을 위해 단어 수만큼 회귀 파라미터를 적합한다. 예를 들어 500,000개 단어의 어휘를 다루고 있다면 많은 양의 병렬화 없이 이러한 작업은 불가능하다.

7장에서 이러한 아이디어를 더 자세히 설명한다. 효율적인 데이터 관리 및 병렬화가 편리할 뿐 아니라 최신 분석의 필수 요소라는 점을 강조한다. DMR은 병렬이면서 분산되어 있다. 이러한 용어의 차이는 대규모 컴퓨팅에서 중요한 부분이다.

4.5 분산과 빅데이터

한 번에 여러 연산을 수행한다면 **병렬** 알고리즘이다. 각 연산에서 동일한 데이터를 모두 확인해야 하는 경우 이 알고리즘은 단지 병렬일 뿐이다. 각 계산이 데이터의 하위 집합으로 작업할수 있을 때 **분산** 알고리즘이 된다. 병렬 컴퓨팅은 집중적 연산에 적합하지만 진정한 빅데이터는 분산 알고리즘이 필요하다. 실제로 처음에 **빅데이터**는 크기가 너무 커서 단일 시스템에 저장할 수 없는 데이터셋을 의미했다. 따라서 모든 분석에는 분산 알고리즘이 필요했다.

현대의 빅데이터 저장 및 분석은 데이터를 많은 컴퓨터에서 여러 작은 조각으로 분할하는 것이다. 분석하는 동안에는 시스템 간의 통신을 위해 방대한 대역폭을 활용한다. 하둡 분산 파일 시스템^{Hadoop Distributed File System} (HDFS), 아마존의 S3([그림 4–12] 참조) 또는 마이크로소프트의 Azure Blob Storage와 같은 시스템은 데이터를 작은 조각(예를 들면 64KB의 파일)으로 분할하여 편리한 곳에 보관한다. 데이터 손실을 방지하기 위해 종종 데이터 조각을 둘 이상의 장소에 보관한다. 최종 사용자는 데이터 조각의 위치를 나타낸 지도와 상호작용한다.

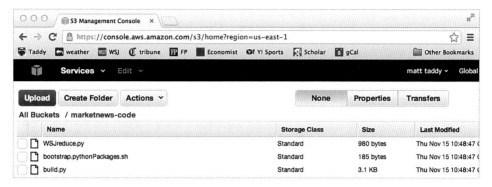

그림 4-12 Amazon S3 콘솔. 표준 파일 브라우저처럼 보이지만 파일 콘텐츠는 시스템(또는 데이터 센터 전체)에 분산된다.

이 모델은 원래 텍스트와 이미지 같은 비정형 데이터를 위해 구축되었으며 열과 고정된 항목 크기를 가진 정형 데이터베이스에 로컬로 저장할 때의 이점이 적다. 하지만 분산 스토리지 모델은 클라우드 컴퓨팅에 필수적이며 전 세계 데이터(특히 비즈니스 데이터)의 방대한 부분에 대한 기본 논리를 제공한다. 이러한 대규모 분산 데이터셋에 대한 통계 분석을 용이하게 하기 위해 개발된 여러 알고리즘이 있다. 대부분의 알고리즘은 2004년에 구글 연구원에 의해 대중화된 단순하면서도 강력한 **맵리듀스**라는 프레임워크에 적합하다.[76] 맵리듀스를 사용하려면 독립적으로 분석 가능한 데이터 하위 그룹을 인덱싱하는 **키**^{key}를 지정할 수 있어야 한다.

알고리즘 12 맵리듀스 프레임워크

하위 그룹에 대한 **키** 인덱싱 데이터가 주어지면 다음 과정을 수행한다.

- 맵: 키별로 관련 통계량을 계산하고 정렬한다.
- 동일한 키를 사용하는 결과가 동일한 컴퓨터에 배치되도록 맵의 결과를 분할하고 전달한다.
- 리듀스: 각 키에 의해 정의된 하위 그룹 내에서 요약 연산을 적용한다.

간단한 예로 방대한 문서 데이터베이스(예를 들어 책, 잡지, 신문 등)에서 날짜별 단어 출현을

---

76 Jeffrey Dean and Sanjay Ghemawat. MapReduce: Simplified data processing on large clusters. In *Proceedings of Operating Systems Design and Implementation*, pages 137-150, 2004.

표로 만드는 작업을 한다고 생각해보자. 다음과 같은 맵리듀스 과정을 분산된 문서 말뭉치에 적용해보자.

- 각 문서에 대해 map 연산을 적용하여 각 단어의 날짜와 개수를 추출하자. 이 매퍼mapper는 date¦word count를 포함하는 여러 줄을 출력한다. 다음은 2017년 6월 4일 문서에서 tacos라는 단어가 5번 사용된 경우다.

2017/06/04¦tacos 5

- 이 예에서 키는 date¦word다(예를 들어 2017/06/04¦tacos). 데이터를 정렬한 후 전달하여 동일한 키를 가진 각 라인이 동일한 리듀서reducer 컴퓨터에 배치한다.
- sum 연산자를 사용하여 키가 동일한 모든 줄을 reduce한다. 그러면 키별로 date¦word total 한 줄이 출력된다. 다음은 2017년 6월 4일의 모든 문서에서 tacos가 501회 사용된 경우다.

2017/06/04¦tacos 501

이 간단한 예를 더 복잡한 경우로 확장할 수 있다. 예를 들어 DMR 알고리즘을 응답 수에 따라 분산시킬 수 있다. 각 회귀는 해당 범주 k에 대해 y_{ik}만 볼 필요가 있다. 텍스트 회귀의 경우 k는 어휘에서 어떤 단어를 나타낸다. 시장 데이터나 정치 이벤트처럼 일부 시간 종속 변수가 언어 선택에 어떤 영향을 미치는지 이해하기 위해 한 가지 예를 살펴보자. 상대적으로 변수 집합이 작으면 전체 설계 행렬은 여러 컴퓨터에 전달될 수 있을 만큼 작을 것이다. 예를 들어 날짜별 S&P 500과 VIX 금융시장 지수에 다음과 같이 보고된 수익 정보가 있을 수 있다.

식 4-14
$$X = \begin{bmatrix} \text{date} & \text{SP500} & \text{VIX} \\ 2017/06/02 & 0.0037 & -0.0142 \\ & \vdots & \end{bmatrix}$$

따라서 DMR의 맵리듀스 버전은 다음과 같다.

- 이전에 문서 말뭉치 맵리듀스에서 설명한 것처럼 map과 똑같이 분할한다. 이러면 같은 date¦word 키에 대한 모든 횟수는 같은 컴퓨터로 이동한다.

- 날짜별로 인덱싱된 공변량 집합을 **브로드캐스팅**^{broadcasting}하여 모든 리듀서 컴퓨터가 X의 사본을 갖도록 한다.
- 매일 S&P 500과 VIX 수익의 단어 수에 대해 푸아송 회귀를 사용하여 reduce한다. 길이가 2인 단어-시장 간의 β_{kj} 계수의 벡터를 출력한다.

모든 계수를 모아서 큰 텍스트 모델을 추정했다. 예를 들어 이런 결과는 뉴스가 시장 지수에 어떤 변화를 가져오는지 이해하는 데 사용할 수 있다.

기본적인 맵리듀스 알고리즘을 구현하는 것은 간단하다. 한 가지 일반적인 방법은 앞에서 설명한대로 매퍼의 결과를 줄 단위로 리듀서 컴퓨터에 **스트리밍**하는 방식으로 구현하는 것이다. 원본 입력을 받아 줄마다 키 태그를 출력하는 매퍼 스크립트 `mapper.py`(예를 들어 텍스트 구문 분석에 파이썬이 좋기 때문에)와 각 줄을 입력으로 받는 리듀서 스크립트 `reduce.R`(예를 들어 `gamlr` 회귀를 실행하기를 원하므로)을 작성했다고 가정하자. 그런 다음 아마존의 엘라스틱 맵리듀스^{Elastic MapReduce}(EMR) 명령 도구를 사용하여 클라우드에서 대규모 맵리듀스 작업을 쉽게 시작할 수 있다.

```
EMR -input s3://indir -output s3://outdir
-mapper s3://map.py -reducer s3://reduce.R
```

분산 컴퓨팅을 지원하는 도구들이 빠르게 발전하고 있다. 눈에 띄는 시스템은 스파크다. 머신러닝 및 통계 알고리즘(특히 데이터를 반복적으로 처리할 필요가 있는 반복 알고리즘)을 더 쉽게 통합할 수 있도록 하둡 위에 구축된 하나의 계층으로 볼 수 있다. 스파크는 작업이 완료될 때까지 (정말 느린 하드 디스크에 쓰는 대신) 결과와 데이터가 각 컴퓨터의 '메모리'에 남아 있도록 프로세스를 구성한다. 최근에는 스파크 위에서 작동하는 용이한 계층들이 만들어지고 있다. 예를 들어 Spark R은 분산된 컴퓨터의 스파크 클러스터에 대한 프런트엔드^{front-end}로 R을 사용하기 쉽게 하며 마이크로소프트와 같은 회사들은 데이터 저장소를 구성하고 웹 기반 R 서버를 통해 상호작용할 수 있는 클라우드 컴퓨팅 플랫폼을 제공한다.

스파크나 하둡의 전체적인 기술을 다루는 것은 이 책의 범위를 벗어난다. 하지만 배울 수 있는 자료가 풍부하며 빅데이터를 다루려면 데이터 배포가 어떤 식으로 작동하는지 넓게 알아둬야 한다. 확장성에 대한 새로운 구호는 항상 '스케일업이 아닌 스케일아웃'이다. 즉, 더 빠른 기계가 아닌 더 많은 기계를 사용하는 것에 초점을 맞춘다. 다행히 이 모든 것은 엔지니어링 지식이 없어도 되며 사용하기가 점점 더 쉬워지고 있다. 이 책에서 학습한 모범 사례(모델 구축, 예측, 인과관계 및 유효성 검사에 대해 생각하는 방법)를 통해 데이터가 전 세계에 분산되어 있더라도 안전하게 모델링할 수 있다.

## CHAPTER 5

실험

지금까지 논의한 모든 방법은 과거 데이터에서 패턴을 발견할 수 있다. 이러한 패턴은 **미래가 대부분 과거와 비슷하다는 가정하에서** 미래를 예측하는 데 유용하다. 진부한 표현을 빌리자면 '상관관계는 인과관계가 아니다.' 하지만 정작 필요한 건 상관관계일 수 있다. 영화 〈겨울왕국〉을 대여하는 사람들이 영화 〈씽〉을 좋아하는 경향이 있다면 향후에 영화 추천을 위한 믿을 만한 정보로 사용할 수 있다. 두 가지 선호 모두 애니메이션 뮤지컬을 좋아하는 어린 자녀가 있다는 세 번째 보이지 않는 사실에서 기인할 수 있지만, 그렇다고 해서 발견한 패턴이 쓸모없어지는 것은 아니다.

그러나 비즈니스나 경제 시스템을 분석할 때는 인과관계까지 더 깊이 파악할 필요가 있다. 현재의 행동이 미래를 바꾸기 때문에 과거와는 다른 미래를 예측할 수 있어야 한다. 제품, 마케팅, 가격의 변화는 과거에 보았던 상관관계 패턴을 깨뜨릴 수 있는 새로운 데이터 생성 프로세스를 만든다. 어떤 호텔리어가 매출을 늘리기 위해 가격 할인을 고려하고 있다고 가정해보자. 여기서는 가격 변동이 행동이며, 이 **행동으로 인해** 매출이 어떻게 바뀔지 알아야 한다.

과거에는 수요 전망에 따라 호텔 객실 가격이 상승하거나 하락했다. 예를 들어 수요가 더 높을 것으로 예상되는 휴일에는 객실의 가격이 더 비싸다. 이것은 매출이 높을 때 가격이 높다는 상관관계 패턴으로 이어질 것이다. 보통 휴일에는 공실이 없고 가격은 매우 높기 때문이다. 물론 가격이 높기 **때문에** 매출이 높은 것이 아니다. 오히려 가격과 매출 모두 세 번째 변수(이 경우에는 호텔 객실에 대한 기본 수요)에 종속적이다. 만약 가격을 변경하여 과거의 의존 구조를 깨는 행동을 하면 이 상관관계 패턴은 사라진다.

가격 최적화는 **반사실적**[counterfactual] 예측이 필요한 설정이다.[77] 가격을 p_0 대신 p_1로 변경했을 때 매출이 어떻게 달라지는지 미리 알기를 원한다. 가격과 매출 사이에 복잡한 인과관계가 있을 수 있지만 별로 신경 쓰지 않는다. 그냥 p_1일 때와 p_0일 때의 판매 수치만 알고 싶을 뿐이다. 이 것을 알기 위한 유일한 방법은 가격을 다른 모든 것과 독립적으로 바꾼 후 무슨 일이 일어나는 지 보는 것이다. 가장 일반적으로 소비자 수요 곡선의 추정치를 얻기 위해 가격을 무작위로 설 정할 수 있다. 이것은 가장 순수한 형태의 실험이며 반사실적인 요소를 추정하기 위한 표준 방 법이다.

반사실적 분석은 5장과 6장의 핵심 내용이다. 실험 방법으로 시작하여 단순한 무작위 대조 시 험[randomized controlled trial](RCT)부터 더 복잡한 설계까지 알아볼 것이다. 이 장의 모든 설정은 어 느 정도 명시적인 무작위화를 포함한다. 이와 대조적으로 다음 장에서는 교란 요인(예를 들면 호텔 객실 가격 예제에서 휴일에 수요가 급증하는 현상)을 제어하여 마치 실험과 같은 설정을 만들어야 하는 **관찰 연구**에 대해 다룬다. 두 장 사이에서 반사실적(또는 인과적) 분석을 위한 최신 기술 입문서를 제공한다.[78] 이러한 유형의 분석은 경제와 비즈니스에서 데이터를 사용하 는 방식에 큰 역할을 한다. 두 장에서 다루는 자료는 전략적 결정을 위해 데이터를 사용하는 모 든 사람에게 필수적인 내용이다.

5.1 무작위 대조 시험

어떤 행동의 효과를 측정하기 위한 표준은 실험이다. 17세기 과학 혁명의 핵심은 '그것을 시도 해보고 무슨 일이 일어나는지 보자'였다. 20세기 초 로널드 피셔[Ronald Fisher] 경과 그의 동료들은 빈도주의 통계 이론을 정립했다. 그리고 인터넷 시대에 피셔의 무작위 대조 시험은 새 레이블 **AB 테스트**에서 비즈니스 최적화의 필수적인 요소가 되었다.

---

[77] 인과 모델링과 반사실적 분석의 관계에 대한 논의는 [Morgan and Winship, 2015]의 책을 참고하자. 비즈니스 의사결정의 맥락에서, 인과관계에 대한 더 깊은 철학적 문제에서 헤매지 않고 '만약 ~라면'이라는 반사실적 질문에 집중할 수 있다.
Stephen L. Morgan and Christopher Winship. *Counterfactuals and Causal Inference*, 2nd edition. Cambridge University Press, 2015.

[78] 이 장과 다음 장에서는 반사실적 분석에 대한 비교적 간단한 입문서를 제공한다. 이 주제에 대해 훨씬 더 종합적인 개요를 보려면 두 명 의 주요 사상가 [Imbens and Rubin, 2015]를 참고하라.
Guido Imbens and Donald Rubin. *Causal Inference in Statistics, Social, and Biomedical Sciences*. Cambridge University Press, 2015.

반사실적 추론에 대한 논의를 위해 사용하는 용어들은 실험 방법에 뿌리를 두고 있다. 처리 할당을 제어할 수 없는 경우에도 **처리 효과**의 추정치를 참고한다. '처리' 변수 d는 예측 모델에 대한 특수한 입력이다. 관심 있는 반응에 대한 다른 모든 업스트림 영향과 **독립적으로** 변한다는 면에서 특별하다. 독립성 개념은 인과적 분석에서 처리의 중요한 통계적 속성이다. 즉, 처리 변수가 바뀌는 **행동**을 했을 때 어떤 일이 일어날지 알아내려는 것이다.[79]

처리 변수는 이산(불연속) 변수 또는 연속 변수가 될 수 있다. 예를 들어 제약 시험에서 처리 변수는 피험자 i가 새로운 약물을 투여받은 경우 $d_i = 1$, 플라세보 placebo 또는 대조군을 투여받은 경우 $d_i = 0$이 될 수 있다. 가격은 일반적인 연속 처리 변수다. 어떤 비즈니스에서 시간 t에 d_t라는 가격으로 잠재 고객을 '처리'하기로 결정하면 고객은 이 가격으로 제품을 구매할지 말지 선택할 것이다. 다양한 종류의 처리를 여러 번 적용할 수도 있다. 예를 들어 소비재에 대한 TV 광고 마케팅은 종종 가격 할인을 수반하기 때문에 불연속 마케팅 처리(광고 시청 여부)와 연속 가격 처리(할인의 정도) 변수가 있다. 기본적인 내용은 이산 처리에 초점을 맞추겠지만 개념은 연속 변수에 대한 설정으로 변형되며 다양한 시나리오의 예제를 다룰 것이다.

어떤 처리를 할당할지에 대한 **계획**, 즉 설계의 측면에서 실험을 논의할 수 있다. 여러분은 실험 대상을 처리 상태에 무작위로 할당하는 **완전 무작위 설계**에 대한 실리콘밸리의 대표적인 AB 테스트에 익숙할 것이다. 예를 들어 웹사이트 사용자를 무작위로 그룹 A와 B에 지정할 수 있다. 대조군 A에 속한 사용자는 현재 웹사이트를 보고 B에 속한 사용자는 새 레이아웃이 적용된 웹사이트를 본다.

> 대규모 온라인 플랫폼에서는 실제로 처리를 무작위로 설계했는지 확인하기가 어렵다. 예를 들어 웹사이트 실험에서 해당 사이트로 들어오는 여러 진입로 중 하나가 사용자를 대조(버전 A) 랜딩 페이지로만 연결할 수 있다. 이러한 일이 일어나지 않는지 확인하기 위해 AB 플랫폼은 일반적으로 그룹 A와 B에서 동일한 웹사이트를 보여주는 'AA' 테스트를 실행한다. AA 테스트에서 그룹 간에 큰 차이를 보인다면 무작위 할당에 문제가 있을 수 있다.

AB 테스트의 큰 장점은 처리가 완전히 무작위화되기 때문에 반응 y에 대한 **평균 처리 효과** average treatment effect(ATE)를 쉽게 추정할 수 있다는 것이다. 처리 변수가 그룹 A의 사용자 i에 대

---

79 이 개념은 [Pearl, 2009]의 do-calculus에서 공식화되었다. J. Pearl. *Causality*. Cambridge University Press, 2009.

해 $d_i = 0$이고 그룹 B의 사용자에 대해 $d_i = 1$이라고 가정하자. 이때 ATE는 옵션 A 대신 B에 대한 반응의 평균 차이다. 이는 다음과 같이 사용자 분포에서 y에 대한 모든 영향을 평균한 값들의 차이라고 볼 수 있다.

식 5-1
$$\text{ATE} = \mathbb{E}[y \mid d = 1] - \mathbb{E}[y \mid d = 0]$$

결정적으로 [식 5-1]이 인과적 해석을 갖기 위해서는 d가 y에 영향을 줄 수 있는 다른 모든 요소와 **독립적**이어야 한다. AB 테스트에서 이 독립성은 무작위화를 통해 얻어진다. **잠재적 결과**의 개념을 사용하는 ATE에 대한 좀 더 유연한 수식은 이 절의 마지막 부분을 참고하면 된다.

무작위로 처리를 할당하면 처리 상태의 차이 때문에 두 처리군 간의 차이가 발생한다는 사실을 알 수 있다. 따라서 ATE에 대한 추정은 두 그룹 간의 평균 차이를 추정한 것이 된다. 이것이 통계 수업에서 첫 번째로 배우는 내용이다. $\bar{y}_0 = \frac{1}{n_0}\sum_{d_i=0} y_i$와 $\bar{y}_1 = \frac{1}{n_1}\sum_{d_i=1} y_i$는 각각 그룹 A와 B의 n_0과 n_1명의 사용자에 대한 표본평균이라고 가정한다. 이때 ATE 점추정치는 다음과 같다.

식 5-2
$$\widehat{\text{ATE}} = \bar{y}_1 - \bar{y}_0$$

사용자가 모두 **독립적**이라고 가정할 때 ATE의 표준오차는 다음의 표준 공식을 통해 구할 수 있다.

식 5-3
$$se(\bar{y}_1 - \bar{y}_0) = \sqrt{\frac{1}{n_0}\widehat{\text{var}}(y_i \mid d_i = 0) + \frac{1}{n_1}\widehat{\text{var}}(y_i \mid d_i = 1)}$$
$$= \sqrt{\frac{\sum_{d_i=0}(y_i - \bar{y}_0)^2}{n_0(n_0 - 1)} + \frac{\sum_{di=1}(y_i - \bar{y}_1)^2}{n_1(n_1 - 1)}}$$

일반적으로 중심극한정리는 크기가 큰 표본에서 표본평균이 정규 분포를 따르며 ATE에 대한 90% 신뢰구간은 $y_1 - \bar{y}_0 \pm 2se(\bar{y}_1 - \bar{y}_0)$다.

웹사이트 실험을 넘어 대규모 정책 실험에 대한 예를 살펴보자. 2008년에 미국의 오리건^{Oregon} 주는 민간의료보험을 감당할 수 없는 사람에게 건강보험을 제공하는 미국 사회보장 프로그램인 메디케이드^{Medicaid}의 보장 범위를 확장하기 위해 자금을 확보했다. 수요가 공급을 넘어

설 것으로 (제대로) 예상했기 때문에 주정부는 연구자들과 협력하여[80] 지역의 저소득층에 메디케이드 등록 자격을 무작위로 할당하는 추첨을 설계했다. 이로 인해 메디케이드 자격의 처리 효과를 측정하기 위한 무작위 대조 *AB* 테스트 오리건주 건강보험 실험 Oregon Health Insurance Experiment (OHIE)이 탄생했다.

여기에는 여러 가지 관심 가는 결과가 있다. 각 처리군의 사람을 12개월 동안만 추적했기 때문에 두 그룹 간의 장기적인 차이는 관찰할 수 없으며 보험이 공중 보건에 미치는 영향에 대한 결론을 내리기 어렵다. 하지만 메디케이드가 의료 서비스의 활용을 어떻게 변화시키는지 관찰할수 있다. 이는 확장된 공공 보험 비용을 추정하고 이후 공중 보건 개선을 모델링하는 데 중요하다. 예를 들어 연구원들은 메디케이드 추첨에서 선택된 사람의 입원은 조금 증가했지만 응급실 (ER) 사용은 증가하지 않았다는 사실을 발견했다. 실제 점추정치는 ER 사용이 약간 **감소**한 것으로 나타난다. 이는 전체 비용에 대한 상한선을 설정하는 데 도움이 된다.

> OHIE 데이터는 *https://www.nber.org/oregon/4.data.html*에서 사용할 수 있으며 분석 코드는이 책의 웹사이트에 있다. **doc_any_12m** 변수는 총 75,000명의 전체 표본 중 23,000명에 대해 12개월이지난 후의 설문조사 결과를 기반으로 한다. [Finkelstein, 2012]은 설문조사 대상과 무응답이 처리군 사이의균형을 이루었으므로 모집단을 대표하는 결과로 취급할 수 있다고 주장한다. 그러나 무응답과 기타 추적 문제(예를 들면 웹사이트 실험에서 쿠키 삭제로 인한 사용자 누락)는 설문조사 결과에서 일반적인 편향의 원인이 된다.

여기서는 **1차 진료 이용**에 대한 처리 효과에 초점을 맞출 것이다. 반응 변수 **doc_any_12m**는 연구 기간 12개월 동안 주치의(PCP, 즉 '가정의학과 의사')를 만난 환자의 경우 $y_i = 1$, PCP를 방문하지 않은 환자의 경우 $y_i = 0$으로 표시한다. 1차 진료는 일반적으로 **좋은 것**으로 간주한다. PCP 방문은 비교적 저렴한 의료 서비스이며 입원이나 응급실과 같은 비싼 급성 진료의 필요성을 낮출 수 있다. 기본적인 데이터 정리 후 각 환자의 치료 상태 정보와 함께 이 결과를 사용할수 있다.

---

80 Amy Finkelstein, Sarah Taubman, Bill Wright, Mira Bernstein, Jonathan Gruber, Joseph P. Newhouse, Heidi Allen, Katherine Baicker, and Oregon Health Study Group. The Oregon health insurance experiment: Evidence from the first year. *The Quarterly Journal of Economics*, 127(3):1057-1106, 2012.

```
> head(P)
  person_id household_id doc_any_12m selected medicaid numhh
1         1       100001           0        1        0     1
2         2       100002           0        1        1     1
5         5       100005           0        1        0     1
6         6       100006           1        1        0     1
8         8       102094           0        0        0     2
9         9       100009           1        0        0     1
> nrow(P)
[1] 23107
```

이 23,107명은 메디케이드 신청 기회를 얻기 위한 **추첨**에 포함됐다. 당장 관심 있는 처리 변수
는 selected로, 추첨에서 무작위로 선택된 약 50%의 사람들은 값이 1이다.

```
> table(P$selected)

    0     1
11629 11478
```

추가적으로 medicaid 변수는 selected값이 1인 사람이 실제로 메디케이드에 등록한 경우 1
이다. 선발된 사람들이 모두 등록한 것은 아니다. 귀찮아서 신청하지 않았거나 여러 가지 이유
로(예를 들면 소득이 주에서 예상한 것보다 높은 경우) 자격을 상실했을 수 있다. 이 장의 뒷
부분에서 **도구 변수**instrumental variable의 개념을 소개하고 이를 사용하여 medicaid의 직접적인 효
과를 측정한다. 여기에 표시된 다른 변수 household_id와 numhh는 각각 같은 가구에 속하는
일부 연구 참여자를 구분하기 위한 고유번호와 각 가구에서 메디케이드를 신청한 사람의 수를
나타낸다.

표준 ATE 추정치는 R 코드 두 줄로 얻을 수 있다.

```
> ybar <- tapply(P$doc_any_12m, P$selected, mean)
> (ATE <- ybar['1'] - ybar['0'])
         1
0.05746606
```

메디케이드 추첨에서 선정되면 다음 해에 PCP를 방문할 확률이 6% 정도 증가하는 것으로 추
정된다(y는 이진 데이터이며 기댓값은 확률이다). 이것은 통계적으로 유의미하며 PCP 방문

확률이 4.5~7 포인트 증가할 것이라는 데 90%의 신뢰도를 갖는다.

오리건주에서는 더 많은 사람에게 메디케이드 자격을 확대할 때 PCP 방문의 증가 범위를 계획할 수 있게 된다. 공중 보건 예측에서 PCP 접근성을 조건으로 하는 모델은 이 정보를 사용하여 건강보험 접근성 증가로 인한 사회적 혜택을 예측할 수 있다.

OHIE 데이터는 실험에 참가한 개인 샘플을 미래의 처리 모집단으로 매핑하기 위해 사용할 수 있는 가중치 정보도 담고 있다. 예를 들어 젊은 사람들을 대상으로 전화 설문조사를 받기가 더 어렵기 때문에 표본에서 과소표현된다. 이는 처리군과 대조군 모두에서 문제가 될 수 있으며 공변량 불균형과는 다른 문제다. 개별 피험자가 어떤 처리에 대해 모두 같은 반응을 보이는 것이 아니기 때문에 이러한 차이에 대해 주의를 기울여야 한다. 이러한 상황에서는 $\bar{y}_1 - \bar{y}_0$보다 **가중평균**이 자격 조건을 만족한 오리건주 시민의 평균적인 처리 효과를 더 잘 대표한다. 이것은 다음 절에서 다룰 이종 처리 효과heterogeneous treatment effect 모델링의 기본적인 형태다. 여기에서는 이 조정으로 인한 차이가 거의 없으며 다음과 같이 예상 ATE 백분율 차이는 0.2 정도에 불과하다.

```
> nsel_w <- tapply(weights, P$selected, sum)
> ybar_w <- tapply(weights*P$doc_any_12m, P$selected, sum)/nsel_w
> (ATEweighted <- ybar_w['1'] - ybar_w['0'])
          1
0.05539111
```

이 표본을 관심 있는 모집단으로 매핑하기 위한 가중치 재부여reweighting는 여러 통계 분석에서 표준으로 쓰인다. 예를 들어 정치 관련 여론 조사원은 잠재적인 유권자 표본 집단을 미래의 투표 인구 특성에 어떻게 매핑할지 파악하기 위해 항상 고군분투한다. 앤드류 겔먼Andrew Gelman과 공동 저자들은[81] 이 분야의 흥미로운 최신 연구에서 더 광범위한 인구의 투표 의도에 대한 인사이트를 얻기 위해 비전통적 장소인 마이크로소프트 Xbox 게임 플랫폼을 통한 설문조사 사용 문제에 관심을 가졌다. 여론 조사원의 최근 실패(예를 들어 트럼프 당선이나 브렉시트 관련 이슈)는 표본 대 모집단 매핑이 까다로운 문제라는 것을 보여준다.

대부분의 비즈니스 환경에서는 고객을 대표 표본추출하는 것이 가능하기 때문에 표본 대 모집

81 Wei Wang, David Rothschild, Sharad Goel, and Andrew Gelman. High-frequency polling with nonrepresentative data. In *Political Communication in Real Time*, Routledge, 2016.

단 매핑이 문제가 되지 않는다. 이러한 환경에서는 무작위설계를 위해 $\bar{y}_1 - \bar{y}_0$보다 성능 좋은 처리 효과 추정기를 찾기 힘들다. 하지만 다른 방법이 있다. 가장 대표적으로 **회귀 조정**regression adjustment은 종종 [식 5-2]에서 분산이 감소된 버전의 $\widehat{ATE}$를 제공하는 것으로 알려져있다. 회귀 조정은 개인에 대해 관찰 가능한 공변량 x_i(예를 들어 성별, 인종, 온라인 활동)를 사용하여 먼저 각 처리군에 대한 선형 모델을 다음과 같이 적합한다.

식 5-4
$$\mathbb{E}[y \mid \boldsymbol{x}, d] = \alpha_d + \boldsymbol{x}'\boldsymbol{\beta}_d$$

전체 공변량 평균(처리군 간) $\bar{\boldsymbol{x}}$가 주어졌을 때, 회귀 조정된 ATE 추정치는 다음과 같다.

식 5-5
$$\widehat{ATE} = \alpha_1 - \alpha_0 + \bar{\boldsymbol{x}}'(\boldsymbol{\beta}_1 - \boldsymbol{\beta}_0)$$

공변량이 상호 배타적인 하위 그룹으로 매핑하는 것(예를 들어 사람 i가 그룹 j에 있는 경우 $x_{ij} = 1$)을 인코딩할 때, 이 절차를 종종 **사후층화**post-stratification로 볼 수 있다.

[식 5-5]는 공변량으로 인한 차이를 조정하여 그룹 간 무작위 불균형(예를 들어 그룹 B보다 A에 사람이 조금 더 많음)으로 인한 ATE 추정치의 분산을 줄일 수 있다는 의미다. 하지만 표본 크기가 작고 반응에 큰 영향을 미치는 몇 가지 요인을 미리 알지 못할 때 이러한 조정을 꺼리는 경향이 있다. 이 경우 이 절의 마지막 부분에서 언급할 블록 설계에 대해 고려해야 한다. 데이비드 프리드만David Freedman[82]은 회귀 조정이 이상한 편향을 유발할 수 있다고 주장했다. 조정으로 인한 분산 감소는 표본크기가 큰 경우 무시할 수 있을 정도로 작다.[83] 회귀 조정의 추가적인 복잡성은 일반적으로 노력할 가치가 없다. 완벽한 무작위설계를 사용하는 대규모 AB 실험의 경우 $\widehat{ATE} = \bar{y}_1 - \bar{y}_0$를 그대로 사용할 수 있다.

불행히도 완벽한 실험은 드물다. 처리가 작은 변화이고 실험이 1~2주에 걸쳐 진행되는 고전적인 웹사이트 AB 테스트에서 이상적인 무작위화 계획을 볼 수 있을 것이라고 생각하겠지만 이런 설정에도 문제가 있다. 예를 들어 웹사이트를 방문하는 기기에 따라 무작위로 추출하면 여러 기기를 가진 사람들은 여러 처리 상태에 노출된다. 또는 추적을 위해 브라우저 쿠키를 사용

82 David A Freedman. On regression adjustments in experiments with several treatments. *The Annals of Applied Statistics*, 2:176-196, 2008.
83 Matt Taddy, Matt Gardner, Liyun Chen, and David Draper. Nonparametric Bayesian analysis of heterogeneous treatment effects in digital experimentation. *Journal of Business and Economic Statistics*, 2016a.

한다면 실험에서 브라우저의 쿠키 기록을 지운 일부 사용자를 잃게 된다. 로그인 정보로 웹사이트 경험이 누구의 것인지 완벽히 알 수 없다면 사용자 수준의 경험을 무작위로 지정하는 데 어려움이 있다.

이러한 문제는 보통 웹사이트 실험에서 작고 무시할 수 있는 부분이다. 그러나 처리가 더 복잡해지고 연구 기간이 길어질 경우 처리군은 결과에 영향을 미치는 체계적인 방식으로 달라진다. 앞서 언급했듯이 온라인 플랫폼은 무작위화 계획을 검사하기 위해 그룹 간에 동일한 처리 방식을 적용하는 AA 테스트를 사용한다. 그렇다고 모든 문제가 해결되는 것은 아니다. 특히 차등 무반응으로 인한 문제를 모두 잡아내지는 못한다. 다행히도 처리군 간의 불균형을 유발하는 요인을 알고 있는 한 기본 회귀 기법을 사용하여 이러한 요인을 **제어**하고 확실한 ATE 추정치를 복구할 수 있다.

오리건주의 건강보험 실험을 생각해보자. 이전 분석에서는 무작위 실험에서 일반적인 실험 설계의 두 가지 문제를 무시했다.

1. **불완전한 무작위 배정:** 추첨에서 선정된 사람의 가족 구성원도 메디케이드를 신청할 수 있다. 이로 인해 대가족이 과대대표될 수 있다.
2. **표본 간 의존성:** 표본에는 행동(예를 들어 PCP 방문 결정)에 상관관계가 있는 가족 구성원을 포함한다. 이것은 일반적인 관측치 간 독립성 가정에 위배된다.[84]

실험 분석에서는 이러한 두 가지 문제가 반복적으로 발생한다. 각 문제를 수정하는 방법에 대해 차례로 알아보자.

첫 번째 문제에서는 공변량 불균형을 도입하는 메커니즘을 알고 있다. 모든 가족 구성원에 대해 메디케이드를 신청할 수 있으므로 가족 구성원 수가 많은 사람이 선정될 가능성이 높다. 이러한 현상은 데이터에 명확하게 나타난다. 각 처리군에 약 11,500명의 사람들이 있다는 사실을 기억하자.

```
> table(P[,c("selected","numhh")])
        numhh
```

84 관측치 간의 독립성에 대한 개념은 인과적 추론에서 중요한 역할을 하며 SUTVA(the stable unit treatment value assumption) 로 공식화한다. 자세한 내용은 [Imbens and Rubin, 2015]를 참고하자.. Guido Imbens and Donald Rubin. *Causal Inference in Statistics, Social, and Biomedical Sciences.* Cambridge University Press, 2015.

```
selected    1    2   3+
        0 8684 2939    6
        1 7525 3902   51
```

가구 규모에 따라 개인의 의료 소비가 변한다면 가능한 모델은 다음과 같다.

식 5-6 $\mathbb{E}[y \mid d, \text{numhh}] = \alpha_{\text{numhh}} + d\gamma$

여기서 y는 doc_any_12m를, d는 selected를 나타내며 γ는 기대 처리 효과 ATE를 의미한다. 가구 규모별 절편 α_{numhh}를 추가하여 가구 규모로 인한 처리군 간의 y 변화를 제어한다. R에서 이 모델을 최소제곱으로 적합하기 위해 glm을 사용할 수 있다.

```
> lin <- glm(doc_any_12m ~ selected + numhh, data=P)
> summary(lin)

Call:
glm(formula = doc_any_12m ~ selected + numhh, data = P)

Deviance Residuals:
    Min      1Q   Median      3Q      Max
-0.6541  -0.5902   0.3459   0.4098   0.5835

Coefficients:
             Estimate Std. Error t value Pr(>|t|)
(Intercept)  0.590184   0.004863 121.366  < 2e-16 ***
selected     0.063882   0.006452   9.901  < 2e-16 ***
numhh2      -0.065738   0.007065  -9.305  < 2e-16 ***
numhh3+     -0.173657   0.064772  -2.681  0.00734 **
---
Signif. codes:  0 '***' 0.001 '**' 0.01 '*' 0.05 '.' 0.1 ' ' 1

(Dispersion parameter for gaussian family taken to be 0.2378586)

    Null deviance: 5536.2  on 23106  degrees of freedom
Residual deviance: 5495.2  on 23103  degrees of freedom
AIC: 32397

Number of Fisher Scoring iterations: 2
```

ATE 추정치는 numhh를 제어하기 전보다 더 높아진다. 이 값은 0.055에서 0.64로 증가했다. 구성원 수가 많은 가구의 PCP 방문 확률에 대한 부정적 영향 때문이다(다시 말하지만 selected 그룹에서 더 일반적이다).

완벽한 무작위성을 잃는 순간, 어쩔 수 없이 모델링을 위한 가정이 필요하다. 이제 이 길로 발을 들였으니 [식 5-6]의 모델을 개선할 수 있는지, ATE 추정이 모델 가정에 지나치게 민감하지는 않은지 확인하는 것이 좋다. 추첨 선정에 따른 처리 효과가 가구 규모에 따라 달라지는 것은 일리가 있어 보이며 다음과 같은 모델을 암시한다. 이 모델은 회귀 조정에 사용되는 [식 5-4]의 전체 상호작용 버전이다.

식 5-7
$$\mathbb{E}[y \mid d, numhh] = \alpha_{numhh} + d\gamma_{numhh}$$

수정된 ATE를 계산하는 가장 쉬운 방법은 먼저 공변량을 조정하여 $\bar{x} = 0$으로 [식 5-5]는 $\alpha_1 - \alpha_0$으로 단순화한다.

```
> x <- scale( model.matrix( ~ numhh, data=P)[,-1], scale=FALSE)
> colMeans(x)
        numhh2          numhh3+
-3.723165e-17 -3.149334e-20
```

그런 다음 $\mathbb{E}[y \mid d, x] = \alpha + d\gamma + x'\beta_d$를 적합하기 위해 상호작용항을 사용한다. 이때 d(selected)의 계수는 ATE 추정치가 된다.

```
> linadj <- glm(doc_any_12m ~ selected*x, data=P)
> summary(linadj)

Call:
glm(formula = doc_any_12m ~ selected * x, data = P)

Deviance Residuals:
    Min      1Q   Median      3Q      Max
-0.6579  -0.5868   0.3421   0.4132   0.8333

Coefficients:
              Estimate Std. Error t value Pr(>|t|)
(Intercept)   0.570410   0.004562 125.040  < 2e-16 ***
```

```
selected            0.064230   0.006460   9.943  < 2e-16 ***
xnumhh2            -0.051951   0.010407  -4.992 6.02e-07 ***
xnumhh3+           -0.420160   0.199162  -2.110   0.0349 *
selected:xnumhh2   -0.025518   0.014173  -1.801   0.0718 .
selected:xnumhh3+   0.272023   0.210619   1.292   0.1965
---
Signif. codes:  0 '***' 0.001 '**' 0.01 '*' 0.05 '.' 0.1 ' ' 1

(Dispersion parameter for gaussian family taken to be 0.2378277)

    Null deviance: 5536.2  on 23106  degrees of freedom
Residual deviance: 5494.1  on 23101  degrees of freedom
AIC: 32396

Number of Fisher Scoring iterations: 2
```

새로운 ATE 추정치는 0.064로, numhh의 주효과를 제어했지만 selected의 효과가 numhh에 따라 변하지 않는 모델과 실질적인 차이는 거의 없다. 일반적으로 체계적인 공변량 불균형이 존재할 때, '전체 상호작용' 회귀 조정을 나중에 사용하여 [식 5–6]에서 교란 변수^{confounder}를 더 간단히 제어하는 것을 선호한다. 실무자들은 종종 상호작용이 없는 단순한 모델을 사용하지만 전체 상호작용 모델은 이종(공변량 의존) 처리 효과에 더 강인하다. y에 큰 영향을 미치는 공변량이 있을 경우 d가 y에 미치는 영향도 완화된다고 의심할 만한 이유가 있다.

앞선 OHIE 분석의 두 번째 문제는 같은 가구의 가족 구성원이 연구에 포함될 수 있기 때문에 관측치 간 종속성이 생길 수 있다는 것이다. 공변량 불균형과 마찬가지로 실험에서 흔한 문제다. 선형(OLS) 회귀가 이러한 유형의 오류에 **견고한** 것으로 알려져 있다. 회귀 모수 추정치와 ATE 추정치는 종속 오류가 있더라도 참값에 가까워진다. 하지만 즉시 사용 가능한 표준오차 계산은 틀리게 되고 이에 따라 신뢰구간도 틀리게 된다.

이를 수정하는 한 가지 방법은 개인에 미치는 영향이 아니라 개인이 속한 가구에 미치는 영향을 추정하는 것이다. 처리(selected)와 공변량(numhh)이 가구마다 항상 일정하기 때문에 이 방법을 쉽게 적용할 수 있다. 단일 가구 수준의 ATE를 구하기 위해 반응 변수의 평균을 구하고 공변량을 축소^{collapse}할 수 있다.[85] 이 모델은 다음과 같다.

---

85 공변량에서 가구 내에 변이가 있고 평균을 통해 이를 축소할 경우 결국 이후 절에서 논의할 도구 변수 설정의 버전을 얻게 된다.

$$\mathbb{E}[\bar{y}\,|\,d, \pmb{x}] = \alpha + d\gamma + \pmb{x}'\pmb{\beta}$$

여기에서 $\bar{y}$는 가구별 PCP 방문 확률을 의미하고 $\pmb{x}$와 d는 각각 가구의 numhh와 selected 변수를 나타낸다. 수동으로 가구별 축소를 수행한 후 모델을 적합한다.

```
> # 가구 효과 구하기
> yhh <- tapply(P$doc_any_12m, P$household_id, mean)
> zebra <- match(names(yhh), P$household_id)
> selectedhh <- P$selected[zebra]
> xhh <- x[zebra,]
> summary(glm(yhh ~ selectedhh*xhh))

Call:
glm(formula = yhh ~ selectedhh * xhh)

Deviance Residuals:
    Min      1Q   Median      3Q      Max
-0.6579  -0.5868   0.3421  0.4132   0.4800

Coefficients:
                         Estimate Std. Error t value Pr(>|t|)
(Intercept)              0.572661   0.004889 117.133  < 2e-16 ***
selectedhh               0.063291   0.006838   9.255  < 2e-16 ***
xhhnumhh2               -0.043883   0.012183  -3.602 0.000317 ***
xhhnumhh3+              -0.475715   0.273384  -1.740 0.081856 .
selectedhh:xhhnumhh2    -0.029237   0.016467  -1.775 0.075835 .
selectedhh:xhhnumhh3+    0.337775   0.289368   1.167 0.243109
---
Signif. codes:  0 '***' 0.001 '**' 0.01 '*' 0.05 '.' 0.1 ' ' 1

(Dispersion parameter for gaussian family taken to be 0.2241384)

    Null deviance: 4620.7  on 20475  degrees of freedom
Residual deviance: 4588.1  on 20470  degrees of freedom
AIC: 27495

Number of Fisher Scoring iterations: 2
```

γ에 대한 추정치와 표준오차는 모두 앞서 구했던 개인 수준 모델의 결과와 약간 다르다. 하지만 차이가 작고 90% 신뢰구간은 거의 동일하다.

```
> # 개인 수준 추정치
> 0.064230 + c(-2,2)*0.006460
[1] 0.05131 0.07715
> # 가구 수준 추정치
> 0.063291 + c(-2,2)*0.006838
[1] 0.049615 0.076967
```

여기에서 가구 수준 모델과 개인 수준 모델은 유사하다. 표본에 있는 가구 대부분이 1명만 포함하고 있어 그룹 수가 많았기 때문이다(20,476가구에 23,107명이 있었다). 각 그룹이 더 많은 개인을 포함할 경우(전체 그룹 수가 더 적을 경우)에는 이 차이가 훨씬 더 두드러질 것이다.

부트스트랩을 사용하여 **비모수** 표준오차도 얻을 수 있다. 관측치 사이에 종속성이 있는 경우 개인 수준이 아닌 그룹 수준에서 리샘플링하는 **블록** 부트스트랩을 사용해야 한다. 이 경우 각 부트스트랩 표본에 대해 개인 수준 모델을 적합하면서 복원추출 방법으로 **가구**들을 리샘플링한다. 가구와 개인 간의 지도를 만들기 위해 split을 이용한 후 boot 패키지를 사용하여 다음과 같이 구현할 수 있다.

```
> library(boot)
> n <- nrow(P)
> hhwho <- split(1:n, P$household_id)      # 열을 가구별로 그룹화한다.
> bootfit <- function(hhlist, boothh) {
+    bootsamp <- unlist(hhwho[boothh])     # 가구별 표본을 열로 매핑한다.
+    coef(glm(doc_any_12m ~ selected*x, data = P, subset=bootsamp))[2]
+ }
> bs <- boot(names(hhwho), bootfit, 99)
```

표준오차와 신뢰구간은 이전에 구한 것과 유사하다.

```
> sd(bs$t)
[1] 0.006586946
> quantile(bs$t, c(.05,.95))
        5%          95%
0.05365116  0.07514728
```

마지막으로 상관오차에 대해 첨언하자면, 경제학자들은 종종 군집 clustered 표준오차를 사용하여 이런 문제를 해결한다. 이 방법은 2장에서 소개한 후버-화이트 Huber-White 이분산 일치

heteroskedastic consistent (HC) 분산을 확장한 것으로 볼 수 있다. 회귀 설계 행렬 X(절편과 모든 입력을 포함)를 사용하는 회귀 계수의 분산에 대한 비모수적 추정은 다음과 같다.

식 5-9
$$(X'X)^{-1}X'\sum X(X'X)^{-1}$$

여기서 $\sum$는 관측치의 오차 벡터 ε에 대한 분산 행렬의 좋은 추정치를 나타낸다. HC 추정량은 관측치 간의 독립성을 가정하고 $\sum$를 위해 회귀 잔차제곱 $\hat{e}_i^2$이 원소인 대각 행렬을 사용한다. 이제 그룹 내 독립성에 대한 가정을 더는 유지할 수 없기 때문에 관측치 i와 k가 동일한 그룹에 속하면 $\hat{e}_i\hat{e}_k$가 0이 아닌 비대각 원소들이 존재한다. 다른 그룹 간 항목은 오차가 독립이라고 간주되기 때문에 여전히 0이다. AER 패키지의 vcovCL 함수는 이러한 클러스터링을 구현한 것이다. 이것을 다음과 같이 상호작용 조정 회귀에 적용할 수 있다.

```
> library(AER)
> sqrt(vcovCL(linadj, cluster = P$household_id)[2,2])
[1] 0.006589621
```

여기서 주목할 것은 소수점 다섯째 자리까지 부트스트랩 표준오차 추정치와 똑같다는 점이다. 군집 표준오차와 블록 부트스트랩 모두 동일한 목표에 근접하려고 시도하는 것이므로 결과가 유사한 경향이 있다.

회귀 조정에 대해 마지막으로 생각해볼 것은 '여기서 왜 선형 회귀를 사용했을까?'다. 대단한 이유는 없다. 실제로 반응이 이진 변수이며 이전 장에서 이러한 설정에 로지스틱 회귀 모델이 선호되는 것을 알 수 있다. 처리 효과를 가산적으로 고려할 수 있고 선형 모델에서 회귀 조정과 같은 단계가 가장 쉽기 때문에 선형 회귀(OLS)가 ATE를 위해 자주 사용된다. 또한 참값이 비선형이고 오차가 가우스가 아닌 경우에도 OLS는 ATE에 대한 견고한 추정치를 제공한다. 하지만 승법 효과를 고려하는 것이 더 합리적이며 특히 공변량이 있는 경우 로지스틱 회귀가 실제 데이터 예제에서 조건부 평균 함수를 복구하는 데 더 좋은 성능을 보일 수 있다.

기존 회귀에 family="binomial"을 추가하여 다음과 같은 로짓 결과를 얻을 수 있다.

```
> lgt <- glm(doc_any_12m ~ selected*numhh, data=P, family="binomial")
```

회귀 조정을 사용하면 평균 예측이 더 이상 평균 공변량에서의 모델 예측이 아니기 때문에

ATE 계산이 약간 까다롭다. 즉, 그냥 $\bar{x}$를 사용할 수 없다. 따라서 각 처리 상태에 대한 공변량 공간을 예측하고 처리 효과로 확률 차이를 구한 다음 평균을 내야 한다. 각 numhh값에서 예측된 PCP 방문 확률의 차이를 계산하고 각 numhh 수준의 관측치 비율과 동일한 가중치로 합산하여 이를 수행할 수 있다.

```
> predlocs <- data.frame(selected=c(1,1,1,0,0,0),
+                           numhh=c('1','2','3+','1','2','3+'))
> predy <- predict(lgt, newdata=predlocs, type='response')
> (pdiff <- predy[1:3] - predy[4:6])
         1          2          3
0.07111385 0.04559574 0.34313725
> (mu_numhh <- table(P$numhh)/nrow(P))

          1          2         3+
0.701475743 0.296057472 0.002466785
> pdiff%*%mu_numhh
            [,1]
[1,] 0.06423005
```

ATE 추정치 0.064는 OLS를 통해 추정한 ATE와 비슷하다. 이 추정치에 대한 표준오차를 얻기 위해 가구 블록으로 부트스트랩을 다시 적용할 수 있다. OLS의 표준오차와 비슷하지만 꼭 같을 이유는 없다. 모델이 달라짐에 따라 오차도 달라진다. 부트스트랩을 통해 로짓 표준오차가 OLS의 오차보다 약 15% 정도 작다는 것을 확인할 수 있다.

실험 설계의 세계는 거대하다. 이 절은 겉핥기 수준이며 완전 무작위화 외에도 여러 가지 전략이 있다. 예를 들어 외부 요인이 반응과 처리 효과 모두에 영향을 미친다는 것을 미리 알고 있는 경우, 유사한 특성을 갖는 실험 대상들의 **블록** 내에서 무작위화를 통해 ATE 추정치의 분산을 줄일 수 있다.

1920년대 피셔의 농업 실험은 비료 효과와 같은 관심 있는 처리 효과에 비해 농지에 따른 재배 조건의 변화가 클 수 있다는 문제가 있었다. 여기서 해답은 **블록 무작위 설계**다. 농지에서 농작물이 자라는 영역을 상대적인 동질성을 기준으로 분할하고 각 농지의 하위 영역 내에서 해당하는 처리 수준을 적용한다. 블록 ATE 추정값은 이렇게 처리된 하위 영역에 대한 생산량 간의 평균적인 **차이**가 된다. 즉, y_{kd}가 처리 d에서 K개 중 k번째 농지의 작물 수확량을 나타낼 경우 ATE 추정치는 다음과 같다.

$$\widehat{\text{ATE}} = \frac{1}{K} \sum_{k=1}^{K} (y_{k1} - y_{k0})$$

식 5-10

이 추정기는 각 필드를 단일 처리 상태로 할당한 완전 무작위설계에 대해 [식 5–2]의 ATE보다 분산이 더 낮은 경향이 있다.

이와 관련된 전략은 의료 실험에서 일반적으로 사용되는 **대응짝 설계**matched pairs design다. 비슷한 두 명의 환자가 짝을 이루어 각각 다른 처리를 제공하는 실험 방식이다. 이 설정의 어려운 점은 단일 농지를 두 개로 분할하는 농업 예제와는 달리, 관찰 가능 여부에 관계없이 여러 부분에서 필연적으로 다른 두 명의 사람이 대응짝에 포함된다는 것이다. 따라서 사람 쌍을 기반으로 하는 ATE 추정기는 대응 과정에 민감하며 항상 안정적인 분산 감소를 제공하지는 않는다.

다른 유용한 전략으로는 교란 요인과의 독립성을 강요하고 상호작용 효과를 이해할 수 있도록 처리 조합을 구성하는 요인 설계factorial design와, 동적 실험에서 이후 실험에 정보를 제공하기 위해 초기 실험 정보를 사용하는 순차적 설계가 있다. 잠재적인 결과[86] 프레임워크를 통해 더 복잡한 대부분의 설정을 잘 이해할 수 있으며 다음과 같이 각 대상을 자체 처리 효과가 있는 것으로 모델링한다.

식 5-11

$$y_i(1) - y_i(0)$$

여기에서 $y_i(1)$은 개인 i가 처리됐을 때의 반응이고 $y_i(0)$은 처리되지 않았을 때의 반응이다. 물론 대부분의 설정에서 $d_i = 1$ 또는 0에 대해서만 $y_i(d_i)$를 알 수 있기 때문에 [식 5–11]은 부분적으로 관찰할 수 없다. 그러나 잠재적 결과라는 개념은 실제 실험 환경의 분석에 유용한 수학적 형식으로 밝혀졌다. 예를 들어 평균 처리 효과를 다음과 같이 간결하게 정의할 수 있다.

식 5-12

$$\text{ATE} = \mathbb{E}[y(1) - y(0)]$$

이렇게 하면 [식 5–1]의 ATE 정의 뒤에 추가로 나열된 조건이 필요 없다.

잠재적인 결과는 인과관계를 고려하는 유일한 방법은 아니지만 실제 문제에서 잘 작동하는 프레임워크다. 다음 절과 이후 장에서 이를 활용할 것이다.

---

86 잠재적 결과 모델링에 대한 자세한 내용은 이 분야 대가들의 연구인 [Imbens and Rubin, 2015]를 참고하자.

5.2 유사 실험 설계

무작위 *AB* 테스트는 불가능하지만 약간의 가정을 추가하면 인과적 처리 효과 추정치를 복구할 수 있는 몇 가지 일반적인 시나리오가 있다.[87] 예를 들어 캐나다가 아닌 미국에만, 즉 일부 시장에만 처리(신제품)를 도입할 수 있다. 비록 다른 장소지만 두 장소의 처리 전 차이를 모델링할 수 있다면 처리 후 변화에 대한 인과적 해석을 할 수 있다는 희망이 있다. 또는 소득이 고정된 기준 미만인 사람만 사회적 지원을 받을 수도 있다. 무작위 표본은 아니지만 사회보장제도의 혜택을 아쉽게 놓치는 사람(소득이 조금 높은 사람)과 간신히 자격이 돼서 혜택을 보는 사람, 이 두 그룹을 처리군과 대조군으로 비교할 수 있다고 가정할 수 있다.

처음 언급한 예제는 **이중차분**difference-in-difference 분석을 위한 설정이고 이어서 언급한 예제는 **회귀불연속**regression discontinuity (RD) 추정을 위한 설정이다. 다른 유사 실험 설정이 많이 있지만 이 두 가지 설정의 변형은 비즈니스 애플리케이션의 상당 부분을 커버한다. 각 프레임워크를 설명하기 위해 인터넷 마케팅과 관련된 두 가지 애플리케이션을 살펴보자.

이중차분법은 전처리 차이를 분리하고 모델링할 수 있는 두 그룹이 있을 때 적용되며 처리 후 차이가 처리 효과의 인과적 추정에 기초가 된다. 이 프레임워크는 처리 독립성에 대한 강력한 가정과 함께 기본적인 회귀 모델링으로만 이루어진다. 앞선 예제에서는 캐나다와 미국, 두 개의 시장이 있는 상황에서 미국에서만 무료 배송과 같은 일종의 판촉 행사를 진행한다. 무료 배송이라는 처리가 미국에서 진행되기 전과 후에 대해 두 국가의 매출 추세를 모델링할 수 있다. 처리 후 캐나다에 비해 미국의 매출이 증가할 경우 **매출 차이가 한 국가에만 영향을 미치는 외부 영향 때문이 아니라고 가정한다면 긍정적인 처리 효과가 있는 것이다.** 이러한 가정은 이중차분 분석의 약점이며 피할 수 없다. 이러한 이유로 이중차분 분석 결과는 두 그룹을 실제로 비교할 수 있을 때만 신뢰할 수 있다.

이중차분 관련 예제는 이베이eBay에서 검색 엔진 마케팅search engine marketing (SEM)의 효과를 연구한 [Blake, 2014]의 논문[88]에서 가져온 것이다. **스폰서**나 **유료** 검색은 구글과 같은 웹 검색 결과에서 볼 수 있는 광고와 링크를 의미한다. [그림 5-1]은 유료 검색 결과가 지배적인 웹 페이지의 예를 보여준다. 연구 질문은 간단하다. '유료 검색 광고의 효과는 무엇일까?' 또는 '이베

---

87 '유사 실험'과 다음 장에서 다룰 조건부 무시가능성(CI)을 다소 임의적으로 구분한다. CI는 일반적으로 처리가 연구자의 제어를 완전히 벗어났을 때 적용되지만 이런 주제 모두 개념상 중복되는 부분이 있다.

88 Tom Blake, Chris Nosko, and Steve Tadelis. Effectiveness of paid search. *Econometrica*, 2014.

이가 SEM에 대한 지불을 중단하면 판매 수익은 어떻게 될까?' 이베이와 같은 대형 웹사이트는 자연 검색 결과에 어차피 표시되기 때문에(예를 들어 [그림 5-1]의 자연 검색과 유료 검색 결과에서 모두 Zappos[89]를 볼 수 있다) 스폰서 슬롯에도 표시되는 경우에 이점이 있을까? 그리고 그 혜택은 얼마나 클까? 그만한 가치가 있을까?

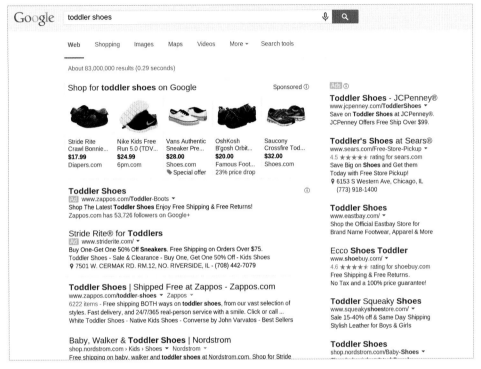

그림 5-1 SEM 관련 구글 검색 결과. 스크린샷에 있는 거의 모든 것이 '스폰서' 링크다. 이것은 유료 검색이며 구글의 관련성 측정 방식을 통해 자연적으로 표시된 것이 아니다. 유일한 자연 검색 결과는 메인 열의 하단에 있는 2개 목록뿐이다. 첫 번째는 Zappos이고 두 번째는 Nordstrom이다.

마케팅 투자수익률에 대한 질문은 일반적으로 대답하기 어렵다. 사용자가 스폰서 링크를 클릭하여 전환으로 이어질 수 있다. 하지만 스폰서 옵션이 없다면 사용자가 자연 검색 결과를 따랐을지는 알 수 없다. 또한 이베이 광고가 게재되지 않는 페이지와 게재되는 페이지를 비교할 수 없다. 이베이와 구글은 검색 결과와 함께 클릭으로 이어질 가능성이 가장 높게끔 광고를 게재

....
89 옮긴이_미국 온라인 신발 및 의류 소매 업체

한다. 즉, 광고가 게재되지 않는 페이지는 스폰서 유무와 관계없이 검색 관련성 때문에 이베이 링크에서 클릭이 더 적게 발생할 것으로 예상된다.

[Blake, 2014]에서 일부 사용자에 대해 SEM을 끄는 대규모 실험을 실행하기 위해 이베이의 의사결정권자를 설득했다. 이전에는 정확히 측정한 적이 없는 단일 기업에 대한 유료 검색의 처리 효과를 측정할 수 있는 특별한 기회가 만들어졌다. 특히 이베이는 2012년 5월 22일 이후 8주 동안 미국 내 지정된 시장 지역^{designated market area}(DMA) 210곳 중 65곳에서 애드워즈 ^{Adwords}(구글 SEM이 판매되는 시장)[90]에 대한 입찰을 중단했다. DMA는 보스턴에서 로스앤젤레스에 이르는 대도시를 중심으로 하는 독립적인 시장으로 볼 수 있다. 구글은 브라우저에서 DMA를 추측하고 이베이는 배송지 주소로 사용자를 추적하여 DMA별 처리 할당이나 반응 추적이 가능하다.

[그림 5-2]는 이 데이터를 보여준다.[91] 위쪽에 있는 선은 처리되지 않은(SEM이 항상 켜져 있는) DMA에 해당하고 아래쪽 선은 5월 22일에 SEM이 꺼진 DMA에 해당한다. **이것은 완전 무작위 시험이 아니다.** 5월 22일 **이전**의 처리 DMA와 대조 DMA의 차이를 분명히 볼 수 있다. 모든 DMA가 처리 대상이 아니었고(예를 들어 가장 큰 시장이 제외됨) 처리군과 대조군에 걸쳐 DMA를 '맞추려는' 시도가 있었지만 결과적으로 총 수익에서 균형을 맞추지 못했다. 당연히 ATE를 추정하기 위해 단순히 $\bar{y}_B - \bar{y}_A$만 볼 수는 없다. 그룹 B를 처리하기 전에 이미 큰 차이가 있었기 때문이다.

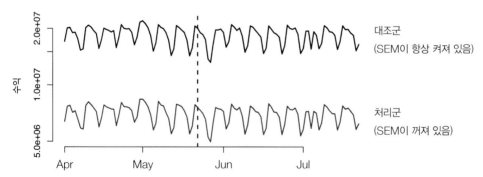

그림 5-2 처리군과 대조군의 DMA에 대한 평균 수익. 점선은 처리군에서 SEM(애드워즈 입찰)이 꺼진 5월 22일을 표시한다.

---

90 구글 애드워즈는 2018년 7월 23일 이후 구글 애즈^{Ads}로 불린다. 구글 애즈는 셀프 서비스 광고 프로그램이다.

91 직접 데이터를 분석하지는 않았다. 그림상으로는 실제 수익 수치가 불분명하다.

하지만 이것은 이중차분 분석을 위한 훌륭한 설정이다. SEM 중단 외에 5월 22일 이후 처리군과 대조군 DMA 간의 상대적인 차이를 일으키는 다른 요인이 있다고 생각할 이유가 없다. 따라서 SEM을 적용한다면 처리군과 대조군 간의 수익 차이가 더 커져야 한다. 그룹 간 사전-사후 비교는 이중차분 분석의 기본 논리다.

여기서는 처리군과 대조군이 백분율 스케일에서 관련이 있다고 예상하기 때문에 로그 수익의 차이에 초점을 맞출 것이다. 두 그룹 모두 SEM이 켜져 있을 때 처리군 DMA는 대조군 DMA 수익의 약 38%를 차지한다. [그림 5-3]은 각 그룹의 평균 수익 간의 로그 차이를 보여준다 ([그림 5-2]에서 위쪽 선과 아래쪽 선의 비율에 대한 로그값이다). 5월 22일 이후 로그 차이가 증가하는 것으로 보인다. 이게 진짜일까? 즉, 통계적으로 유의미한가? SEM이 투자 수익률에 어떤 영향을 미치는가?

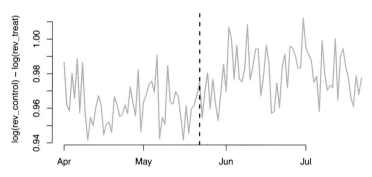

그림 5-3 처리군과 대조군 간 평균 수익 차이의 로그 스케일. 로그(대조군 평균 수익) - 로그(처리군 평균 수익).

5월 22일 이후 SEM을 끈 것 외에는 처리군 간에 아무런 변화가 없다고 가정하면 기본적인 회귀 모델링을 통해 질문에 대한 답을 얻을 수 있다. 수식 표기법으로 나타내면 시간 $t \in \{0,1\}$에 DMA i가 있다고 표현할 수 있다. 여기서 $t = 0$은 5월 22일 이전을 나타내고 $t = 1$는 이후를 나타낸다. 처리군과 대조군의 구성원은 DMA i가 처리군에 있으면 $d_i = 1$, 그렇지 않으면 $d_i = 0$으로 표시한다. 따라서 시간 t에서 DMA i에 대해 $t \times d_i = 1$이 아니면 SEM이 적용된다. 이중차분 회귀 모델은 다음과 같다.

식 5-13
$$\mathbb{E}[y_{it}] = \alpha + \beta_d d_i + \beta_t t + \gamma d_i t$$

관심 있는 처리 효과는 d_i와 t 사이의 상호작용에 대한 계수 γ다.

초기 데이터 변환 후, 다음과 같이 $t=0$과 $t=1$일 때 각 DMA에 대한 행으로 구성된 간단한 데이터셋을 얻었다.

```
> head(semavg)
  dma t d       y
1 500 0 1 11.22800
2 501 0 0 14.58000
3 502 0 0 10.38516
4 503 0 0 10.48166
5 504 0 0 13.39498
6 505 0 1 12.81640
```

이 형식을 사용하면 [식 5-13]의 회귀를 쉽게 수행할 수 있다. 하지만 이러한 데이터 행은 표준 독립성 가정을 충족하지 못한다. 동일한 DMA에 있는 두 관측치는 상관된다. 예를 들어 한 DMA가 더 큰 도시에 해당할 경우 로그 수익 y는 $t=0$과 $t=1$ 관측치 모두 평균보다 큰 경향이 있을 것이다. 가구 내 의존성과 관련하여 이전 절에서 했던 것처럼 sandwich 패키지에서 **군집 표준오차 추정기**를 사용할 수 있다.

```
> semreg <- glm(y ~ d*t, data=semavg)
> coef(semreg)
  (Intercept)            d            t          d:t
 10.948646049  0.014080564 -0.039399629 -0.006586852
> sqrt(vcovCL(semreg, cluster=semavg$dma)['d:t','d:t'])
[1] 0.005534297
```

이 모델의 처리 효과가 $d_i \times t$에 대한 **상호작용 계수** γ라는 것을 상기하면 ATE에 대한 90% 신뢰구간은 다음과 같다.

$$\gamma \in -0.00659 \pm 2 \times 0.00553 = [-0.177, 0.0045]$$

이는 유료 검색 광고를 끄는 처리가 로그 수익에 작지만 통계적으로 무의미한 부정적인 영향을 미쳤다는 것을 의미한다(0.55%의 표준오차로 0.66%가 줄었다). 결과가 통계적으로 유의미하더라도 마케팅 **비용**을 고려하면 과연 유료 검색이 긍정적인 투자수익률을 가져올지 의심된다. 그러나 이런 결과는 특정 회사, 즉 이베이 결과가 자연 검색 결과에서 자주 발생하는 상황이라는 것에 주의해야 한다. 광고주의 인지도가 낮고 자연 검색 결과에서 잘 나오지 않을 경우에는 디지털 마케팅이 긍정적인 투자수익을 가져다 줄 수 있다.

군집 표준오차가 직관적이지 않은 경우 회귀 평균 수식 자체에서 DMA별 수익 수준을 **제어**하여 유사한 결과[92]를 얻을 수 있다. 즉, [식 5-13]을 DMA별 절편을 포함하는 모델(경제학자가 'DMA 고정 효과'라고 부르는 것)로 대체한다.

식 5-14

$$\mathbb{E}[y_{it}] = \alpha_i + d_i\beta_d + t\beta_t + \gamma d_i t$$

이제 DMA별 수익 수준에 따라 조건부 독립성이 결정된다고 가정하므로 일반적인 회귀 표준오차가 적용된다.

```
> dmareg <- glm(y ~ dma + d*t, data=semavg)
> summary(dmareg)$coef["d:t",]
    Estimate    Std. Error        t value      Pr(>¦t¦)
-0.006586852  0.005571899  -1.182155571  0.238493640
```

γ와 표준오차에 대한 추정치는 앞서 군집 표준오차를 이용한 회귀 분석과 거의 동일하다.

이러한 수식 유도와 분석은 이중차분법이 응용 회귀 모델링의 일례에 불과하다는 것을 깨닫게 한다. 그러나 종종 처리 전과 처리 후 관찰 사이의 **쌍**을 활용하는 대체 공식으로 이 추정치를 볼 수 있다. 이 공식에서는 먼저 각 DMA에 대한 사전과 사후의 **차이**에 대한 표본을 계산한다.

식 5-15

$$r_i = y_{i1} - y_{i0}$$

그런 다음 처리군과 대조군의 평균 차이($\bar{r}_1$과 $\bar{r}_0$)를 수집하고 다음과 같이 ATE 추정값으로 사용한다.

식 5-16

$$\hat{\gamma} = \bar{r}_1 - \bar{r}_0$$

이것이 '이중차분'이라는 이름이 붙은 이유다. DMA 간의 독립성은 각 r_i에 대한 독립성을 의

---

92 고정 효과를 추가하는 것은 군집 표준오차와 동일하지 않지만 둘 다 DMA 내에서 종속성을 설명하는 접근법이다. 하나가 다른 것보다 월등히 우월한 것은 아니며 각각 장점이 있다. 예를 들어 고정 효과를 추가하는 접근 방법은 더 복잡한 종속성 구조로 쉽게 확장할 수 있다.

미하며 일반적인 공식을 적용하여 평균 차이에 대한 표준오차 $se(\hat{\gamma}) = se(\bar{r}_1) + se(\bar{r}_0)$을 얻을 수 있다.

```
> r <- tapply(semavg$y, semavg$dma, function(y) y[2]-y[1])
> d <- semavg[match(names(r), semavg$dma), "d"]
> rbar <- tapply(r,d,mean)
> rbarvar <- tapply(r, d, function(r) var(r)/length(r))
> rbar[2] - rbar[1]
          1
-0.006586852
> sqrt(sum(rbarvar))
[1] 0.005555082
```

결과는 이전 회귀 분석과 동일하다.

회귀불연속성 추정기는 또 다른 일반적인 유사 실험 설계를 활용한다. 처리 할당은 일부 '강제 변수forcing variable'에 대한 임곗값에 의해 결정되며 인과적 추정 목적으로 임곗값에 가까운 피험자들을 비교할 수 있다. 예를 들어 [Hahn, 1999]에서는 직원이 15명 이상인 기업에만 적용되는 차별법의 인과적 효과를 측정했다. 여기에서 직원 수는 강제 변수이며 필자는 직원 15명이라는 임곗값을 기준으로 양쪽에 있는 회사들을 비교했다. 이 외에도 곳곳에 비슷한 예가 있다. 성적 임곗값은 교육 프로그램에 대한 접근성을 결정하고 소득 임곗값은 사회 프로그램의 가용성에 영향을 미친다. 필자의 자녀들은 네 살이 될 때까지 박물관에 무료로 입장할 수 있었다. 우리는 일반적인 디지털 마케팅 설정을 고려한다. 여기에서 광고 표시 규칙은 최고로 높거나 두 번째로 높은 광고 경매 '점수'가 최저 기준을 통과하는지 여부에 따라 다르다.

회귀불연속 설계의 좋은 점은 제어가 필요한 교란 변수, 즉 강제 변수를 알고 있다는 것이다. 이전에 논의한 불완전 실험 설계를 기억하자. 처리 할당과 반응 결과 그리고 상관관계가 있는 모든 변수를 제어, 즉 회귀에 포함해야 한다. 엄격한 RD에서 처리는 강제 변수에 의해 **완전히 결정**되므로 해당 변수를 제어하기만 하면 된다. 방금 언급한 예에서는 각 회사의 직원 수 또는 광고 입찰에서 각 광고주의 점수를 제어해야 한다.

> 임곗값이 다른 처리에 대한 확률을 변경시키지만 할당이 결정적이지 않은 '퍼지fuzzy' RD 설계도 있다. 다음 절에서는 다른 형태의 도구 변수 설정에 대해 다룰 것이다. 자세한 내용은 [Imbens and Lemieux, 2008]를 참고하면 된다.

RD 분석은 처리 임곗값 근처의 강제 변수에 따라 반응이 어떻게 변하는지에 대한 가정이 필요하다. 임곗값이 조금 움직일 경우 처리군을 전환하는 피험자는 **새로운** 처리군 근처에 있는 피험자와 유사하게 행동할 것이다. 이것이 **연속성**에 대한 가정이다. 임곗값의 한쪽에서 강제 변수와 반응 변수 사이의 관계를 보고 다른 쪽을 추정할 수 있음을 의미한다.

[그림 5-4]는 두 처리군 각각에 대해 관찰된 반응과 관찰되지 않은 반응을 보여준다. RD 연속성 가정은 처리 임곗값, 즉 실선이 점프하는 위치 주변에서 볼 수 있는 반응을 의미한다. 관찰된 평균 반응에 불연속성(점프)이 있더라도 이렇게 얻어진 기본 처리군 함수들은 이 위치 주변에서 각각 연속적이다. 즉, 각 그룹 평균 반응은 실선에서 점선으로의 전환이 부드럽다. 이를 통해 두 처리군에서 반사실적 반응을 비교할 수 있다.

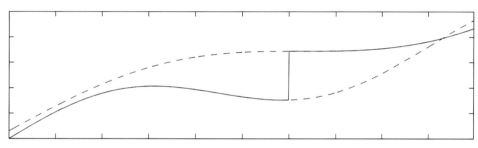

그림 5-4 [Imbens and Lemieux, 2008]에서 가져온 RD 연속성 가정의 예시. 실선은 강제 변수(x축)에서 관찰된 평균 반응(y축)이고 점선은 각 그룹에 대한 관측되지 않은 평균 반응을 나타낸다.

잠재적 결과 표기법을 사용하여 이 모든 것을 더 정확하게 만들 수 있다. $y_i(d)$는 처리 d를 받은 사용자 i에 대한 잠재적 결과를 의미하고 d_i는 처리군이며 $y_i(d_i)$는 관찰된 반응이다. RD 설계에서는 강제 변수 r_i를 추가한다. 처리 임곗값과 관련된 r_i의 위치에 따라 처리 상태가 결정된다. **문제를 간단히 하기 위해 이 관심 임곗값은 항상 0으로 가정한다.** 이를 적용하기 위해 강제 변수에서 0이 아닌 임곗값을 빼면 된다. 이진 처리로 제한하면, 강제 변수 r_i를 사용한 처리 할당은 다음과 같다.

식 5-17
$$d_i = \mathbb{1}_{[r_i > 0]}$$

강제 변수만 제어하면 되기 때문에 이것은 유사 실험 설계다. 처리 할당은 주어진 r_i 반응에 독립적이다.

$$[y_i(0), y_i(1)] \perp\!\!\!\perp d_i \mid r_i$$

마지막으로 작은 ε에 대해 중요한 연속성 가정을 다음과 같이 작성할 수 있다. 처리 임곗값이 $r_i = 0$이라는 점을 기억하자.

식 5-19

$$\mathbb{E}[y_i(d) \mid r = -\varepsilon] \approx \mathbb{E}[y_i(d) \mid r = 0] \approx \mathbb{E}[y_i(d) \mid r = \varepsilon]$$

이러한 부분을 고려하여 임곗값의 양쪽에서 회귀 모델을 적합하고 $r = 0$에서 예측을 비교하여 처리의 인과적 효과를 추정할 수 있다. 예를 들어 일반적으로 다음과 같이 임곗값으로부터 거리 δ 내에서 별도의 선형 회귀를 추정한다.

식 5-20

$$\mathbb{E}[y_i \mid r_i, -\delta < r_i < 0] = \alpha_0 + \beta_0 r_i,$$
$$\mathbb{E}[y_i \mid r_i, 0 < r_i < \delta] = \alpha_1 + \beta_1 r_i$$

첫 번째 회귀는 $d_i = 0$이고 두 번째 회귀는 $d_i = 1$이다. $r_i = 0$에서의 처리 효과 추정치는 다음과 같다.

식 5-21

$$\mathbb{E}[y_i(1) - y_i(0) \mid r_i = 0] = \alpha_1 - \alpha_0$$

이 식은 r_i가 0에 가까운 피험자에 대한 **조건부** ATE를 제공한다. 추정된 처리 효과는 [그림 5-4]의 점프에서의 잠재적 결과 간 차이에 해당한다. 이 임곗값에서 멀어질수록 차이가 줄어든다는 사실(그리고 잠재적인 결과가 교차하는 사실)로부터 아무것도 배우지 못할 것이다. RD 설계에서는 임곗값에서만 처리 효과에 대해 배울 수 있다. 이것은 이 방법의 한계지만 결과가 조건부 ATE라는 것을 알고 있다면 종종 유용하다.

디지털 마케팅 사례에 대한 처리 할당은 [그림 5-5]에 나와 있다. SEM 이중차분 예와 같이 이 데이터는 유료 검색에 해당하지만 여기에는 검색 페이지에 광고 위치를 할당하는 프로세스에 대한 세부 정보가 있다. 광고 경매에서 광고주는 자신의 광고가 표시되도록 일정 금액을 입찰한다. 입찰은 사용자가 각 광고를 클릭할 가능성(광고를 클릭할 경우에만 플랫폼에 돈을 지불한다)에 대한 광고 플랫폼(검색 엔진 제공 업체)의 정보와 결합된다. 세부사항에 관계없이 입찰과 클릭 확률을 결합하는 다양한 공식이 있다.[93] 최종 결과는 경매에서 광고 우선순위를 결정하는 순위 점수가 된다. **순위 점수**가 가장 높은 광고가 맨 위에 표시된다.

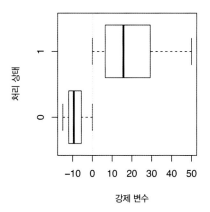

그림 5-5 디지털 마케팅 RD 예제에서 강제 변수(순위 점수에서 최저 순위 점수를 뺀 값)와 처리 상태(광고가 사이드바가 아닌 메인 라인에 표시되는지 여부). 최저 순위 점수보다 순위 점수가 큰 광고만 메인 라인에 표시된다($d = 1$).

반응 변수 y는 사용자가 광고를 클릭한 횟수에 클릭당비용^cost-per-click(CPC)을 곱한 광고 수익이다. CPC를 두 번째로 높은 입찰가라고 생각할 수 있다(이 데이터는 시뮬레이션의 결과로 실제 수익이 아니다). 생각해볼 수 있는 처리는 주요 검색 결과에서 사이드바($d = 0$) 대신 '메인 위치'($d = 1$)에 표시되는 광고의 특정한 위치 효과다. 검색 플랫폼에는 메인 광고를 위한 최저 낙찰 가격이 있다. 최고 순위 점수가 이 가격보다 낮으면 이 광고는 사이드바에 표시되고 메인 라인에는 광고가 없다. 순위 점수가 이 최저 점수보다 높으면 메인 라인에 표시된다. 따라서 최저 가격은 메인 위치를 잡기 위한 처리 할당의 임곗값 역할을 한다. 강제 변수를 각 광고의 순위 점수에서 최저 순위 점수를 뺀 값으로 정의하여 $r = 0$에서 처리 임계가 발생하도록 한다. [그림 5-5]는 이러한 과정을 보여준다.

조건부 예상 수익이 임곗값 주변에서 부드럽게 변한다고 가정하면 수익에 대한 위치의 처리 효과를 모델링하기 위해 회귀불연속성을 활용할 수 있다. 간단한 접근법은 임곗값 $r = 0$의 양쪽에서 평균 수익 y를 비교하는 것이다. 먼저 임곗값의 위 아래 구간을 선택해야 한다. 예를 들면 다음과 같이 최저 낙찰 가격의 양쪽에 있는 세 가지 순위 점수 단위를 고려한다.

93 Hal R. Varian. Online ad auctions. *The American Economic Review*, 99:430-434, 2009.

```
> w <- 3
> above <- which(D$score > 0 & D$score <w)
> below <- which(D$score < 0 & D$score >-w)
```

그런 다음 각 구간에 대한 평균 반응을 취한 후 차이를 구하면 처리 효과의 추정치가 된다.

```
> # 고정 모델
> mua <- mean(D$y[above])
> mub <- mean(D$y[below])
> (te <- mua - mub)
[1] 0.01484979
```

이 경우 '수익'에 대한 긍정적인 효과를 볼 수 있다. 사이드바가 아닌 메인 위치에 검색 결과가 나오면 더 높은 가격에서 더 높은 클릭률로 이어진다. 가정에 의해 모두 독립적인 관측치이므로 각 구간 평균과 처리 효과(평균의 차이)에 대한 분산을 얻기 위해 일반적인 공식을 사용할 수 있다.

```
> vara <- var(D$y[above])
> varb <- var(D$y[below])
> sdte <- sqrt(vara/length(above) + varb/length(below))
> te + c(-2,2)*sdte
[1] 0.01305012 0.01664947
```

결과적으로 나온 95% 신뢰구간은 양수다. 메인 위치가 수익에 긍정적인 영향을 미친다는 것이 거의 확실하다(적어도 단기적으로 보면 꽤 분명하다).

이러한 '평균 차이' 분석 방식은 암묵적으로 임곗값의 양쪽 구간 내에서 반응이 일정한 모델을 가정한다. 이 부분은 현실성이 없어 보인다. 순위 점수는 광고 입찰과 예상 클릭률에 따라 증가하므로 r_i(순위 점수)가 높을수록 y_i(클릭률×CPC)도 높아질 것이라는 합리적인 예상이 가능하다. 실제로 처리 효과 추정의 평균 차이 방법은 일반적으로 RD 설계에서 **좋은 아이디어가 아니다.** 반응 변수는 처리와 무관하게 강제 변수에 따라 변하는 것이 일반적이다. 앞서 언급한 RD 예제를 생각해보자. 따라서 임곗값의 양쪽에서 이 효과를 제어해야 한다.

더 나은 접근 방식은 국소 선형 회귀를 사용하는 것이다. 즉, 임곗값 $\pm\delta$의 구간에서 최소제곱 선을 적합한다. 이것은 [식 5-20]에서 본 절차다. 이 두 가지 회귀를 다음과 같이 상호작용항을 사용하여 단일 모델로 작성할 수 있다.

식 5-22

$$\mathbb{E}[y_i] = \alpha + \gamma\, \mathbb{1}_{[r_i > 0]} + r_i\,(\beta_0 + \beta_1\, \mathbb{1}_{[r_i > 0]})$$
$$= \alpha + \gamma\, d_i + r_i\,(\beta_0 + \beta_1 d_i)$$

[식 5-22]에서 처리 효과는 [식 5-20]의 공식에서 $\alpha_1 - \alpha_0$에 해당하는 γ다. 이는 임곗값(불연속성)이 $r_i = 0$인 사양을 가정한 것이다.

> 문헌에서 흔히 볼 수 있는 것은 임곗값과의 거리에 따라 감소하는 관측값에 대한 가중치를 갖는 임곗값의 양쪽에 대한 가중 최소제곱 회귀다. 이것은 추론이 구간 크기$^{window\ size}$ 선택에 덜 민감하게 만들 수 있다. 하지만 튜닝해야 할 새로운 파라미터(예를 들어 가중치의 감쇠율)를 도입하고도 실제로는 더 복잡한 방법을 사용하는 만큼의 큰 이점을 보지 못한다. [그림 5-6]의 loess 함수를 활용한 국소 회귀 평활화는 가중 최소제곱 적합의 예를 보여준다.

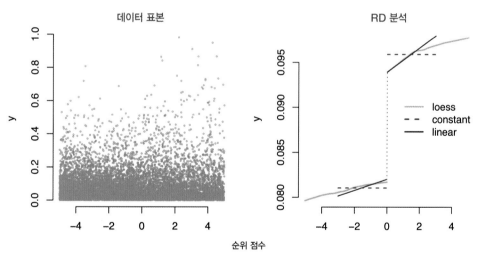

그림 5-6 디지털 마케팅 RD 분석을 보여주는 그림. 왼쪽 그림은 처리 임곗값 0의 양쪽에 있는 반응 y의 표본이다. 오른쪽 그림은 R의 loess 선형 평활화(degree = 1)와 0을 기준으로 ±3 점수에 대한 선형 회귀를 사용하여 추정된 y의 조건부 평균을 확대하여 보여준다. 평균 차이 분석도 점선으로 표시한다.

다시 $\delta = 3$인 단위 구간을 사용하여 디지털 마케팅 예제에 대한 국소 선형 회귀를 적합한다. 이것은 R의 상호작용항을 사용하여 실행할 수 있다.

```
> h <- 3
> window <- which(D$score > -h & D$score < h)
> summary(linfit <- lm(y ~ treat*score, data=D, subset=window))

Call:
lm(formula = y ~ treat * score, data = D, subset = window)

Residuals:
     Min      1Q  Median      3Q     Max
-0.09789 -0.06847 -0.03451  0.03188  1.20805

Coefficients:
             Estimate Std. Error t value Pr(>|t|)
(Intercept) 0.0820048  0.0011768  69.682  < 2e-16 ***
treat       0.0119216  0.0017396   6.853  7.3e-12 ***
score       0.0006188  0.0006627   0.934     0.35
treat:score 0.0007242  0.0010020   0.723     0.47
---
Signif. codes:  0 '***' 0.001 '**' 0.01 '*' 0.05 '.' 0.1 ' ' 1

Residual standard error: 0.1043 on 58414 degrees of freedom
Multiple R-squared:  0.00503,   Adjusted R-squared:  0.004978
F-statistic: 98.43 on 3 and 58414 DF,  p-value: < 2.2e-16
```

처리 효과 추정치는 이제 0.012다. 임곗값 양쪽의 일정한 오차 구조를 믿을 이유가 없기 때문에 이 추정치에 대한 불확실성을 얻으려면 견고한 이분산적 표준오차를 사용해야 한다.

```
> seate <- sqrt(vcovHC(linfit)["treat", "treat"])
> coef(linfit)["treat"] + c(-2,2)*seate
[1] 0.00834634 0.01549686
```

신뢰구간은 여전히 모두 0보다 크지만 대부분 평균 차이 분석보다는 작다.

[그림 5-6]은 이 분석의 결과를 보여준다. 임곗값 $r = 0$에서 선형 회귀선 간의 간격은 위에서 본 R 출력에서의 $\hat{\gamma} = 0.012$와 대응된다. 밝은 회색선은 조건부 평균(이동평균이라고 생각한다)의 loess 평활 추정치를 보여준다. 앞에서 말한 고정 평균 추정치 mua와 mub도 볼 수 있다. 평균 차이 분석은 임곗값의 양쪽에서 r과 함께 y가 증가할 때마다 편향된 대규모 처리 효과 추정으로 이어진다는 것을 확인할 수 있다.

마지막으로 모든 RD 분석은 국소 분석 구간의 크기에 민감하다. 여기서는 $\delta = 3$을 선택했다. [그림 5-6]의 오른쪽에 있는 이동평균(loess)의 평균 추정치는 이 구간에서 대부분 선형인 것처럼 보이지만 자세히 보면 그렇지 않다. 또한 [그림 5-6]의 왼쪽을 보면 데이터에서 선형성을 판단할만한 분명한 패턴을 찾을 수 없다. 다시 말해서 이동평균을 취하기 전까지는 데이터의 노이즈에 가려 확실한 불연속성을 볼 수 없다.

가장 좋은 방법은 구간에 따른 RD 처리 효과 추정치를 계산해보는 것이다. [그림 5-7]은 이 예제에 대한 결과를 보여주며 다른 애플리케이션에서 볼 수 있는 일반적인 결과다. 구간의 크기가 너무 작아서 신뢰성있는 선형 회귀를 추정할 수 없는 초기에는 분산이 아주 크다. 이후에 결과는 $\hat{\gamma} = 0.012$ 근처로 수렴한다. 더 넓은 구간으로 이동하면 추정치 주변의 불확실성은 낮아지지만 선형성에 대한 더 제한적인 가정이 필요하다. 함수가 임곗값에서 더 넓은 구간에 대해 거의 선형이라고 가정한다. 실제로 구간 길이를 선택하는 것은 과학보다 예술에 가깝다. 그럴 듯한 값의 범위 내에서 결과가 안정적인지 확인해야 한다.

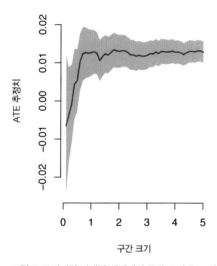

그림 5-7 디지털 마케팅 예제에서 구간 크기 $\delta = 3$의 함수로서 ATE 평균에 대한 RD 추론(평균 및 90% 신뢰구간)

RD 분석은 데이터 분석에서 일반적이고 유용한 도구다. 이 책은 RD 분석에 대해 비교적 짧게 다룬다. [Imbens and Lemieux, 2008]과 참고 문헌들을 통해 더 자세한 내용을 볼 수 있다. 하나의 특정 상황을 표시하는 것이 중요하다. 앞에서 본 것처럼 처리 임곗값이 엄격하지 않고 다소 모호할 때 유사한 도구를 사용하여 분석할 수 있다. $r_i > 0$는 처리 확률을 변경하지만 임곗값의 어느 쪽에서도 처리 할당은 결정적이지 않다. 이러한 퍼지 RD 설계는 다음 절에서 다룰 도구 변수 설계의 특별한 경우라고 볼 수 있다.

5.3 도구 변수

경영 및 경제 시스템에서는 관심 있는 결과를 얻기 위해 여러 입력들을 결합한다. 앞에서 계속 강조했듯이 이러한 시스템의 인과관계를 이해하려면 무작위화가 필요하다. **실험처럼 보이는** 이벤트가 필요하다. 지금까지는 자체적으로 무작위화된 정책의 처리 효과 분석에 대해 살펴봤다. 하지만 정책의 처리 효과를 알고자 할 때, 일반적으로 어떤 정책을 **직접적**으로 무작위화 하지 않고 정책 선택에 영향을 미치는 변수에 대한 실험을 통해 **간접적**으로 무작위화 한다. 이러한 간접 무작위화 또는 업스트림 소스를 **도구 변수**라고 하며 여러 응용계량경제학의 기초를 형성한다.

한 가지 직관적인 도구 변수의 예는 처리 의도^{intent-to-treat} 설정이다. 무작위로 샘플링한 환자에게 약물을 제공하는 제약회사의 임상 실험을 생각해보자. 이것은 완전 무작위 실험이지만 문제는 모든 '처리된' 환자가 약물을 복용하는 것은 아니라는 점이다. 약물이 고통스럽거나 불편할 수 있으며 약물을 복용하는 것을 잊어버리기도 한다. 따라서 약물에 대한 **접근**을 무작위화한 것은 맞지만 실제 약물 처리까지는 한 단계 떨어져있다. 게다가 환자는 자신의 상태에 따라 스스로 다른 처리를 적용할 수 있다. 아픈 환자는 약물 때문에 더 아프다고 느낄 수 있고 덜 아픈 환자는 불편한 처리 규칙을 따르고 싶지 않을 수 있다. 따라서 처리는 반응 상태에 영향을 미치는 **관찰되지 않은** 요인과 상관관계가 있다. 이로 인해 약물 복용자와 비복용자 간의 차이를 쉽게 제어하기가 어렵다.

도구 변수는 이러한 처리 의도 문제를 해결하고 약물의 처리 효과를 추론하는 방법을 제공한다. 이 예에서 단일 도구 변수는 무작위 그룹 할당이다(피험자가 약물에 접근할 수 있는지 여부). 사용자가 실제로 약물을 복용할 **확률**을 어떻게 변화시키는지 추적하여 이 무작위화를 활용할 수 있다. 약물 처리가 할당되지 않은 환자가 약물을 복용할 확률은 0이거나 매우 작다(대체 수단을 통해 약물을 얻을 수 있다). 약물 처리군으로 할당되면 약물을 복용할 확률이 훨씬 더 높아진다. 도구 변수 분석은 이러한 **확률 변화**가 환자 상태에 미치는 영향, 예를 들어 생존 여부 또는 기타 건강 지표를 모델링한다. 무작위화를 통해 직접 제어하는 처리 확률(도구 변수에 의해 결정된 처리 확률)에 반응 변수를 연결하여 반응이 처리 상태의 무작위 구성 요소를 어떻게 변경하는지 복구할 수 있다. 이를 통해 환자가 실제로 약물을 복용하는지 여부에 따라 반사실을 모델링할 수 있다.

더 정확한 이해를 위해 수학을 조금 사용해보려고 한다. 먼저 일반적인 내생성^{endogeneity} 문제에 대해 설명할 필요가 있다. 일반적인 도구 변수 모델에는 처리 변수 p와 관심 반응 y가 있다. 반응에 직접적으로 영향을 주는 관측 가능한 공변량 x가 있을 수도 있고 없을 수도 있다. 그리고 처리에 미치는 영향을 통해서만 반응에 영향을 주는 도구 변수 z를 항상 가지고 있다. 또한 처리와 반응 모두에 영향을 미치는 관찰되지 않은 요인 또는 오차 e가 있다. 이 모델의 그래프는 [그림 5-8]의 왼쪽에 있다. 이 그래프는 도구 변수 z의 두 가지 중요한 특징을 명확하게 보여준다. 도구 변수 z는 p를 통해서만 y에 작용하고 관찰되지 않은 오차 e와는 완전히 독립적이다.

그림 5-8 간단한 도구 변수 모델의 다이어그램. 각 화살표의 시작 부분은 화살표가 가리키는 부분에 인과적 영향을 미친다고 해석할 수 있다. 왼쪽에서 z는 도구 변수, p는 정책(처리) 변수, x는 관찰된 공변량, y는 반응, e는 처리와 반응 모두에 영향을 미치는 관찰되지 않은 변수를 의미한다.

[그림 5-8]의 오른쪽 그림은 각 변수를 처리 의도 약물 실험과 연결한 것이다. 관심 있는 반응은 회복 시간이다. 단순하게 환자의 약물 복용 성향 및 회복 시간과 상관관계가 있는 **질병 상태**라는 단일 비관찰 변수를 상상할 수 있다. 예를 들어 환자의 질병이 더 진행된 상태이며 치료가 오래 걸리고 약물을 복용할 가능성이 낮다고 가정했을 때 도구 변수는 무작위 약물 접근(대조시험에서 환자의 무작위 그룹 할당)이다. 이 무작위화는 환자가 약물을 복용할 가능성을 변경함으로써 반응에 영향을 준다. 마지막으로 관찰 가능한 공변량은 환자의 나이이다. 이를 사용하여 약물 처리 효과에서 연령 의존성을 모델링할 수 있다.

다음과 같이 이 인과 모델을 회귀에 사용할 수 있다.

식 5-23
$$y = g(x, p) + e, \quad \mathrm{cov}(e, p) \neq 0$$

여기서 $g(x, p)$는 **구조적인** 함수다. 이것이 p가 인과적으로 y에 어떻게 작용하는지(아마도 x에 대한 함수로 생각할 수 있지만 일단 지금은 x를 무시하자) 표현한다고 생각할 수 있다. [식 5-23]과 일반적인 회귀 모델 간의 주요 차이점은 오차와 정책이 상관관계가 있다($cov(e, p) \neq 0$)는 사실이다. 이는 일반적인 회귀와 다르게 주어진 처리 변수에 대한 **0이 아닌** 오차항의 기댓값($E[e|p] \neq 0$)을 의미한다. 이는 '오차'가 정책 선택에 영향을 미치고 정책 실현이 오차항에 대한 정보를 제공하기 때문이다.

이러한 설정에서 정책변수가 반응 변수에 대한 **내생성**^{endogenous}이 있다고 한다. 관찰되지 않은 요인 또는 오차에 대한 함수로써 반응과 함께 결정된다. 이와 대조적으로, **외생성**^{exogenous} 오차의 경우 $cov(e, p) = 0$이고 일반적으로 통계 회귀 모델에 아무 걱정없이 적용할 수 있다. 그러나 [식 5-23]의 설정에서 $g(p, x)$를 학습할 때 기존의 회귀나 머신러닝 모델을 적용하면 문제가 생긴다. y에 대한 비인과적 조건부 기대치를 추정하기 위해 다음과 같이 회귀를 사용하는 것을 고려해보자.

식 5-24
$$\mathbb{E}[y \mid x, p] = \mathbb{E}[g(x, p) + e \mid x, p] = g(x, p) + \mathbb{E}[e \mid p]$$

> 설명을 위해 x가 e에 영향을 주지 않아 $\mathbb{E}[e|x,p] = \mathbb{E}[e|p]$가 된다는 것을 가정한다. 이것은 앞으로 논의할 어떤 방법에도 필요하지 않지만 표기법과 직관을 더 쉽게 만든다.

여기에서 표준 회귀 기법은 실제 구조적 관계 $g(x, p)$와 **편향항** $\mathbb{E}[e|p]$를 복원한다. 경제학자들은 이 문제를 '생략된 변수 편향'이라고 부른다. 이것은 비실험 데이터로 작업할 때마다 그들을 괴롭힌다.

[식 5-24]는 인과적 추론을 일반적인 통계 또는 '예측' 추론과 구별하는 것의 핵심을 나타낸다. 머신러닝 전문가에게 과거와 비슷한 미래를 예측하는 설정에서 $\mathbb{E}[e|p]$는 편향이 아니다. 주어진 p에 대해 e를 예측할 때 도움이 되는 모든 패턴은 미래의 예측을 구체화하기 위해 사용할 수 있다. 그러나 어떤 정책 설정에서 **p를 변경**하기 위해 가격을 변경하거나 신약을 처방할 수 있다. 이것은 미래에 p와 e 사이의 관계를 **깨뜨린다**는 것을 의미한다. 과거 데이터에서 보여지는 $\mathbb{E}[e|p]$의 패턴은 더는 존재하지 않으며 이 항을 g와 혼동하는 추론은 편향으로 간주한다. 즉, 반사실적 정책 p_1과 p_0을 비교할 때 $g(p_1, x) - g(p_0, x)$를 알고 싶을 것이며 여기에 $\mathbb{E}[e|p_1]$ $- \mathbb{E}[e|p_0]$을 더하면 잘못된 결론 및 정책 선택으로 이어질 것이다.

'내생성' 문제의 전형적인 예는 수요 분석에서 발생한다. 항공 여행을 생각해보자. 휴일과 성수기에는 항공편 예약이 꽉 차고 가격이 높다. 물론 가격이 **비싸서** 항공편이 예약된 것은 아니다. 오히려 가격과 판매 모두 근본적으로 소비자 수요 변화에 반응한다. 항공사는 수익을 극대화하기 위해 수요를 추적하고 티켓 가격을 변경하는 데 능숙하다.

이전 예에서 가격에 대한 판매를 회귀 분석하면 가격이 높을수록 판매가 증가한다는 양의 관계를 찾을 수 있었다. 이것은 경제학자가 두려워하는 '상향하는 수요 곡선'이다. 이런 결과는 쓸모없다. 실제 경제 시스템을 전혀 설명하지 못하기 때문이다. 하지만 이런 결과가 어떻게 나타나는지 쉽게 알 수 있다. 수요 충격 e와 가격 p가 판매 y의 증가 및 감소에 영향을 주는 단순한 선형 수요 시스템을 고려한다.

```
> yfun <- function(e,p){
+    y = 2 + 10*e-3*p + rnorm(length(e),0,.1)
+    y[y<0] <- 0
+    return(y)
+ }
```

여기에서 수요 충격은 무작위적이고 독립적이다.

```
> e <- rgamma(100,1,1)
```

두 개의 개별 가격 집합을 뽑을 것이다. 첫 번째 '관찰된' 사례에서 목표 가격을 결정할 수 있는 가격 결정권자의 과거 데이터가 있다고 가정해보자. 그들은 수요 충격과 양의 상관관계가 있는 가격을 청구했다. 관찰된 가격은 e에 임의의 오차 z를 더한 것과 같다.

```
> z <- rgamma(100,1,1)
> p_observed <- e + z
```

두 번째로 가격이 완전히 무작위화되는 실험을 실행할 수 있었다고 가정한다.

```
> pind <- rgamma(100,2,1)
```

마지막으로 판매 함수에 수요 충격과 두 가지 가격 집합을 제공한다.

```
> y_observed <- yfun(e, p_observed)
> y_counterfactual <- yfun(e, pind)
```

결과는 [그림 5-9]에서 볼 수 있다. 왼쪽 그림에서 내생적으로 결정된 가격이 가격과 판매 사이에 양의 상관관계로 이어진다는 것을 볼 수 있다. 관찰된 가격 데이터에 맞는 OLS선은 수요 곡선이 상승한다고 잘못 예측한다. 오른쪽 그림에서 OLS는 무작위 가격 변동을 통해 올바른 (하향 경사) 수요관계를 파악할 수 있다. 추가적으로 **2단계 최소제곱**^{two-stage least square}(2SLS) 선은 관찰 데이터에서 가격과 판매 간의 올바른 관계를 복구할 수 있는 적합 방법이다. 이 선의 분석은 사용 가능한 도구 변수 z, 즉 가격의 무작위 변동을 활용했다.

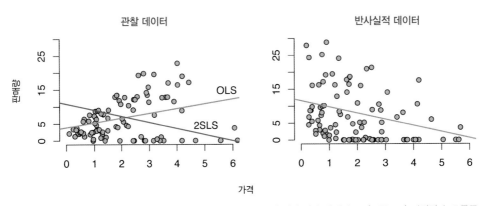

그림 5-9 수요 시스템 그림. 왼쪽에서 가격은 관찰되지 않은 수요 충격에 따라 내생적으로(공동으로) 결정된다. 오른쪽에서 가격은 수요와 무관하게 무작위로 결정된다. OLS로 표시된 두 선은 각 데이터셋에 적합한 OLS 모델이다. 왼쪽 그림에는 2SLS 적합선도 표시되며 이는 오른쪽 그림의 실제 OLS 적합과 거의 일치한다.

2SLS는 도구 변수 변이에서 인과관계를 복구하는 간단한 절차다. [식 5-23]의 회귀 수식을 기억해보자. 여기에 도구 z를 조건화한 후 이 수식의 양변에 기댓값을 취한다. 그리고 $y = g(p) + e$가 되도록 공변량 x를 무시한다. 조건부 기댓값을 취하면 다음과 같은 식을 얻을 수 있다.

식 5-25
$$\mathbb{E}[y \mid z] = \mathbb{E}[g(p) \mid z] + \mathbb{E}[e \mid z] = \mathbb{E}[g(p) \mid z]$$

이는 e가 z에 대해 독립적(도구 변수의 중요한 특징)이기 때문에 평균 오차가 0인 표준 가정하에 $\mathrm{E}[e \mid z] = \mathrm{E}[e] = 0$이다. 따라서 y는 주어진 z에 대한 $g(p)$의 평균과 동일한 평균을 갖는 조건부 분포를 갖는다. p는 이 수식에서 확률 변수다. 예를 들어 이진 처리를 사용할 때의 기댓값은 다음과 같다.

식 5-26
$$\mathbb{E}[g(p)|z] = g(0)\mathrm{p}(p=0|z) + g(1)\mathrm{p}(p=1|z)$$

좀 더 간단히 하기 위해 $g(p) = \gamma p$인 일반적인 선형 처리 모델을 고려해보자. 이 때 [식 5–23]은 다음과 같다.

식 5-27
$$y = \gamma p + e$$

이것을 [식 5–25]와 결합하면 다음과 같이 2SLS에 대한 중요한 수식이 만들어진다.

식 5-28
$$\mathbb{E}[y|z] = \gamma\mathbb{E}[p|z]$$

이제 2SLS를 사용하여 γ를 추정할 수 있다. 그리고 모든 공변량 x를 조건부 집합에 추가한다.

알고리즘 13　　2SLS

- x와 z에 대한 p의 기댓값을 구하기 위해 OLS를 사용하여 1단계 기댓값 $\mathbb{E}[p|x,z] = \alpha_p + z_i\tau + x_i'\beta_p$를 적합한다. 관찰된 데이터 (p_i, x_i, z_i, y_i) 튜플에 대해 예측된 정책 $\hat{p}_i = \hat{\alpha}_p + z_i\hat{\tau} + x_i'\hat{\beta}_p$를 구한다.
- 다음을 추정하기 위해 OLS를 사용하여 예측된 정책 및 공변량에 대한 반응 변수에 대해 2단계 회귀를 실행한다.

식 5-29
$$\mathbb{E}[y|\hat{p}_i, x_i] = \alpha_y + \hat{p}_i\gamma + x_i'\beta_y$$

결과로 나온 $\hat{\gamma}$ 추정치를 y에 대한 p의 인과적 효과로 해석할 수 있다.

이전에 시뮬레이션했던 가격 결정 예제에서 이 알고리즘은 두 가지 간단한 단계를 거쳐 진행된다. 관찰된 가격이 수요 충격과 독립적인 임의 오차의 합 p_observed = e + z로 설정된다는 것을 떠올려보자. z항을 관찰 가능한 도구 변수로 취급하여 다음과 같이 2SLS를 실행할 수 있다.

```
> preg <- lm(p_observed ~ z)
> phat <- predict(preg, data.frame(z=z))
> lin2SLS <- lm(y_observed ~ phat)
> summary(lin2SLS)

Call:
lm(formula = y_observed ~ phat)

Residuals:
   Min    1Q Median    3Q    Max
-7.384 -5.030 -2.674  2.288 34.369

Coefficients:
            Estimate Std. Error t value Pr(>|t|)
(Intercept)  11.3055     1.9420   5.822 7.38e-08 ***
phat         -2.2728     0.9038  -2.515   0.0135 *
---
Signif. codes:  0 '***' 0.001 '**' 0.01 '*' 0.05 '.' 0.1 ' ' 1

Residual standard error: 7.852 on 98 degrees of freedom
Multiple R-squared:  0.06062,   Adjusted R-squared:  0.05104
F-statistic: 6.325 on 1 and 98 DF,  p-value: 0.01353
```

이 절차를 통해 실젯값(-3)의 단위 표준편차 내에서 γ의 추정치를 복구할 수 있다.[94]

```
> summary(lm(y_observed ~ p_observed))

Call:
lm(formula = y_observed ~ p_observed)

Residuals:
     Min      1Q   Median      3Q      Max
-16.0155  -3.6711   0.4892   3.0375  22.7979

Coefficients:
            Estimate Std. Error t value Pr(>|t|)
(Intercept)   0.0598     1.0786   0.055    0.956
p_observed    3.4492     0.4430   7.786 7.23e-12 ***
```

---

94 생성된 데이터의 무작위성 때문에 결과가 달라질 수 있다.

```
---
Signif. codes:  0 '***' 0.001 '**' 0.01 '*' 0.05 '.' 0.1 ' ' 1

Residual standard error: 6.368 on 98 degrees of freedom
Multiple R-squared:  0.3822,    Adjusted R-squared:  0.3759
F-statistic: 60.63 on 1 and 98 DF,  p-value: 7.23e-12
```

가격에 대한 매출의 불완전한 회귀가 완전히 다른(잘못된) 모델을 산출했음에도 불구하고 오류가 발생하지 않는다.

이 장을 시작하기 위해 살펴본 오리건주 건강보험 실험(OHIE)은 실제로 처리하도록 의도된 설정이다. 메디케이드 등록 자격은 추첨을 통해 무작위로 선정했지만 자격을 얻은 사람들이 모두 등록한 것은 아니다. 어떤 사람에게는 등록 절차가 너무 불편했고 또 다른 사람은 이용 가능한 대체 보험을 갖고 있었다. 따라서 이전 결과들은 메디케이드 등록의 처리 효과라기보다는 확장된 접근의 간접 효과를 설명한다고 봐야 한다. 도구 변수 분석을 통해 이러한 결과를 개선할 수 있다.

OHIE 분석과 같이 피험자가 1차 진료(PCP)를 이용한 경우 관심 반응 $y_i = 1$이고 그렇지 않으면 $y_i = 0$이다. 관심의 처리는 메디케이드 건강보험에 대한 접근이었다. 이러한 접근은 등록 자격을 얻은 경우 $z = 1$이고 그렇지 않은 경우 $z = 0$이다. 새로운 처리 변수 p는 환자가 실제로 메디케이드에 등록하는지 여부다. z는 추첨에 의해 무작위로 지정되고 메디케이드 등록 확대에 따라 PCP 방문에만 영향을 미치므로 도구 변수의 정의를 충족한다. 추첨을 통한 접근 z에 따라 등록 p의 변화가 어떻게 변하는지 살펴보고 PCP 방문에 대한 등록의 처리 효과를 추론할 수 있다.

앞서 다룬 도구 변수 분석 시뮬레이션에서 z는 완벽하게 무작위화되었다. 하지만 OHIE 분석에서는 가족 구성원 수가 많은 사람이 자격을 얻을 가능성이 더 높기 때문에 가구 규모 numhh를 제어해야 한다(추첨에서 한 명만 선정되면 다른 가족 구성원도 자격을 얻는다). [알고리즘 13]에서 볼 수 있듯이 1단계와 2단계 회귀 분석에 모두 numhh를 포함해야 한다. 다음과 같이 lm 함수(또는 이와 동일한 glm 함수)를 호출하여 수행할 수 있다.

```
> stage1 <- lm(medicaid ~ selected + numhh, data=P)
> phat <- predict(stage1, newdata=P)
> stage2 <- lm(doc_any_12m ~ phat + numhh, data=P, x=TRUE)
> coef(stage2)
```

```
(Intercept)          phat        numhh2        numhh3+
 0.55883837    0.21259703    -0.05302372    -0.14483052
```

추정된 처리 효과 $\hat{\gamma}$은 phat에 대한 계수 0.21이다. 이는 메디케이드에 등록하면 등록하지 않은 경우보다 PCP가 21% 더 높게 나타날 가능성이 있음을 의미한다. 이전 분석 결과와 비교해 보면, 이전에는 메디케이드 등록 **자격이 있는** 사람의 경우 PCP 방문 확률이 5~6% 정도 올라갈 것으로 나타났다. 등록 자격과 실제 등록 사이에 차이가 있고 등록 자격이 있더라도 등록을 하지 않는 사람의 경우 PCP 방문 가능성이 낮기 때문에 이전 분석에서는 도구 변수 결과에 비해 감소된 결과를 얻었다.

도구 변수 추정에 대한 표준오차는 약간의 주의가 필요하다. 직관적으로 '샌드위치' HC 분산 추정기를 사용하고 싶지만 미묘한 이유로[95] 이 샌드위치에서 '고기'는 실제 처리 입력을 사용하는 2단계 회귀의 잔차일 필요가 있다(2단계 회귀를 적합하기 위해 사용한 입력 $\hat{p}$을 사용하는 것과 반대로). 결국은 상당히 복잡한 샌드위치 구조를 갖게 된다.

```
> library(Matrix)
> resids <- P$doc_any_12m - predict( stage2,
+                                     newdata=data.frame(numhh=P$numhh,
phat=P$medicaid))
> meat <- Diagonal(x=resids^2)
> bread <- stage2$x%*%solve(t(stage2$x)%*%stage2$x)
> sandwich <- t(bread)%*%meat%*%bread
> print( segam <- sqrt(sandwich[2,2]) )
[1] 0.02112282
```

표준오차는 0.021이며, 이는 증가된 PCP 방문 확률에 대한 메디케이드 처리 효과의 90% 신뢰구간이 17~25%라는 것을 의미한다.

```
> coef(stage2)["phat"] + c(-2,2)*segam
[1] 0.1703514 0.2548427
```

지금까지 [알고리즘 13]을 단계별로 실행하고 표준오차를 구했다. 앞으로는 모든 도구 변수 분석 단계를 실행하고 올바른 표준오차를 제공하는 함수를 호출할 수도 있다. 견고한 군집 표준

95 Joshua D. Angrist and Jörn-Steffen Pischke. *Mostly Harmless Econometrics*. Princeton University Press, 2009.

오차를 구하기 위해 사용했던 **AER** 패키지는 도구 변수 분석을 위해 **ivreg** 함수를 제공한다. 사용하는 문법은 기본적으로 **glm**이나 **lm**과 동일하다. 단, 파이프 기호(¦)를 이용하여 1단계와 2단계의 입력을 구분한다.

```
> library(AER)
> aeriv <- ivreg(doc_any_12m ~ medicaid + numhh ¦ selected + numhh, data=P)
```

이전 예제에서 정책(처리) 변수 p는 메디케이드에 대한 지표였다. 주요 입력 변수로 numhh 공변량과 함께 파이프 앞에 나열된다. 파이프 다음에 모든 도구 변수(여기서 z는 **selected** 하나다)를 나열하고, 불완전한 무작위화와 연결되어 있기 때문에 제어해야 하는 공변량을 다시 넣어준다.[96] summary 결과는 메디케이드가 PCP 방문에 미치는 영향에 대한 도구 변수 분석에 해당한다.

```
> summary(aeriv)

Call:
ivreg(formula = doc_any_12m ~ medicaid + numhh ¦ selected + numhh,
    data = P)

Residuals:
    Min      1Q  Median      3Q     Max
-0.7714 -0.5588  0.2286  0.4412  0.5860

Coefficients:
             Estimate Std. Error t value Pr(>¦t¦)
(Intercept)  0.558838   0.007147  78.191  < 2e-16 ***
medicaid     0.212597   0.021153  10.050  < 2e-16 ***
numhh2      -0.053024   0.006952  -7.627 2.49e-14 ***
numhh3+     -0.144831   0.063747  -2.272   0.0231 *
---
Signif. codes:  0 '***' 0.001 '**' 0.01 '*' 0.05 '.' 0.1 ' ' 1

Residual standard error: 0.4804 on 23103 degrees of freedom
Multiple R-Squared: 0.03678,    Adjusted R-squared: 0.03665
Wald test: 59.18 on 3 and 23103 DF,  p-value: < 2.2e-16
```

---

96 이 함수는 두 입력 집합에서 numhh를 자동으로 감지하므로 도구 변수가 아닌 공변량으로 처리해야 된다는 것을 알고 있다.

$\hat{\gamma} = 0.212597$의 점추정치는 이전과 동일하다. 표준오차도 0.02115와 0.02112로 비슷하지만 소수점 다섯 번째 자리에서 조금 차이가 있다. 이는 glm처럼 summary의 기본 표준오차가 2단계 회귀에서의 오차 분산이 일정하다는 가정(등분산성)을 하기 때문에 발생한다. 도구 변수 적합에 HC 공분산 함수를 적용하면 앞에서 봤던 샌드위치 추정량에 더 가까운 결과가 만들어진다.

```
> sqrt(vcovHC(aeriv)[2,2])
[1] 0.02112588
```

여기서는 차이가 작지만 다른 예에서는 이분산성이 더 큰 차이를 만들 수 있다. 마지막으로 원래의 OHIE 분석에서 가구 수준의 **클러스터링**을 허용하는 표준오차를 얻고자 했다(같은 가구에 속한 개인이 서로 독립적이라고 가정할 수 없기 때문에). 다시 말하지만, 적절하게 클러스터링된 군집 표준오차를 얻기 위해 적합된 도구 변수 객체에 AER 라이브러리 함수들을 적용할 수 있다.

```
> (seclust <- sqrt(vcovCL(aeriv, cluster = P$household_id)[2,2]))
[1] 0.02163934
```

이 표준오차는 이전에 구한 것보다 약간 크며 처리 효과에 대한 90% 신뢰구간을 조금 넓힌다. 이제 백분율을 반올림하면 방문 확률이 17~26 포인트 증가한다.

```
> coef(aeriv)["medicaid"] + c(-2,2)*seclust
[1] 0.1693183 0.2558757
```

도구 변수 분석은 정말 큰 주제이며 응용계량경제학에서 지배적인 모델 유형이다. [Angrist and Pischke, 2009]의 『대체로 해롭지 않은 계량경제학』(경문사, 2014)은 도구 변수 분석 프레임워크를 더 깊이 알 수 있는 훌륭한 참고 자료다. 예를 들어 [알고리즘 13]의 회귀가 단순히 z, p, y의 관계에 대한 근사치라고 볼 수 있는 일반적인 시나리오에서 $\hat{\gamma}$을 해석하는 방법에 대한 이론을 자세히 설명하고 있다.[97] 도구 변수 분석에 대한 더 깊은 이해를 원한다면 이

---

[97] 일반적으로 [알고리즘 13]의 회귀가 잘못 지정되어 있어도 $\hat{\gamma}$을 국소 평균 처리 효과로 해석할 수 있다. 즉, 도구의 실현으로 인해 처리군 간 전환된 개인(추첨 결과에 따라 메디케이드에 등록한 사람과 그렇지 않은 사람)의 평균 처리 효과라고 볼 수 있다. 일례로 다음 논문을 참고하자. Joshua D. Angrist, Guido W. Imbens, and Donald B. Rubin. Identification of causal effects using instrumental variables, *Journal of the American Statistical Association*, 91:444-455, 1996.

책과 더불어 [Imbens and Rubin, 2015], [Morgan and Winship, 2015]을 참고하면 된다.

도구 변수 방법론은 1930년대와 1940년대에 시작되었으며, 얀 틴베르헌^{Jan Tinbergen}과 트뤼그베 호벨모^{Trygve Haavelmo}가 경제 **시스템**의 파라미터 측정에 대해 연구했다. 피셔와 같은 통계학자가 무작위 실험 규칙을 개발하는 동시에 경제학자들은 무작위화가 불가능한 환경에서 사회과학 연구 방법을 이해하려고 노력했다(예를 들어 경제에서는 개인의 소득을 무작위화할 수 없다). 이로 인해 계량경제학 이론은 도구 변수 z가 명시적으로 무작위화되지 않은 설정에 주로 초점을 맞춘다. [그림 5-8]의 배타적 구조는 무작위 도구 변수 없이도 유지가 가능하다. 도구 변수가 처리에 대해 조건부로 반응에 독립적이어야 한다. 수요 분석에서 분석가는 공급 업체의 상품 **원가**에 영향을 미치는 요소가 판매 **가격**을 위한 도구 변수라고 주장하는 경우가 있다. 예를 들어 북대서양의 기상 조건(어업을 더 쉽게 또는 더 어렵게 하는)은 뉴욕의 어류 가격에 대한 도구 변수로 제안되었다.[98] 기상이라는 변수를 이용한 도구 변수 분석을 통해 판매 가격의 처리 효과를 추론할 수 있다.

무작위화되지 않은 도구 변수에 대한 예제는 도구 변수의 유효성에 대한 열린 질문으로 이어진다. 바다의 날씨와 뉴욕의 날씨가 어류 판매에 직접적인 영향을 미치지 않을 만큼 충분히 멀리 떨어져 있는가? 이 질문에 대한 대답은 아마도 '그렇다'일 것이다. [Angrist, 2000]은 수요 분석의 좋은 예다. 그러나 이 비판은 실무자가 도구 변수 분석을 회의적으로 보도록 만들었다(일부 도구 변수 분석은 완전히 미쳤다). 이러한 회의론은 처리 의도 예제와 같이 도구 변수가 명시적으로 무작위화된 경우에는 잘못된 것이다. 도구가 명시적으로 무작위화되면 관련된 모든 종속성을 명확하게 볼 수 있으며 도구 변수 모델과 배타적 구조가 사실임을 더 확신할 수 있다. 이러한 설정에서 도구 변수 분석은 부분적으로 무작위화된 실험의 결과만큼 강인하고 의미 있는 해석이 가능하다.

마지막으로 도구 변수 모델과 분석의 중요성에 대해 짚고 넘어갈 것이 있다. 기업 내부에 '**명시적으로 무작위화된 도구 변수는 어디에나 있다**'라는 사실을 명심하자. 이 장의 도입 부분에서 설명했듯이 기업에서 사용하는 알고리즘과 프로세스는 지속적으로 무작위화된다. 이것이 AB 실험의 만연한 전략이다. 하지만 의사결정자는 자체적으로 무작위화된 정책이 아니라 AB 테스트

---

98 Joshua D. Angrist, Kathryn Graddy, and Guido W Imbens. The interpretation of instrumental variables estimators in simultaneous equations models with an application to the demand for fish. *The Review of Economic Studies*, 67:499-527, 2000.

대상의 하위에 있는 정책의 효과를 이해하고자 하는 경우가 많다. 예를 들어 잠재적인 대출 고객의 신용도를 예측하고 대출을 할당하는 알고리즘을 사용한다고 가정하자. 대출 할당 프로세스가 자체적으로 무작위화되지는 않지만 그럼에도 불구하고 신용점수를 매기기 위해 사용하는 머신러닝 알고리즘의 파라미터가 AB 테스트를 거친 경우 대출 할당 처리를 위한 도구로 사용할 수 있다. 이러한 '업스트림 무작위화'는 매우 일반적이다. 그리고 도구 변수 분석은 해당 설정에서 인과적 추론을 수행하기 위한 핵심 도구다.

## CHAPTER 6

제어

인생에도 실험이 있다면 삶이 쉬울 것이다. 여기서 실험은 완전 무작위 AB 시험, 유사 실험 설계 또는 도구 변수 시나리오가 될 수 있다. 명시적인 무작위화를 통해 다른 공변량과 **독립적으로** 처리 변수를 변경했을 때의 효과를 모델링할 수 있다. 이것이 반사실적 모델링의 핵심이다. 처리를 적용하기 위해 어떤 행동을 취할 것이므로 이 변수의 **독립적인** 움직임에 따라 반응이 어떻게 변하는지 알아야 한다.

안타깝게도 인생에서 항상 실험을 할 수는 없다. 비즈니스에서는 명시적인 무작위화의 이점 없이 과거 데이터를 기반으로 향후 활동에 대한 결정을 내려야 하는 것이 일반적이다. 이러한 데이터 분석을 **관찰 연구**라고 한다. 처리를 설정하는 실험을 수행하는 대신 과거에 무슨 일이 있었는지 **관찰**하는 데 집중한다. 이러한 설정에서 반사실적 추정은 **조건부 무시가능성**conditional ignorability의 가정에 따라 달라진다. 즉, 처리 d와 반응 y에 대한 모든 교란 영향을 추적하고 제어할 수 있다.

제어를 선택하는 과정은 주관적이고 노동집약적이다. 응용경제학에서는 중요한 요소를 모두 제어했는지 여부에 대한 논쟁이 자주 벌어진다. 이러한 주관적 논쟁은 피할 수 없다. 실험 없이는 인과적 추론이 어렵다. 하지만 어느 정도 믿을 수 있는 기본적인 방법과 좋은 원칙들이 있다. 프로세스의 일부를 돕기 위해 머신러닝 도구를 사용하는 방법도 있다. 이는 비즈니스 의사결정을 자동화하고 가속화하기 위해 점점 더 중요해질 것이다.

이 장에서는 조건부 무시가능성을 가정하여 다양한 반사실적 분석 방법을 모두 다룬다. 다음 절에서는 조건부 무시가능성 가정에 대해 자세히 설명하고 익숙한 저차원 회귀 모델에서 이것이 어떻게 작동하는지 설명한다. 그런 다음 '부분 선형' 처리 효과 모델을 소개하고 머신러닝 도구를 사용하여 고차원 제어에 대해 **직교화**하는 방법을 보여줄 것이다. 이종 처리 효과 모델링을 위해 소비자 수요 추정이라는 설정에서 이 방법을 확장하여 설명할 것이다. 마지막으로 기술 산업에서 사용하는 합성 제어 방법인 **나우캐스팅**[99]에 대해 설명한다.

6.1 조건부 무시가능성과 선형 처리 효과

조건부 무시가능성은 처리와 반응 모두에 영향을 미치는 모든 변수를 관찰하는 것을 의미한다. '다른 요인에 대한 제어 후'를 포함하는 인과적 진술에는 조건부 무시가능성에 대한 가정이 깔려 있다. 예를 들어 다음은 2017년 12월 23일자 **이코노미스트**[100]의 내용이다.

아프리카 29개국 24만 명의 어린이를 대상으로 한 연구는 다른 요인에 대한 제어를 통해 일부다처제 가정의 자녀가 더 일찍 사망할 확률이 높다는 것을 발견했다.

불행히도 조건부 무시가능성은 일반적으로 어느 정도의 신뢰가 요구된다. 대부분의 환경에서 처리와 반응(일부다처제와 아동 건강) 모두에 영향을 미치는 **모든** 요인을 관찰하는 것은 비현실적이다. 대신 이 결과를 **신뢰할 수 있도록** 충분히 주요 요인을 제어했기를 바랄 뿐이다.

조건부 무시가능성 가정은 정확성을 위해 종종 잠재적인 결과 표기법을 통해 도입된다. 개인 i 는 각 처리 상태, 즉 $d=0$ 또는 $d=1$에 따른 잠재적 결과 $y_i(d)$를 갖는다는 것을 기억하자. 모든 d에 대해 $y_i(d)$를 관찰하지 않고 $d_i(i$에 대해 관찰된 처리 상태)에 대해서만 관찰한다. 조건부 무시가능성은 다음과 같이 표현한다.

식 6-1
$$\{y_i(d)\,\forall d\} \perp\!\!\!\perp d_i \,|\, \boldsymbol{x}_i$$

이것은 모든 잠재적 결과 $y_i(d)$가 주어진 $\boldsymbol{x}_i$에 따른 d_i와 독립적이라는 의미다. 즉, $\boldsymbol{x}$의 모든 정보를 조건화한 후 모든 처리 수준에 따른 잠재적 결과는 실제로 할당된 처리 상태와 관련이 없

---

99 옮긴이_경제학에서 나우캐스팅은 현재, 가장 가까운 미래 또는 가장 가까운 과거 상태에 대한 예측을 의미한다. 이 용어는 '지금'과 '예측' 이라는 영어 단어를 합성한 것으로 기상학에서 유래했다.
100 옮긴이_이코노미스트(The Economist)는 영국에서 발행되는 국제, 정치, 경제, 기술, 문화 주간지다.

다.[101] [식 6-1]에서 조건부 무시가능성의 조건을 가정한 후 x의 요인들을 회귀 모델에 포함시켜 쉽게 제어할 수 있다. x의 차원이 매우 높거나 d와 y에 미치는 영향의 형태를 모를 경우 더 어려워지지만 이후 절에서 머신러닝 도구를 사용하여 도움을 줄 수 있는 방법에 대해 보여줄 것이다.

2장에서 소개한 오렌지 주스(OJ) 데이터를 이용하자. 우리는 소비자 가격 민감도를 이해하기 위해 OJ 단위 판매량을 가격과 기타 정보(브랜드, 광고)로 회귀 분석했다. 설명을 위해 가격 탄력성에 대한 브랜드나 광고 의존성의 모델링을 무시하고, 즉 2장에서 소개한 모델보다 더 기본적인 모델을 사용하여 이 예를 다시 살펴볼 것이다. 다음으로 단순한 로그-로그 회귀를 통해 탄력성 추정치 −1.6을 얻을 수 있다. 이것은 가격이 1% 증가할 때마다 판매가 1.6% 감소하는 것을 의미한다.

```
> basefit <- lm(log(sales) ~ log(price), data=oj)
> coef(basefit)
(Intercept)   log(price)
 10.423422    -1.601307
```

이 탄력성이 조건부 무시가능성 가정하에서 **인과적**으로 해석되려면 가격과 판매 모두에 영향을 미치는 다른 요인이 없다고 가정해야 한다. 이 말은 당연히 사실이 아니다. 우리는 다양한 OJ 브랜드가 있으며 어떤 브랜드는 다른 브랜드보다 더 가치가 있다는 것을 **알고 있다**. 예를 들어 트로피카나는 비슷한 가격대의 도미니크보다 더 많이 판매될 것으로 예상되고 이러한 예상에 따라 회사는 상품의 가격을 책정한다. 브랜드 효과를 **제어**할 때 탄력성 추정치는 −3.14로 거의 두 배가 된다.

```
> brandfit <- lm(log(sales) ~ brand + log(price), data=oj)
> coef(brandfit)
     (Intercept) brandminute.maid    brandtropicana       log(price)
      10.8288216        0.8701747         1.5299428       -3.1386914
```

무슨 일이 일어난 걸까? 프리미엄 브랜드인 미닛메이드와 트로피카나는 더 높은 가격대에서 도미니크와 비슷한 판매량을 기록했다. 따라서 브랜드를 제어하지 않으면 판매에 영향을 주지

---

101 이진 처리와 같이 특수한 경우 [식 6-1]은 $\{y_i(1), y_i(0)\} \perp d_i | x_i$로, 처리 효과 $y_i(1) - y_i(0)$은 처리 상태와 무관하다.

않고 가격을 올릴 수 있는 것처럼 보인다. 이것은 가격과 판매 사이의 관찰 가능한 관계를 약화 시키고 (인공적으로) 낮은 탄력성 추정치 −1.6을 초래한다. 회귀 분석에 브랜드를 포함시키면 미닛메이드와 트로피카나 모두 긍정적인 판매 효과를 볼 수 있다. 이 모델은 브랜드 효과로 인해 판매량이 높다고 보고, 더 현실적인 −3.14 탄력성을 얻는다.

좀 더 기술적으로 회귀에서는 **어떻게** 이런 일이 일어날까? OLS 회귀 계수는 다른 입력과의 상관관계가 제거된 후에 각 입력에 대한 **부분적** 효과를 나타낸다. 이를 확인하기 위해 먼저 log(sales)를 brand로 회귀한 다음 log(sales)를 예측하기 위해 **잔차**를 입력으로 사용하는 대체 단계적 제어 알고리즘을 알아보자.

```
> pricereg <- lm(log(price) ~ brand, data=oj)
> phat <- predict(pricereg, newdata=oj)
> presid <- log(oj$price)-phat
> coef(residfit <- lm( log(sales) ~ presid, data=oj))
(Intercept)      presid
   9.167864   -3.138691
```

브랜드에 대한 로그 가격 회귀의 잔차인 presid에 대한 계수는 브랜드에 대한 로그 판매의 다중 선형 회귀에서 log(price)와 정확히 동일하다. 이것은 OLS의 역할을 이해할 수 있는 한 가지 방법으로, 다른 입력과 **독립적인** 각 입력 부분에 대한 계수를 찾는 것이다.

이전 데모에서는 다음과 같이 조건부 무시가능성에 대해 공통적인 구조적 모델인 선형 처리 효과linear treatment effect(LTE) 모델을 제안했다.

식 6-2
$$y = d\gamma + x'\beta + \varepsilon, \quad \varepsilon \,|\, d, x = 0,$$
$$d = x'\tau + v, \quad v \,|\, x = 0$$

여기서 d는 처리 상태 변수이고 y는 관심 있는 반응 변수이며 x는 d와 y 모두에 영향을 미칠 수 있는 변수들을 의미한다. 즉, 잠재적인 교란 변수라고 할 수 있다. 쉼표 뒤에 표시된 조건인 $\varepsilon \,|\, d, x = 0$과 $v \,|\, x = 0$은 조건부 무시가능성에 대한 가정을 표현한 것이다. 이러한 종류의 인과적 추론 문제를 해결하기 위해 머신러닝 도구 사용에 대한 로드맵을 제공한다.

이 장에서는 대부분의 방법에서 기본적으로 이 LTE 모델을 사용한다. 여러 비즈니스 시나리오에서 현실에 대한 합리적인 근사치라고 할 수 있다. 축소된 형태의 모델로도 연구되고 있으며 잘못된 사양에서 사용할 수 있다는 자신감을 가져야 한다. 이 모델은 다양한 방식으로 확장될 수 있다. 예를 들어 이종 처리 효과 사양에서 x로 γ를 변화시키거나 '부분 선형' 처리 효과 모델에서 $x'\beta$와 $x'\tau$를 유연한 함수 $l(x)$와 $m(x)$로 대체하는 방법이 있다.

[식 6-2]에서 첫 번째 식은 일반적인 선형 회귀처럼 보인다. 즉, β_j는 인과관계에 대한 걱정없이 x_j에 대한 y의 평균 변화를 나타내는 축소된 형태의 모델이다. [식 6-2]를 구조적으로 만드는 차이점은 ε과 x 및 d의 관계가 완전히 정해진다는 것이다. [식 6-2]의 두 번째 식은 x가 d와 y 모두에 영향을 미치는 모든 변수를 포함하므로 조건부 무시가능성 가정이 유지되고 γ를 **인과적**으로 해석할 수 있음을 나타낸다. 즉, γ는 d가 다른 모든 영향에 대해 **독립적**으로 움직일 때 y의 변화를 나타낸다.

x가 단순하고 저차원일 경우(차원 $p << n$) [식 6-2]의 두 번째 식의 추정을 걱정할 필요가 없다. 조건부 무시가능성 가정하에서 큰 n과 작은 p는 $\mathbb{E}[y|d,x] = d\gamma + x'\beta$에 대한 표준 OLS 회귀 추정치가 인과적으로 해석 가능한 올바른 γ를 복구한다. 회귀 제어의 역학에 대한 이전 설명을 살펴보면 OLS에서 이것은 y에 대한 v의 효과로 γ를 '확인'하기 때문에 발생한다. '교란 변수를 조정해야 할 경우 회귀 분석에 포함시킨다'는 일반적이고 실용적인 조언에 대한 이유라고 볼 수 있다. 경제학, 의학, 비즈니스 또는 기타 분야에서 대부분의 관찰 연구는 이러한 표준 회귀 기법을 사용한다. 로지스틱 회귀는 OLS와 동일한 기술적인 '잔차에 대한 회귀' 해석을 갖지는 않지만 대충 비슷하게 작동한다. 즉, 교란 변수를 제어하려면 입력으로 추가하기만 하면 된다.

다만 제어할 변수가 너무 많아 $n >> p$ 가정이 더 이상 적용되지 않을 경우에는 문제가 발생한다. 이때는 추정하는 방법에 대해 훨씬 더 주의를 기울여야 한다. 불행하게도 대부분의 경우 교란 변수가 많다! 거의 모든 관찰 연구에는 수많은 외부 요인이 있다. 데이터 분석가가 저차원 OLS 방법을 사용할 수 있는 **유일한** 이유는 직관, 경험, 다양한 주관적 도구를 통해 '중요한' 교란 변수들을 포함하는 더 작은 차원의 x를 **선택했기 때문**이다.

실제로 이것이 올바른 교란 변수 집합인지 알 방법은 없다. 제어할 변수를 직접 선택하는 것은 시간이 많이 걸리고 불안정하며 되풀이하기 어렵다. 결과는 분석가의 선택과 동기에 대해 항상 회의적일 수밖에 없다. 따라서 거의 모든 처리 효과 추정 문제는 높은 수준에서 볼 때 고차원 문제이며 표준 OLS 회귀가 고차원 문제에 대한 불완전한 도구라는 것을 이미 알고 있다. 조건부 무시가능성 모델에서 인과적 추론을 위해 lasso나 CV와 같은 머신러닝 도구를 활용해야 한다.

6.2 고차원 교란 조정

특정 LTE 추정 전략에 대해 자세히 알아보기 전에 예제를 하나 살펴보자. **프리코노믹스** Freakonomics[102]라는 저널에서 대중의 관심을 받았던 연구[103]가 있다. [Donohue and Levitt, 2001]은 '낙태가 쉬워질수록 범죄가 줄어든다'는 논란의 여지가 있는 주장을 펼쳤다.[104] 그들은 다양한 메커니즘을 제안했는데 가장 자주 인용되는 것은 낙태를 통해 산모가 더 준비될 때까지 출산을 연기한다는 것이다. 즉, 낙태가 가족을 안정되게 만들어 더 나은 양육으로 연결되며 이것이 범죄를 줄인다는 인과적 사슬을 형성한다. [Donohue and Levitt, 2001]은 자신들의 주장을 뒷받침하기 위해 데이터 분석을 진행한다. 이들은 회귀 모델을 적합하고 낙태율이 1인당 살인율 예측에서 음의 계수를 갖는다는 것을 발견했다.

여기에는 분명히 어떤 실험도 없다. 괴짜 경제학자들은 이러한 인과적 결론을 어떻게 얻은 걸까? 이 질문에 대한 대답은 [Donohue and Levitt, 2001]이 여러 교란 변수를 제어한 후 조건부 무시가능성을 가정했다는 것이다. 사용 가능한 공용 데이터를 검토하여 이 분석을 다시 재현할 수 있다.[105] 그들은 다양한 범죄 결과 변수에 대해 연구했지만 여기서는 시간에 따라 또는 지역에 따라 기록이 잘 변하지 않는 살인율에 초점을 맞출 것이다. y_{st}는 지역 s에서 t년에 기록된 살인율이라고 가정한다. 처리 변수 d_{st}는 신생아 10명당 합법적 낙태 횟수로 측정한 유효 낙태율이다. 현재 범죄자와의 관련성에 따라 과거 낙태율을 집계하도록 d_{st} 변수를 구성한다.

x_{st}로 표시된 교란 변수에는 다음 항목이 포함된다.

- prison: 1인당 수감자 로그 수
- police: 1인당 경찰 로그 수
- ur: 현재 실업률
- inc: 현재 1인당 소득

---

102 괴짜(Freak)와 경제학(Economics)의 합성어로, 괴짜 경제학이라고 부른다.

103 S.D. Levitt and S.J. Dubner. Freakonomics. William Morrow, 2005.

104 John J. Donohue and Steven D. Levitt. The impact of legalized abortion on crime. The Quarterly Journal of Economics, 116:379-420, 2001.

105 우리가 사용하는 특정 데이터는 [Belloni et al., 2014] 연구와 동일하다. 알래스카와 하와이는 제외하고 나머지는 [Donohue and Levitt, 2001]의 데이터와 같다. 낙태 처리 변수 d_{st}는 다양한 연령대별 살인율에 따라 결정된 가중치에 따른 낙태율의 가중평균이다. 예를 들어 살인의 60%가 18세에 의해 저질러졌고 40%가 19세에 의해 저질러졌다면, 지역 s에서 t년에 일어난 폭력 범죄에 대한 낙태율은 지역 s의 $t-18$년 낙태율의 0.6배와 $t-19$년 낙태율의 0.4배를 더한 것이다.

- pov: 현재 빈곤율

- AFDC: $t-15$년의 자선적 관대함의 정도

- gun: 은폐된 무기법의 존재에 대한 더미

- beer: 현재 1인당 맥주 소비량

이것은 인과적 추정치를 오염시킬 수 있다고 여겨지는 목록이다. 또 다른 요인이 있을까? 물론이다. 하지만 이것이 우리가 분석할 수 있는 부분이므로 계속해서 이 목록을 사용해 분석할 것이다. 여기서는 고정 상태 효과 α_s와 선형 시간 추세 $t\delta_t$를 포함하는데 이는 생략된 교란 변수를 제어하는데 유용하다. 예를 들어 상태 효과는 단일 지역에 대한 살인율과 낙태율 모두에 영향을 주는 변수를 제어한다.

완전 회귀 모델은 다음과 같다.

식 6-3
$$\mathbb{E}[y_{st}] = \alpha_s + t\delta_t + d_{st}\gamma + x_{st}'\beta$$

OLS를 사용하여 이것을 적합한다.

```
> summary(orig <- glm(y ~ d + t + s +., data=controls) )$coef['d',]
     Estimate     Std. Error       t value       Pr(>¦t¦)
-2.098119e-01  4.109177e-02 -5.105936e+00  4.505925e-07
```

결과는 낙태가 살인율에 상당히 부정적인 영향을 미친다는 것을 말해준다. 이 분석에서 반응 변수는 이미 기록된 살인율이기 때문에 추정된 $\hat\gamma$은 신생아 10명(d의 단위)당 낙태를 한 번 더하면 1인당 살인율이 19% 감소한다는 것을 의미한다.

```
> 1-exp(-2.098119e-01)
[1] 0.1892633
```

이 효과는 p값이 0.005 미만으로, 통계적으로 유의미하다.

[Donohue and Levitt, 2001]은 선형 추세 $t\beta_t$ 대신 고정 연도 효과 α_t를 사용한다. 이렇게 하면 이 데이터에 대해 더 낮은 $\hat\gamma = -0.12$를 얻게 된다. 이러한 제어 및 기타사항은 이후 분석에 추가된다.

이러한 결과는 의심스러울 수 있다. 휴대 전화와 살인에 대한 또 다른 이야기를 살펴보자. 휴대 전화 사용으로 인해 살인율이 낮아졌다고 주장할 수 있다. 이것과 함께 발생한 수많은 메커니즘이 있다. 예를 들면 휴대 전화를 사용하면 911에 전화하는 것이 더 쉬워지기 때문에 구급 요원의 응답 속도가 빨라져 사망하는 사람이 줄어든다. 또는 휴대 전화 사용으로 인해 몸을 써서 움직이는 일이 탁자에 앉아 전화하는 일로 대체될 수 있으며 이것은 우리를 더 약하고 온순하게 만든다. 그리고 휴대 전화를 통해 대면해서 하기 어려운 대화(의견 일치가 되지 않아서 싸움이 벌어질 수 있는)를 원격으로 할 수 있다.

선호하는 메커니즘이 무엇인지에 관계없이 이 주장을 뒷받침할 만한 데이터가 있다.[106] 수집된 연도별 휴대 전화 가입률을 낙태 처리 대신 사용할 수 있다. 낙태 변수와 비슷한 범위가 되도록 매년 인구 5명당 휴대 전화 가입자 수로 새로운 처리 변수 phone을 생성한다. [그림 6-1]은 두 가지 처리 변수를 보여준다.

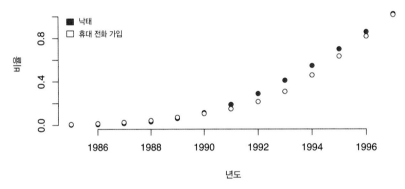

그림 6-1 미국의 신생아 10명당 낙태율 및 인구 5명당 휴대 전화 가입률

이전의 회귀 분석에서 낙태율을 phone 변수로 대체하면 실제로 휴대 전화로 인해 살인이 줄어드는 것을 볼 수 있다.

```
> tech <- glm(y ~ phone + t + s + ., data=controls)
> summary (tech) $coef['phone',]
     Estimate    Std. Error      t value      Pr(>|t|)
 -3.720723e-01  6.932262e-02 -5.367257e+00  1.168637e-07
```

---

106 분명히 말하지만 필자는 휴대 전화가 살인율을 낮추었다고는 생각하지 않는다.

미국의 인구 5명당 휴대 전화 한 대가 추가되면 살인율이 31% 감소한다.

```
> 1-exp(-3.720723e-01)
[1] 0.3106956
```

이 효과는 낙태 효과를 추정했을 때와 비교하여 정도는 비슷하지만 통계적으로 조금 더 유의미하다.

무슨 일이 일어난걸까? [그림 6-1]은 휴대 전화 가입률과 낙태율이 함께 움직이고 연도별로 **2차 함수와 같이** 증가하고 있음을 분명히 보여준다. 즉, t^2에 따라 증가한다. 살인율은 시간이 지남에 따라 2차적으로 감소했다. 원래 회귀에서는 이런 식으로 변화하는 낙태를 제외한 다른 변수를 포함하지 않았다. 따라서 어떤 변수든 [그림 6-1]과 비슷한 형태로 변하면 살인율에 유의미한 영향을 미친다는 결과에 이르게 된다.

이러한 변수를 제어하려면 더 유연하게 시간 추세를 제어해야 한다. 연도마다 다른 효과 α_t를 포함하여 변수를 제어할 수 있다. 또한 교란 효과가 상호작용하도록 허용하는 것도 좋은 방법이다. 예를 들어 높은 beer에 대해 다른 gun 효과가 있도록 한다. 마지막으로 phone을 입력으로 포함하고 지역별로 상호작용할 수 있게 하여 이 예제의 변수를 제어할 것이다. 여기서는 미국의 총 휴대 전화 가입률만 있기 때문에 지역별 개인의 휴대 전화 가입 수준에 따라 다른 효과를 허용해야 한다.[107] R에서 OLS를 사용하여 다음과 같이 다시 적합할 수 있다.

```
> t <- factor(t)
> interact <- glm(y ~ d + t + phone*s + .^2, data=controls)
> summary(interact)$coef["d",]
  Estimate Std. Error    t value   Pr(>¦t¦)
 0.2797107  0.1807311  1.5476619  0.1223753
```

유의미성이 사라졌다! 효과의 방향도 달라진다. 이제 낙태로 인해 **더 많은** 살인이 발생하는 것으로 나온다. 하지만 실제로는 $n \approx p$가 되도록 모델에 너무 많은 변수를 추가한 탓이다. 적절한 추정치를 얻기에는 데이터가 충분하지 않다.

---

107 지역별로 휴대 전화 효과를 허용하는 것은 심각한 낙태 효과를 제거하는 단계라는 것을 기억하자. 더 일반적으로 [Belloni et al., 2014]와 같이 지역별 추세를 허용하면 큰 표준오차가 발생하고 낙태 효과에 대한 유의미성이 떨어진다. 즉, 지역에 따라 흔들리는 함수들을 제어하면 낙태 효과는 사라진다.

```
> dim(model.matrix(formula(interact), data=controls))
[1] 624 154
```

여기서 요점은 프리코노믹스 저자들이 틀렸다거나 통계적 오류를 범했다는 것이 아니다. 실제로 그들은 논문에서 이에 대해 경고한다.

> 낙태는 범죄에 영향을 미치는 한 가지 요인일 뿐이다… 시계열 증거만으로 낙태와 범죄 사이의 연관성에 대해 결론을 내릴 때 주의할 점을 지적한다.

오히려 이 예제는 데이터 분석이 조건부 무시가능성을 전제로 할 때마다 모델이 거의 포화되어 아무것도 측정할 수 없을 때까지 다른 사용자가 추가적인 제어 변수를 도입하기 쉽다는 것을 보여준다. 이것은 회귀 도구로 저차원 방법인 OLS를 사용할 때의 약점이다.

처리 할당 프로세스를 모델링하여 교란 변수를 더 잘 제어할 수 있다. 즉, [식 6-2]에서 LTE 시스템의 두 번째 처리 회귀선을 진지하게 생각하고 추정해야 한다. lasso 및 교차검증과 같은 머신러닝 도구를 사용하여 이를 수행할 수 있다. 이 프로세스는 잠재적 입력이 많은 경우 예측을 개선하기 위해 정규화를 사용하는 것과 동일한 개념을 포함한다. 그러나 현재 **인과적** 처리 효과를 추정하고 있다는 사실은 이 목표를 중심으로 모델을 완전히 다시 구축해야 한다는 의미다. 단순히 인과적 추론을 위해 머신러닝 도구를 적용하면 잘못된 결과를 얻을 수 있다.

3장에서 설명한 간단한 모델 구축 방법을 따른다. **후보** 모델 집합을 만들기 위해 페널티 경로를 사용한 다음 교차검증(CV) 또는 정보 기준(IC)을 통해 측정된 예측 성능을 최고의 모델을 선택하기 위한 측정 기준으로 사용한다. 여기서 핵심적인 특징은 모델 평가의 기초로서 비정형 예측에 초점을 맞추는 것이다. **학습 표본의 입력과 동일한 분포에서 추출**한 새로운 x에서 y를 예측하는 최상의 작업을 수행하려고 한다. 즉, 학습 데이터를 만든 것과 동일한 **결합 데이터 생성 프로세스**joint data generation process(DGP)인 결합 확률 분포 $p(x, y)$에서 추출한 새 데이터를 잘 예측하기 위한 모델을 선택한다. 이것을 위해 CV 알고리즘에 대해 생각해보자. 하지만 이제는 특수한 입력 처리 변수 d가 있다. d가 모든 다른 영향에 대해 **독립적으로** 움직일 때 y에 대한 처리 효과를 알고 싶다고 가정하자. 더 이상 기존 DGP하에서 $\hat{y}$을 예측하는 것이 아니라 d를 변경할 때 발생하는 DGP하에서 예측한다.

구조적 또는 반사실적 예측 뒤에 있는 아이디어는 처리 효과 추정치 $\hat{\gamma}$에서 d와 상관관계가 있는 다른 영향의 효과를 제거하는 것이다. 앞서 설명했듯이 이러한 외부 영향을 제어 또는 **교란 변수**라고 하며, 만약 이들의 효과가 d의 효과와 혼동되면 처리 효과 추정치가 **오염**될 수 있다. 다시 말하지만, 저차원의 잠재적 교란 변수 집합이 있을 경우에는 회귀 분석에 포함하기만 하면 된다. 그러나 잠재적인 교란 요인이 많으면 더 많은 모델링 작업을 수행해야 한다.

[식 6-2]의 LTE 시스템을 다시 살펴보자. 반사실적 추정의 핵심은 반응 수식을 모델링하는 것에 추가적으로 두 번째 식인 $\mathbb{E}[d|\boldsymbol{x}]$에 대한 처리 할당 수식을 모델링하는 것이다. 특히 처리 할당을 모델링한 다음 2단계 회귀에서 적합값을 대조군으로 사용하여 순차적으로 진행한다.

[알고리즘 14]를 참조하자. 이 알고리즘에서 d를 추정하고 이를 [식 6-4]에 포함하여 d가 교란 요인이 주어졌을 때 예상되는 것과 **무작위**로 다른 부분을 분리했다. 이러한 임의의 놀라움은 d의 실험과 같으며 2단계에서 이러한 놀라운 움직임이 y에 미치는 영향을 추정한다. 즉, 유사 실험 설계를 구성하기 위해 첫 번째 '처리 회귀' 단계를 사용한다.

알고리즘 14   **LTE lasso 회귀**

- $\mathbb{E}[d|\boldsymbol{x}] = \boldsymbol{x}'\boldsymbol{\tau}$를 추정하고 적합값 $\hat{d}_i = \boldsymbol{x}_i'\hat{\boldsymbol{\tau}}$을 수집하기 위해 CV 또는 AICc lasso를 사용한다.
- 다음을 추정하기 위해 ϑ에 대한 페널티 없이, 즉 페널티가 없는 $\hat{d}$을 포함하여 CV 또는 AICc lasso를 사용한다.

식 6-4
$$\mathbb{E}[y|\boldsymbol{x}, d] = \hat{d}\vartheta + d\gamma + \boldsymbol{x}'\boldsymbol{\beta}$$

그리고 $\hat{\gamma}$는 y에 대한 d의 처리 효과의 추정치다.

이것이 어떻게 작동하는지 이해하려면 이론적으로 동등한(n이 큰) 알고리즘이 단계 i를 처리한 다음 $\boldsymbol{x}$와 적합된 잔차인 $\hat{v} = d - \hat{d}$로 y를 회귀한다. $\hat{v}$의 계수는 처리 효과 추정치 $\hat{\gamma}$를 제공한다. v의 효과가 d의 처리 효과와 동일한 이유를 확인하려면 [식 6-2]의 LTE 시스템 정보를 다음과 같이 단일 반응 수식으로 결합하면 된다.

$$\begin{aligned}
\mathbb{E}[y|\boldsymbol{x}, d] &= d\gamma + \boldsymbol{x}'\boldsymbol{\beta} \\
&= (\boldsymbol{x}'\boldsymbol{\tau} + v)\gamma + \boldsymbol{x}'\boldsymbol{\beta} \\
&= v\gamma + \boldsymbol{x}'(\gamma\boldsymbol{\tau} + \boldsymbol{\beta})
\end{aligned}$$

마지막 줄은 축소된 회귀의 **구조적** 버전이다.

식 6-5 $$\mathbb{E}[y \,|\, \boldsymbol{x}, d] = \hat{v}\gamma + \boldsymbol{x}'\dot{\boldsymbol{\beta}}$$

여기서 $\dot{\boldsymbol{\beta}} = \gamma\boldsymbol{\tau} + \boldsymbol{\beta}$다. 따라서 γ는 두 모델에서 동일하다. y에 대한 v의 효과는 y에 대한 d의 구조적 효과와 동일하다. [식 6-4]에서 페널티가 없는 $\hat{d}$에 대한 제어는 본질적으로 잔차 $\hat{v}$의 처리 효과를 추정하는 것과 동일하다. 두 경우 모두 $\hat{\gamma}$는 $\hat{d}$에 직교하는 d의 변이에 기초한다. 즉, 표본에서 $\hat{d}$과는 독립이다.

앞에서 다룬 프리코노믹스 낙태 사례를 떠올려보자. 마지막으로 상호작용하는 지역별 휴대 전화 효과와 시간으로 구성된 여러 제어 변수들의 모음 $\boldsymbol{x}$를 만드는 것까지 완료했다. d와 $\boldsymbol{x}$에 '단순한' lasso 회귀를 실행하면 AICc는 부정적인 낙태 효과를 선택하는 쪽으로 결론을 낸다.

```
> x <- sparse.model.matrix (~ t + phone*s + .^2, data=controls)[,-1]
> dim(x)
[1] 624 152
> ## 단순한 lasso 회귀
> naive <- cv.gamlr(cBind(d,x),y)
> coef(naive) ["d",] # CV를 통해 선택된 효과는 음수다.
[1] -0.1216331
```

하지만 [알고리즘 14]에 따라 처리 효과 회귀에 적합하면 AICc lasso는 주어진 $\boldsymbol{x}$에 대해 예측 가능성이 높은 d를 선택한다.

```
> treat <-cv.gamlr(x, d, lmr=1e-4)
> dhat <-drop(predict(treat, x, type="response"))
> cor(d, dhat)^2
[1] 0.9791985
```

[그림 6-2]에서 표본 내 R^2은 약 98%로, 낙태율이 범죄로 판단되는 **독립적인** 움직임이 거의 없다. 유사 실험적 변이가 거의 없다고 볼 수 있다. 물론 살인율에 대한 lasso 회귀에서 페널티 없이 dhat을 포함시킨 후에 AICc는 d에 대한 잔차 효과를 0에 가깝게 선택한다.

```
> ## free=2를 이용해 dhat이 페널티가 되지 않도록 한다.
> causal <- gamlr(cBind(d, dhat,x), y, free=2, lmr=1e-3)
```

```
> coef (causal) ["d",]
[1] 0.1033893
```

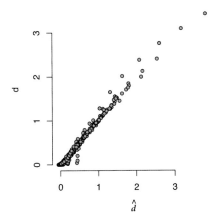

그림 6-2 프리코노믹스 예제에서 예측된 낙태율과 실제 낙태율

따라서 LTE lasso 분석에서는 낙태가 살인에 미치는 영향에 대한 증거를 찾을 수 없다.

성향 모델propensity model**은 이진 처리를 위한 LTE 프레임워크를 수정한 것이다.** 이러한 설정에서 [식 6-2]의 LTE 시스템의 두 번째 식은 처리 수식에서 이항분포로 대체된다.

식 6-6
$$y = d\gamma + \boldsymbol{x}'\boldsymbol{\beta} + \varepsilon, \ \varepsilon \mid d, \boldsymbol{x} = 0,$$
$$d \sim \text{Bernoulli}(q(\boldsymbol{x})), \quad q(\boldsymbol{x}) = \frac{e^{x'\tau}}{1 + e^{x'\tau}}$$

따라서 d는 베르누이 분포(동전 던지기)를 따르는 것으로 모델링하고 $d = 1$일 확률은 로지스틱 회귀 모델을 통해 $\boldsymbol{x}$의 함수가 된다. 대체할 수 있는 다른 공식들이 있지만 로짓 링크가 가장 일반적이다.

이때 처리 확률 q를 **성향 점수**propensity score 라고 한다. 이 점수의 추정치, 즉 $\hat{q}(\boldsymbol{x})$가 주어질 경우 다양한 처리 효과 추정 옵션들을 사용할 수 있다. 성향 점수 조정은 선형 회귀 $\mathbb{E}[y \mid d, \hat{q}(\boldsymbol{x})] = \alpha + d\gamma + \hat{q}(\boldsymbol{x})\varphi$를 적합한다. 반면에 성향 점수 가중치는 $\mathbb{E}[y / \hat{q}(\boldsymbol{x}) \mid d] = \alpha + d\gamma$를 추정한다. 자세한 내용은 [Imbens and Rubin, 2015]의 자료를 참고하자. 하지만 이 두 가지 모두

[식 6-6]의 모델을 올바르게 지정하는 실제 γ를 추정하는 데 사용할 수 있다. 두 배로 견고한 방법은 두 가지 방법 중 하나를 따르지만 2단계 회귀에 x를 포함한다. 필자는 [알고리즘 14]의 LTE lasso와 매우 유사한 절차를 선호한다. 먼저 다음을 추정하기 위해서 lasso 로지스틱 회귀를 적합한다.

식 6-7
$$\mathbb{E}[d\,|\,x] = q(x) = \frac{e^{x'\tau}}{1 + e^{x'\tau}}$$

그런 다음 [알고리즘 14]의 두 번째 단계에 따라 ϑ에 대한 페널티 없이 lasso를 적합한다.

식 6-8
$$\mathbb{E}[y\,|\,x, d] = \hat{q}(x)\vartheta + d\gamma + x'\beta$$

성향 점수 **일치**는 의학에서 일반적인 접근 방식으로 각 피험자에 대해 $\hat{q}(x_i)$를 추정하고 일치 알고리즘을 실행하여 $d_{i0} = 0$이고 $d_{i1} = 1$이면서 $\hat{q}(x_{i0}) \approx \hat{q}(x_{i1})$인 개별 쌍 (i^0, i^1)을 찾는다. 그런 다음 일치하는 n쌍의 평균 차이 $\hat{\gamma} = \frac{1}{n}\sum_i (y_{i1} - y_{i0})$로 처리 효과를 추정한다. n이 클 때 일치 알고리즘은 계산 비용이 많이 들고 일치 기준(어느 정도 가까운 것을 일치한다고 볼지 판단하는 기준)을 어떻게 선정하느냐에 따라 결과가 매우 민감하기 때문에 구현하기가 어렵다. 하지만 이 방법의 장점은 통계 전문가가 아니어도 설명하기 쉬운 절차라는 것이다. '비슷해 보이는 두 명의 환자가 있는데 한 명은 처리를 받고 다른 한 명은 이에 대한 대조군이다.' 이 절에서 소개한 회귀 방법을 실제로 사용하고 있더라도 결과에 대한 직관을 키우기 위해 이러한 설명을 자유롭게 할 수 있어야 한다(필자는 항상 이렇게 한다).

6.3 표본 분할과 직교 머신러닝

LTE lasso 및 이와 비슷한 방법들은 처리 효과의 점추정치를 제공할 수 있다. 하지만 OLS에서 얻을 수 있는 좋은 **추론** 속성(표준오차)을 제공하지는 않는다. 3장에서는 모델 선택 후 불확실성 정량화를 위한 방법으로 모수적 부트스트랩과 서브샘플링을 소개했다. 처리 효과 추정에 이러한 유형의 알고리즘을 사용할 수 있다. 그러나 LTE 모델링의 맥락에서 추론을 위해 이를 대체할 수 있는 좋은 알고리즘이 있다. 바로 표본 분할이다.

표본 분할 알고리즘은 표본을 두 그룹으로 분할한다. 한 그룹에서 모델을 선택한 다음 선택한 모델을 조건으로 두 번째 그룹에서 표준 추론 작업을 수행한다. 예를 들어 선형 lasso를 사용하면 첫 번째 단계 lasso 회귀에서 선택된 0이 아닌 계수가 있는 공변량을 사용하여 두 번째 단계에서 OLS(MLE 적합)를 적용할 수 있을 것이다.

3장의 하키 예제를 떠올려보자. 모든 골에 대해 홈팀의 골은 $y = 1$, 원정팀의 골은 $y = 0$으로 지정해 출전 시나리오(예를 들어 파워플레이) 및 출전 선수에 대한 지표들로 y를 회귀했다. 이 지표들은 홈팀인지 원정팀인지에 따라 부호가 달라진다. 예를 들어 골 i를 위해 출전한 홈팀 선수는 $x_{ij} = 1$, 원정팀 선수는 $x_{ij} = -1$이 된다. 그리고 출전하지 않은 선수는 값으로 0을 갖는다. 출전 여부에 따라 어떤 팀이 골을 득점했는지 예측하는 큰 lasso 회귀 모델을 만들었다.

> 3장에서 했던 분석과 달리 여기에서는 팀과 출전 여부 시나리오 계수를 포함하여 모든 것에 페널티를 준다. 이것은 단지 이 예제를 단순하게 만들기 위한 것이다. 이전과 같은 설정으로 표본 분할을 사용할 수도 있다.

표본 분할을 통해 추론을 수행하려면 먼저 데이터의 절반을 이용해 회귀 모델을 적합한다.

```
> library(gamlr)
> data(hockey) # 데이터를 불러온다.
> x <- cBind(config, team, player)
> y <- goal$homegoal
> fold <- sample.int(2, nrow(x), replace=TRUE)
> nhlprereg <- gamlr(x[fold==1,], y[fold==1],
+                    family= "binomial", standardize=FALSE)
```

그런 다음 nhlprereg에서 계수가 0이 아닌 x열이 무엇인지 파악하고 나머지 데이터를 사용하여 이 변수들로만 **페널티가 없는**(MLE) 로지스틱 회귀를 적합한다.

```
> # -1은 절편을 지우기 위함이다.
> selected <- which(coef(nhlprereg)[-1,] != 0)
> xnotzero <- as.data.frame(as.matrix(x[,selected]))
> nhlmle <- glm(y ~ ., data=xnotzero,
+               subset=which (fold==2), family=binomial)
```

이제 홈팀이 골을 득점할 확률을 예측한다고 가정하자. 예를 들어 2002년 캐나다 앨버타[Alberta]

주 에드먼턴^{Edmonton}에서 진행된 댈러스 스타스^{Dallas Stars}와 에드먼턴 오일러스^{Edmonton Oilers} 간의 경기 데이터셋에서 첫 번째 골을 확인해보자.

```
> x[1,x[1,]!=0]
     DAL.20022003        EDM.20022003         ERIC_BREWER    JASON_CHIMERA         ROB_DIMAIO
               -1                   1                   1                1                 -1
   DERIAN_HATCHER       NIKO_KAPANEN      JERE_LEHTINEN JUSSI_MARKKANEN     JANNE_NIINIMAA
               -1                  -1                  -1                1                  1
       RYAN_SMYTH      BRIAN_SWANSON        MARTY_TURCO     SERGEI_ZUBOV
                1                   1                  -1               -1
```

홈팀 득점 확률과 적절한 표준오차를 얻기 위해 glm에 대한 표준 예측 루틴을 적용한다. nhlmle를 적합하기 위해 사용한 것과 다른 데이터를 사용하여 입력 설계 xnotzero를 선택했기 때문에 표준 이론을 새롭게 적용한다.

```
> predict(nhlmle, xnotzero[1,,drop=FALSE], type="response", se.fit=TRUE)$fit
        1
0.5203307

$se.fit
         1
0.01681636

$residual.scale
[1] 1
> 0.5203307 + c(-2,2)*0.01681636
[1] 0.4866980 0.5539634
```

에드먼턴이 득점할 확률에 대한 90% CI는 49~55%다.

이 예제에서는 표본 분할을 사용하여 **예측 값** $\hat{y} = e^{\bar{x}\prime\beta} / (1 + e^{\bar{x}\prime\beta})$에 대한 신뢰구간을 얻을 수 있었다. 여기서 공변량 $\bar{x}$의 벡터에는 전체 입력 공간 x에서 미리 선택된 변수의 **하위 집합**만을 포함한다. 첫 번째 단계에서 유용한 공변량 집합을 선택하고 두 번째 단계에서 특정 공변량 사용에 대한 조건부 회귀의 불확실성을 정량화한다. 경제학자 귀도 임번스가 언급한 것처럼[108] '규칙을 바꿨다'. 이것은 계수가 0인지 아닌지를 결정하는 모델 선택 결과가 주요 관심 대상이 아니기 때문에 정당화된다. 이것은 적합된 예측 모델을 배포할 때 이미 주어진 것처럼 처리할 수 있는 **장애 변수**^{nuisance variable}다. 표본 분할은 모델 선택의 대상이 되는 개별 계수에 대한 불확실성을 정량화하는 데 **적합하지 않다**. 예를 들어 x_{ij}의 일부 β_j 계수가 사전 표본 lasso에서 0으로 설정된 경우 표본 분할은 이 결정에 대한 불확실성을 정량화할 수 있는 방법을 제공하지 않는다.

표본 분할은 이러한 제어의 효과가 **장애 함수**nuisance function이기 때문에 고차원 제어 변수를 처리하는 좋은 방법이다. 조건부 무시가능성 모델에서 처리 효과를 추정하는데 제어 변수를 제거하기만 하면 된다. [Chernozhukov, 2017a]가 제안한 **직교 머신러닝**[109] 프레임워크는 고차원 제어 변수에 표본 분할을 사용하는 일반적인 방법을 제공한다. 이 접근법은 [식 6-2]의 LTE 모델의 맥락에서 적용하기 쉽다. 장애 함수는 주어진 제어에 대한 처리와 반응의 기댓값인 $\mathbb{E}[d|\mathbf{x}]$와 $\mathbb{E}[y|\mathbf{x}]$로, 보조 표본에서 각각을 추정한 후에는 처리 효과 추정의 기초로 표본 외 잔차를 사용할 수 있다. 또한 표본 분할처럼 데이터를 절반만 사용하는 대신 최종 처리 효과 추정에 모든 데이터를 사용할 수 있는 유용한 **교차 적합** 알고리즘을 제공한다. 전체 알고리즘은 [알고리즘 15]에서 확인할 수 있으며 예측 목표가 아닌 추정에 맞게 적용되는 일종의 교차검증으로 볼 수 있다.

알고리즘 15 | **LTE를 위한 직교 머신러닝**

데이터를 대략 동일한 크기의 K개의 폴드로 무작위 분할한다.

1. 장애 추정: $k = 1 \ldots$ K에 대해,

- k번째 폴드를 제외한 모든 데이터를 사용하여 다음 예측 함수를 적합하기 위해 선택한 머신러닝 도구를 사용한다.

  식 6-9
  $$\hat{\mathbb{E}}_k[d|\mathbf{x}] \text{ and } \hat{\mathbb{E}}_k[y|\mathbf{x}]$$

- k번째 폴드에서 다음과 같이 적합한 예측 함수에 대한 표본 외 잔차를 계산한다.

  식 6-10   폴드 k에서 i에 대해 $\tilde{d}_i = d_i - \hat{\mathbb{E}}_k[d_i|\mathbf{x}]$ 그리고 $\tilde{y}_i = y_i - \hat{\mathbb{E}}_k[y_i|\mathbf{x}]$

2. 처리 효과 추론: 장애 추정 단계에서 모든 OOS 잔차를 수집하고 다음 회귀를 적합하기 위해 OLS를 사용한다.

  식 6-11
  $$\mathbb{E}[\tilde{y}|\tilde{d}] = \alpha + \tilde{d}\gamma$$

---

108 Crump, R. K., Hotz, V. J., Imbens, G. W., & Mitnik, O. A. (2009). Dealing with limited overlap in estimation of average treatment effects. Biometrika, 96(1), 187-199.

109 원래 알고리즘은 두 개의 ML 루틴을 포함하고 있어 저자들은 '이중 ML'이라고도 부른다. '직교'라는 표현을 사용하는 이유는 추정 방정식을 장애 제어 함수에 직교하도록, 즉 독립적으로 만드는 것이 중요하다는 것을 강조하기 위해서다.

결과 $\hat{\gamma}$ 추정값은 처리 효과에 대한 신뢰구간을 얻기 위해 (vcovHC를 통해) 이분산적으로 일관된 표준오차와 쌍을 이룰 수 있다.

[알고리즘 15]를 실행하는 함수는 $\hat{\mathbb{E}}_k[d|\boldsymbol{x}]$와 $\hat{\mathbb{E}}_k[y|\boldsymbol{x}]$를 적합하기 위해 두 개의 임의 회귀 모델을 취한다. 그리고 최종 잔차에 대한 잔차 회귀 결과를 출력한다.

```
> orthoLTE <- function(x, d, y, dreg, yreg, nfold=2)
+ {
+    # 데이터를 폴드로 무작위 분할한다.
+    nobs <- nrow(x)
+    foldid <- rep.int(1:nfold,
+                      times = ceiling(nobs/nfold))[sample.int(nobs)]
+    I <- split(1:nobs, foldid)
+    # 잔차를 위한 객체를 생성한다.
+    ytil <- dtil <- rep(NA, nobs)
+    # OOS 직교화를 실행한다.
+    cat("fold:")
+    for(b in 1:length(I)){
+      dfit <- dreg(x[-I[[b]],], d[-I[[b]]])
+      yfit <- yreg(x[-I[[b]],], y[-I[[b]]])
+      dhat <- predict(dfit, x[I[[b]], ], type="response")
+      yhat <- predict(yfit, x[I[[b]], ], type="response")
+      dtil[I[[b]]] <- drop(d[I[[b]]] - dhat)
+      ytil[I[[b]]] <- drop(y[I[[b]]] - yhat)
+      cat(b, " ")
+    }
+    rfit <- lm(ytil ~ dtil)
+    gam <- coef(rfit)[2]
+    se <- sqrt(vcovHC(rfit)[2,2])
+    cat(sprintf("\ngamma (se) = %g (%g)\n", gam, se))
+    return( list(gam=gam, se=se, dtil=dtil, ytil=ytil))
+ }
```

이 알고리즘을 프리코노믹스 낙태 분석에 적용할 수 있다. 각 처리와 반응 장애 회귀에 대해 **cv.gamlr**을 통해 CV lasso를 적용한다. 이러한 함수는 [알고리즘 15]의 직교 머신러닝 절차를 구현한 orthoLTE 함수에 대한 인수 dreg와 yreg로 주어진다.

```
> dreg <- function (x,d){cv.gamlr(x, d, lmr=1e-5)}
> yreg <- function (x,y){cv.gamlr(x, y, lmr=1e-5)}
> resids <- orthoLTE(x=x, d=d, y=y,
+                      dreg=dreg, yreg=yreg, nfold=5)
fold:1  2  3  4  5
gamma (se) = 0.0127123 (0.101037)
> 2*pnorm (-0.0127123/0.101037)
[1] 0.8998758
```

이전 분석과 동일하게 이 결과는 작고 통계적으로 무의미한 긍정적인 처리 효과 추정다(p값 ≈ 0.9).[110]

또한 하키 데이터 분석을 다시 평가하기 위해 [알고리즘 15]를 사용할 수 있다. 원래 분석에서 다양한 출전 시나리오와 팀의 경기력으로 인해 오염되지 않은 선수 효과를 추정하고자 했다. 페널티가 없는 작은 변수 집합(예를 들어 팀 지표)을 포함하여 출전 시나리오 및 팀 경기력과 관련된 변수들의 영향을 선수 효과에서 완전히 제거한다. 하지만 개별적인 선수 효과를 페널티 없이 회귀에 포함하기에는 차원이 너무 크다. 여기서는 모든 선수 계수에 대해 lasso 페널티를 적용하여 모델을 적합한다. 이것은 본질적으로 앞서 언급한 '단순한' 처리 효과 lasso이므로 각 선수의 효과 추정치는 라인 메이트와 일반적인 상대팀의 영향을 **완전히** 제어하지는 못한다.

피츠버그 펭귄스의 주장 시드니 크로즈비를 생각해보자. 이전의 lasso 회귀 분석에서는 그의 출전 여부가 자신의 팀 득점 확률을 약 50% 증가시킨다고 추정한다.

```
> exp(coef(nhlreg)["SIDNEY_CROSBY",])
[1] 1.511523
```

직교 머신러닝을 사용하여 크로즈비의 처리 효과를 재추정하기 위해 [알고리즘 15]를 적용할 수 있다. 이것은 가정된 회귀 모델의 변화를 의미한다. 원래 로지스틱 회귀는 그의 팀 펭귄스가 득점할 확률에 대한 **승법 효과**를 모델링하는 반면 [식 6–2]의 LTE 사양은 팀이 득점할 확률에 대한 **가산** 효과를 모델링한다.

---

110 살인율과 낙태율의 자기 상관관계로 인해 기본적인 CV를 사용하는 것은 의심의 여지가 많다. 더 나은 접근 방식은 과거 데이터를 사용하여 OOS 미래를 예측하는 시계열용으로 개발된 CV 루틴을 사용하는 것이다(옮긴이_이 결과는 무작위성에 의해 매번 달라질 수 있다).

설계 행렬에서 크로즈비에 대해 −1, 0, 1인 처리 변수를 위해 AICc 선형 lasso를 사용한다. 이진 반응에는 AICc 로지스틱 lasso를 사용하는데 여기에서도 선형 lasso를 사용할 수 있다. 핵심은 가장 잘 예측할 수 있는 도구를 사용하는 것이다. 다시 말하지만, 이러한 함수는 직교 머신러닝을 실행하기 위한 orthoLTE 함수의 입력이 된다.

```
> sid <- grep("SIDNEY_CROSBY", colnames(x))
> dreg <- function(x,d) {
+    gamlr(x, d, standardize=FALSE, lmr=1e-5)}
> yreg <- function(x, d){
+    gamlr(x, d, family="binomial", standardize=FALSE, lmr=1e-5)}
> resids <- orthoLTE(x=x[,-sid], d=x[, sid], y=y,
+                    dreg=dreg, yreg=yreg, nfold=5)
fold:1  2  3  4  5
gamma (se) = 0.252717 (0.0211008)
> 0.252717 + c(-2,2) *0.0211008
[1] 0.2105154 0.2949186
```

크로즈비의 출전이 펭귄스의 골 득점 확률에 가져온 0.21~0.29 사이의 **가산** 효과를 찾았다. 이전 로지스틱 회귀 결과와 비교하기 위해 주어진 골이 상대팀이 아닌 펭귄스의 골이 될 기준 확률을 약 1/2이라고 볼 수 있다. 크로즈비가 출전할 때 펭귄스가 주어진 골을 득점할 **오즈 비**가 0.5/0.5=1에서 0.71/0.29=2.45와 0.79/0.21=3.76 사이로 달라질 수 있다.

크로즈비 선수로 인한 펭귄스의 득점 오즈 비 증가는 145%에서 276% 사이이며 이전 로지스틱 lasso 분석에서 발견한 50%보다 훨씬 크다. 따라서 원래 결과는 뭔가 잘못되었다. 왜 nhlreg lasso는 처리 효과 추정을 위해 제대로 작동하지 않을까? 크로즈비는 그의 팀에서 최고의 선수이기 때문에 그와 함께 경기하는 선수들을 완전히 제어하지 못하면 그의 능력을 과소평가하게 된다. 이 패턴은 모든 선수에게 반복된다. 이전의 lasso 회귀는 선수의 경기력이 라인 메이트의 경기력과 일치하기 때문에 선수 효과에 대한 감쇠된 추정치를 제공한다. 스타 선수의 오른쪽 꼬리 전체는 적절한 인과 분석을 통해서만 드러난다.

6.4 이종 처리 효과

지금까지 대상에 따라 달라지는 처리 효과의 명백한 특징을 무시해왔다. 처리의 효과, 즉 제어하고 있는 정책 변수가 처리 대상의 함수에 따라 달라지는 이 현상을 **이종 처리 효과**(HTE)라고 한다. 최신 머신러닝 도구는 단순히 ATE 평균을 보는 대신 HTE 모델링을 더 쉽게 만들어 준다. 처리 효과에 대한 이러한 고충실도^{higher-fidelity}의 관점은 비즈니스 의사결정에 큰 영향을 미친다.

첫 번째로 분명히 할 점은 **이종 처리 효과가 존재한다**는 것이다. 때때로 이종성에 대한 잘못된 학문적인 테스트를 보게 된다. 그러나 대부분의 실무자는 처리(의학, 광고, 웹 서비스)가 개인마다 다른 영향을 미친다는 데 동의할 것이다. 예를 들어 이베이에서 의류 쇼핑을 할 때 사진이 크면 구매할 가능성이 높아지지만, 자동차 부품을 쇼핑할 때는 사진이 작고 설명이 많은 것을 선호한다. 유용한 웹사이트를 설계하기 위해 이런 일이 발생하는 이유를 알 필요는 없다. 예측도 이와 동일하다. 관찰 가능한 공변량 x에 의해 인덱싱된 패턴을 찾는 것이다.

AB 시험과 같은 무작위 처리의 경우, HTE를 모델링하는 것은 이종성의 근본 원인과 상호작용하는 처리 변수에 대해 회귀를 실행하는 것만큼 쉽다. 예를 들어 d가 피험자 간에 무작위로 지정되면 다음과 같이 기본 상호작용 모델을 적합할 수 있다.

식 6-12
$$\mathbb{E}[y_i \mid x_i, d_i] = \alpha + x'_i \boldsymbol{\beta} + d_i \gamma_0 + (d_i \times x_i)' \boldsymbol{\gamma}$$

여기서 $(d_i \times x_i)'$는 처리-공변량 상호작용의 벡터 $[d_i x_{i1} \dots d_i x_{ip}]$이고 $\boldsymbol{\gamma}' = [\gamma_1 \ \dots \ \gamma_p]$는 여기에 해당하는 회귀 계수다. 개별 피험자에 대한 처리 d_A와 d_B에 대한 HTE는 다음과 같다.

식 6-13
$$\mathrm{HTE}_i = \mathbb{E}[y_i \mid x_i, d_B] - \mathbb{E}[y_i \mid x_i, d_A] = (\gamma_0 + x'_i \boldsymbol{\gamma}) \times (d_B - d_A)$$

> d_i는 무작위화되기 때문에 여기에 $x'_i \boldsymbol{\beta}$항은 필요 없다. 하지만 처리 효과 이종성의 원인에 대한 주효과 조정을 포함하는 것이 좋다.

다시 말하지만, 만약 d_i가 x_i와 거의 독립적이도록 무작위화되면 [식 6-12]를 적합하기 위해 일반적인 회귀 분석 도구를 사용할 수 있다. 예를 들어 고차원 x_i를 사용하는 lasso 메서드를 배포할 수 있다.

이전 장에서 소개했던 오리건주 건강보험 실험(OHIE)을 떠올려보자. 이 실험에서는 적어도 1년에 한 번 주치의(PCP)를 방문할 확률에 대해 무작위로 선택된 메디케이드 자격의 처리 효과를 관찰하는 데 관심이 있었다. 처리 변수는 selected는 선정된 가구의 적격성 여부를 나타내며 이 때 반응 변수는 이진 변수 doc_any_12m이다. 가구 구성원 중 한 명만 선정되면 구성원 전체에 자격이 주어지기 때문에 등록 자격이 불완전하게 무작위 배정되었다. 평균 처리 효과를 추정할 때 가구 규모인 numhh를 제어하여 이를 수정한다.

```
> lin <- glm(doc_any_12m ~ selected + numhh, data=P)
> round(summary(lin)$coef["selected",],4)
  Estimate Std. Error   t value   Pr(>¦t¦)
    0.0639     0.0065    9.9006     0.0000
```

그 결과 ATE는 PCP 방문율이 6%에서 7%까지 증가한다.

메디케이드 추첨 12개월 후 실행한 피험자 통계에 대한 설문조사에서 얻은 27개의 공변량 집합을 이종성의 원인으로 사용할 수 있다. 이들 중 다수는 범주형이다. 예를 들어 edu_12m은 교육 수준을 분류한 것이다. [식 6-12]의 모델에 대한 선형 lasso 회귀를 실행하기 위해 gamlr을 사용할 수 있으며 불완전한 무작위화의 원인을 확실히 제어하기 위해 numhh의 주효과에 대한 계수는 페널티화하지 않는다. 그러나 그전에 데이터 누락이라는 골치 아픈 문제를 해결해야 한다.

설문조사 응답에서 누락된 데이터를 처리해야 한다. 설문조사에는 일부 피험자에 대한 불완전한 관찰값이 존재한다. 이것은 반복적으로 발생하는 문제지만 해결 가능하다. 이 문제는 HTE 혹은 반사실적 모델링에 국한되지 않는다. 누락된 데이터는 다른 설정이 많은 대규모 조사 분석에서 문제가 된다. 이 문제를 처리하는 방법은 여러 가지다. 여기서는 범주형(factor)과 수치형(numeric 또는 integer) 변수에 대한 몇 가지 기본적인 접근 방식을 다룬다.

범주형 변수의 경우 '결측' 관측치를 별도의 범주로 취급하면 된다. 3장에서 희소 모델 행렬을 도입할 때 설명한 것처럼, lasso에 대한 모델 행렬을 만들 때 NA 관측치에 대한 범주를 추가하는 것이 좋다. 이렇게 하면 R이 각 변수에서 관찰된 각 범주에 대해 별도의 계수를 갖게 된다. 3장에서 이용했던 naref 함수를 사용하여 각 factor 변수에 대해 이를 수행할 수 있다.

```
> levels(X$edu_12m)
[1] "less than hs"          "hs diploma or GED"     "vocational or 2-year degree"
[4] "4-year degree"
> levels(naref(X$edu_12m))
[1] NA                      "less than hs"          "hs diploma or GED"
[4] "vocational or 2-year degree" "4-year degree"
> X <- naref(X)
```

여기서 코드의 마지막 줄은 **NA**를 X의 모든 범주형 변수에 대한 참조 수준으로 만든다.

수치형 변수에도 비슷한 방법을 사용한다. 관측치의 모든 누락된 차원은 누락된 변수와 관련된 추가적인 더미 지표로 플래그가 지정된다. 하지만 누락된 값도 **대치**하여 데이터 행렬에서 비어 있지 않도록 해야 한다. 추정 절차의 최적화 루틴에 문제가 발생할 수 있기 때문이다. 누락된 항목을 대치하기 위해 선택할 수 있는 방법은 여러 가지다. 결측값을 대치하거나 **결측값이 무엇인지** 추측하는 것은 그 자체로 흥미로운 회귀 문제다. 대부분의 문제에서 잘 작동하는 간단한 접근 방식은 **0** 또는 **평균값**으로 대치하는 방법이다. 대부분의 값이 0인 희소 변수의 경우 결측 값을 0으로 대체한다. 또 다른 경우에는 결측값을 완전한 관찰값들의 평균으로 대체한다.[111]

OHIE 공변량을 보면 수치형 변수는 4개뿐이다. 첫 번째 변수 smk_avg_mod_12m는 희소하고 나머지는 조밀하다.

```
> xnum <- X[, sapply(X, class)%in%c("numeric","integer")]
> xnum[66:70,]
   smk_avg_mod_12m birthyear_12m hhinc_pctfpl_12m hhsize_12m
66               0          1974               NA         NA
67              15          1963        150.04617          1
68              NA          1962        150.04617          1
69              20          1964         61.44183          3
70              10            NA         14.71825         10
> colSums(is.na(xnum))/nrow(xnum)
  smk_avg_mod_12m    birthyear_12m hhinc_pctfpl_12m       hhsize_12m
       0.14523737       0.02241745       0.09750292       0.05085039
```

---

111 평균값으로 대치하는 것이 더 나은 이론적 속성을 갖는다. 희소 데이터의 경우 값이 대부분 0이며 평균값의 경우 0은 아니지만 0에 가까운 값이 될 것이다. 하지만 이 값으로 대치하여 계산상의 이점이 있는 희소성을 잃고 싶지는 않을 것이다.

결측값(NA)의 비율은 관측치의 약 2~15% 사이다. 이를 해결하기 위해 먼저 각 관측치에서 누락된 지표 행렬을 만든다.

```
> xnumna <- apply(is.na(xnum), 2, as.numeric)
> xnumna[66:70,]
     smk_avg_mod_12m birthyear_12m hhinc_pctfpl_12m hhsize_12m
[1,]               0             0                1          1
[2,]               0             0                0          0
[3,]               1             0                0          0
[4,]               0             0                0          0
[5,]               0             1                0          0
```

그런 다음 변수의 희소성에 따라 결측값을 비결측값의 평균 또는 0으로 대치한다. 대치를 수행하는 mzimpute 함수를 보면 된다.

```
> mzimpute <- function(v){
+    if(mean(v==0,na.rm=TRUE) > 0.5) impt <- 0
+    else impt <- mean(v, na.rm=TRUE)
+    v[is.na(v)] <- impt
+    return(v) }
> xnum <- apply(xnum, 2,  mzimpute)
> xnum[66:70,]
     smk_avg_mod_12m birthyear_12m hhinc_pctfpl_12m hhsize_12m
[1,]               0      1974.000         77.20707   2.987188
[2,]              15      1963.000        150.04617   1.000000
[3,]               0      1962.000        150.04617   1.000000
[4,]              20      1964.000         61.44183   3.000000
[5,]              10      1965.777         14.71825  10.000000
> # 새로운 데이터프레임에 변수를 대체 또는 추가한다.
> for(v in colnames(xnum)){
+    X[,v] <- xnum[,v]
+    X[,paste(v,"NA", sep=".")] <- xnumna[,v] }
```

이 코드가 실행된 후 X의 수치형 변수는 결측값이 변수 평균으로 대치되었다. 그리고 각 변수의 결측 패턴에 대한 지표를 추가했다.

이제 모든 것을 희소 모델 행렬에 모을 수 있다. 이 행렬에 불완전한 무작위화로 인해 제어해야 할 numhh 변수를 추가한다.

```
> xhte <- sparse.model.matrix(~., data=cbind(numhh=P$numhh, X))[,-1]
> xhte[1:2, 1:4]
2 x 4 sparse Matrix of class "dgCMatrix"
  numhh2 numhh3+ smk_ever_12mNo smk_ever_12mYes
1      .       .              .               1
2      .       .              1               .
> dim(xhte)
[1] 23107    91
```

이제 행 x_i로 구성된 행렬을 얻는다. 여기서 각 x_i는 잠재적인 이종성 원인을 담은 벡터이며 길이가 91이다.

HTE 모델링으로 돌아가서 [식 6–12]의 회귀 모델을 적합하기 위해 AICc lasso를 사용한다.

```
> dxhte <- P$selected*xhte
> colnames(dxhte) <- paste("d",colnames(xhte), sep=".")
> htedesign <- cbind(xhte,d=P$selected,dxhte)
> # include the numhh controls and baseline treatment without penalty
> htefit <- gamlr(x=htedesign, y=P$doc_any_12m, free=c("numhh2","numhh3+","d"))
[1]  1  2 92
> gam <- coef(htefit)[-(1:(ncol(xhte)+1)), ]
> round(sort(gam)[1:6],4)
                d.race_asian_12mYes d.employ_hrs_12mwork 20-29 hrs/week
                            -0.0446                               -0.0433
    d.hhinc_cat_12m$32501-$35000        d.hhinc_cat_12m$27501-$30000
                            -0.0293                               -0.0232
    d.hhinc_cat_12m$15001-$17500                 d.race_hisp_12mYes
                            -0.0195                               -0.0173
> round(sort(gam, decreasing=TRUE)[1:6],4)
                  d    d.race_pacific_12mYes d.hhinc_cat_12m$2501-$5000
             0.0927                   0.0404                     0.0221
d.hhinc_cat_12m$5001-$7500        d.live_other_12mYes        d.race_black_12mYes
             0.0137                   0.0116                     0.0067
```

기본 처리 효과는 PCP 방문율이 9% 증가한다는 것이다.[112] 그러나 이 값 주변에는 이종성의 원인이 많다. 예를 들어 태평양 섬 주민의 경우 처리 효과가 13% 증가하지만 아시아인의 경우 5% 정도만 증가한다. 그리고 9장의 인과적 트리 분석에서 다시 확인하겠지만 가계 수입은 처

---

112 계수의 평균이 0이 아니므로 ATE가 아니다. ATE는 $\hat{\gamma}_0 + \bar{x}'\hat{\gamma} = 0.056$이며 이는 이전 추정치의 범위 내에 있다.

리 효과의 크기에 중요한 역할을 한다.

소비자 수요 추정은 HTE 모델링에서 잘 알려진 사례다. 또한 교란 변수를 제어하는 것이 매우 중요한 분야다. 소비자 학습과 채널 전환을 포함하는 완전한 수요 시스템을 이해하려면 미묘한 경제 모델링이 필요하다. 하지만 많은 설정에서 상당히 기본적인 통계 모델링을 사용하여 가격 변화의 **지역적** 효과(작은 변화로 인한 단기 효과)를 복구하는 것을 목표로 할 수 있다. 이 절의 마지막 예로 식료품점의 일부 소비재에 대한 단기 가격 탄력성을 연구하기 위해 직교 머신러닝 방법을 HTE 모델링과 결합한다.

수요의 가격 탄력성 γ는 판매 수량을 가격의 함수로 볼 때 가격의 백분율 변화에 대한 판매 수량의 백분율 변화로 정의된다. 수식으로 나타내면 다음과 같다.

식 6-14

$$\gamma = \frac{\Delta q}{q} \bigg/ \frac{\Delta p}{p} = \frac{p}{q} \frac{\Delta q}{\Delta p}$$

여기서 Δ는 고정된 변화량을 나타낸다. 연속 함수의 경우 한 점에서의 탄력성은 가격에 대한 수량의 미분값에 수량에 대한 가격을 곱한 것이다. 이러한 탄력성은 많은 수요 시스템과 가격 최적화 작업에서 핵심적인 파라미터다. 예를 들어 일정한 탄력성과 고정된 단위당 비용 c에서 최적 가격 $p^\star$에 대한 경험적 규칙은 다음과 같다.

식 6-15

$$p^\star = \frac{\gamma}{1+\gamma} c$$

여기서 $\gamma/(1+\gamma)$는 매출 총 이익을 나타낸다.[113]

가격이 판매에 미치는 처리 효과를 추정하는 것은 오래된 경제 문제다. 소비자 가격 민감도를 이해하는 것은 가격을 설정하고 시장을 이해하는 데 필수적이다. 또한 순진한[naive] 머신러닝 방법을 사용하기에는 무리가 있다. 그렇지만 많은 사람이 이 방법을 사용하고 이상한 결과를 얻는 것을 막지는 못할 것이다. 가격과 판매는 모두 관찰되지 않은 공유 요인인 소비자 수요에 반

---

113 [식 6-15]는 $\gamma < -1$인 경우에만 적용된다. 탄력성이 −1 이상인 상품은 가격이 1% 인상될 때 판매량이 1% 미만으로 감소한다는 것을 의미하며 비탄력적이라고 할 수 있다. 이것은 일반적으로 기업의 관점에서 현재 상품의 가격이 매우 저렴하다는 것을 의미하며 더 높은 가격에서 탄력성은 −1 아래로 떨어질 것이다. 불변 탄력성은 현실에서 거의 적용되지 않으며 일반적으로는 진정한 탄력성을 제대로 평가하지 못했다는 것을 의미한다.

응한다. 예를 들어 봄 방학 동안의 호텔 객실을 고려해보자. 객실은 모두 매진됐고 가격은 매우 높다. 가격이 비싸서 판매량이 높은 것은 아니다. 오히려 가격과 판매 모두 휴일 수요 증가와 관련 있는 함수다. 그러나 가격에 대해 판매를 회귀하는 순진한 머신러닝 방법은 '상향하는 수요 곡선'을 초래할 수 있다. 즉, 가격이 높을수록 판매가 증가하는 비현실적인 모델을 얻게 된다.[114]

대부분의 분석 전문가는 관찰 연구에만 의존하여 소비자 가격 민감도를 결정할 수 없다는 사실을 잘 알고 있다. 가능하다면 인과적 가격 효과 추정을 돕기 위해 무작위 가격 변동을 도입하는 것을 추천한다. 예를 들어 1990년대에 시카고 대학교에서 진행했던 도미니크의 식료품점 관련 연구를 참조하자.[115] 하지만 실험이 불가능하거나 과거에 한 번도 일어난 적 없는 설정이 많다. 이 경우 일반적인 최종 솔루션은 소위 컨조인트 분석conjoint analysis이라 불리는 방법이다. 포커스 그룹focus-group[116] 구성원에게 가상의 돈을 사용하여 제품 옵션을 선택하도록 요청한다. 하지만 포커스 그룹과 가상의 돈은 현실을 정확히 반영하지 못한다.

다행히 이 장에서 소개한 방법을 사용하여 수요 분석을 수행할 수 있다. LTE 모델 설정을 고려해보자. 조건부 무시가능성을 유지하려면 가격과 판매 모두에 잠재적으로 영향을 미칠 수 있는 변수의 범위를 제어 변수 x로 사용할 수 있다. x는 소비자와 관련된 정보로 구성되며 재고 부족과 같은 공급 문제는 무시한다. 그러나 더 구체적으로 가격 결정자에게 알려진 **수요 신호**만 제어할 필요가 있다. 어떤 소비자가 근처 자동차 대리점에서 가격에 상관없이 트럭을 고른다고 가정해보자. 픽업 트럭이 떠오르는 컨트리풍의 노래를 라디오에서 듣고 트럭을 사려고 하는 것인지 여부는 중요하지 않다. 이 사람이 가격에 상관없이 트럭을 사려고 한다는 사실을 대리점에서 모른다면 노래의 효과는 가격 변화와 무관한 판매에 대한 일부 오류항이라고 할 수 있다. 이 설정에서 조건부 무시가능성은 가격을 결정하는 모든 수요 신호를 알고 있다고 가정한다. 만약 가격을 설정하는 상점에서 일하고 있다면 이런 모든 신호를 수집할 수 있어야 한다.

다양한 표준 구조적 수요 모델이 있으며[117] 수요의 모든 복잡성을 고려하려면 경제 모델링을

---

114 명성이나 품질로 인해 높은 가격을 형성하는 명품은 상향하는 수요 곡선이 존재할 수 있는 드문 경우다. 와인 판매 데이터에서 이것을 관찰할 수 있다.

115 Stephen J. Hoch, Byung-Do Kim, Alan L. Montgomery, and Peter E. Rossi. Determinants of store-level price elasticity. Journal of Marketing Research, pages 17-29, 1995.

116 옮긴이_테스트하고자 하는 상품 또는 상품과 관련된 사항을 토의하는 소비자 그룹을 의미한다.

117 두 가지 유명한 계량경제학 모델은 다음 논문에서 각각 소개되었다. Angus Deaton and John Muellbauer, An almost ideal demand system, The American Economic Review, 70:312-326, 1980; Steven Berry, James Levinsohn, and Ariel Pakes, Automobile prices in market equilibrium, Econometrica, pages 841-890, 1995.

사용할 필요가 있다. 예를 들어 전체적인 부의 수준에 따라 제품 경쟁 또는 탄력성을 허용하는 것이다. 그러나 기본적인 로그–로그 LTE 모델은 분석에 놀랄 만큼 유용한 플랫폼을 제공한다. q_{it}는 수량, p_{it}는 거래 t에서 제품 i의 가격이라고 가정한다. 여기서 t는 특정 시간 및 상점, 여러 상점 또는 단일 소비자 거래에서 총 판매를 의미할 수 있다. LTE 수요 모델은 다음과 같다.

식 6-16
$$\log q_{it} = \log p_{it}\,\gamma + \boldsymbol{x}'_{it}\,\boldsymbol{\beta} + \varepsilon_{it}$$
$$\log p_{it} = \boldsymbol{x}'_{it}\,\boldsymbol{\tau} + v_{it}$$

[식 6–2]와 같이 $\varepsilon_{it}\,|\,p_{it},\boldsymbol{x}_{it} = 0$이고 $v_{it}\,|\,\boldsymbol{x}_{it} = 0$이다. 여기서 $\boldsymbol{x}_{it}$는 가격 결정자에게 알려진 수요 신호다. 2장의 내용을 다시 떠올려보면 로그–로그 모델에서 γ는 p의 1% 변화당 q의 백분율 변화로 직접 해석할 수 있기 때문에 훌륭한 모델이다. 즉, γ는 수요의 가격 탄력성으로 직접 해석할 수 있으며 따라서 [식 6–14]의 표기법을 선택한다. 또한 앞서 언급했듯이 회사 측 분석가가 모든 수요 신호인 $\boldsymbol{x}_{it}$를 아는 것이 타당하다. 그 결과 조건부 무시가능성을 위해 필요에 따라 $\varepsilon \perp\!\!\!\perp v$가 된다. [식 6–16]에 정의된 모델은 [식 6–2]의 LTE 시스템에 대한 예로, 이 장에서 다른 방법을 사용하여 분석할 수 있다.

예를 들어 1989년에서 1994년 사이에 시카고 대도시 지역에 있는 도미니크 식료품점의 맥주 판매량 데이터를 이용한다.[118] 각 맥주의 고유 제품 코드(UPC)별 주간 총 판매량(MOVE)과 63개의 서로 다른 평균 가격 데이터가 있다.

```
> load("dominicks-beer.rda")
> head(wber)
  STORE       UPC WEEK PRICE MOVE
1     8 1820000008   91  1.59    5
2     8 1820000008   92  1.59    7
3     8 1820000008   93  1.59    9
4     8 1820000008   94  1.59    4
5     8 1820000008   95  1.59    2
6     8 1820000008   96  1.59   10
```

---

118 이 데이터는 시카고 대학교 부스 경영대학원의 킬츠 마케팅 센터에서 가져온 것이다. 원본 파일에서 데이터셋을 가져와 변환하는 코드는 이 책의 웹사이트를 참고하자. 이 데이터에는 각 상점에 대한 인구 통계 정보가 포함된다. 연습삼아 분석을 다시 실행하여 매장 인구 통계를 이종성의 원인으로 포함할 수도 있다.

UPC의 경우 맥주 용량(OZ)과 짧은 설명을 사용할 수 있다.

```
> head(upc)
                                 DESCRIP OZ
1820000008 BUDWEISER BEER N.R.B 32OZ 32
1820000016          BUDWEISER BEER 6pk 72
1820000051             BUSCH BEER 6pk 72
1820000106  BUDWEISER LIGHT BEER 6pk 72
1820000117 BUDWEISER LIGHT BEER 32OZ 32
1820000157  O'DOUL'S NON-ALCH CA 6pk 72
> dim(upc)
[1] 287   2
```

이 데이터에는 287개의 **UPC**가 있으며 브랜드, 패키지 크기, 맥주 종류 등 여러 가지 특성에 따라 다르다. 기간과 매장 추세 외에도 이러한 차이를 모두 수요 신호 제어 변수에 통합할 필요가 있다.

전체 데이터 표본에는 160만 개가 넘는 **UPC-매장-주간** 관측치가 포함된다. 탄력성을 추정하는 다양한 기술의 강점과 약점을 설명하기 위해 5천 건의 작은 하위 표본에 대한 분석을 수행한 후 유효성 검사(또는 가격을 무작위화하는 실험이 없기 때문에 유사 유효성 검사 pseudovalidation)를 위해 전체 데이터셋을 사용한다.

```
> nrow(wber)
[1] 1600572
> ss <- sample.int(nrow(wber),5e3)
```

또한 처리 변수를 표준화하기 위해 **12온스(OZ)당 로그 가격**을 계산하여 사용한다.

```
> wber$lp <- log(12*wber$PRICE/upc[wber$UPC,"OZ"])
```

HTE 모델링으로 전환하기 전에 먼저 맥주에 따른 단일 탄력성(로그 가격의 ATE)을 추정해보자. 제어 없이 회귀를 적합하면 의심스러울 정도로 작은 탄력성을 얻는다.

```
> coef( margfit <- lm(log(MOVE) ~ lp, data=wber[ss,]) )
(Intercept)          lp
 1.0124931  -0.7194031
```

이는 매출이 1% 증가할 때마다 0.7%만 감소한다는 것을 의미한다. 앞서 논의한 것처럼 탄력성이 −1보다 큰 탄력성은 실질적으로 **비탄력적인** 상품을 나타낸다. 즉, 가격 상승은 바로 수익으로 이어진다. 이것은 비현실적으로 슈퍼마켓의 **모든** 맥주 가격이 엄청 낮거나 탄력성을 제대로 측정하지 못했다는 것을 의미한다. 여기서는 후자의 경우가 거의 확실하다. 제품의 특성 또는 시간에 따른 특성을 제어하지 않았다.

제어 변수 x를 구성하기 위해 먼저 제품(UPC), 거래 주간(WEEK), 매장(STORE)에 대한 더미 지표 변수를 만든다.

```
> # 매장, 제품, 거래 주간에 대한 수치형 행렬
> wber$s <- factor(wber$STORE)
> wber$u <- factor(wber$UPC)
> wber$w <- factor(wber$WEEK)
> xs <- sparse.model.matrix( ~ s-1, data=wber)
> xu <- sparse.model.matrix( ~ u-1, data=wber)
> xw <- sparse.model.matrix( ~ w-1, data=wber)
```

이를 통해 판매량과 가격 모두 제품, 거래 주간, 매장에 대한 함수에 따라 달라질 수 있다.

하지만 모든 제품에 대해 완전히 분리된 모델을 구하는 것(특히 $n = 5,000$인 작은 부분 표본에서)은 별로 실용적이지 않다. 버드 라이트$^{Bud Light}$ 6팩 캔이 버드 라이트 12팩 병과 완전히 독립적인 수요를 갖는 것으로 모델링하고자 해도 이런 식으로 맥주를 종류별로 모델링하기에는 데이터가 턱없이 부족하다. 대신 정규화에서 항상 그렇듯이, 모델이 데이터에서 **계층 구조**를 찾을 수 있는 회귀 설계를 만들어야 한다. Bud, Light, Bud Light 각각에 대해 더미 변수가 있는 경우 모델은 브랜드와 제품에 걸쳐 축소될 수 있다. 개별 맥주 UPC 지표는 계층 구조에서 가장 낮은 수준으로 사용할 수 있다. 예를 들어 만약 '버드 라이트 18팩 캔 미국 성조기 스페셜 에디션'이 다른 버드 라이트 제품과 다르게 움직인다면 말이다. 하지만 대부분 동일한 계층의 맥주 제품군과 유사하게 모델링한다.

모든 계층 정보는 유통업체 데이터베이스에서 얻을 수 있다. 그러나 코딩 작업을 줄이고 비정형 데이터를 가진 머신러닝이 사람의 분류를 대체할 수 있는 방법으로 제품 설명을 정보 출처로 사용한다. 8장의 내용을 미리 보면, bag-of-words 표현을 사용하고 제품 설명 어휘에 있는 각 단어의 존재 여부를 나타내는 더미 지표로 이 설명을 토큰화^{tokenization}한다.

```
> library(tm)
Loading required package: NLP
> descr <- Corpus(VectorSource(as.character(upc$DESCRIP)))
> descr <- DocumentTermMatrix(descr)
> descr <- sparseMatrix(i=descr$i,j=descr$j,x=as.numeric(descr$v>0),
+                       dims=dim(descr),dimnames=list(rownames(upc),colnames(descr)))
> dim(descr)
[1] 287 194
```

이제 각 맥주는 194개의 가능한 어휘의 존재 여부를 인코딩하는 이진 벡터로 표시된다.

```
> descr[1:5,1:6]
5 x 6 sparse Matrix of class "dgCMatrix"
           32oz beer budweiser n.r.b 6pk busch
1820000008    1    1          1     1   .     .
1820000016    .    1          1     .   1     .
1820000051    .    1          .     .   1     1
1820000106    .    1          1     .   1     .
1820000117    1    1          1     .   .     .
> descr[287,descr[287,]!=0]
   6pk    red    ale  honey oregon
     1      1      1      1      1
```

이러한 항은 자연스러운 계층 구조를 인코딩한다. 예를 들어 대부분의 맥주가 6팩 묶음으로 판매되지만 미국 오리건주의 양조장에서 생산되는 맥주는 거의 없고 레드 허니 에일은 더더욱 없다. 이 정보는 거래 주간, 매장, 제품 지표와 결합되어 제어 변수 집합을 구성한다.

```
> controls <- cbind(xs, xu, xw, descr[wber$UPC,])
> dim(controls)
[1] 1600572    851
```

표본의 부분 집합에서 실행하면 로그 가격과 x에 대한 로그 판매량의 단순 lasso 회귀[119]는 -2 정도의 평균 탄력성을 도출한다.

---

119 제어 변수가 모두 0 또는 1이고 descr에서 더 일반적인 브랜드나 제품 설명의 용어에 추가적인 페널티를 적용하지 않기 위해 standardize = FALSE를 사용한다.

```
> naivefit <- gamlr(x=cBind(lp=wber$lp,controls) [ss,],
+                    y=log(wber$MOVE) [ss],
+                    free=1, standardize=FALSE)
> print(coef(naivefit)["lp",])
[1] -2.043779
```

제어를 고려하지 않았을 때의 탄력성인 −0.7보다 현실적인 결과다. 하지만 처리 효과의 편향되지 않은 추정을 위해 직교 머신러닝을 실행할 때보다는 여전히 낮다.

```
> source("orthoML.R")
> dreg <- function(x,d){
+   gamlr(x, d, standardize=FALSE, lmr=1e-5)}
> yreg <- function(x,y){
+   gamlr(x, y, standardize=FALSE, lmr=1e-5)}
> resids <- orthoPLTE(x=controls[ss,], d=wber$lp[ss], y=log(wber$MOVE)[ss],
dreg=dreg, yreg=yreg, nfold=5)
fold: 1  2  3  4  5
gamma (se) = -3.41006 (0.166777)
```

직교 머신러닝 절차는 −3.1과 −3.7 사이의 평균 탄력성을 구한다. 이는 맥주에 대해(또는 [Hoch, 1995]에서 청량 음료) 기대할 수 있는 값의 범위 안에 있다.

비교를 위해 160만 개의 관측치 표본 전체를 사용한다. 이것은 비편향 MLE 추정을 사용하여 필요한 모든 거래 주간, 매장, 제품 제어 효과를 안정적으로 추정할 수 있는 충분한 데이터다.[120] 따라서 이 예제에서 표준 탄력 추정치로 사용할 수 있다.

```
> fullfit <- gamlr(x=cbind(lp=wber$lp,controls),
+                   y=log(wber$MOVE), lambda.start=0)
> print(coef(fullfit)["lp",])
[1] -3.567488
```

전체 표본의 값은 작은 하위 표본에서 직교 머신러닝을 통해 구한 90% 신뢰구간 안에 있다.

HTE 모델링으로 돌아가서 제품 설명 텍스트의 단어 가방 표현을 이종성의 원인으로 고려할

---

120 전체 데이터가 너무 커서 메모리에 고밀도 형식으로 저장하기 어렵다. 이런 이유로 MLE 적합을 위해 페널티 없이 gamlr을 사용한다.

것이다.[121] 만약 실험을 실행하고 무작위 처리를 한 경우 HTE 모델링은 [식 6-12]의 회귀를 수행하는 것만큼 쉽다는 것을 기억하자. 여기서는 실험을 진행하지는 않지만 직교 머신러닝은 조건부 무시가능성 가정하에서 본질적으로 무작위인 처리 잔차 $\tilde{d}$를 생성한다는 것을 이전에 살펴보았다. 반응 잔차 $\tilde{y}$도 대조군의 효과를 제거했다. 따라서 [알고리즘 15]를 실행한 후에 다음과 같이 회귀를 수행하고 [식 6-13]과 같이 각 관측치에 대한 HTE를 계산하여 공변량 x에 대한 HTE 추정치를 얻을 수 있다.[122]

식 6-17
$$\mathbb{E}[\tilde{y}_i \,|\, \tilde{d}_i, x_i] = \alpha + \tilde{d}_i\gamma_0 + (\tilde{d}_i \times x_i)'\gamma$$

x 표기법을 재사용하더라도 이종성의 원인이 전체 제어 변수 집합과 동일할 필요는 없다. 이종성에 대한 잠재적인 원인으로 전체 제어 변수 집합의 하위 집합만 사용하는 것이 일반적이다.[123]

[식 6-17]의 회귀를 적합하기 위해 단어 가방 행렬과 γ_0에 대한 절편을 포함하는 설계 행렬을 만든다.

```
> xhte <- cBind(BASELINE=1, descr[wber$UPC,])
```

그런 다음 gamlr을 사용하여 [식 6-17]의 회귀에 대한 AICc lasso를 적합한다.

```
> dmlhte <- gamlr(x=xhte[ss,]*resids$dtil,
+                 y=resids$ytil,
+                 free=1, standardize=FALSE)
```

여기서 수행한 작업은 [알고리즘 15]의 마지막 OLS 단계를 잔차가 공변량과 상호작용하는 lasso 회귀로 대체하는 것이다. 그 결과로 얻은 탄력성은 [그림 6-3]과 같다. 그리고 이종성의 원인 중 일부를 출력할 수 있다.

---

[121] 분석을 확장하려는 경우 제품, 거래 주간, 매장 지표를 추가할 수 있지만 5,000개의 관측치 하위표본에서는 이러한 변수에 대한 많은 신호를 찾기 어렵다.

[122] Victor Chernozhukov, Matt Goldman, Vira Semenova, and Matt Taddy. Orthogonal machine learning for demand estimation: High dimensional causal inference in dynamic panels. arXiv:1712.09988, 2017b.

[123] 여기에 과학적인 이유는 없다. 하지만 여러 응용 분야에서 세부적인 주제별 처리 효과 모델을 구축하기보다는 이종성의 주요 원인을 찾고 싶을 것이다. 주제별 효과를 원하는 경우 사용 가능한 모든 변수에서 이종성을 찾아야 한다.

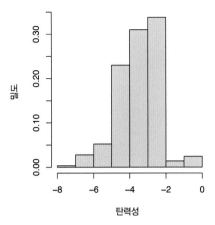

그림 6-3 직교 머신러닝 잔차에 대한 lasso 회귀를 통해 얻은 맥주 제품별 탄력성

```
> B <- coef(dmlhte)[ -(1:2),]
> B <- B[B!=0]
> head(sort(round(B,2)))
  draf   girl   lite   24pk export miller
 -1.45  -1.21  -1.19  -1.17  -1.15  -0.99
> head(sort(round(B,2), decreasing=TRUE), 7)
   sharp     ale  amstel heineken   strohs     32oz     btl
    3.34    2.25    1.90    1.18     0.99     0.93    0.79
```

일반적인 가격 범위 내에서 draft, guinness 또는 miller라는 라벨이 붙은 맥주의 소비자(또는 잠재 소비자)는 가격에 더 민감한 경향이 있다. 이 맥주들은 대부분의 소비자가 할인할 때만 구매하는 제품이라는 의미다. 가장 탄력적인 제품은 24팩짜리 밀러 라이트[Miller Lite](MILLER LITE BEER 24pk)다.

```
> upc[names(sort(gamdml)[1:3]),]
                           DESCRIP  OZ
 3410057306    MILLER LITE BEER 24pk 288
 3410057525 MILLER LITE BEER N.R 6pk  72
 3410064306    MILLER LITE "ICE" 24pk 288
```

밀러 라이트의 탄력성은 다음 코드로 확인할 수 있다.

```
> gamdml['3410057306']
3410057306
 -6.991643
```

결과로 얻은 탄력성은 −7이다. 즉, 이 제품은 매장에서 가격이 1% 하락할 때마다 7% 정도 더 많이 판매된다. 반면에 병 맥주(btl)는 캔보다 탄력성이 떨어진다. 왜 sharp에 대한 긍정적인 효과가 큰지 궁금하다. 조사 결과 sharp는 단일 제품으로, 밀러 샤프Miller Sharp's라는 무알콜 맥주를 나타낸다.

비교를 위해 다음과 같이 다시 표현한 [식 6−12]의 기본 회귀 모델을 사용하여 HTE를 직접 추정할 수 있다.

식 6-18
$$\mathbb{E}[y_i \mid x_i, z_i, d_i] = \alpha + z_i'\beta + d_i\gamma_0 + (d_i \times x_i)'\gamma$$

여기서는 제어 변수 z를 HTE 공변량 x와 구별하여 표시했다. 즉, 직교 머신러닝의 잔차화와 표본 분할을 사용하지 않고 단일 회귀(제어 변수 포함)에서 HTE를 복구하려고 한다. 먼저 전체 제어 변수 집합 및 텍스트 데이터와 상호작용하는 로그 가격을 포함하는 회귀 모델에 대한 AICc lasso를 적합한다.

```
> d <- xhte*wber$lp
> colnames (d) <- paste ("lp", colnames (d), sep=":")
> naivehte <- gamlr (x=cBind (d, controls) [ss,],
+                    y=log (wber$MOVE) [ss],
+                    free=1, standardize=FALSE)
```

이 설계에서는 변수가 1,018개로 차원이 충분히 작기 때문에 MLE 방법(OLS)을 사용하여 동일한 모델을 추정할 수 있다.

```
> mlehte <- gamlr(x=cBind(d,controls) [ss,],
+                 y=log(wber$MOVE) [ss], lambda.start=0)
```

[그림 6−4]와 [그림 6−5]는 탄력성 추정 결과를 보여준다. 직교화의 장점이 없는 단순 lasso 추정은 −2에서 −1.5 사이의 값 주변에 매우 집중된다. MLE 탄력성은 아주 작은 음수 값에서 최대 20(가격을 1% 인상할 때마다 판매량이 20% **증가**한다는 의미)에 이르기까지 넓은 범위에 걸

쳐있다. 이 그래프에서는 극소 음수 값인 -500과 -1,300은 생략했다. MLE 결과는 완전히 비현실적이다. 각 맥주 브랜드마다 임의의 가격 변동이 거의 없기 때문에 추정에서 데이터 부족과 과적합을 겪게 된다. $n = 5,000$이 $p = 1,018$보다 약간 큼에도 불구하고 이런 일이 발생하는 것은 'MLE는 비편향이기 때문에 그렇게 나쁘지 않다'는 경제학자의 상투적인 표현에 대한 경고다.

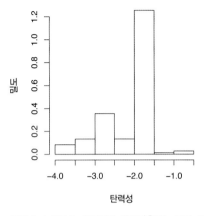

그림 6-4 텍스트 데이터와 상호작용하는 모든 제어 변수 및 로그 가격을 포함하는 회귀의 (단순) lasso 적합으로 얻은 맥주 제품별 탄력성

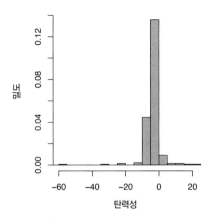

그림 6-5 [식 5-9]에 사용된 것과 동일한 회귀의 MLE 적합에 의해 얻은 맥주별 탄력성

마지막으로 이 모든 것은 전체 데이터셋의 하위 표본에서 추정된 것임을 기억하자. 검증을 위해 160만 개의 관측치 전체를 이용하여 [식 6-18]의 회귀에 대해 MLE를 다시 적합할 수 있다. 하위 표본과 달리 정확한 MLE HTE 추정치를 얻으려면 충분한 데이터가 있어야 한다.

```
> fullhte <- gamlr(x=cBind(d,controls),
+                  y=log(wber$MOVE), lambda.start=0)
```

전체 표본에 대한 MLE 탄력성 추정이 '정답'은 아닐지 몰라도 조건부 무시가능성 가정하에서는 정답에 매우 가깝다.[124] [그림 6-6]은 [그림 6-3]부터 [그림 6-5]까지 보여준 하위 표본 추정값에 대한 전체 표본 MLE의 결과를 보여준다. 지금까지는 직교 머신러닝 추정치와 가장

---

124 전체 표본을 이용한 MLE는 0에 가깝거나 0보다 큰(밀러 샤프 제품에 해당한다) 탄력성을 포함한다. 이는 적어도 소규모 맥주 그룹에서 가격과 판매량에 상관관계가 있는 모든 교란 변수를 제어하지 않았다는 것이다. 필자는 모델링해야 하는 맥주 제품별로 시간에 따른 역학관계(예를 들어 계절 할인 행사)가 있다고 생각한다. 텍스트를 주간 지표(또는 더 부드러운 시간 함수)와 상호작용하는 것으로 이 작업을 시작할 수 있다.

가깝다. 이 결과는 거의 편향되지 않은 것처럼 보이며, 단순 선형 회귀에서 금본위제^{gold–standard} 추정치 변동의 40% 이상을 설명한다. 대조적으로 [식 6-18]의 단순 lasso 및 MLE 추정치는 각각 변동의 15%와 1%만을 설명한다. 단순 lasso 결과는 심하게 편향되어 있으며 MLE 추정치는 대부분 무의미한 노이즈다.

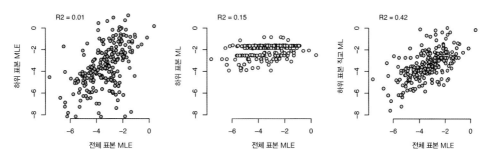

그림 6-6 전체 표본에 대한 MLE 결과 및 하위 표본에 대한 탄성 추정치의 비교. 그래프는 전체 표본 또는 하위 표본을 이용한 추정의 OLS 회귀에 대한 R^2값을 나타낸다.

6.5 합성 제어

제어에 대한 내용을 마무리하며 규모가 큰 비즈니스 정책 결정을 평가하는 데 흔히 사용되는 인과적 추론을 위한 간단한 전략을 소개한다. 이 설정에는 집계 **단위** 집합(예를 들어 지역이나 제품군)이 있으며 하나 또는 두 개의 단위만 처리한다. 예를 들어 새로운 판매 전략을 미국과 같은 단일 지역에만 실행할 수 있다. 새로운 전략의 인과관계를 파악하기 위해 단순히 처리 전후 미국에서의 판매를 비교하면 편향된 결과를 얻을 수 있다. 거시경제적인 충격과 자연적인 판매 주기 변화를 포함하여 같은 기간 동안 다른 영향력 있는 사건들이 발생한다. 처리 효과 추정치를 이러한 변화의 효과와 합치고 싶지는 않다.

하지만 이러한 이벤트의 대부분이 캐나다 국경(새로운 판매 전략이 실행되지 않은 곳) 밖에서도 영향을 미친다면 어떻게 될까? 캐나다에서의 판매를 제어 변수로 사용할 수 있다. 새 전략이 실행된 후 미국에서의 판매가 캐나다보다 빠르게 증가한다면 이는 새로운 전략이 효과가 있다는 증거가 된다. 더 좋은 점은 단순히 캐나다에만 집중하는 대신 처리 후 판매를 미국뿐만 아니라 여러 국가의 평균과 비교할 수 있다는 것이다. 이 집계가 역사적으로 미국 판매의 좋은 추정치가 되도록 각 국가에 가중치를 부여한다. 즉, 처리되지 않은 다른 국가의 판매량을 사용하여 미국에서 새 전략을 도입하지 않았을 때의 판매량을 예측할 수 있다.[125]

이것이 **합성 제어** 방법이다.[126] 잠재적 결과 표기법을 사용하여 관심 있는 시계열, 즉 시간 t에서 단위(국가) j에 대한 반응(판매)으로 처리된 결과는 $y_{jt}(1)$, 처리되지 않은 결과는 $y_{jt}(0)$으로 나타낸다. 각 시점에서 이러한 결과 중 하나(y_{jt})만 관찰할 수 있다. 표기를 단순하게 하기 위해 $j=1$이라고 가정한다. 일반적인 조건부 무시가능성 설정과 달리 필요한 전체 제어 집합 x_t가 없다. 그러나 관련 시계열($k \neq 1$에 대해 처리되지 않은 단위 $y_{kt}(0)$)에 대한 반응 값이 있다. 처리되지 않은 시계열 데이터가 처리된 시계열 데이터와 동일한 관측되지 않은 기본 제어 집합에 의존한다는 (강력한) 가정하에서, 처리되지 않은 반사실적 $y_{1t}(0)$을 예측하기 위해 다른 시계열을 사용할 수 있다.

시간 T에 처리를 적용했다고 가정하자. 시간 $t=1 \ldots T$인 시계열에는 처리가 적용되지 않았다. 즉, 모든 단위 $j=1 \ldots J$에 대해 $y_{jt}=y_{jt}(0)$을 관찰값으로 갖는다. 시간 T 이후의 모든 $k \neq 1$에 대해서는 $y_{kt}=y_{kt}(0)$, 처리된 시계열에 대해서는 $y_{1t}=y_{1t}(1)$만 관찰값으로 갖는다. 구하려는 처리 효과는 다음과 같다.

식 6-19 $t > T+1$에 대해 $\gamma_{1t} = y_{1t}(1) - y_{1t}(0)$

$t > T$일 때 $y_{1t}=y_{1t}(1)$이므로 처리 효과를 얻으려면 처리되지 않은 $y_{1t}(0)$만 추정해야 한다. 다행히 처리되지 않은 시계열이 많다. 시간 T 이후의 특정 시간 간격에 처리되지 않은 값으로 구성된 거의 완전한 $J \times (T+1)$ 행렬이 있다(식 6-20).

식 6-20

$$
Y^{T+1}(0) = \begin{matrix}
y_{11}(0) & y_{12}(0) & \cdots & y_{1T}(0) & ? \\
y_{21}(0) & y_{22}(0) & \cdots & y_{2T}(0) & y_{2T+1}(0) \\
\vdots & & & \vdots & \vdots \\
y_{J1}(0) & y_{J2}(0) & \cdots & y_{JT}(0) & y_{JT+1}(0)
\end{matrix}
$$

---

125 5장의 이중차분과 합성 제어를 설명하는 방법의 유사성을 알 수 있다. 실제로 합성 제어는 이중차분 분석의 집계로 이해할 수 있다. 이러한 관계를 활용하는 혁신적인 방법들은 다음 논문에서 살펴볼 수 있다. Dmitry Arkhangelsky, Susan Athey, David A. Hirshberg, Guido W. Imbens, and Stefan Wager, Synthetic difference in differences, 2018, arXiv:1812.09970.

126 Alberto Abadie, Alexis Diamond, and Jens Hainmueller. Synthetic control methods for comparative case studies: Estimating the eff ect of California's tobacco control program. Journal of the American Statistical Association, 105(490): 493-505, 2010.

미래의 시점에 이 행렬을 만들면 각 열의 첫 번째 원소만 계속 놓치게 된다.

사용 가능한 데이터가 주어지면 합성 제어 분석에서 먼저 $\boldsymbol{y}_{-1t}(0) = [y_{2t}(0) \ldots y_{Jt}(0)]'$로부터 $y_{1t}(0)$을 예측하는 모델을 만든다. $t \le T$ 기간에 완전히 관측된 데이터를 사용하여 이 모델을 추정한 다음 관측되지 않은 제어 값 $y_{1T+1}(0)$, $y_{1T+2}(0)$ 등을 예측하기 위해 사용한다. [Abadie and Gardeazabal, 2003]에서 합성 제어는 처리 시계열을 예측할 때 제어 시계열을 결합하기 위해 합이 1이 되는 양의 가중치를 사용한다. 하지만 응용 문제에 따라 예측에 적합한 회귀 모델을 자유롭게 사용할 수 있다. 일반적으로 기간(T)에 비해 많은 제어 시계열 데이터(J)가 있으므로 AICc lasso와 같은 정규화된 회귀를 사용하는 것이 합리적이다.

알고리즘 16   합성 제어

- $\mathbb{E}[y_{1t}(0) \mid \boldsymbol{y}_{-1t}(0)]$에 대한 회귀 모델을 구축하고 $t = 1 \ldots T$ 기간의 데이터를 사용하여 회귀를 추정한다.

- $\hat{y}_{1T+1}(0)$, $\hat{y}_{1T+2}(0)$ 등을 예측하기 위해 이 회귀를 사용하고 다음과 같이 각 시점의 처리 효과를 추정한다.

$$\hat{\gamma}_{1T+s} = y_{1T+s}(1) - \hat{y}_{1T+s}(0)$$

이 방법을 설명하기 위해 스페인 바스크^{Basque} 지역 테러리즘의 경제적 비용에 관한 [Abadie and Gardeazabal, 2003]의 데이터 예제를 다시 살펴보자. 1968년 여름에 살인을 시작한 테러 단체 ETA는 2010년까지 주기적으로 휴전을 하며 살인과 납치를 계속했다. 이러한 테러는 1970년대 말부터 1990년대 초까지 매우 심했으며 1980년에는 최고조에 달해 92명이 사망하고 13명이 납치됐다. 사망자의 70%가 바스크 지역에서 발생했으며 일반적인 납치 대상은 사업주였다.

[Abadie and Gardeazabal, 2003]은 'ETA의 테러가 바스크 지역 경제에 얼마나 해를 끼쳤을까?'라는 질문을 던진다. 테러로 인한 명백하고 비극적인 인적 비용 외에도 폭력의 위협은 투자를 억제하고 생산성을 떨어뜨린다. 이 질문에 답하기 위해 폭력이 현저히 적은 스페인의 다른 지역과 바스크 지역을 비교하여 살펴볼 수 있다. 데이터에는 스페인의 17개 지역 각각에 대한 1955년부터 1990년까지의 1인당 GDP(1986년에는 $1,000로 측정)가 있다. 이 데이터는 [Abadie and Gardeazabal, 2003]의 원래 추정기를 구현하는 R용 **Synth** 패키지에서 가

져왔다. 데이터를 조금 정리한 후에, 처리된 지역인 바스크와 16개의 '제어' 지역이 연속해서 포함된 [식 6-20]과 같은 행렬을 생성한다. 다음의 이 행렬의 일부를 출력한 것이다.

```
> round(y[1:5,11:19],2)
                           1965 1966 1967 1968 1969 1970 1971 1972 1973
Basque Country (Pais Vasco) 5.47 5.55 5.61 5.85 6.08 6.17 6.28 6.56 6.81
Andalucia                   2.58 2.69 2.80 2.99 3.18 3.35 3.52 3.76 3.99
Aragon                      3.75 3.88 4.02 4.24 4.48 4.60 4.72 5.00 5.28
Principado De Asturias      3.74 3.91 4.07 4.31 4.55 4.63 4.70 5.02 5.35
Baleares (Islas)            5.18 5.47 5.74 6.16 6.58 6.89 7.17 7.57 7.96
```

테러 활동이 1968년 중반에 시작되었으므로 첫 번째 처리 연도는 1969년이라고 가정한다. 즉, $T = 1{,}968$이다. $T = 1{,}967$인 경우에도 결과는 크게 변하지 않는다. 그런 다음 회귀를 위해 gamlr의 AICc lasso를 사용하여 [알고리즘 16]을 실행하는 synthc라는 간단한 함수를 만든다.

```
> synthc <- function(j, tyear=1968, ...){
+   y0t <- t(y[,1:(tyear-1954)])
+   fit <- gamlr( y0t[,-j], y0t[,j], ...)
+   y0hat <- predict(fit, t(y[-j,]))[,1]
+   return(list(w=coef(fit)[,1], y0hat=y0hat ))
+ }
```

$j = 1$에 대해 synthc를 실행하면 바스크 지역에서 처리되지 않은 1인당 GDP를 예측하기 위해 선택한 모델은 바스크 지역과 인접한 가장 큰 지역인 카스티야 이 레온^{Castilla y Leon} 지역, 지중해 지역인 무르시아^{Murcia} 및 수도 마드리드^{Madrid} 지역에 0이 아닌 양의 가중치를 갖는다. 발렌시아^{Valencia}와 발레아루스^{Balearic} 제도는 음의 가중치를 갖는다. 이는 레온, 마드리드, 무르시아를 제어한 **후** 발렌시아의 GDP가 **추가로** 증가하면 바스크의 GDP가 감소하는 경향이 있음을 나타낸다.

```
> sc <- synthc(1, lmr=1e-4)
> sc$w
               intercept              Andalucia               Aragon
               0.8324923              0.0000000            0.0000000
  Principado De Asturias        Baleares (Islas)             Canarias
               0.0000000             -0.1436622            0.0000000
               Cantabria         Castilla Y Leon    Castilla-La Mancha
```

0.0000000	0.5159924	0.0000000
Cataluna	Comunidad Valenciana	Extremadura
0.0000000	-0.3581780	0.0000000
Galicia	Madrid (Comunidad De)	Murcia (Region de)
0.0000000	0.4263979	0.8928448
Navarra (Comunidad Foral De)	Rioja (La)	
0.0000000		

만약 ETA가 없었다면 바스크 지역의 1인당 GDP를 예측하는 데 이 계수를 사용할 수 있다. 이것은 다음과 같이 synthc 내부에서 **y0hat**을 생성한다.

```
+    y0hat <- predict(fit, t(y[-j,]))[,1]
```

1968년 이후의 t뿐만 아니라 모든 t에 대한 합성 제어 $\hat{y}_{1t}(0)$을 예측한다는 점에 유의하자. [그림 6-7]은 관찰된 시계열 y_{1t}에 대한 합성 제어 시계열 $\hat{y}_{1t}(0)$을 보여준다. 관찰된 시계열은 1968년까지 처리되지 않았으므로 $y_{1t}=y_{1t}(0)$이고 그 이후 처리가 적용되므로 $y_{1t}=y_{1t}(1)$이다. [그림 6-7]의 왼쪽 그래프는 1968년 이후 두 시계열 사이의 명확한 차이를 보여 주며 결과는 1980년에 1인당 \$1,000에 달하는 테러 비용 $\hat{\alpha}_{1t}$를 나타낸다.

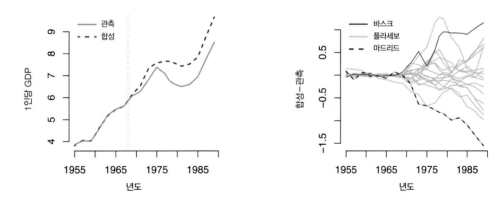

그림 6-7 바스크(ETA) 테러리즘의 경제적 효과에 대한 합성 제어 분석. 1인당 GDP는 1986년 \$1,000 단위다. 왼쪽 그래프는 관측된 GDP와 (테러리즘이 없는) 합성 GDP를 나타낸다. 오른쪽은 사용 가능한 플라세보 단위에 대한 이러한 반사실 간의 차이를 보여준다. 스페인의 다른 16개 지역에 대한 합성 및 실제 GDP 시계열의 차이를 볼 수 있다.

이러한 차이는 얼마나 유의미할까? 합성 제어를 사용한 불확실성 정량화의 경우 귀무 분포에서 표본을 만들기 위해 순열 검정을 사용할 수 있다. 이 방법은 처리가 적용되지 않은 플라세보 단위에서 동일한 방법을 사용하여 얻은 결과와 추정된 처리 효과를 비교한다. 플라세보 단위는 바스크를 제외한 스페인의 16개 지역을 의미한다. 이 지역에 대한 시계열의 합성 제어 추정을 반복하기 위해 synthc를 사용할 수 있다. 그리고 $\hat{y}_{jt}(0)$을 관찰된 $y_{jt}(0)$과 비교할 수 있다. 병렬 라이브러리의 parSapply를 사용하여 이를 수행하므로 여러 지역을 동시에 예측할 수 있다.

```
> # 순열 검정
> library(parallel)
> cl <- makeCluster (detectCores())
> clusterExport (cl, c("y", "gamlr", "synthc"))
>
> gety0 <- function(j) {synthc(j, lmr=1e-4)$y0hat}
> Ysynth <- parSapply(cl, 1:nrow(y), gety0)
> diff <- Ysynth - t(y)
```

결과로 얻은 차이 행렬 diff는 스페인의 모든 지역에 대한 합성 시계열과 관측 시계열 간의 차이 $\hat{y}_{jt}(0) - y_{tj}$를 포함한다. diff의 첫 번째 열만 1968년 이후의 실제 처리 효과 추정치를 포함한다. 다른 열은 플라세보 효과 추정치를 포함한다. 이 추정치는 실제로 처리가 적용되지 않은 경우에 처리 효과로 예측할 수 있는 방법의 귀무 분포를 따른다.

[그림 6-7]의 오른쪽 그래프는 이러한 모든 차이를 보여주며 바스크 지역(처리)의 시계열을 강조하여 표시했다. 17개의 추정된 차이 중에서 실제로 가장 큰 차이에 해당하며, 이는 낮은 p 값을 의미한다. 즉, 귀무가설에서는 드물게 발생한다. 큰 차이를 보여주는 프라시보 시계열 중 하나는 스페인의 수도 마드리드에 해당한다. 마드리드와 스페인의 나머지 지역 사이의 관계는 처리 전후(1968년 전후)가 다르기 때문에 이 지역에 대해 관찰된 시계열과 합성 시계열 사이의 차이로 이어질 가능성이 있다. 바스크 처리 효과에 대한 통계적 유의성을 지정하기 위해 비슷한 변화가 $\hat{y}_{1t}(0)$과 y_{1t} 사이의 차이를 가져오지 않는다고 가정한다.

순열 또는 플라세보 검정은 일반적으로 복잡한 추론 시나리오에서 결과에 대한 신뢰를 얻는 훌륭하고 직관적인 방법이다. 예를 들면 [Gentzkow, 2016]이 있다. 여기서는 정치적 당파의 측정에서 편향과 불확실성을 정량화하기 위해 순열 검정을 사용한다.

스페인 예시는 합성 제어의 한계를 보여준다. 이 방법은 시계열 사이에 **고정된** 구조적 관계에 의존한다. 처리된 시계열에 대한 제어와 관련된 모델은 처리 전후로 달라지지 않는다. 높은 수준에서 이러한 고정성은 가능성이 낮다. 예를 들어 1981년에는 군사 쿠데타 시도가 있었고 1986년에는 유럽위원회에 가입했다. 이 두 사건과 다른 여러 사건을 통해 스페인의 경제 구조와 지역 간의 관계가 변화됐을 가능성이 높다. 또한 합성 제어 방법은 단위(지역) 간의 독립성을 요구하는데 이것 역시 현실적이지 않다. 테러는 바스크 지역에 국한되지 않으며 모든 지역 간에는 상호작용이 존재한다.

하지만 이러한 한계에도 불구하고 합성 제어는 실제 제어의 전체 집합을 관찰했다는 확신이 없는 경우 인과적 처리 효과의 적절한 추정치를 얻을 수 있는 방법을 제공한다. [알고리즘 16]의 회귀 모델에 공변량 x_t를 추가로 입력하여 합성 제어와 관찰된 제어를 결합할 수도 있다. 그리고 [알고리즘 16]을 확장한 여러 방법을 문헌에서 확인할 수 있다. 구글의 연구원들[127]은 베이지안 시계열 도구를 사용하여 합성 제어 방법을 구현하는 R의 `causalInference` 패키지를 개발했다. 최근에는 [Athey, 2017a]에서 합성 제어 방법과 [식 6-20]에서 '?'를 채우는 '행렬 완성'이라는 일반적인 머신러닝 문제를 연결한다. 여기서는 기존의 머신러닝 도구를 사용하여 많은 수의 j에 걸쳐 합성 $\hat{y}_{jt}(0)$ 시계열을 효율적으로 만들 수 있다는 것을 보여준다. 이것은 처리된 단위가 많은 경우에 유용하다.

기본적인 저차원 OLS에서 합성 제어에 이르기까지 이 장에서 설명한 모든 방법은 사용 가능한 실험적 증거와 함께 사용하는 것이 가장 좋다. 실험은 더 큰 데이터셋에 대한 관찰 연구로 보완할 수 있는 인과적 영향에 대해 편향되지 않은 증거를 제공한다. 그리고 어떤 인과적 추론은 몇몇 도메인 구조 없이는 거의 쓸모가 없다. 처리가 반응에 작용할 수 있는 메커니즘이 무엇인지 항상 자문하고 이러한 정보를 사용하여 실험 설계, 제어 선택 그리고 이종성 모델링을 진행해야 한다. 5장과 6장의 머신러닝 및 통계 도구는 비즈니스 분석가로서 경력에 유용하다. 하지만 당면한 문제의 구조를 생각하지 않고 자동으로 사용할 수는 없다.

---

[127] Kay H. Brodersen, Fabian Gallusser, Jim Koehler, Nicolas Remy, Steven L. Scott, et al. Inferring causal impact using Bayesian structural time-series models. The Annals of Applied Statistics, 9: 247-274, 2015.

## CHAPTER 7

인수분해

데이터 과학에서는 항상 **차원 축소**^{dimension reduction}를 고려해야 한다. 이 장에서는 좋은 결정을 내리는 데 필요한 정보를 포함하도록 고차원 데이터 x를 저차원으로 압축하는 방법을 **살펴본다**.

차원 축소는 지도 학습일 수도 있고 비지도 학습일 수도 있다. **지도 학습**에서 외부 '반응' 변수 y는 차원 축소 방향을 나타낸다. 회귀에서 고차원 데이터 x는 계수 β를 통해 투영되어 저차원 (일변량) 요약 $\hat{y}$을 생성한다. 즉, 2장부터 4장까지는 모두 지도 학습에 관한 내용이다.

이와 대조적으로 **비지도 학습**은 반응이나 결과가 없다. 이 방법은 주어진 고차원 데이터 x를 적은 수의 성분을 이용해 모델링하여 x 자체를 단순화한다. 왜 그럴까? 예를 들면 부분적으로 관찰된 값이 있을 때 관찰된 항목으로부터 알려지지 않은 항목을 예측할 수 있다. 이것은 '추천 엔진'을 만드는 한 가지 방법이다. 예를 들어 벡터 x의 각 요소 x_j는 사용자가 영화 j를 얼마나 좋아하는지 1부터 10까지의 숫자로 나타낸 평점을 의미한다고 가정하자. 넷플릭스[128]는 사용자가 점수를 매긴 영화 정보로 아직 보지 않은 영화에 대한 x_j를 예측하고자 한다.

또 다른 일반적인 설정은 x에서 y를 예측하고 싶지만 y가 없는 관측치 x가 많은 경우다. 예를 들어 트윗의 단어들로 감정을 예측할 수 있다. 방대한 양의 트윗(많은 관측치 x)이 주어지지만 트윗의 내용이 긍정적 또는 부정적 감정을 표현하는지 알 수 있는 트윗의 비율은 적다. 트윗마

---

128 인터넷을 통해 전세계에 영화와 드라마 등의 미디어 콘텐츠를 제공하는 미국의 유료 스트리밍 서비스

다 사람이 직접 라벨을 결정해야 한다면 말이다. 비지도 학습을 이용하여 모든 트윗을 **주제별로** 나눈 다음, 라벨이 정해진 트윗의 하위 집합을 감정에 따라 쉽게 정렬할 수 있다.

이 장에서는 각 x에 대한 기댓값을 적은 수의 인수의 합으로 나누는 다양한 **인수분해** 방법을 살펴본다. 비지도 인수분해로 시작하여 y를 추가하고 지도 요인 모델을 고려하는 것으로 마무리한다. 항상 그렇듯이 표본 외 편차를 최소화하는 것을 목표로 문제를 설정한다.

7.1 클러스터링

클러스터링 분석은 비슷한 관측 데이터를 그룹으로 묶기 위해 사용한다. 예를 들면,

- 문서를 주제별로 나눈다.
- 선호도 또는 가격 민감도에 따라 소비자를 분류한다.
- 투표를 유도하는 이슈에 따라 유권자를 그룹화한다.
- 비슷한 장르나 밴드를 좋아하는 음원 청취자를 찾는다.

클러스터링은 **혼합 분포**mixture distribution의 결과로 데이터를 나타낸 것이다. 관측 데이터 x_i가 K개의 서로 다른 **혼합 성분**($k = 1 ... K$일 때 확률 분포 $p_k(x)$)에서 추출되었다고 가정한다. 이러한 성분 분포의 속성(예를 들면 평균값)으로 클러스터를 정의한다.

개별 성분은 단순하더라도 이를 혼합한 것은 여러 복잡한 분포를 만들 수 있다. 생성 성분 k를 모를 경우 x에 대한 **무조건 분포**unconditional distribution(주변 분포)는 다음과 같다.

식 7-1
$$p(x) = \pi_1 p_1(x) + ... \pi_K p_K(x)$$

여기서 π_k는 모집단의 성분 k에 대한 확률을 나타낸다. 이 혼합 분포는 [그림 7-1]처럼 각 기본 성분에 대해 여러 모드를 가질 수 있다.

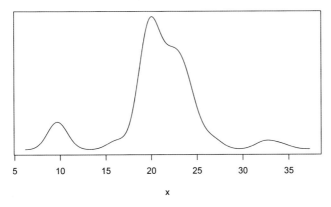

확률 밀도 함수

그림 7-1 은하 속도에 대한 무조건 분포

[그림 7-1]은 우주 은하의 속도를 추정한 데이터를 보여준다. 우주의 역사에 대한 정보를 제공하기 때문에 천문학자는 이러한 종류의 데이터에 관심이 있다. 기본 은하단은 우주의 지도를 만드는 데 사용할 수 있다. 하지만 주어진 것은 [그림 7-1]뿐이며 클러스터의 구성을 알 수 없다. 어떻게 이것을 추정할 수 있을까?

관측 데이터 x_i에 대한 K개의 가능한 평균이 있다고 가정하자.

식 7-2
$$\mathbb{E}[\boldsymbol{x}_i | k_i] = \boldsymbol{\mu}_{k_i}, \ k_i \in \{1 \dots K\}$$

예를 들어 $k_i = 1$이면 $\mathbb{E}[x_{i1}] = \mu_{11}$, $\mathbb{E}[x_{i2}] = \mu_{12}$ 등으로 나타낸다. 이것은 아직 혼합 모델이 아니다. 평균값을 표현했을 뿐이다. 회귀와 같이 편차를 최소화하려면 확률 분포를 사용하여 구체화해야 한다.

K-평균 정규 혼합 모델은 클러스터링을 위한 가장 일반적인 모델이다.

식 7-3
$$p_k(\boldsymbol{x}) = N(\boldsymbol{x}; \boldsymbol{\mu}_k, \boldsymbol{\Sigma}_k)$$

여기서 $N(\cdot)$은 다변량 정규 분포를 나타낸다. 일반적으로 $\boldsymbol{x}$의 각 요소가 서로 **독립적**이고 동일한 분산을 가진다고 가정하며 이 때 공분산 행렬은 다음과 같다.

식 7-4

$$\Sigma_k = \text{diag}(\sigma_k^2) = \begin{bmatrix} \sigma_k^2 & 0 & & & \\ 0 & \sigma_k^2 & & \ddots & \\ & & \ddots & & \\ & \ddots & & \sigma_k^2 & 0 \\ & & & 0 & \sigma_k^2 \end{bmatrix}$$

[식 7-3]의 확률 분포는 각 차원의 일변량 정규 분포의 곱이 된다. 따라서 완전 혼합 모델은 다음과 같다.

식 7-5

$$p(\boldsymbol{x}_i | k_i) = p_{k_i}(\boldsymbol{x}_i) = \prod_j N(x_{ij}; \mu_{k_{ij}}, \sigma_k^2)$$

이 모델에 대한 추정은 [알고리즘 17]의 K-평균 방법으로 이어지며 제곱오차를 최소화하는 단계가 반복된다.

K-평균 알고리즘은 K개의 성분에서 각 클러스터의 구성원을 추정하는 일반적인 방법이다. 성분 평균 $\hat{\boldsymbol{\mu}}_k$를 추정하고 구성원 k_i를 업데이트한 후 [식 7-5]의 가능도를 최대화하여 x_i가 $\hat{\boldsymbol{\mu}}_{ki}$에 가까워지도록 한다. [알고리즘 17]의 최소제곱 단계는 [식 7-5]의 독립 정규 혼합 모델에 해당하는 (조건부) 편차를 최소화한다.[129] K-평균에 $\boldsymbol{x}_i$가 주어지면 k_i 할당 결과와 평균값 $\hat{\boldsymbol{\mu}}_k$를 반환한다. [그림 7-2]는 2차원 $\boldsymbol{x}$에 대한 3-평균 클러스터링의 수렴 결과를 보여준다. [그림 7-3]은 [그림 7-1]의 은하 속도 데이터에 대한 4-평균 클러스터링 결과다.

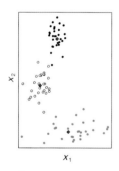

그림 7-2 3-평균 클러스터링의 수렴 결과

---

129 K-평균은 혼합 모델을 적합하는 방법이다. 평균값 $\hat{\boldsymbol{\mu}}_k$를 업데이트할 때 k_i에 대한 불확실성을 고려하여 성능을 개선할 수 있다. 이것은 기댓값 최대화(expectation-maximization, EM) 알고리즘으로 이어진다.

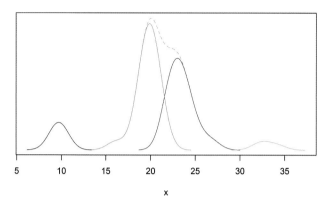

확률 밀도 함수

5   10   15   20   25   30   35

x

그림 7-3 은하 속도 데이터에 대한 4-평균 클러스터링. 그래프별 최고점은 동일한 적합 할당 k_i를 공유하는 관측치들의 밀도 분포를 보여준다.

알고리즘 17 $K-$평균

관측 데이터 $\{\pmb{x}_i\}_{i=1}^{n}$을 K개의 그룹으로 클러스터링하기 위해 각 i에 대해 $k_i \in \{1 \dots K\}$를 무작위로 초기화한다. 그런 다음 수렴할 때까지 다음 과정을 실행한다.

- 클러스터의 중심을 추정한다.

$$\hat{\pmb{\mu}}_k = \bar{\pmb{x}}_k = \frac{1}{n_k} \sum_{i:k_i=k} \pmb{x}_i$$

여기서 $\{i:k_i=k\}$는 $k_i=k$인 n_k개의 관측 데이터를 의미한다.

- 각 i에 대해 $\pmb{x}_i$에 가장 가까운 중심 $\hat{\pmb{\mu}}_k$가 있는 성분으로 k_i를 업데이트한다.

$$k_i = \operatorname{argmin}_k \sum_{j} (x_{ij} - \hat{\mu}_{kj})^2$$

지금까지 살펴본 다른 편차 최소화 알고리즘과 $K-$평균 사이에는 성가신 차이점이 있다. $K-$평균은 여러 번 실행하면 답이 달라질 수 있다. 최소화 목표 함수가 **비볼록**[non-convex]이고 k_i를 무작위로 초기화하기 때문이다. 비볼록성은 편차 표면이 하나의 최솟값을 갖는 단순한 컵(예를 들면 x^2)과 같은 형태가 아닌 것을 의미한다. [알고리즘 17]을 실행하는 동안 k_i는 수렴할 수 있는 '솔루션'이 여러 개인 울퉁불퉁한 표면을 갖는다. 이러한 이유로 여러 번 임의의 초기

화를 통해 K-평균을 실행하고 가장 낮은 편차(중심 $\hat{\mu}_k$ 주변의 가장 낮은 제곱오차합)를 제공하는 솔루션을 사용하는 것이 좋다.

더 일반적으로 이러한 종류의 불확정성은 분석을 멈추게 한다. 알고리즘을 실행할 때마다 추정 값이 달라진다면 클러스터가 '참'이라는 것을 어떻게 알 수 있을까? 실제로 이러한 문제 때문에 클러스터링 결과를 유용한 탐색 또는 예측 요약 이상으로 해석하지 않도록 주의해야 한다.

이 절차를 설명하기 위해 식품별로 여러 (이전) 유럽 국가들을 클러스터링하는 방법에 대해 알아보자. 25개국의 국가별 단백질 소비량에 대한 데이터가 있다.

```
> food <- read.csv("protein.csv", row.names=1)  # 첫 열은 국가명
> head(food)
               RedMeat WhiteMeat Eggs Milk Fish Cereals Starch Nuts Fr.Veg
Albania           10.1       1.4  0.5  8.9  0.2    42.3    0.6  5.5    1.7
Austria            8.9      14.0  4.3 19.9  2.1    28.0    3.6  1.3    4.3
Belgium           13.5       9.3  4.1 17.5  4.5    26.6    5.7  2.1    4.0
Bulgaria           7.8       6.0  1.6  8.3  1.2    56.7    1.1  3.7    4.2
Czechoslovakia     9.7      11.4  2.8 12.5  2.0    34.3    5.0  1.1    4.0
Denmark           10.6      10.8  3.7 25.0  9.9    21.9    4.8  0.7    2.4
```

R에서 K-평균을 적합하기 위해 먼저 데이터를 수치 행렬 x로 변환해야 한다. 즉, 모든 요인을 더미 변수로 확장해야 한다. 이 단백질 데이터는 수치형이다. 하지만 **스케일링**을 고려할 필요가 있다. x의 차원마다 제곱오차를 최소화할 때(예를 들어 K 최근접 이웃[130]) 항상 그렇듯이 차원에 사용된 **단위**가 결과에 영향을 준다. 변환된 데이터 $\tilde{x}_j = (x_{ij} - \bar{x}_j)/\mathrm{sd}(x_j)$를 위해 **표준편차**와 클러스터의 단위를 이용한다. 이러한 새 단위는 평균이 0이 되도록 데이터를 변환하므로 **전체 평균에서 표준편차** 단위로 해석할 수 있다.

```
> xfood <- scale(food)
> round(head(xfood),1)
         RedMeat WhiteMeat Eggs Milk Fish Cereals Starch Nuts Fr.Veg
Albania      0.1      -1.8 -2.2 -1.2 -1.2     0.9   -2.2  1.2   -1.4
Austria     -0.3       1.7  1.2  0.4 -0.6    -0.4   -0.4 -0.9    0.1
Belgium      1.1       0.4  1.0  0.1  0.1    -0.5    0.9 -0.5   -0.1
Bulgaria    -0.6      -0.5 -1.2 -1.2 -0.9     2.2   -1.9  0.3    0.0
```

---

130 K 최근접 이웃과 K-평균은 신중하게 입력해야 한다는 사실 외에는 거의 관련이 없다.

| Czechoslovakia | 0.0 | 0.9 | -0.1 | -0.6 | -0.7 | 0.2 | 0.4 | -1.0 | -0.1 |
| Denmark | 0.2 | 0.8 | 0.7 | 1.1 | 1.7 | -0.9 | 0.3 | -1.2 | -1.0 |

kmeans 함수는 K를 설정하기 위해 centers라는 인수를 사용하고 알고리즘의 반복 횟수를 결정하기 위해 nstart를 사용한다. 앞에서 설명한대로 반복할 때마다 매번 다른 초기화를 적용한다. 그리고 nstart번 실행한 결과에서 발견된 최소 편차를 보고한다. 단백질 데이터에 대해 간단한 3-평균 모델을 적합해보자.

```
> (grpMeat <- kmeans(xfood,  centers=3, nstart=10))
K-means clustering with 3 clusters of sizes 6, 4, 15

Cluster means:
     RedMeat  WhiteMeat       Eggs       Milk       Fish    Cereals      Starch
Nuts
1 -0.7901419 -0.5267887 -1.1655757 -0.9047559 -0.9504683  1.4383272 -0.7604664
0.8870168
2 -0.5088020 -1.1088009 -0.4124850 -0.8320414  0.9819154  0.1300253 -0.1842010
1.3108846
3  0.4517373  0.5063957  0.5762263  0.5837801  0.1183432 -0.6100043  0.3533068
-0.7043759
       Fr.Veg
1 -0.5373533
2  1.6292449
3 -0.2195240

Clustering vector:
      Albania      Austria      Belgium     Bulgaria Czechoslovakia
Denmark
            1            3            3            1              3
3
. . .
```

grp$cluster 객체는 각 관찰 데이터에 대한 클러스터 할당 정보를 갖고 있으며 [그림 7-4]에서 3-평균 클러스터링 결과를 보여주기 위해 이 정보를 활용했다. 결과적으로 구소련(USSR) 및 일부 인접 국가가 속한 작은 클러스터와 서유럽 지중해 블록에 속한 나라로 이뤄진 클러스터를 볼 수 있다.

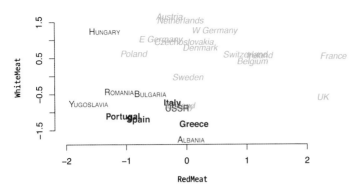

그림 7-4 국가별 단백질 소비량에 대한 3-평균 클러스터링 결과. RedMeat과 WhiteMeat 평면에 표시했지만 다른 모든 단백질 범주를 고려하여 적합한 결과다.

[그림 7-5]는 비교를 위해 7-평균 클러스터링을 실행한 결과다. 다시 말하지만, 9개의 모든 단백질 범주에 대해 클러스터링하고 red-meat과 white-meat 평면에 이 결과를 시각화한 것이다. 클러스터별로 서로 다른 글자색과 글꼴을 사용하여 표시했다. 단백질 소비량만으로 클러스터링했지만 문화가 비슷하거나 지리적으로 가까운 국가들로 클러스터가 구성된다.

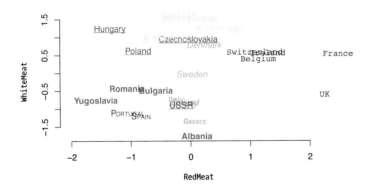

그림 7-5 국가별 단백질 소비량에 대한 3-평균 클러스터링 결과

K를 선택하는 것은 상당히 주관적이다. 실제로 데이터에는 클러스터의 개수에 대한 정보가 거의 없다. 그리고 K를 자동으로 선택하는 알고리즘은 성분 확률 모델에 대한 가정에 민감하다. 예를 들어 회귀 모델에 대한 입력으로 클러스터 구성 정보를 사용하는 경우는 예외다. 이 경우에는 클러스터의 개수를 판단하는 기준으로 일반적인 CV 루틴을 사용할 수 있다. 하지만 그 외에는 모든 것이 기술적이다. 즉, 데이터를 상대적으로 비슷한 그룹끼리 나누려고 할 뿐이다. 몇

가지 K를 시도해보고 가장 그럴듯한 클러스터링 결과를 보이는 K를 선택하는 것이 현명하다.

다른 방법을 원한다면 데이터에 기반한 모델 구축 방법을 사용할 수 있다. 항상 그렇듯이 모델들을 나열한 후 하나를 선택하는 절차다.

1. $K_1 < K_2 ... K_T$ 클러스터를 위한 모델들을 나열한다.
2. 새로운 x에 가장 적합한 모델을 선택하기 위해 선택 도구를 사용한다.

x의 새로운 정도가 핵심이다. 항상 그렇듯이 모델의 표본 외 편차가 낮아야 한다. $K = n$으로 설정하면 항상 편차가 0이 될 수 있으므로 표본 내 편차는 쓸모가 없다.

여기서 CV 루틴을 적용할 수 있다. 각 K에 대해 일부 데이터로 혼합 모델을 적합하고 [식 7-1]에서 적합된 **무조건적** 가능도에 대해 나머지 데이터로 표본의 편차를 평가한다.[131] 나머지 데이터 x_f에 대해 k_f를 모르기 때문에 무조건적 가능도에서 구한 편차를 사용해야 한다.

하지만 K-평균은 계산 비용이 많이 들기 때문에 일반적으로 전체 CV 실험을 실행하는 것은 비현실적이다. 클러스터의 개수를 선택하기 위해 정보 기준(IC)을 사용하는 것이 더 일반적이다. K-평균에 대한 전체 표본 내 편차는 [식 7-5]의 모델에 대한 제곱합 $\sum_i \sum_j (x_{ij} - \hat{\mu}_{k_i j})^2$이다. 자유도 개수는 클러스터 중심의 파라미터 수 $K \times p$와 같다. 이 두 가지 사실로 인해 일반적인 AIC, AICc, BIC 공식이 적용된다. 예를 들어 [그림 7-6]은 국가별 단백질 소비량 데이터에 대한 클러스터링의 BIC 결과를 보여주며 이를 바탕으로 $K = 2$를 선택한다.

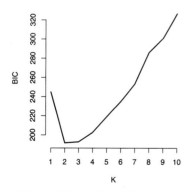

그림 7-6 단백질 소비량에 대한 클러스터링 예제에서 K를 위한 BIC 결과

131 혼합 모델의 성분 가중치를 추정하기 위해 $\hat{\pi}_k = n_k/n$을 사용할 수 있다.

하지만 조심해야 한다. CV에서 BIC에 이르는 모든 방법은 회귀보다 신뢰성이 떨어진다. CV 루틴은 K의 함수로서 모델 적합이 불안정한 경우 문제가 발생한다. 이것은 CV가 제대로 작동하지 않는 전진 단계적 회귀와 유사하다. 반면에 AIC, AICc, BIC는 회귀 모델에 비해 유효성이 떨어지는 이론적 근사치에 의존한다. 그럼에도 BIC가 혼합 모델에 잘 작동한다는 몇 가지 증거가 있다.[132] 이것은 다른 방법보다는 낫지만 완전히 신뢰할 수 있는 것은 아니다. 예를 들어 [그림 7-6]은 유럽의 단백질 예제에서 BIC가 직관적으로 생각한 것보다 적은 수의 클러스터를 선택하는 것을 보여준다.

7.2 요인 모델과 PCA

클러스터링과 혼합 모델링은 비지도 차원 축소를 위한 일반적인 프레임워크 인수분해의 특수한 경우다. 고차원 데이터 x의 행렬을 몇 가지 '중요한' 요인의 함수로 축소한다. 이렇게 하려면 알려지지 않은 요인의 함수로 x에 대한 선형 모델을 만들고 요인과 모델을 동시에 추정해야 한다. 요인 모델은 다음과 같다.

식 7-6
$$\mathbb{E}[x_i] = \varphi_1 v_{i1} + \dots \varphi_K v_{iK}$$

여기서 x_i와 φ_k는 모두 길이가 p인 벡터고 v_{ik}은 관측치 i가 요인 k를 로딩^{loading}하는 정도를 나타내는 일변량 점수다.

p보다 훨씬 작은 K를 사용할 때 요인 모델은 x를 위한 간결한 표현을 제공한다. 각 관측치 x_i는 K개의 요인 $v_{i1} \dots v_{ik}$에 매핑되고 이러한 요인은 x를 저차원으로 요약한 정보가 된다. [그림 7-7]의 멋진 예제[133]를 살펴보자. 이것은 SNP 유전자 정보 벡터(고차원 x)를 2차원 요인 공간으로 적합한 매핑 결과를 보여준다. 출신 국가에 따라 색을 다르게 처리하면 패턴이 드러난다. 요인을 이용한 표현 결과는 (기울어진) 유럽의 지도와 비슷하다. 이것은 유전 물질에 대한 최적의 2차원 요약이 단순하게 위도와 경도에 대응된다는 것을 의미한다. 즉, 어디 출신인지

---

132 K. Roeder and L. Wasserman. Practical Bayesian density estimation using mixtures of normals. Journal of the American Statistical Association, 92: 894–902, 1997.
133 [Novembre, 2008]에서 사용한 데이터다.

알면 유전자 정보도 알 수 있다.[134]

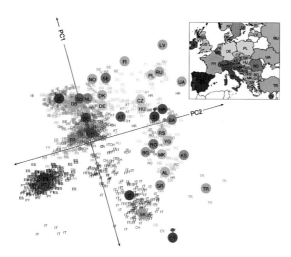

그림 7-7 유전자 서열을 두 가지 요인으로 표현한 결과. 각 점은 개인의 유전자 서열을 의미하며 두 요인으로 축소된 차원 공간에 위치한다.

[식 7-6]의 모델을 x의 각 차원에 대해 다음과 같이 확장할 수 있다.

식 7-7
$$\mathbb{E}[x_{ij}] = \varphi_{j1} v_{i1} + \dots \varphi_{jK} v_{iK}, \; j = 1 \dots p$$

[식 7-6]과 [식 7-7]은 동일한 모델이다. v_{ik}는 각 관찰 데이터와 연결된다. 이 값은 추정해야 하는 미지의 **잠재** 요인이라는 점을 제외하면 회귀에서 x_{ij} 입력과 같다. φ_{jk} 계수를 **로딩** 또는 **회전**rotation이라고 부른다. 이는 모든 관측치에 대해 공유되는 모델의 속성이다. x_{ij}를 v_i로 회귀하는 계수라고 할 수 있다.

[알고리즘 17]에서 소개한 K-평균과 이 요인 모델의 관계를 살펴보자. $v_{ik_i} = 1$이고 $j \neq k_i$에 대해 $v_{ij} = 0$일 때 $\boldsymbol{\mu}_k = \boldsymbol{\varphi}_k$로 설정하면 혼합 평균 수식은 [식 7-6]과 동일하다. K-평균 표현식은 강제로 요인 점수를 이진 벡터로 바꾼 요인 모델로 볼 수 있다. 즉, 단일 요인에 대해서만 불러올 수 있는 요인 모델이다. 반대로 일반적인 요인 모델은 **혼합 멤버십**mixed membership을 허용한다.

---

134 [그림 7-7]의 지리적 패턴은 놀랍지만 이 두 가지 요인은 원래의 유전적 변이의 0.45%만을 설명한다. 유전자에 대한 지리적 중요성을 지나치게 강조하는 것에 현혹되지 말자.

단백질 소비량 예제에서 K-평균은 한 클러스터의 모든 국가가 동일한 기대 식단을 갖도록 강제한다. 이와 대조적으로 전체 요인 모델은 각 국가가 공유된 기본 식단을 혼합하여 소비하도록 한다. 예를 들어 그리스는 어떤 차원에서는 이탈리아와 비슷하고 다른 차원에서는 터키와 더 비슷하다.

요인 모델은 어떻게 추정할까? x를 v로 회귀해야 한다. 쉬워 보이지만 v를 모르는 상태에서 추정해야 한다. 선형대수를 사용하여 [식 7-6]에서 이 모델을 추정하는 빠른 방법들이 많다. 실제로 제한된 클러스터링 모델에 대해 K-평균을 실행하는 것보다 일반 요인 모델을 추정하는 것이 더 쉽다. 대수적인 세부사항을 다루지 않고 요인 추정에 대해 고려할 수 있는 몇 가지 휴리스틱^{heuristic}을 소개한다. 그런 다음 R에서 인수분해 함수를 사용하여 실행한다.

다음으로 **탐욕** 알고리즘을 살펴보자. 요인의 첫 번째 차원인 $v^1 = [v_{11} \ldots v_{n1}]$을 구한다고 가정하자. 위 첨자 '1'을 사용하여 첫 번째 관측치의 모든 요인을 나타내는 v_1과 구분한다. 이 단일 요인 모델에 대한 수식을 다음과 같이 $i = 1 \ldots n$에 대해 작성할 수 있다.

$$\mathbb{E}[x_{i1} \mid v_{i1}] = \varphi_{11} v_{i1}$$
$$\vdots$$
$$\mathbb{E}[x_{ip} \mid v_{i1}] = \varphi_{1p} v_{i1}$$

이제 문제는 모든 차원에서 평균제곱오차합을 최소화하는 v^1과 φ_1을 찾는 것이다. 편리하게도 이 문제는 단순한 폐쇄형^{closed-form} 해가 존재한다.[135] 그리고 v^1과 φ_1을 구한 후에는 잔차 $x_{ij} - \varphi_{1j} v_{i1}$을 계산하고 이 잔차에 대해 평균제곱오차합을 최소로 하는 v^2를 찾는다. 잔차가 모두 0이 될 때까지 이 과정을 반복하며 $\min(p, n)$ 단계 후에, 즉 요인 수가 차원 또는 관측치 수만큼 될 때 발생한다.

이러한 과정을 **주성분 분석**^{principal component analysis}(PCA)이라고 한다. PCA 결과는 회전 $\Phi = [\varphi_1 \cdots \varphi_k]$이다. 이것은 관찰값 x_i에 대한 요인 점수 v_i를 얻기 위해 사용할 수 있다. 이전에 보여준 특정한 탐욕 알고리즘을 실제로 사용하지는 않는다. 더 효율적인 방법이 있긴 하지만 직감적으로 이해하기에 좋다. 다음 모델에 대해 차원 $j = 1 \ldots p$와 관측값 $i = 1 \ldots n$의 편차를 최소

---

135 선형대수를 이용하면 φ_1은 공분산 행렬 $X'X$의 첫 번째 **고유벡터**로 풀 수 있다. v_{i1}을 임의로 이동하고 스케일링했을 때 φ_{1j}로 조정한 후 동일한 R^2을 얻는다. 따라서 스케일을 정하기 위해 제한사항 $\Sigma_j^p \varphi_{kj}^2 = 1$을 추가한다.

화하기 위해 $\boldsymbol{\varphi}_k$와 잠재 요인 $\boldsymbol{v}^k$를 반복적으로 적합한다.

식 7-8
$$\tilde{x}_{ij}^k \sim \mathrm{N}\left(\nu_{ik}\,\varphi_{kj},\,\sigma_k^2\right)$$

여기서 $\tilde{x}_{ij}^k = \tilde{x}_{ij}^{k-1} - \nu_{ik-1}\,\varphi_{k-1j}$는 $\widetilde{\boldsymbol{X}}^1 = \boldsymbol{X}$에서 시작하여 $k-1$ 요인을 적합한 후의 잔차를 의미한다. PCA는 현재 잔차를 설명하기 위해 가능한 최상의 요인에 회귀를 반복적으로 적합하는 것이다.

PCA에 대한 직관을 키우는 또 다른 방법은 저차원에서 어떤 일이 일어나는지 시각적으로 이해하는 것이다. [그림 7-8]의 2차원 데이터를 살펴보자. 빨간색 선은 x_1을 x_2에 OLS 적합한 결과다(반대의 경우에도 이 선은 동일하다). 이 선은 관측된 데이터 범위에 걸친 **길이**를 가지며 각 데이터 포인트는 $[x_1, x_2]$ 좌표에서 해당 위치에 가장 가까운 선의 위치로 매핑할 수 있다. 이 선의 기울기는 $\boldsymbol{\varphi}_1$ 로딩 크기로 정의되며 선에서 각 점에 매핑된 위치는 요인 점수 ν_{1i}를 의미한다.

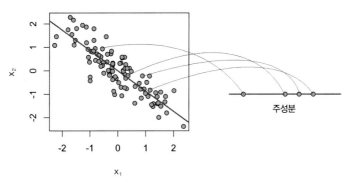

그림 7-8 2차원 데이터에 대한 PCA. PCA는 x_1과 x_2에 맞는 선을 찾고, 각 관측치에서 선의 가장 가까운 위치를 확인하는 것과 같다.

첫 번째 PCA **방향**을 찾기 위해 2차원에서 1차원으로 데이터를 투영했다. 알고리즘의 다음 단계는 이 선에 대해 x_1과 x_2의 잔차를 구하고 이러한 투영 절차를 반복하는 것이다. 잔차를 구하고 1차원을 다른 차원으로 회귀하면 [그림 7-9]와 같이 새로운 선(PC2)을 얻을 수 있다. 데이터가 2차원이기 때문에 여기에서 알고리즘은 중단된다. $[x_1, x_2]$에서 새로운 요인 공간 $[\nu_1, \nu_2]$으로 1:1 매핑이 존재한다. PC1과 PC2 요인 점수로부터 모든 점을 완벽하게 다시 생성할 수 있다.

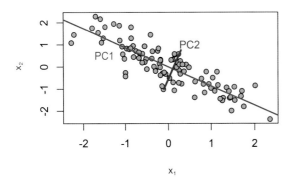

그림 7-9 [그림 7-8]의 데이터에 대한 2-요인 PCA

[그림 7-9]는 데이터의 축을 **회전**하여 데이터를 원래 좌표에서 새로운 공간으로 이동시킨 것을 보여준다. 대부분의 데이터 변동이 첫 번째 좌표를 따라 분산되고 두 번째 좌표를 따라서는 거의 분산되지 않는 것을 볼 수 있다. 실제로 이것이 PCA의 요점이다. **분산이 큰** 다변량 x의 투영을 찾는 것이다. 예를 들어 [그림 7-8]과 [그림 7-9]에서 PC1을 따라 데이터가 펼쳐진 것과 같이, 결과적으로 v_{ik}은 가장 긴 선을 따라 펼쳐진다. 결과 주성분은 적합된 투영의 분산에 따라 $var(v_{1i}) > var(v_{2i}) \ldots var(v_{pi})$로 정렬된다. 처음 $K \ll p$개의 성분만 추적하여 대부분의 데이터 변동을 요약할 수 있다. 즉, 원본 데이터를 완벽하게 재생성해낼 수 있는 성분을 적합한 다음 처음 몇 개만 사용하여 x_i의 주요 변동 방향을 설명할 수 있다.

회전 $\mathbf{\Phi} = [\boldsymbol{\varphi}_1 \ldots \boldsymbol{\varphi}_K]$를 적합한 후 관찰 i에 대한 k번째 주성분(PC) 점수는 다음과 같이 빠르고 쉽게 얻을 수 있다.

식 7-9
$$v_{ki} = \boldsymbol{x}_i' \boldsymbol{\varphi}_k = \sum_{j=1}^{p} \varphi_{kj} x_{ij}$$

일반적인 관행은 $\mathbf{\Phi}$를 유지하고 필요에 따라 x_i에 대한 PC 점수를 복구하기 위해 [식 7-10]을 사용한다.[136] 이 식을 요인 분산에 대한 이전 논의와 결합하여 [알고리즘 18]과 같이 PC 점수를 일련의 분산 최대화로 요약할 수 있다.

---

136 세부사항을 살펴보면 v_{ki}에 대한 이 정의는 앞서 설명한 알고리즘에 의해 함축된 PC 점수를 이동시키거나 크기를 조정한 버전이 될 것이다. v는 잠재되어 있고 고유한 단위가 없기 때문에 이러한 정의는 모두 본질적으로 동일하다.

$n \times p$ 데이터 행렬 $\tilde{X}^1 = X$를 설정한다. 그런 다음 $k = 1 \dots \min(n, p)$에 대해 다음을 수행한다.

- 다음을 찾는다.

식 7-10
$$\varphi_k = \text{argmax}_{\varphi_k} \left[\text{var}(\tilde{X}^k \varphi_k) = \text{var}\{v_{k1}, \dots, v_{kn}\} \right]$$

여기서 $v_{ki} = \varphi_k' \boldsymbol{x}_i = \sum_{j=1}^{p} x_{ij} \varphi_{kj}$ 그리고 $\sum_{j=1}^{p} \varphi_{kj}^2 = 1$이다.

- $\tilde{\boldsymbol{x}}_i^{k+1} = \tilde{\boldsymbol{x}}_i^k - v_{ki} \times \varphi_k$를 통해 $\tilde{X}^k$를 업데이트한다.

R에는 PCA를 실행하는 여러 가지 방법이 있다. MBA 수업에서 다양한 버전을 사용해보았는데 가장 믿을 만한 방법은 prcomp(x, scale=TRUE)다. 여기서 scale=TRUE 인수가 중요하다. x_{ij}를 직접 적합하는 작업이므로 K–평균 및 K 최근접 이웃과 같이 데이터를 스케일링하여 다른 임의의 단위가 아닌 x_j의 표준편차로 작업하는 것이 좋다. 설명을 위해 이것을 단백질 소비량 데이터에 적용한다.

```
> pcfood <- prcomp(food, scale=TRUE)
> round(pcfood$rotation, 1)
          PC1  PC2  PC3  PC4  PC5  PC6  PC7  PC8  PC9
RedMeat   -0.3 -0.1 -0.3 -0.6  0.3 -0.5  0.2  0.0  0.2
WhiteMeat -0.3 -0.2  0.6  0.0 -0.3 -0.1  0.0  0.0  0.6
Eggs      -0.4  0.0  0.2 -0.3  0.1  0.4 -0.4 -0.5 -0.3
Milk      -0.4 -0.2 -0.4  0.0 -0.2  0.6  0.5  0.1  0.2
Fish      -0.1  0.6 -0.3  0.2 -0.3 -0.1 -0.1 -0.4  0.3
Cereals    0.4 -0.2  0.1  0.0  0.2  0.1  0.4 -0.7  0.2
Starch    -0.3  0.4  0.2  0.3  0.7  0.1  0.2  0.1  0.1
Nuts       0.4  0.1 -0.1 -0.3  0.2  0.4 -0.4  0.2  0.5
Fr.Veg     0.1  0.5  0.4 -0.5 -0.2  0.1  0.4  0.1 -0.2
```

여기서 Φ는 '회전' 행렬이다. 각 열 $\varphi_k = [\varphi_{k1} \dots \varphi_{kp}]'$은 k번째 PC 방향에서 $\boldsymbol{x}$의 각 차원(여기서는 단백질 유형)으로 변환하는 계수를 의미한다. PC 점수(v_i값)를 얻으려면 적합된 prcomp 객체에 predict 함수를 적용하면 된다. v에 매핑하려는 새로운 $\boldsymbol{x}$를 제공하거나 newdata를 제공하지 않고 predict를 호출할 수 있다. 그러면 PC 회전을 적합하기 위해 사용되는 표본 데이터 X에 대한 PC 점수 행렬이 반환된다.

```
> round(predict(pcfood, newdata=food["France",]), 2)
          PC1 PC2 PC3   PC4  PC5  PC6  PC7   PC8  PC9
France -1.49 0.79   0 -1.96 0.25 -0.9 0.95 -0.02 0.54
> head( round(zfood <- predict(pcfood),1) )
                PC1  PC2  PC3  PC4  PC5  PC6  PC7  PC8  PC9
Albania         3.5 -1.6 -1.8 -0.2  0.0 -1.0 -0.5  0.8 -0.1
Austria        -1.4 -1.0  1.3 -0.2 -0.9  0.2 -0.2 -0.3 -0.2
Belgium        -1.6  0.2  0.2 -0.5  0.8 -0.3 -0.2 -0.2  0.0
Bulgaria        3.1 -1.3  0.2 -0.2 -0.5 -0.7  0.5 -0.8 -0.3
Czechoslovakia -0.4 -0.6  1.2  0.5  0.3 -0.8  0.3  0.0 -0.1
Denmark        -2.4  0.3 -0.8  1.0 -0.8 -0.2 -0.2 -0.6  0.5
```

PC 방향을 해석하는 것은 과학만큼 까다롭다. 외부 컨텍스트가 없으면 이러한 요인은 [알고리즘 18]에서 반복하는 분산 최대화 관점에서만 정의된다. 가능한 한 가장 큰 분산을 설명하는 방향에 대한 점수이다. 그러나 종종 요인에 대한 **이야기**를 만드는 것은 바람직하다. 실제로 해석 가능한 저차원 요인 구조의 잠재력은 여러 사회과학 응용 분야에서 PCA를 사용하는 동기가 된다. 이야기를 만드는 방법에는 상향식^bottom up^과 하향식^top down^ 두 가지 경로가 있다.

상향식 해석의 경우 v_{ki}와 x_{ij} 사이의 매핑에서 주요 원인을 파악하기 위해 큰 개별 φ_{kj} 회전을 볼 수 있다. 단백질 소비량 PCA에서 각 국가의 k번째 PC 방향의 요인 점수는 다음과 같다.

$$v_{ki} = \varphi_{k,\text{redmeat}} x_{i,\text{redmeat}} + \varphi_{k,\text{whitemeat}} x_{i,\text{whitemeat}} + \cdots \varphi_{k,\text{nuts}} x_{i,\text{nuts}}$$

이 요인 점수는 식단, 즉 식별 가능한 단백질 소비 스타일을 나타내는 잠재 패턴이다. x_{ij}는 표준편차 단위로 스케일이 조정되기 때문에 각 φ_{kj}는 단백질 j의 1SD(단위 표준편차) 추가 소비당 식단 k의 방향에 대한 국가별 점수를 말한다. 처음 두 PC의 회전을 살펴보자.

```
> t(round(pcfood$rotation[,1:2],2))
     RedMeat WhiteMeat  Eggs  Milk  Fish Cereals Starch Nuts Fr.Veg
PC1   -0.30     -0.31 -0.43 -0.38 -0.14    0.44  -0.30 0.42   0.11
PC2   -0.06     -0.24 -0.04 -0.18  0.65   -0.23   0.35 0.14   0.54
```

시리얼과 견과류를 많이 섭취하면 PC1에서 높은 점수를 받는다. 반대로 고기, 계란, 우유와 같은 값비싼 단백질을 소비한다면 PC1 점수가 낮다. 두 번째 PC는 지중해식 식단이다. 생선과 올리브(과일 및 식물성 단백질 공급원)를 많이 섭취하면 v_{2i} 점수가 높아진다.

하향식 해석의 경우 적합된 v_{ik}를 보고 어떤 이야기를 만들기 위해 관찰 i에 대한 도메인 지식을 사용한다. [그림 7-10]은 단백질 소비 PCA의 처음 네 방향에서 서로에 대한 PC 점수를 보여준다. PC1은 대부분 서유럽 대 동유럽(또는 아마도 부유한 국가 대 가난한 국가) 축을 제공하는 반면 PC2는 스페인과 포르투갈에 높은 점수가 나오는 이베리아 식단을 나타낸다.

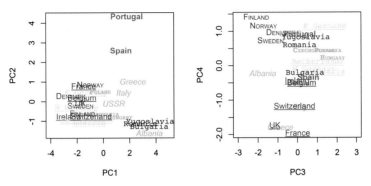

그림 7-10 단백질 소비량 데이터에서 처음 4개의 PC 방향에 대한 PC 점수 v_{ik}를 보여준다. [그림 7-5]의 K-평균 클러스터링으로 국가를 분류한다.

모든 PC 방향을 적합했다면 다음 질문은 '몇 개의 PC가 필요한가?'다. K-평균의 클러스터 개수와 마찬가지로 일반적인 CV 또는 IC 도구가 적용되는 다운스트림 예측 문제에서 요인을 사용하지 않는다면 쉽게 답할 수 없다. 대략적인 휴리스틱으로 각 v_k의 분산이 k에 따라 얼마나 빨리 감소하는지 확인하는 것이 일반적이다. 특정 k 이후 분산에 큰 감소가 있을 경우 PC1에서 PCK까지만 있으면 된다. 다음과 같이 적합한 `prcomp` 객체를 요약하면 여러 요인에 대한 분산의 누적 집계가 출력된다.

```
> summary(pcfood)
Importance of components:
                         PC1    PC2    PC3    PC4    PC5     PC6     PC7     PC8
PC9
Standard deviation     2.0016 1.2787 1.0620 0.9771 0.68106 0.57020 0.52116 0.34102
0.31482
Proportion of Variance 0.4452 0.1817 0.1253 0.1061 0.05154 0.03613 0.03018 0.01292
0.01101
Cumulative Proportion  0.4452 0.6268 0.7521 0.8582 0.90976 0.94589 0.97607 0.98899
1.00000
```

분산의 합은 모든 x_{ij}의 총 분산과 같으므로 summary 함수는 각 PC 방향에서 설명하는 분산 **비율**도 보여준다. 총 분산에 대한 각 PC의 기여도는 k에 따라 감소한다. 또한 prcomp 객체를 그림으로 표시하여 각 PC 방향에 대한 분산을 시각적으로 표현한 **스크리플롯**screeplot을 얻을 수 있다.

이러한 요약을 기반으로 영향을 미치는 PC의 개수를 판단할 수 있지만, 더 이상 PC를 추적할 가치가 없으려면 분산이 얼마나 작아야 하는지 명확하지 않다. 예를 들어 [그림 7-11]을 보면 첫 번째 PC가 대부분의 분산을 설명하는 것처럼 보인다. 그러나 PC2는 지중해/이베리아 식단에 대해 서로를 구분할 수 있는 명확한 해석이 있다. 예측 작업을 위한 입력으로 PC를 사용하지 않는 한 추적할 PC 개수를 선택하는 것은 주관적이다. 클러스터링에서 추천한 것과 마찬가지로 탐색적 분석이나 스토리텔링에 적합한 PC를 사용한다.

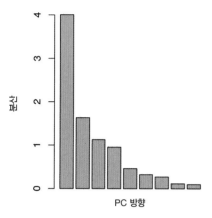

그림 7-11 단백질 소비량 PCA에서 각 PC 방향에 대한 분산

더 복잡한 예로 미국 의회 의원이 투표하는 방법에 대한 PC 분석을 살펴보자. 특히 출석 여부와 모든 개별 투표가 의회 기록에 남는 **롤콜**roll-call **투표**[137]에 대한 의회 기록을 볼 것이다. 이 데이터는 웹사이트[138]에 보관되어 있으며 R 패키지 pscl은 이 데이터를 추출하고 조작하는 도구를 제공한다. 여기서 살펴볼 일련의 투표 데이터는 버락 오바마 대통령 임기 첫 2년인 2009년부터 2010년 사이의 111차 총회에서 나온 것이다. 이 회의를 위해 445명의 미국 하원의원이 투표에 참여했다. 1,647개의 질의에 대한 투표에서 반대는 −1, 찬성은 +1, 기권이나 불참은 0

---

137 옮긴이_호명투표 방식으로 의장이 지명하면 찬성, 반대, 기권 의사를 직접 말한다.
138 *voteview.com*

으로 기록했다. 이것은 정치인 i에 대한 투표 기록을 나타내는 행 x_i가 있는 큰 445×1647 행렬로 이어진다.

[식 7-8]의 PCA 가우스 해석에서 암시된 것처럼 $\{-1, 0, 1\}$ 데이터에 대한 모델을 적합하기 위해 왜 최소제곱을 사용하는지 궁금할 수 있다. 좋은 질문이다! 다음 장에서는 다항 요인 모델에 대해 다룬다. 하지만 PCA는 [알고리즘 18]처럼 단순히 요인 분산을 최대화하는 것으로 해석될 수 있기 때문에 가우스가 아닌 설정에서도 잘 작동한다.

이 설정에는 저차원 요인 구조에 대한 직관적인 지지가 있다. 각 투표는 서로 다른 이슈에 대한 것이지만 개별 정치인은 정당 및 이념과 관련된 축(예를 들어 공화당 vs. 민주당 또는 진보 vs. 보수)에 맞춰져 있다. 모든 투표가 정당과 연관된다고 **예상**하는 경우 이슈 j에 대한 의원 i의 투표를 다음과 같이 예측할 수 있다.

$$\mathbb{E}[x_{ij}] = \varphi_{1j} v_{i1}$$

여기서 v_{i1}은 전통적인 좌우 축에 따른 구성원의 점수다. 이것은 PCA가 추정할 수 있는 모델이다.

다음과 같이 투표 데이터를 R로 불러온 후 `prcomp`를 사용하여 PCA를 실행할 수 있다.

```
> head(votes[,1:6])
                  Vote.1 Vote.2 Vote.3 Vote.4 Vote.5 Vote.6
BONNER (R AL-1)       -1      1     -1      0      0      1
BRIGHT (D AL-2)        1     -1      1      1      1      1
ROGERS (R AL-3)       -1      1     -1     -1     -1      1
ADERHOLT (R AL-4)     -1      1     -1     -1      1      1
GRIFFITH (D/R AL-5)    1     -1      1      1      1     -1
BACHUS (R AL-6)       -1      1     -1      1      1      1
> pcavote <- prcomp(votes, scale=TRUE)
```

[그림 7-12]는 각 PC 방향에 따른 결과 분산의 스크리플롯을 보여준다. 첫 번째 PC에서 두 번째 PC로, 두 번째 PC에서 세 번째 PC로 갈수록 분산이 크게 감소한다. 한 정치학 문헌[139]은

---

139 Keith T. Poole, Spatial Models of Parliamentary Voting. Cambridge University Press, New York, 2005.

정치인의 투표 방식에 대한 대부분의 변화를 단일 주성분으로 설명할 수 있다는 것을 발견했다. 이 자료에서 두 번째 차원은 1860년대 남북 전쟁 또는 정당의 입장에 따라 님북 분열(또는 인종차별 대 인종차별 반대)이 발생하는 1960년대 흑인 민권 운동과 같이 특정 시점의 투표를 이해하는 데 유용하다. 이 데이터에 대해 다음과 같은 질문을 할 수 있다. '2009년부터 2010년까지의 정치적 공간에 해석 가능한 두 번째 차원이 있는가?'

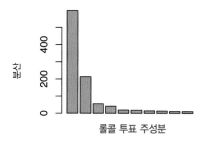

그림 7-12 롤콜 투표 데이터에 대한 PC 방향의 분산

[그림 7-13]은 처음 두 PC 방향을 시각화한 것으로 각 정치인 i에 대한 $v_i = [v_{i1}, v_{i2}]$를 나타낸다. 공화당원은 검정색, 민주당원은 흰색 그리고 기타 당원은 초록색으로 첫 번째 주성분에 대한 분명한 당파적 분할을 볼 수 있다. 데이터를 통해 대부분의 투표는 단일 당파적 요인에 의해 주도된다고 추측해볼 수 있다. 두 번째 방향은 정당과 직교한다. 이는 PC1이 정당과 일치하면 필수적이다. 이 두 번째 차원은 대부분의 정치인에게는 문제가 되지 않는다. 그러나 소수의 정치인은 음의 방향으로 큰 v_{i2}를 갖는다. 이건 무슨 의미일까?

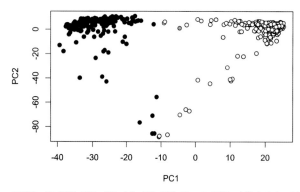

그림 7-13 롤콜 투표 데이터에 대한 처음 두 PC 방향. 어색하지만 공화당원은 왼쪽, 민주당원은 오른쪽에 위치한다. PC 방향(부호)은 임의적이므로 각 v_{ji}에 −1을 곱하면 위치만 반대인 동일한 적합 결과를 얻을 수 있다.

하향식 해석부터 실습해보자. 개별 정치인의 요인 점수를 살펴보면 PC1의 극단이 이념적 극단에 해당한다는 것을 알 수 있다. 즉, PC1의 방향은 소속 정당을 포착할뿐만 아니라 각 정당 내에서 자유−보수 신념의 스펙트럼을 나타낸다. 예를 들어 가장 부정적인 v_{i1}은 매우 보수적인 공화당원에 해당하며 가장 큰 양의 값은 모두 진보적인 민주당원을 의미한다.

```
> # 극우(매우 보수적인)
> sort(votepc[,1])[1:3]
   BROUN (R GA-10)      FLAKE (R AZ-6) HENSARLIN (R TX-5)
       -39.37394           -38.25067          -37.58706
```

```
> # 극좌(매우 진보적인)
> sort(votepc[,1], decreasing=TRUE)[1:3]
EDWARDS (D MD-4)    PRICE (D NC-4)  MATSUI (D CA-5)
      25.29151          25.15912         25.12481
```

이와 대조적으로 PC2에서 큰 (음의) 점수를 가진 개인을 보면 명확한 패턴이 없다. 사실 이 집단이 정치적 본질에 대한 문제에 동의할 수 있을지 확실하지 않다!

```
> sort(votepc[,2])
     SOLIS (D CA-32) GILLIBRAND (D NY-20)    PELOSI (D CA-8)    STUTZMAN (R IN-3)
       -88.31350926         -87.58871687       -86.53585568         -85.59217310
        REED (R NY-29)       GRAVES (R GA-9)       DJOU (R HI-1)      CRITZ (D PA-12)
       -85.53636319         -76.49658108       -70.91424917         -70.22853013
. . .
```

상향식 해석으로 넘어가보면 [그림 7−14]는 특정 투표에 대한 PC1 로딩 분포를 보여준다. 긍정적 또는 부정적 로딩이 큰 투표를 자세히 살펴보면 각 정당의 구성원이 반대 정당과 함께 투표할 수 있을 만큼 극단적인 법안에 해당한다. 예를 들어 미국의 의료보험법 특정 개정안에 대한 공화당원의 투표는 부정적인(더 보수적인) PC1을 나타낸다. 이 법안에는 많은 공화당원을 불편하게 하는 의료비 삭감이 포함된다. 재정적으로 가장 보수적이거나 진보적인 회원만이 찬성에 투표했다. 다른 한편으로 논란이 되고 있는 금융 기관을 위한 구제 금융인 TARP Targeted Asset Relief Program에 대한 투표는 긍정적(더 진보적인) PC1을 나타낸다. 이 모든 것은 PC1에 대한 해석이 전통적인 자유−보수 이념 축을 대표한다는 것을 확인시켜준다.

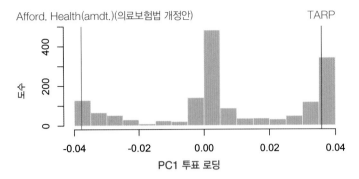

그림 7-14 투표에 대한 PC1 로딩 φ_{1f}

PC2의 경우 패턴을 식별하기 위해 $|\varphi_{2j}|$가 큰 값을 조사한다.

```
> loadings[order(abs(loadings[,2]), decreasing=TRUE)[1:5],2]
   Vote.1146    Vote.658  Vote.1090  Vote.1104  Vote.1149
  0.05605862  0.05461947 0.05300806 0.05168382 0.05155729
```

조사한 결과, 모든 투표가 거의 만장일치와 같은 상징적인 행동에 해당한다는 것을 발견했다. 예를 들어 429명의 의원은 다음 결의안 1146에 대해 찬성 표를 던졌다.

　냉전 참전 용사의 날에 대한 목적과 이상을 지지한다.

만약 누군가 여기에 투표하지 않았다면 그 사람은 정치인이 아닌 것이다. 그리고 실제로 음의 PC2 방향으로 밀려난 의원들은 이 투표에 **불참**했다. 다른 사람들이 +1에 투표했을 때 그들은 0에 투표했다(scale=TRUE로 PCA를 적합할 때 투표에 참여하지 않은 정치인에게 음의 점수가 적용된다). 따라서 PC2는 출석을 나타낸다. PC2에서 음의 점수가 큰 정치인의 출석 기록을 보면 심각하다. 더 중요한 일이 있었거나 의회 회기 중간에 보궐 선거를 통해 선출되었기 때문이다.

```
> # 불참 횟수가 많은 의원들
> sort(rowSums(votes==0), decreasing=TRUE)
   SOLIS (D CA-32) GILLIBRAND (D NY-20)      REED (R NY-29)    STUTZMAN (R IN-3)
              1628                 1619                1562                 1557
    PELOSI (D CA-8)       GRAVES (R GA-9)       DJOU (R HI-1)     CRITZ (D PA-12)
              1541                 1340                1294                 1271
```

111차 의회에서 지배적인 하나의 이념적 요인이 투표를 이끌었다는 결론을 내릴 수 있다. 다음으로 큰 영향은 정기적으로 투표에 참석하는지 여부다.

7.3 주성분 회귀

지금까지 요인 모델을 적합하는 방법에 대해 살펴봤다. 이 모델은 어디에 유용할까? 앞에서 본 정치학 사례처럼 일부 환경에서는 요인 자체가 명확한 의미를 가지며 복잡한 시스템을 이해하는 데 유용하다. 불행히도 일반적으로 요인은 해석이 불분명하다. 그러나 회귀 시스템에 대한 **입력**으로는 여전히 유용하다. 실제로 이것은 주성분 회귀$^{principal\ component\ regression}$(PCR)의 첫 번째 단계로 PCA를 위한 주요 함수다.

PCR의 개념은 간단하다. y를 x에 대해 회귀하는 대신 더 낮은 차원의 주성분 집합을 공변량으로 사용한다. 이 전략의 장점은 다음과 같다.

- PCA는 차원을 축소한다.
- PC는 독립이므로 다중공선성이 없고 최종 회귀를 쉽게 적합할 수 있다.
- 레이블이 지정된 $[x_i, y_i]$쌍보다 레이블이 없는 x_i가 훨씬 많을 수 있다.

마지막 특징은 특히 강력하다. 레이블이 없는 방대한 데이터에서 **비지도 학습**(PCA)을 사용하고 그 결과를 이용하여 차원을 줄이고 레이블이 지정된 작은 관찰 데이터셋에서 **지도 학습**을 용이하게 한다.

PCR의 단점은 PCA가 x의 변동에 의해 지배적으로 결정된다는 것이다. 만약 반응 변수가 이러한 지배적인 변동 요인과 연결된다면 PCR은 잘 작동한다. 반대로 '건초 더미 속 바늘'처럼 적은 수의 입력에 좌우된다면 PCR이 제대로 작동하지 않는다. 예를 들어 금융에서 주식수익률은 일반적으로 소수의 요인에 의해 좌우된다고 알려져 있다(도입부의 CAPM에 관한 논의 참고). 나머지 시장이 모르는 것을 거래하고 싶다면 이러한 지배적인 요인에 의해 요약되지 않은 신호를 찾을 것이다. 이 경우 PCR은 제대로 작동하지 않는다. 실제로 PCR과 원시 x 입력에 대한 lasso 회귀를 시도해보기 전에는 어떤 시나리오인지 알 수 없다.[140]

---

140 사회과학에서 PCR은 롤콜 투표 예제와 같이 PCA 요인이 명확한 해석을 가질 때 종종 선호된다. 이 경우 PCR 결과는 원시 lasso 회귀에서 얻은 결과보다 해석하기 쉽다. 하지만 사회과학자는 존재하지 않는 요인을 해석하는 데 능숙하다는 것에 주의해라.

두 단계로 구성된 PCR 알고리즘은 간단하다. PCA를 실행한 다음 회귀 절차를 실행한다.

```
> mypca = prcomp(X, scale=TRUE)
> v = predict(mypca) [,1:K]
> reg = glm(y~., data=as.data.frame(v))
```

전통적으로 회귀에 포함할 PC의 수는 $K = 1 \dots p$에 대해 1부터 K까지 PC를 사용하여 p개의 다른 모델을 구축하는 하위 집합 선택 버전을 사용하여 선택할 수 있다. 그런 다음 정보 기준 또는 표본 외 실험을 기반으로 최적의 K를 선택한다. PC는 분산에 따라 정렬되고 독립이기 때문에 (앞서 경고한) x_i의 원시 차원에서 하위 집합을 선택하는 것보다 더 효과적이다.

이러한 PC 선택 과정도 좋지만 경험상 전체 PC 집합에서 lasso 회귀를 실행하는 것이 더 좋다. 그런 다음 λ 정규화 가중치를 선택하는 일반적인 선택 절차를 사용할 수 있다. 이 절차를 통해 PC 외에도 다른 정보를 쉽게 통합할 수 있다. 실제로 잘 작동하는 전략은 v와 x를 (PC와 원시 입력 모두) lasso 모델 행렬에 넣는 것이다. 그런 다음 회귀 분석을 통해 x의 기본 요인 구조를 사용하면서도 y와 관련된 개별 x_{ij} 신호를 선택할 수 있다. 이 혼합 전략은 앞서 언급한 PCR의 단점에 대한 해결책이다. 즉, x에서 지배적인 변동 원인만 선택하게 된다.

알고리즘 19 주성분 (lasso) 회귀

회귀 입력 관측 데이터 $\{x_i\}_{i=1}^n$의 표본과 이 관측 데이터의 일부 하위 집합을 위한 출력 레이블 y_i가 함께 주어질 때,

1. 길이 $\min(n, p)$의 v_i를 얻기 위해 x_i 입력의 전체 집합에 PCA를 적합한다.
2. 레이블이 지정된 하위 집합의 경우 v_i에서 y_i에 대해 lasso 회귀를 실행한다(CV 또는 AICc를 통한 페널티 λ의 선택을 포함한다).

   (a) 대안적으로 x_i와 v_i로 y_i를 회귀하여 PC와 원시 입력을 동시에 선택할 수 있다.

새로운 x_f 예측을 위해 1단계의 회전을 사용하여 $v_f = \Phi x_f$를 얻은 다음 이 점수를 2단계의 회귀 적합 입력으로 사용한다.

[알고리즘 19]에서는 한 가지 모델 선택 규칙을 위반하고 있다. 전체 표본으로 1단계에서 PCA를 적합할 때 CV 루프 외부에서 데이터를 조작한다. 그러나 만약 OOS 루프 밖에서 레이블 y

를 사용하지 않는다면 전체 표본 x을 사용하는 것이 좋다. 테스트 표본 y의 임의 오류가 모델 적합에 영향을 주지 않는 한, 분리한 데이터로 학습한 모델의 결과는 OOS 성능을 위한 좋은 추정치다. 실제로 CV의 기본 규칙은 적합한 모델이 실제 미래 데이터에 사용되는 방식을 모방하는 OOS 실험을 원한다. 향후 관측 데이터 x를 알지만 레이블을 모르는 경우에도 PCA 적합에 포함할 수 있는 경우가 있다.

PCR을 설명하기 위해 TV 파일럿 프로그램[141]에 대한 포커스 그룹의 설문조사 응답과 프로그램을 시청률이 포함된 **TV 데이터를 고려해보자.** 이 데이터의 목적은 파일럿 설문조사에서 시청자의 관심을 예측하는 규칙을 만들어 제작사가 프로그램에 대해 더 나은 결정을 내릴 수 있도록 하는 것이다.

설문조사 데이터는 40개의 프로그램에 대한 6,241개의 화면과 20개의 질문을 포함한다. 설문조사는 두 가지 유형의 질문으로 구성된다. 첫 번째 질문은 '이 프로그램은 내게 …을 느끼게 한다', 두 번째는 '이 프로그램이 …라는 걸 발견했다'이다. 참여자는 질문에 얼마나 동의하는지를 표시한다.

여기에는 몇 가지 흥미로운 결과 변수가 있다. 방송에서 시장성의 고전적인 척도는 **시청률**이다. 특히 **총 시청률 점수**^{gross rating point} (GRP)는 총 시청률의 추정치를 제공한다. 이 데이터에서 우리는 시청자의 관심을 더 미묘하게 측정하기 위해 **예상 참여도**^{projected engagement} (PE)를 추적한다. 시청자는 프로그램을 시청한 후 세부 내용에 대한 퀴즈를 풀게 된다. 이를 통해 프로그램과 표시된 광고에 대한 참여도를 측정한다. PE는 0~100 스케일로 보고되며 100은 완전히 집중했음을, 0은 전혀 주의를 기울이지 않았음을 의미한다. 참여는 그 자체로 TRP[142]와 GRP의 원인으로서 그리고 조정 요소로서 중요하다. 예를 들어 **조정**^{adjusted} **GRP**를 얻기 위해 GRP/PE를 정규화한다.

첫해 동안 40개의 프로그램에 대한 GRP와 및 PE 결과가 주어져 있다. [그림 7-15]는 **리얼리티, 코미디 또는 드라마/어드벤처** 시리즈 등 장르별로 구분된 프로그램들을 비교한 것이다. 참여도가 높을수록 점수가 높은 경향이 있지만, 코미디 프로그램의 경우 시청률이 낮아도 참여도가 높을 수 있다. 즉, 원시 GRP보다 조정 GRP(GRP/PE)가 더 좋다. 리얼리티 프로그램은 참여도도 낮고 점수도 낮은 경향이 있지만 제작 비용이 저렴하다.

---

141 새로운 시리즈의 첫 번째 에피소드를 말한다.

142 옮긴이_타깃 시청률(target rating point)로, 광고가 특정 대상에게 노출된 비율을 말한다. TV 광고의 매우 핵심적인 지표다.

총 6,241개의 파일럿 뷰를 표시한 것으로, 데이터가 많은 것처럼 보이지만 40개의 프로그램과 20개의 설문조사 질문만으로 구성된다. 각 입력 차원에 대해 관측된 y값은 두 개뿐이므로 빅데이터의 차원성 문제가 있는 작은 데이터셋이다. 설문조사 결과를 성과와 연결하려면 먼저 프로그램별 설문조사 응답의 평균을 계산해야 한다. 이것은 40×20 설계 행렬 X로 이어지고 이 설계에서 PCA를 적합할 수 있다.

```
> round(PCApilot$rotation[,1:3],1)
                  PC1  PC2  PC3
Q1_Attentive     -0.3  0.0  0.0
Q1_Excited       -0.3  0.1 -0.1
Q1_Happy         -0.1  0.2 -0.5
Q1_Engaged       -0.3  0.0  0.0
Q1_Curious       -0.3  0.0  0.1
Q1_Motivated     -0.2  0.3  0.0
Q1_Comforted     -0.1  0.4 -0.1
Q1_Annoyed        0.2  0.3  0.1
Q1_Indifferent    0.2  0.4  0.1
Q2_Relatable     -0.1  0.3 -0.1
Q2_Funny          0.1  0.2 -0.5
Q2_Confusing     -0.1  0.3  0.2
Q2_Predictable    0.2  0.3  0.0
Q2_Entertaining  -0.3 -0.1 -0.3
Q2_Fantasy       -0.1  0.2  0.1
Q2_Original      -0.3  0.1 -0.2
Q2_Believable    -0.1  0.1  0.1
Q2_Boring         0.2  0.4  0.1
Q2_Dramatic      -0.2  0.0  0.4
Q2_Suspenseful   -0.3  0.0  0.3
```

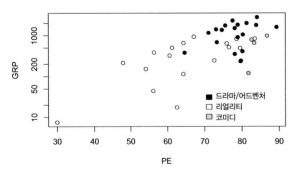

그림 7-15 40개의 NBC 프로그램에 대한 총 시청률 점수(GRP)와 참여도(PE)

출력된 PC 회전 값을 보면 PC1은 프로그램이 싫은 정도를 나타내는 요인(음의 PC1은 호감도를 나타낸다)으로 간단하게 해석할 수 있다. 만약 시청자가 흥미를 느끼고 몰입할수록, 소재가 독창적이고 재미있으며 긴장감이 넘칠수록 해당 프로그램의 PC1 점수가 낮다. 반대로 거슬리고 지루하다고 느끼면 PC1 점수가 높다. PC2는 해석이 명확하지 않다. 내용이 지루하거나 어렵거나 너무 뻔한 경우 PC2 점수가 높다. 하지만 재미있다고 답한 경우에도 PC2 점수가 높다.

[그림 7-16]은 몇 가지 통찰을 제공한다. 리얼리티 프로그램은 PC1과 PC2 모두에서 높은 점수를 받았다. 리얼리티 프로그램은 재미는 있지만 마음에 들지 않거나 짜증날 수 있다. 또한 각본이 있는 드라마는 두 가지 모두 점수가 낮았다.

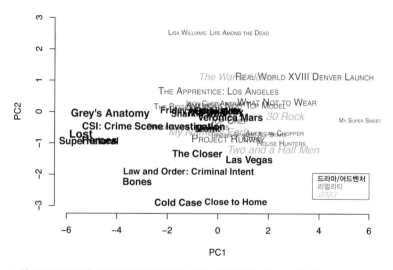

그림 7-16 프로그램 설문조사 결과의 평균에 대한 처음 두 PC. 참여도 점수에 따라 글자 크기가 결정된다.

이제 PC에 대한 참여도를 회귀한다. [그림 7-17]은 전통적인 PC 하위 집합 선택 절차 및 [알고리즘 19]의 lasso PCR을 위한 K와 λ에 따른 AICc 표면을 보여준다. 하위 집합 선택은 처음 7개의 PC를 사용하는 반면 lasso PCR에 대한 AICc 선택은 6개의 PC를 사용한다(처음 6개의 PC를 의미하는 것이 아니다).[143]

---

143 여기 두 AICc 곡선은 불안정하며 K 또는 λ값에 따라 오르락 내리락 한다. 이는 lasso와 같이 안정적인 기술을 사용할 때도 데이터 표본이 작은 경우에도 발생하며 데이터 표본이 작은 경우에도 발생한다.

```
> lassoPCR <- gamlr(zpilot, PE)
> B <- coef(lassoPCR)[-1,]
> B [B!=0]
        PC1         PC2         PC3         PC7        PC11        PC16
-2.1218211  -0.8704072  -1.2471668  -4.2554788  -0.5929234  13.0778161
```

이 출력 결과를 [그림 7-17]의 왼쪽 그래프와 비교하면 선택한 PC7, PC11, PC16이 모두 하위 집합 선택 AICc 표면에서 점프에 해당하는 것을 알 수 있다. 이러한 PC들은 두 절차 모두에서 유용하다고 판단되지만 lasso에서만 해당 정보를 효과적으로 사용할 수 있다.

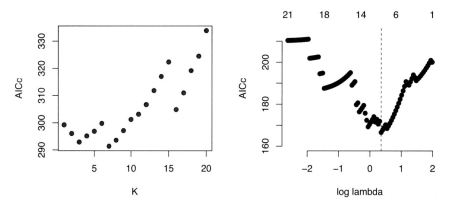

그림 7-17 PC1~PCK에 대한 PE의 glm에서 K에 따른 AICc 선택 결과(왼쪽)와 모든 PC에 대한 gamlr lasso에서 λ에 따른 AICc 선택 결과(오른쪽)

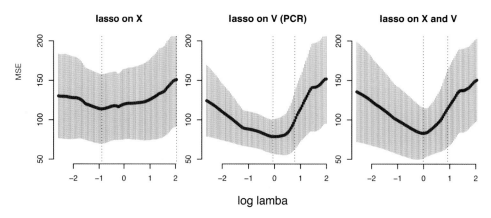

그림 7-18 참여도 예측을 위한 세 가지 회귀 모델의 20-폴드 OOS 실험 결과

PCR을 3장의 lasso 회귀 기법과 비교해보자. 원시 x의 lasso는 $\hat{\beta}_j = 0$이 많은 희소 모델을 찾는다. 반면에 PCR은 모든 x_{ij}값이 중요한 밀집 모델을 가정하지만 몇 가지 간단한 요인에 대한 정보를 통해서만 얻을 수 있다. 두 전략 모두 차원 축소에 의존한다. 어떤 것이 좋은지는 문제에 따라 다르다. [그림 7-18]은 세 가지 회귀 모델(y에 대한 x의 표준 lasso, y에 대한 v의 PCR lasso, x와 v에 대한 혼합 lasso)에 대해 매번 두 개의 프로그램을 제외하는 20-폴드 OOS 예측 실험의 결과다. 이 예제에서 PCR 회귀는 x에 대한 lasso보다 성능이 좋다. 혼합 회귀는 PCR lasso와 비슷하지만 폴드에 걸쳐 분산이 조금 더 크다(불확실성 막대가 더 넓다). 이 문제에서 설문조사에 대한 개별 응답은 기본 요인에 대한 정보 이상의 가치를 제공하지 않는다. 이것은 비슷한 답변을 요구하는 질문이 많은 설문조사 데이터의 일반적인 특징 때문이다.

7.4 부분 최소제곱법

앞의 두 가지 예에서 x에는 이념(롤콜 투표 데이터)과 호감도(TV 프로그램 설문조사)라는 명확한 저차원 요인 구조가 있었다. TV 프로그램 설문조사 예제에서 호감도와 같은 요인은 주요 반응 y와 직접적으로 관련이 있다. **하지만 항상 이렇게 분명한 것은 아니다.** 데이터 x가 명확한 요인 구조 없이 생성되거나 또는 기본 요인과 특이한 충격이 섞인 복잡한 혼합 모델로부터 생성되는 것이 일반적이다. 만약 x에 요인 구조가 있더라도 y가 x의 주요 변동 원인과 관련 없는 경우가 많다. 이 때 반응 변수는 처음 몇 개의 PC에 의해 주도되지 않으며, 이로 인해 v를 y와 x 사이의 중개자로 추정하는 것은 비효율적이다.

x의 주요 변동 방향이 y와 연관된 경우에만 PCR이 잘 작동한다. 그러나 y에 영향을 미치는 몇 가지 요인이나 지표를 입력과 결합하는 아이디어는 매력적인 프레임워크다. 이러한 전략은 원래 입력에 대한 고차원 lasso보다 해석하기가 쉽다. 요인 v가 x와 y 모두에 적합하도록 강제하는 방법이 있을까? 이 질문에 대한 대답은 '예'이다. 이것은 유용한 빅데이터 기술인 **지도 요인 모델링**supervised factor modeling이다.

지도 요인 모델링이라는 하나의 큰 분야 안에 PCA의 지도 적응을 위한 여러 가지 알고리즘이 있다.[144] 여기서는 간단하지만 강력한 **부분 최소제곱법**partial least squares (PLS)에 대해 살펴본다.

---

144 Eric Bair, Trevor Hastie, Paul Debashis, and Robert Tibshirani. Prediction by supervised principal components. Journal of the American Statistical Association, 101:119-137, 2006.

부분 최소제곱법은 1970년대 계량화학[145]에 뿌리를 두고 있지만 그 이후로도 여러 번 다시 인식된 지도 요인 전략이다.

PLS를 이해하기 위해 더 기본이 되는 **주변 회귀**marginal regression (MR) 알고리즘부터 알아보자. 이 방법은 x의 각 차원에 대해 **독립적으로** y를 회귀한 다음 회귀 계수를 사용하여 x에서 일변량 요인 v로 매핑한다. 이 요인은 y에 대한 각 입력 변수의 1차 효과를 집계한다. (1) y에 큰 영향을 미치고 (2) 서로 같은 방향으로 일관되게 움직이는 x_j 차원에 의해 지배된다(요인에 대한 영향이 가산적이기 때문이다). 즉, MR은 y 및 x의 주요 변동 방향 모두에 연결된 단일 요인을 구성한다.

알고리즘 20 | **주변 회귀**

x에서 y를 예측하는 모델을 구축하기 위해 다음 과정을 수행한다.

- $\boldsymbol{\varphi} = [\varphi_1 \dots \varphi_p]$을 계산한다. 여기서 $\varphi_j = \mathrm{cor}(x_j, y)/\mathrm{sd}(x_j)$는 x_j에서 y를 위한 단순 일변량 회귀의 OLS 계수다.
- i 번째 관측치에 대해 $v_i = \boldsymbol{x}_i'\boldsymbol{\varphi} = \sum_j x_{ij}\varphi_j$를 설정한다.
- '전진' 일변량 로지스틱 회귀 $y_i = \alpha + \beta v_i + \varepsilon_i$를 적합한다.

새로운 $\boldsymbol{x}_f$가 주어지면 $\hat{y}_f = \alpha + \beta \times (\boldsymbol{x}_f'\boldsymbol{\varphi})$를 예측할 수 있다.

MR의 큰 장점은 계산 효율성이다. 맵리듀스 프레임워크와 같은 분산 시스템에서 쉽게 구현할 수 있기 때문에 분산 컴퓨팅의 발달은 MR의 재발견으로 이어졌다. 맵 단계에서는 차원 키 j로 인덱싱되는 $[x_{ij}, y_i]$ 쌍을 생성한다. 리듀스 단계에서는 x_j에서 y에 대해 일변량 OLS를 실행하고 φ_j를 반환한다. 두 번째로 빠른 맵리듀스 알고리즘은 $v_i = \boldsymbol{x}_i'\boldsymbol{\varphi}$를 계산하고 v에서 y에 대한 순방향 회귀를 실행하는 데 사용한다. MR이 OLS보다 좋은 점은 $p \gg n$인 경우에도 임의로 고차원에서 작동하는 것이다. MR은 초고차원의 지도 학습을 위한 전략이다.

예를 들어 가솔린의 화학적 특성을 옥탄가octane rating[146]에 매핑하는 문제를 살펴보자. 옥탄가는 휘발유 가격을 결정하는 중요한 품질 기준이며, 전통적으로 다른 압축 규모로 테스트 엔진에서

---

145 H. Wold. Soft modeling by latent variables: The nonlinear iterative partial least squares approach. In Perspectives in Probability and Statistics, Papers in Honour of MS Bartlett. Academic Press, 1975.

146 옮긴이_휘발유가 산발적으로 폭파되는 현상인 노킹(knocking) 정도를 측정하는 값으로, 높을수록 고급 휘발유다.

연료를 가동하여 측정한다. 연료가 점화되는 압축비가 옥탄가를 결정한다.

가시광선보다 긴 파장(여기서는 약 400 정도)에서 빛의 반사율을 측정하는 근적외선[near-infrared](NIR) 분광법[spectroscopy]을 사용하면 저렴하게 옥탄가 테스트를 할 수 있다. 파장에 따른 NIR 측정 경로는 화학적 속성에 대한 특징을 제공한다. 이 예제의 목표는 NIR값 x와 옥탄가 y 사이에 회귀 맵을 만드는 것이다. 60개의 휘발유 샘플과 각각에 401개의 파장 정보가 있으므로 $p \gg n$인 경우다. [그림 7-19]는 파장 범위에 대한 NIR 반사율 측정값 x를 보여준다. NIR x에는 명확한 구조가 있다. 이 측정값은 파장에 따라 부드러운 함수를 그리며 움직인다. 주변 회귀는 옥탄가 수준을 결정하는 데 도움이 되며 곡선들의 차이를 집계한다.

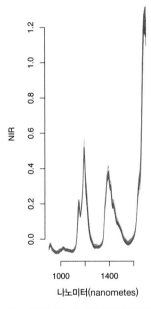

그림 7-19 파장에 따른 휘발유 샘플의 NIR 분광값

[알고리즘 20]을 다음과 같이 R 코드 세 줄로 변환할 수 있다.

```
> ### 주변 회귀
> phi <- cor(nir, octane)/apply(nir,2,sd)
> v <- nir%*%phi
> fwd <- glm(octane ~ v)
```

결과적으로 MR 계수 v는 [그림 7-20]에 나와 있다. 표본 내 R^2는 약 30%다. 이것은 각 NIR 측정값과 옥탄가 사이의 주변 상관(일변량 상관)만을 이용한 결합된 신호다.

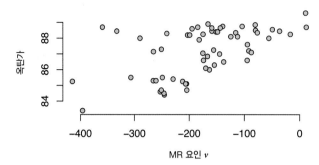

그림 7-20 적합 MR 요인 v(첫 번째 PLS 방향)와 옥탄가 y

PLS는 주변 회귀를 확장한 것이다. 단일 MR을 실행한 후 멈추는 대신 다음 과정을 반복한다. 첫 번째 MR에서 **잔차**를 가져와 두 번째 MR을 반복하여 잔차를 예측한다. 그런 다음 두 번째 MR 에서 잔차를 가져 와서 p와 n의 최솟값에 도달할 때까지 이를 계속 반복한다.

알고리즘 21   **부분 최소제곱법(PLS)**

x에서 y를 예측하기 위해 [알고리즘 20]에서 MR을 실행하는 것으로 시작하자. MR 요인을 첫 번째 PLS 방향 v^1으로, 순방향 회귀 적합값 PLS(1)을 $\hat{y}^1 = \alpha + \beta_1 \cdot v^1$으로 저장한다. 그런 다음 $k = 2 \ldots K$에 대해 다음을 계산한다.

- 잔차 $\tilde{y}_i^{k-1} = y_i - \hat{y}_i^{k-1}$
- 로딩 $\boldsymbol{\varphi}_k$, $\varphi_{kj} = \mathrm{cor}(x_j, \tilde{y}_i^{k-1})/\mathrm{sd}(x_j)$, 그리고 요인 $v_i^k = x_i' \boldsymbol{\varphi}_k$
- 적합값 $\hat{y}_i^k = \hat{y}_i^{k-1} + \beta_k v_i^k$. 여기서 $\beta_k = \mathrm{cor}(v^k, \tilde{y}^{k-1})/\mathrm{sd}(v^k)$다.

이를 통해 PLS 회전 $\boldsymbol{\Phi} = [\boldsymbol{\varphi}_1 \ldots \boldsymbol{\varphi}_K]$와 인수 $V = [v^1 \ldots v^K]$를 얻는다.

[알고리즘 21]의 PLS 과정에는 여러 단계가 필요하지만 매우 간단하다. 각 PLS(k)를 적합한 후, 잔차에 대한 주변 회귀를 실행하고 적합값을 업데이트한다. 간단한 알고리즘을 이용하여

이전 적합의 잔차에 반복적으로 이 알고리즘을 적용하는 절차를 부스팅 boosting 이라고 한다. 즉, PLS는 부스팅된 주변 회귀다. 부스팅[147]은 일반적이고 강력한 머신러닝 기술이다. 이 책에서는 자세히 다루지 않지만(9장에서는 배깅 bagging 관련 기술에 초점을 맞춘다) 간단한 방법에 유연성을 추가하는 유용한 기술이며 데이터 과학에서 자주 접하게 될 것이다.

> 만약 $p < n$이고 $K = p$로 PLS를 수행한다면 적합 $\hat{y}_{Ki}$는 $\boldsymbol{x}$로 y에 대해 OLS를 실행하는 것과 동일할 것이다. $\Sigma_k \beta_k \varphi_{kj}$로 사용 가능한 각 x_{ij}의 PLS 계수도 OLS 계수와 일치한다. 따라서 PLS는 MR과 OLS 사이의 모델 경로를 제공한다.

부스팅을 할 때에는 잠재적으로 과적합이 존재할 수 있다. 부스팅을 멈춰야 하는 위치를 선택하기 위해, 즉 PLS(K) 예측 모델에서 K를 선택하기 위해 OOS 실험을 사용해야 한다. PCR과는 달리 v_k 인수를 구성하기 위해 y값을 사용한다. 따라서 그냥 gamlr에 모든 데이터를 집어넣고 유효한 OOS 실험을 얻을 수는 없다. 또한 각 PLS(K) 적합에 대한 자유도를 쉽게 파악할 수 없으므로 AICc와 같은 방법을 적용할 수 없다. 데이터의 부분 집합으로 PLS를 실행하고 남은 표본에 대한 예측 성능을 평가하는 OOS 실험을 실행해야 한다.

R의 textir 패키지에는 summary이나 plot 등과 같은 일반적인 유틸리티 함수와 함께 PLS를 수행하는 pls 함수가 있다. 이를 활용하여 다음과 같이 휘발유 데이터에서 $K \leq 3$에 대해 PLS를 적합할 수 있다.

```
> gaspls <- pls(x=nir, y=octane,  K=3)
Directions 1, 2, 3, done.
> plot(gaspls)
```

[그림 7-21]은 적합 결과와 실젯값을 보여준다. 각 플롯에는 상관관계가 표시된다. 단지 세 번의 부스팅을 반복한 후에 y_i와 $\hat{y}_{3i}$ 사이에 0.99의 상관관계가 있음을 알 수 있다.

---

[147] Jerome H. Friedman. Greedy function approximation: a gradient boosting machine. Annals of Statistics, pages 1189-1232, 2001.

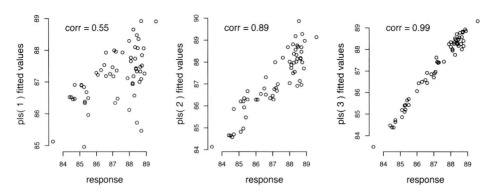

그림 7-21 $K \leq 3$인 옥탄가 PLS 회귀에 대한 적합값과 실젯값. PLS(1)은 주변 회귀의 결과이며 가장 왼쪽 그래프는 [그림 7-20]과 같다.

또한 $K = 1 \dots 10$에 대해 PLS(K)를 반복적으로 적합하고 남은 데이터로 모델을 평가하는 6-폴드 CV 루틴을 실행한다. [그림 7-22]에서 결과를 확인할 수 있으며 원래 NIR값으로 회귀한 옥탄가에 대한 lasso 회귀 결과와 비교한다. $K = 1$에서 $K = 3$으로 갈수록 PLS 성능이 향상되고 $K > 3$에서는 성능 향상이 거의 없다. 이 lasso는 $K = 3$인 PLS와 비슷한 MSE를 얻을 수 있지만 다른 파장에서 직접적인 효과의 희소 집합보다는 세 가지 PLS 요인을 사용하는 것이 좋으며 해석을 위해서도 바람직하다. 이러한 해석 가능성은 원시 lasso 회귀에 비해 PLS가 좋은 이유다.

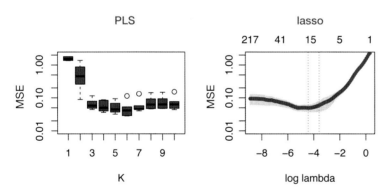

그림 7-22 OOS 예측 결과. 왼쪽은 K에 따른 PLS이고 오른쪽은 λ에 따른 lasso 회귀다.

## CHAPTER 8

데이터로서의 텍스트

최근 비즈니스 환경에서는 방대한 양의 비정형 텍스트가 생성된다. 스토리지 비용이 낮아지고 더 많은 대화와 기록이 디지털 플랫폼으로 이동하면서 고객과의 소통, 제품 설명이나 리뷰, 뉴스, 댓글, 블로그, 트윗을 포함한 통신을 추적하는 방대한 자료가 축적된다. 이는 비즈니스 의사결정권자에게 고객과의 관계를 자세히 들여다보고 시장을 이해할 수 있는 기회를 제공한다. 텍스트상의 정보는 기존의 거래나 고객 데이터베이스에 있는 좀 더 정형화된 변수를 상당 부분 보완하는 역할을 한다.

데이터의 잠재력을 깨달은 사회과학자들은 최근 몇 년 동안 텍스트를 데이터로 사용하는 연구를 쏟아냈다. 개괄적인 내용은 [Gentzkow, 2017]에서 확인할 수 있다.[148] 금융 분야에서는 뉴스, 소셜 미디어, 회사 문서의 텍스트 정보를 사용하여 자산 가격 변동을 예측하고 새로운 정보와의 인과관계를 연구한다. 거시경제학에서도 텍스트 정보로 인플레이션과 실업률 변동을 미리 예측하고 정책 불확실성의 효과를 추정한다. 미디어경제학에서는 정치적 성향의 원인과 영향을 연구하는 데 뉴스와 소셜 미디어의 텍스트 정보를 사용한다. 마케팅에서는 소비자의 의사결정을 연구하기 위해 광고와 제품평의 텍스트 정보를 사용하며, 정치경제학에서는 정치인의 발언을 정치적 의제와 논의의 역학을 연구하는 데 사용한다.

텍스트를 분석하려면 수치형 회귀나 인수분해 알고리즘에 입력 가능한 형태의 데이터로 변환해야 한다. 이것은 거의 대부분 원시 텍스트에서 단어나 구절의 수로 매핑하여 수행한다. 이 장

---

148 Matthew Gentzkow, Bryan Kelly, and Matt Taddy. Text-as-data. NBER working paper 23276, 2017.

에서는 **토큰화** 과정을 설명하고 이를 실행하여 결과로 (매우) 고차원인 행렬 x를 얻는 과정을 살펴본다. 이 텍스트 행렬은 lasso 회귀와 같이 이미 다룬 방법을 통해 분석에 활용할 수 있다. 실제로 텍스트 데이터 작업은 최신 통계적 학습 방법에 익숙해지는 좋은 방법이다. 데이터는 지저분하지만 단어 하나하나가 뜻을 가지고 있으므로 해석이 가능하다. 텍스트 데이터는 전통적인 통계학자를 당황하게 할 정도로 고차원적이며 데이터가 더 많이 축적될수록 모델의 차원도 커질 것이다. 통계학자가 안전하다고 느끼는, 즉 변수보다 관찰 데이터가 더 많은 경우는 드물 것이다.

또한 토픽 모델링^{topic modeling}과 다항 역회귀를 포함한 여러 텍스트 관련 기술에 대해 다룬다. 하지만 이 장의 핵심은 표준 데이터 과학 도구를 사용하여 지저분한 비정형 텍스트에 포함된 정보를 활용하고 비즈니스 의사결정에서 텍스트를 데이터로 활용하는 것이다.

8.1 토큰화

원시 텍스트(사람이 읽는 언어)는 믿을 수 없을 정도로 풍부한 객체다. 이것은 단어의 집합 그 이상이다. 텍스트의 의미는 종종 문장이나 단락으로 구분되며 서로를 참조하는 단어들의 순차적인 **시퀀스**^{sequence}로 구성된다. 그러나 대부분의 텍스트 분석은 이러한 복잡성을 무시하고 언어 **토큰**^{token}[149]의 개수에 의존한다. 다행히 이런 간단한 숫자에도 엄청난 정보가 포함되어 있다. 지난 30년 동안 텍스트를 사용한 예측과 분류에서 단순 단어 빈도수 외에 효과적으로 활용할만한 다른 통계량을 찾기가 어려웠지만 딥러닝 기술의 상용화와 함께 **빠르게** 변화하고 있다 (10장 참조). 그러나 데이터 과학과 비즈니스 분석의 경우 텍스트 데이터를 활용한 응용 분야에서 아직까지는 단어나 구절 수를 계속 활용한다. 토큰에 기반한 학습은 학습할 문서가 엄청나게 많은 경우가 아니라면 매우 빠르고 효과적이어서 굳이 사용하지 않을 이유가 없다.

셰익스피어의 짧은 글을 살펴보자.

이 세상은 무대

그리고 세상의 모든 남녀는 단지 배우일 뿐

그들은 무대에 등장하고 퇴장한다

---

[149] 단어, 구절, 기타 기본 요소와 같이 문법적으로 의미 있는 최소 단위를 말한다.

사람은 살면서 여러 역할을 맡는데…

강렬하고 시적이지만 데이터 과학자가 보기에는 좀 시시하다. 몇 가지 핵심 용어의 빈도수를 계산하고 스니펫을 수치형 벡터 x로 나타내보자.

```
world stage men women play exit entrance time
  1     1    2    1     2    1      1     1
```

이것은 텍스트의 **bag-of-words**[150]다. 더 정확하게 말하면, 고정된 어휘가 담긴 주머니에서 단어를 무작위로 복원추출해서 문서가 얻어진 것으로 본다. 단어의 빈도수라는 관점으로 문서를 요약함으로써 문서를 구성하는 복잡한 프로세스와 관련된 정보는 모두 버려진다. 이러한 접근 방식의 장점은 단순함이다. 단어의 확률 모델을 구축하여 언어와 외부 변수(예를 들어 저자나 감정)의 관계를 파악할 수 있다.

원시 텍스트에서 요약된 토큰 빈도 벡터 x를 구하기 위해 여러 알고리즘을 사용할 수 있다. 먼저 기본적으로 다음 항목을 제거한다.

- 지나치게 일반적이거나 희귀한 단어

- 고립된 구두점(하지만 :-P은 아닐 수 있다)과 숫자

- s나 ing와 같이 일반적인 접미사

그런 다음 남은 토큰(공백으로 구분된 단어나 기타 요소)의 빈도를 계산한다. 계산 전에 가지치기[pruning]를 하는 이유는 계산적, 통계적 효율성 때문이다. 주어진 작업에 중요한 토큰만 저장하고 모델링하는 것이 효율적이다.

텍스트 모델에서 모델 정규화나 모델 선택 기술을 사용할 것이기 때문에 너무 많은 토큰이 포함될까봐 걱정할 필요는 없다. 어떤 경우에는 평소 쓸모없던 단어가 중요할 수도 있다. 예를 들어 if나 but과 같이 지나치게 일반적인 단어를 **불용어**[stop word]라고 한다. 문서에서 불용어의 빈도수는 작성자의 감정을 거의 담지 못하기 때문에 많은 응용 분야에서 삭제되기도 한다. 그러나 어떤 분야에서는 불용어가 저자의 글쓰기 스타일을 나타낼 수 있다. [Mosteller and Wallace, 1963]에서는 논란이 된 연방주의 논문의 저자를 분류하기 위해 불용어의 빈도수를

---

150 옮긴이_'단어 주머니' 정도로 직역할 수 있다. 줄여서 BoW라고 쓴다.

사용한다.[151] 이와 유사하게 뉴스 기사나 문헌 자료를 분석할 때 구두점을 제거하는 것은 괜찮지만 트윗의 :-)와 같이 온라인에서 사용되는 말뭉치는 의미와 감정에 대한 중요한 신호를 제공한다.

희귀한 단어를 제외하는 것은 필요악이다. 희귀 단어는 중요한 의미를 가질 수도 있지만 의미 파악조차 하기 힘들 정도로 매우 드물게 관찰된다. 데이터가 더 많이 축적될수록 희귀한 단어들을 더 많이 모을 수 있다. 희귀 단어를 제거하는 것은 계산 비용을 줄이는 효과적인 방법이다. 일반적으로 N은 직관적인 최소 임곗값이 되어 적어도 N개의 문서에 존재하지 않는 단어는 모두 제거한다. 이 임곗값을 약간 조정해도 결과가 변하지 않도록 하는 것이 좋다.

형태소 분석stemming은 단어를 어근으로 분리하는 과정이다. 예를 들어 taxing, taxes, taxation, taxable에서 tax를 분리할 수 있다. s나 ing와 같은 간단한 접미사를 삭제하는 것은 기본적인 형태소 분석을 수행하는 것이다. 영어의 경우 포터 형태소 분석기Porter stemmer와 같이 더 많은 정교한 옵션을 사용할 수 있다. 그러나 이러한 도구는 종종 고유한 의미를 가진 단어를 공유된 어근으로 축소하는 등 지나치게 공격적이다. 희귀하고 일반적인 토큰 삭제에 대해 조언했듯이 너무 많이 자르는 것을 피하고 통계 학습 도구가 추가적인 어휘 요소를 정리하도록 하는 것이 가장 좋다.

여기에 기술한 것 외에도 사용 가능한 여러 토큰화 단계가 있다. [Gentzkow, 2017]나 [Jurafsky and Martin, 2009]의 자료[152]에서 더 자세한 내용을 볼 수 있다. 한 가지 일반적인 전략은 지금까지 설명한 단일 '유니그램unigram'이 아닌 n-그램gram, 즉 n개로 이루어진 단어 조합의 빈도수를 계산하는 것이다. 예를 들어 셰익스피어 바이그램bigram[153]은 world.stage, stage.men, men.women, women.play를 포함한다. 자연어의 경우 이러한 바이그램이 유용할 수 있다. 하지만 유니그램에서 바이그램으로 이동하면 어휘 차원이 크게 증가한다. 실제로는 계산할 가치가 없다.

필자는 종종 문서에서 구문 분석을 위해 파이썬을 사용한다. [그림 8-1]은 간단한 텍스트 클리너text cleaner를 보여준다. 파이썬 3을 사용하면 ASCII가 아닌 문자 집합(예를 들어 외국어나 이

---

151 Frederick Mosteller and David L. Wallace. Inference in an authorship problem. Journal of the American Statistical Association, 58:275-309, 1963.

152 Daniel Jurafsky and James H. Martin. Speech and Language Processing, 2nd edition. Prentice Hall, 2009.

153 '바이(bi)'는 둘을 의미하는 접두사로, '바이그램'은 두 단어로 이루어진 구문을 의미한다.

모티콘)으로 작업하기가 정말 쉽다. 또한 토큰화와 텍스트 분석(예를 들어 **gensim**)을 용이하게 하는 거대한 파이썬 기반 생태계가 존재한다. 수많은 원시 텍스트를 이용할 경우 파이썬을 사용해야 할 수도 있다.

```python
import re

contractions = re.compile(r"'|-|\"")
# all non alphanumeric
symbols = re.compile(r'(\W+)', re.U)
# single character removal
singles = re.compile(r'(\s\S\s)', re.I|re.U)
# separators (any whitespace)
seps = re.compile(r'\s+')

# cleaner (order matters)
def clean(text):
    text = text.lower()
    text = contractions.sub('', text)
    text = symbols.sub(r' \1 ', text)
    text = singles.sub(' ', text)
    text = seps.sub(' ', text)
    return text
```

그림 8-1 파이썬으로 작성된 기본 토큰화 함수. re.compile은 clean(text) 함수에서 검색하거나 제거할 텍스트 객체를 생성한다. 이 함수는 공백으로 구분된 표준화된 토큰 스트림을 반환한다.

토큰화를 위해 R을 사용할 수도 있다. **tm** 라이브러리는 텍스트 분석과 구문 분석에 유용한 여러 함수를 제공한다. 외국 문자와 유니코드에 대해서는 다소 투박하다는 단점도 있다. **tm**을 이용한 파일 입력은 **reader** 함수를 통해 작동한다. 문서를 스캔하고 해당 내용을 R로 읽는 함수를 정의하기 위해 **tm** 도구를 사용한다. 예를 들면 다음과 같이 pdf 파일용 읽기 함수를 만들어서 필자의 빅데이터 강의 슬라이드에 적용해볼 수 있다.

```r
> # 읽기 함수를 정의한다.
> readerPDF <- function(fname){
+    txt <- readPDF(
+      control = list(text = "-layout -enc UTF-8"))(
+        elem=list(uri=fname), id=fname, language='en')
+    return(txt)
+ }
> files <- Sys.glob("/Users/coldfire/Downloads/lectures/*.pdf")[154]
```

---

154 이 예제의 강의 자료는 https://github.com/TaddyLab/MBAcourse/tree/master/lectures에서 내려받을 수 있다. 코드에서 파일의 경로는 자신의 상황에 맞게 수정해야 한다.

```
> notes <- lapply(files, readerPDF)
> names(notes) = sub('.pdf', '', substring(files,first=36¹⁵⁵))
> names(notes)  # 문서 12개
 [1] "01Data"          "02Regression"     "03Models"          "04Treatments"
"05Classification"
 [6] "06Networks"      "07Clustering"     "08Factors"         "09Trees"
"text"
[11] "timespace"
> writeLines(content(notes[[1]])[1]) # 제목 슬라이드
     [1] Big Data: Inference at Scale
```

Matt Taddy, University of Chicago Booth School of Business
  faculty.chicagobooth.edu/matt.taddy/teaching

notes 객체는 11개의 요소가 담긴 리스트이며, 각 요소에는 강의 슬라이드의 원시 텍스트가 포함된다. 여기서 출력한 첫 번째 줄은 첫 번째 강의 슬라이드의 제목이다. R에서 ASCII가 아닌 포맷으로 작업하는 것을 피하기 위해 ASCII로 변환하는 단계를 밟는다. 이렇게 하면 작업이 더 쉬워진다.

```
> for(i in 1:11)
+     content(notes[[i]]) <-
+     iconv(content(notes[[i]]), from="UTF-8", to="ASCII", sub="")
```

마지막으로 다음과 같이 tm의 Corpus 함수를 적용하여 일반적인 리스트를 docs라는 Corpus 객체로 변환한다.

```
> docs <- Corpus(VectorSource(notes))
```

이 과정을 통해 문서 정보를 tm 생태계 안으로 가져온다.

이제 tm_map 함수를 사용하여 다양한 텍스트 정리 작업을 적용해보자.

---

155 pdf 파일의 경로에 맞게 조정해야 한다. 예를 들어 여기서 "/Users/coldfire/Downloads/lectures/"에는 35개의 문자가 포함된다. 따라서 36을 입력한다.

```
> ## tm_map은 어떤 함수를 말뭉치 안의 모든 문서에 적용한다.
> docs <- tm_map(docs, content_transformer(tolower)) ## 소문자로 만든다.
Warning message:
In tm_map.SimpleCorpus(docs, content_transformer(tolower)) :
  transformation drops documents
> docs <- tm_map(docs, content_transformer(removeNumbers)) ## 숫자를 삭제한다.
Warning message:
In tm_map.SimpleCorpus(docs, content_transformer(removeNumbers)) :
  transformation drops documents
> docs <- tm_map(docs, content_transformer(removePunctuation)) ## 구두점을 삭제한
다.
Warning message:
In tm_map.SimpleCorpus(docs, content_transformer(removePunctuation)) :
  transformation drops documents
> docs <- tm_map(docs, content_transformer(removeWords), stopwords("SMART")) ## 불
용어를 처리한다.
Warning message:
In tm_map.SimpleCorpus(docs, content_transformer(removeWords), stopwords("SMART"))
:
  transformation drops documents
> docs <- tm_map(docs, content_transformer(stripWhitespace)) ## 공백 문자를 정리한
다.
Warning message:
In tm_map.SimpleCorpus(docs, content_transformer(stripWhitespace)) :
transformation drops documents
```

이것은 [그림 8-1]의 파이썬 코드 스니펫에 있는 정리와 가지치기를 더 어렵게 만든 것이다.
예를 들어 SMART 불용어 목록은 일반적으로 삭제하지 않는 단어를 많이 포함한다.

```
> head(stopwords("SMART"))
[1] "a"          "a's"         "able"        "about"       "above"       "according"
```

여기서는 문서가 12개뿐이므로 차원을 낮게 유지하려면 아낌없이 잘라야 한다.

이렇게 정리된 텍스트를 단어 수로 변환하고 각 문서에 대한 행과 각 단어에 대한 열이 있는 **문
서 단어 행렬**document-term matrix (DTM) $\boldsymbol{X}$를 만들 수 있다. 요소 x_{ij}는 문서 i에서 단어 j의 빈도수
를 의미한다.

```
> dtm <- DocumentTermMatrix(docs)
> dtm
<<DocumentTermMatrix (documents: 11, terms: 6160)>>
Non-/sparse entries: 9213/58547
Sparsity           : 86%
Maximal term length: 49
Weighting          : term frequency (tf)
```

이 행렬에는 4,000개 이상의 단어(열)가 포함된다. 마지막 정리 단계로 문서의 75% 이상에서 빈도수가 0인 단어를 제거한다. 현재 예제에서는 문서가 11개이므로 적어도 3개의 문서에 나오지 않는 단어들을 제거하면 된다. 결과적으로 약 700개의 단어가 남는다.

```
> dtm <- removeSparseTerms(dtm, 0.75)
> dtm
<<DocumentTermMatrix (documents: 11, terms: 656)>>
Non-/sparse entries: 2994/4222
Sparsity           : 59%
Maximal term length: 49
Weighting          : term frequency (tf)
```

끝이다! 이제 다른 고차원 데이터처럼 처리할 수 있는 숫자 행렬 X가 만들어졌다. 다음과 같이 80번 이상 나온 단어는 데이터 과학 관련 강의 내용에 적합하다.

```
> findFreqTerms(dtm,80)
[1] "data"        "model"        "nnnnn"        "regression"
```

다음과 같이 lasso라는 단어의 빈도수와 상관관계가 높은 단어들을 살펴볼 수 있다.

```
> findAssocs(dtm, "lasso", .85)
$lasso
      close      stable experiments     lassonn performance    homework        care
       0.93        0.93        0.89        0.89        0.87        0.86        0.86
```

다음 절에서 설명하겠지만 X를 lasso나 PCA와 같은 머신러닝 기술에 대한 입력으로 사용할 수도 있다.

8.2 텍스트 회귀

수치형 텍스트가 있다면 앞서 배운 도구들을 활용하여 텍스트 분석을 위한 강력한 프레임워크를 얻을 수 있다. 이미 텍스트 회귀에 대해 살펴본 적이 있다. 로지스틱 회귀를 소개할 때 사용한 스팸 필터링 예제에서 이메일 콘텐츠를 입력으로 사용했다. 이것은 문서를 분류하는 문제로, 로지스틱 회귀를 사용하여 메시지가 스팸인지 스팸이 아닌지 예측하기 위해 정규화된 텍스트 빈도수 $f_i = x_i / \sum_j x_{ij}$를 사용했다.

$$\text{logit}\,[p(\text{spam})] = \alpha + f'\beta$$

이 절에서는 텍스트 분석을 위한 일반적인 머신러닝 도구 사용법을 설명하기 위해 추가적인 예제를 제공한다.

R 패키지 textir에 포함된 congress109 데이터를 살펴보자. 이 데이터는 신문이 독자의 정치 성향에 콘텐츠를 타깃팅하는 방법에 대한 [Gentzkow and Shapiro, 2010]에서 등장했다.[156] 이 데이터셋은 109차 의회 기록의 첫 해(2005년)를 요약한 것으로, 미국의 상원과 하원 의원을 위한 모든 연설을 포함한다.

이 텍스트는 불용어를 제거하고 포터 형태소 분석기를 사용하여 형태소 분석을 끝낸 후에 바이그램으로 토큰화된 상태다. 행렬 congress109Counts는 529명의 상원과 하원 의원이 109차 의회에서 1,000개의 공통 토큰 목록에 있는 구문을 사용한 횟수를 포함한다. 즉, 각 문서는 한 사람의 연설에 대해 결합된 기록이다. 다음과 같이 두 명의 의원에 대해 몇 가지 단어의 빈도수를 살펴볼 수 있다.

```
> data(congress109)
> congress109Counts[c("Barack Obama", "John Boehner"), 995:998]
2 x 4 sparse Matrix of class "dgCMatrix"
                stem.cel  natural.ga  hurricane.katrina  trade.agreement
Barack Obama       .              1                 20                  7
John Boehner       .              .                 14
```

156 Matthew Gentzkow and Jesse Shapiro. What drives media slant? Evidence from U.S. daily newspapers. Econometrica, 78:35-72, 2010.

여기서 형태소 분석의 영향을 확인할 수 있다. 'stem cell(줄기세포)'는 'stem.cel'이 됐고 'natural gas(천연가스)'는 'natural.ga'가 됐다.

congress109Ideology에는 단어의 빈도수 외에도 각 의원에 대한 정보가 포함된다.

```
> congress109Ideology[1:4,]
                           name party state chamber  repshare   cs1    cs2
Chris Cannon       Chris Cannon    R     UT       H 0.7900621 0.534 -0.124
Michael Conaway Michael Conaway    R     TX       H 0.7836028 0.484  0.051
Spencer Bachus   Spencer Bachus    R     AL       H 0.7812933 0.369 -0.013
Mac Thornberry   Mac Thornberry    R     TX       H 0.7776520 0.493  0.002
```

여기서 주요 변수는 repshare다. 이것은 2004년 대통령 선거에서 조지 W. 부시가 각 의원의 선거구(대의원 선거구, 상원 의원의 주)에서 얻은 양당 득표율(민주당과 공화당, 제3당과 무소속은 제외)이다. [그림 8-2]는 repshare와 단어 사이의 관계를 보여준다.

그림 8-2 wordle을 사용하여 repshare와 단어의 관계를 시각화한 그림. 글자 크기는 절대공분산에 따라 결정되고 색상은 부호가 음수(민주당)이면 검정색, 양수(공화당)이면 회색으로 지정된다.

> cs1과 cs2도 흥미롭다. 이것은 본질적으로 투표 기록의 PCA에서 각 멤버를 위한 처음 두 가지 주성분 점수를 의미한다. 사용된 모델은 약간 다르지만 7장의 롤콜 투표 PCA 예제와 밀접하게 연관된다.

선거인단의 평균적인 믿음이 그들 자신의 믿음(또는 믿음을 표현하는 방법)에 대한 신호를 제공한다는 가정하에, 이념과 정당을 repshare로 대신할 수 있다. 예를 들어 Tom Price(R GA)는 death.tax라는 용어를 28회 정도로 자주 사용하며 2004년에 부시를 지지한(70% 투표) 하원 선거구 출신이다. William Jefferson(D LA)은 estate.tax를 32회 정도로 자주 사용하며 부시를 강력하게 반대한(24% 투표) 지역구 출신이다. 이 패턴이 반복되면 death.

tax는 공화당 용어로, estate.tax는 민주당 용어로 모델링한다.

[Gentzkow and Shapiro, 2010]은 이 논리를 적용하여 각 용어의 기울기 방향으로 가중치를 부여한 의원의 용어 사용에 따라 합산되는 **경사도**를 구한다. 그들은 **주변 회귀** 방법을 사용했다(PLS(1), 7장 참고). 언어를 당파와 연결하는 모델을 구축하기 위해 연설 내용에 대해 repshare를 회귀 분석한다. 그런 다음 신문의 정치적 경향을 수치화하고 정당과 언론 소유권 관련 문제를 조사하는 데 이용한다.

pls 함수를 사용하여 다음과 같이 이 분석을 다시 수행할 수 있다.

```
> x <- congress109Counts
> slant <- pls(x, congress109Ideology$repshare, K=3)
Directions 1, 2, 3, done.
```

[그림 8-3]은 처음 세 개의 PLS 방향에 대한 결과를 보여준다. 각 방향에 대한 표본 내 R^2은 0.17, 0.32, 0.43이다. 차원이 추가될 때마다 크게 증가한다. 질적으로 볼 때 두 번째 방향은 높은 repshare의 공화당원(당내 우파일 가능성이 높은 사람)과 관련된 언어를 습득하는 데 필요한 것으로 보인다.

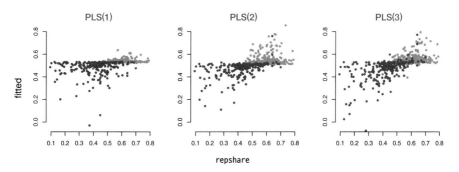

그림 8-3 PLS는 congress109에서 상대적인 용어 사용에 대해 repshare을 적합한다. 회색 점은 공화당, 검정색 점은 민주당을 의미한다.

PLS의 대안으로 다음과 같이 텍스트를 사용하여 **repshare**에 대한 lasso 회귀를 실행할 수 있다.

```
> lassoslant <- cv.gamlr(x>0, congress109Ideology$repshare)
```

[그림 8-4]는 PLS 방향의 수를 평가하기 위한 OOS 실험 결과와 λ를 선택하기 위해 사용한 CV 실험 결과를 보여준다. 여기서 lasso가 일반적으로 PLS보다 성능이 우수하다는 것을 볼 수 있다. K가 1 또는 2인 경우에 PLS 결과가 가장 좋으며 이 때 OOS MSE는 어떤 λ 범위의 lasso보다 여전히 더 가변적이고 조금 더 높다.

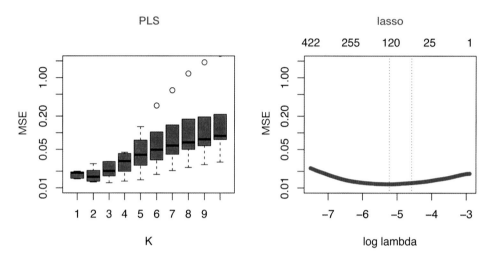

그림 8-4 K에 따른 PLS 결과(왼쪽)와 λ에 따른 lasso 결과(오른쪽)에 대한 OOS 예측 성능

텍스트 회귀를 실행하기 전 X에 적용할 수 있는 여러 데이터 변환 방법이 있다. 예를 들어 원시 단어 수에서 문서 길이에 따라 정규화된 **비율**로 변환하는 것이 일반적이다. X의 각 행을 전체 행의 합으로 나누면 예를 들어 정치인이 얼마나 많은 말을 하는지는 중요하지 않고 어떤 단어를 사용하는지가 중요해진다. [Gentzkow and Shapiro, 2010]은 PLS 추정에서 정규화를 사용한다. 또 다른 일반적인 변환은 x_{ij}를 지표 $\mathbb{1}_{[x_{ij}>0]}$로 대체하여 문서에서 어떤 단어가 사용되었는지 여부를 추적하도록 한다. 이러한 변환 작업은 실제로 회귀를 실행하고 OOS 실험을 수행하기 전까지는 어떤 것이 가장 좋은지 알 수 없다. 모델 구축과 선택은 텍스트가 아닌 데이터와 동일하게 진행한다. 후보 모델 집합을 구성하고 CV(또는 IC)를 사용하여 선택한다.

이 예에서 지표 $\mathbb{1}_{[x_{ij}>0]}$에 lasso 회귀를 적용하면 가장 좋은 OOS 적합 성능[157]을 얻을 수 있다.

---

157 이것은 또한 연설의 길이에 따라 정규화한 빈도수로 회귀한 결과보다 낫다.

이 때 최소 MSE는 0.012로 원시 x_{ij}에 대한 lasso 회귀의 결과 0.015보다 좋다. 이 모델을 사용할 때 **CV-min** 선택 규칙은 64개의 0이 아닌 $\hat{\beta}_j$ 로딩 집합을 반환한다. 낮은 repshare(좌파 민주당원)를 가장 잘 나타내는 10개의 구문을 살펴볼 수 있다.

```
> names(sort(B)[1:10])
 [1] "congressional.black.caucu"    "family.value"
 [3] "issue.facing.american"        "voter.registration"
 [5] "minority.owned.business"      "strong.opposition"
 [7] "civil.right"                  "universal.health.care"
 [9] "congressional.hispanic.caucu" "ohio.electoral.vote"
```

그리고 높은 repshare(우파 공화당원)를 잘 나타내는 구문은 다음과 같다.

```
> names(sort(-B)[1:10])
 [1] "million.illegal.alien" "human.embryo"        "action.lawsuit"
 [4] "private.property"      "war.terror"          "look.forward"
 [7] "global.war"            "illegal.immigration" "percent.growth"
[10] "illegal.alien"
```

lasso의 로딩은 주의해서 해석해야 하지만 이 모델은 실제로 각 정당과 관련된 문제를 포착하고 있는 것으로 보인다.

8.3 토픽 모델

텍스트는 초고차원이며 레이블이 지정되지 않은 경우가 많다. 이러한 이유로 비지도 요인 모델링은 텍스트 데이터에 널리 사용되는 유용한 전략이다. 요인 모델을 커다란 말뭉치에 적합하고 레이블이 지정된 문서의 부분 집합에 대한 지도 학습에 사용할 수 있다. 비지도 차원 축소는 지도 학습을 용이하게 한다.

이제 정치에서 레스토랑으로 주제를 전환하여 텍스트 분해에 대해 살펴보자. 지금은 없어진 여행 웹사이트 *we8there.com*에서 수집한 리뷰 데이터는 총 6,166개이고 리뷰당 평균 길이는 90단어다. 이 리뷰에는 **전체적인 경험, 분위기, 음식, 서비스, 가치**에 대한 텍스트 정보와 평점이 모두 포함되어 있어 매우 유용하다. 평점은 여러 항목으로 구성되고 각 항목은 5점 만점으로 평가되며 1은 좋지 않음, 5는 우수함을 나타낸다. 다음 예제는 한 사용자가 남긴 미국 루이지애나주 보시에[Bossier]의 '와플 하우스 #1258'에 대한 긍정적 리뷰다.

> 저는 보통 와플 하우스에 대한 리뷰를 남기지 않지만 이번엔 리뷰할 가치가 있습니다. 직원들, 아만다[Amanda], 에이미[Amy], 체리[Cherry], 제임스[James], J.D.는 제가 본 승무원 중에 가장 유쾌했어요. 점심 시간이었지만 B.L.T.와 칠리가 훌륭했습니다. 가장 좋았던 것은 시끄럽지도 않고 약하지도 않은 50년대의 록 앤드 롤[rock and roll] 음악이었습니다. 와플 하우스에 대해 기대한 것 이상이에요. 계속해서 열심히 해주세요.
>
> 전체: 5, 분위기: 5, 음식: 5, 서비스: 5, 가치: 5

또 다른 사용자는 미국 텍사스주 나소 베이[Nassau Bay]의 'Sartin's Seafood'가 전반적으로 좋지 않다고 평가했다(하지만 이곳의 가격이 저렴한 건 분명하다).

> 홀 직원이 매우 무례했고 매니저도 별로였습니다.
>
> 전체: 1, 분위기: 1, 음식: 1, 서비스: 1, 가치: 5

직관적으로 이러한 리뷰는 음식의 종류, 레스토랑의 서비스 또는 지리적 위치와 같은 여러 주제, 즉 **토픽**[topic]으로 구성된다. 인수분해를 통해 이러한 토픽을 발견하고자 한다.

데이터 정리 및 포터 형태소 분석 후에 `congress109`에 적용했던 텍스트 토큰화와 동일한 절차를 거치고 나면 2,640개의 바이그램이 남는다. 예를 들어 문서 단어 행렬의 첫 번째 리뷰에는 'Rib Joint'에서의 즐거운 식사를 나타내는 0이 아닌 바이그램이 있다.

```
> x <- we8thereCounts
> x[1,x[1,]!=0]
  even though    larg portion    mouth water    red sauc    babi back
            1               1              1           1            1
    back rib    chocol mouss    veri satisfi
           1               1               1
```

리뷰 텍스트의 요인 표현을 얻기 위해 PCA를 적용할 수 있다. 처음 몇 가지 요인에서 가장 큰 회전을 자세히 살펴보면 PC1은 긍정적인 리뷰에 대해 큰 양의 값을 갖는 반면 PC4는 피자에 대해 큰 음의 값을 보인다.

```
> pca <- prcomp(x, scale=TRUE)
> tail(sort(pca$rotation[,1]))
         food great         staff veri         excel food      high recommend
         0.007386860        0.007593374        0.007629771        0.007821171
         great food         food excel
         0.008503594        0.008736181
> head(sort(pca$rotation[,4]))
 pizza like    thin crust   thin crispi    deep dish   crust pizza  italian beef
 -0.1794166    -0.1705301    -0.1551877   -0.1531820    -0.1311161    -0.1250104
```

하향식 해석을 위해 [그림 8–5]는 전체 평점에 대한 PC1 점수를 보여준다. PC1 점수에서 음수 부분의 긴 꼬리 때문에 가장 큰 회전에 대한 상향식 해석에서 명확히 확인 가능한 PC1과 품질 사이의 관계를 보기가 어렵다. 항상 그렇듯이 PCA에서 요인에 대한 해석은 복잡하고 어려운 과정이다.

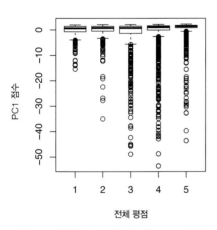

그림 8-5 여행 웹사이트 리뷰에 대한 PC1 점수와 전체 평점

알고리즘 22 │ 희소 데이터를 위한 PCA

실용적인 측면에서 볼 때 여기에서 prcomp는 x를 희소 행렬에서 밀집 행렬로 변환한다. 매우 희소한 큰 텍스트 DTM의 경우 메모리 부족 문제가 발생한다. PCA에 대한 빅데이터 전략은 x에 대한 공분산 행렬을 계산한 다음 이 행렬의 **고윳값**으로 PC 회전을 얻는 것이다. 이것은 희소 행렬대수학을 사용하여 수행할 수 있다.

```
> xm <- colMeans(x)
> xx <- crossprod(x) # X'X
> xvar <- xx/nrow(x) - tcrossprod(xm) # 공분산 행렬
```

그런 다음 eigen(xvar, symmetric=TRUE)$vec으로 회전을 얻을 수 있다. 빅데이터에서 빠른 인수분해를 실행하기 위해 사용할 수 있는 근사 PCA 알고리즘도 있다. 예를 들면 R용 irlba 패키지가 있다.

PCA를 사용하여 텍스트를 인수분해하는 방식은 2000년대 이전에 일반적이었다. 레이블 **잠재 의미 분석**^{latent semantic analysis}(LSA)에서 여러 가지 변형된 알고리즘을 살펴볼 수 있다. 그러나 [Blei, 2003]에서 제안한 잠재 디리클레 할당^{latent Dirichlet allocation}(LDA)[158]으로 알려진 **토픽 모델링**의 도입으로 이러한 방식이 변화했다. 블레이와 다른 저자들은 PCA가 암시하는 제곱오차(가우스 모델)에서 희소 데이터 분석에 부적절하다고 지적했다. 대신 bag-of-words 표현을 진지하게 받아들이고 토큰 개수를 **다항 분포**에서 실현하는 것으로 모델링할 것을 제안했다. 즉, 토픽 모델을 다항 요인 모델로 제안했다.

다음과 같이 간단한 문서 생성 프로세스를 기반으로 토픽 모델을 구축한다.

- 각 단어에 대해 토픽 k를 선택한다. 각 단어 j에 대한 확률 θ_{kj}를 포함한 단어에 대해 확률 벡터 $\boldsymbol{\theta}_k$로 해당 토픽을 **정의한다**.
- 그런 다음 $\boldsymbol{\theta}_k$로 인코딩된 확률에 따라 단어를 선택한다.

문서의 각 단어에 대해 이 작업을 반복하여 토픽 1의 비율 ω_{i1}, 토픽 2의 비율 ω_{i2} 등을 얻는다.

이 기본 생성 프로세스는 전체 단어의 빈도수를 나타내는 벡터 $\boldsymbol{x}_i$가 **다항 요인 분포**를 갖는다는 것을 의미한다.

식 8-1
$$\boldsymbol{x}_i \sim \mathrm{MN}(\omega_{i1}\boldsymbol{\theta}_1 + \ldots + \omega_{iK}\boldsymbol{\theta}_K, m_i)$$

---

158 David M. Blei, Andrew Y. Ng, and Michael I. Jordan. Latent Dirichlet allocation. Journal of Machine Learning Research, 3:993–1022, 2003.

여기서 $m_i = \sum_j x_{ij}$는 전체 문서의 길이다. 예를 들어 문서 i에서 단어 j의 확률은 $\sum_k \omega_{ik}\theta_{kj}$가 된다. PCA 요인 모델을 다시 떠올려보면 다음과 같다.

식 8-2
$$\mathbb{E}[\boldsymbol{x}_i] = \upsilon_{i1}\boldsymbol{\varphi}_1 + \ldots \upsilon_{iK}\boldsymbol{\varphi}_K$$

[식 8-1]에서 의미하는 것과 유사한 토픽 모델은 다음과 같이 표현할 수 있다.

식 8-3
$$\mathbb{E}\left[\frac{\boldsymbol{x}_i}{m_i}\right] = \omega_{i1}\boldsymbol{\theta}_1 + \ldots + \omega_{iK}\boldsymbol{\theta}_K$$

따라서 **토픽 점수** ω_{ik}는 PC 점수 υ_{ik}와 같고 **토픽 확률** $\boldsymbol{\theta}_k$는 회전 $\boldsymbol{\varphi}_k$와 같다. 차이점은 [식 8-1]의 경우 PCA가 최소화하는 제곱오차의 합과 다른 손실 함수(다항편차)를 의미한다. 또한 $\boldsymbol{\omega}_i$와 $\boldsymbol{\theta}_k$는 모든 벡터의 합이 1이 되도록 하는 **확률**이다. 절대적인 용어 사용보다 상대적인 사용에 따라 토픽이 결정되도록 문서의 길이를 기준으로 한다는 점에 유의하자.

토픽 모델은 해석을 더 쉽게 해주는 인수분해로 이어지는 경향이 있기 때문에 텍스트 데이터에서 PCA 대신 사용된다. 해석은 여전히 주관적이고 혼란스럽지만, 산업 분야의 대규모 탐색적 분석은 적합 토픽 모델에 대한 그럴듯한 해석을 중심으로 성장했다. 이 프레임워크를 확장한 다른 여러 버전, 예를 들어 주제가 시간이 지남에 따라 천천히 변경될 수 있는 '동적' 모델[159] 등이 있지만 고전적인 토픽 모델은 여전히 텍스트의 비지도 차원 축소를 위한 주요 도구다.

토픽 모델 추정은 어렵고 계산 집약적인 작업이다. 이와 관련한 최적화 문제는 PCA에서 푸는 문제보다 훨씬 어렵다. 하지만 이것은 많은 사람이 계속 연구해 온 문제이며 여러 효율적인 알고리즘이 있다. 파이썬에서 `gensim` 라이브러리는 [Hoffman, 2013]의 빠르고 메모리 효율적인 **확률적 경사 하강법**^{stochastic gradient descent} (SGD)[160]을 구현한다. 이 방법은 데이터를 블록으로 메모리에 로드하지 않고 추정할 때 스트리밍한다. 필자의 알고리즘[161]을 구현한 R의 `maptpx` 패키지는 메모리에 저장하기에 적절한 크기의 데이터를 위한 빠르고 안정적인 옵션이다.

159 David M. Blei and John D. Lafferty. Dynamic topic models. In Proceedings of the 23rd international conference on Machine learning, pages 113-120, 2006.

160 Matthew D. Hoffman, David M. Blei, Chong Wang, and John Paisley. Stochastic variational inference. The Journal of Machine Learning Research, 14: 1303-1347, 2013.

161 Matt Taddy. On estimation and selection for topic models. In Proceedings of the 15th International Conference on Artificial Intelligence and Statistics (AISTATS 2012), 2012.

maptpx로 작업하려면 먼저 희소 행렬을 Matrix에서 slam 패키지 형식으로 마이그레이션해야 한다. 다행히 slam에는 이를 쉽게 하는 함수가 있다. 올바른 형식의 DTM이 있으면 지정된 토픽 수 *K*와 함께 maptpx의 topics 함수를 제공한다.

```
> x <- as.simple_triplet_matrix(we8thereCounts)
> tpc <- topics(x, K=10)

Estimating on a 6166 document collection.
Fitting the 10 topic model.
log posterior increase: 4441.8, 461.4, 101.5, 57.4, 51, 19.2, 26.2, 15.3, 15.4,
11.7, 6.7, 12.2, 8, 10.1, 4.8, 5.3, 3.2, 6.6, 2.8, 7, 3.6, 3.9, 6.7, 5.5, 8.6, 5,
11, 10.3, 12, 7.9, 12.1, 9, 8.8, 13.9, 8.6, 7.3, 6.1, 4.9, 4.3, 12, 11.1, 8.7,
3.2, 2.8, 5.1, 1.9, 2.6, 2.4, 4.9, 2.9, 1.5, 2.5, 4.7, 1.7, 0.9, 1.4, 0.7, 2.5,
2.2, 1.7, 1, 1.3, 1.5, 2, 0.8, 1.7, 0.5, 0.2, 0.5, 0.6, 0.9, 3.9, 0.5, 0.6, 0.4,
0.2, 0.8, 0.2, 1.4, 0.3, 0.5, 0.6, done.
```

토픽 모델 10개를 적합했다. 또한 topics에 *K*의 범위를 제공하고 BIC와 밀접하게 관련된 **베이지안 계수**^{Bayes factor}(BF)를 기준으로 최상의 값을 선택하도록 한다. BF는 exp[−BIC]로 근사한 **사후 확률 모델**에 비례하므로 BIC를 최소화하고 BF를 최대화할 수 있다.

```
> tpcs <- topics(x,K=5*(1:5))

Estimating on a 6166 document collection.
Fit and Bayes Factor Estimation for K = 5 ... 25
log posterior increase: 2853.9, 327.1, 85.3, 36.7, 25.9, 19.9, 13.8, 11.6, 9.6,
11.4, 20.3, 7.1, 3.9, 8.3, 4, 5.9, 2.4, 3.8, 4.8, 5.3, 3.8, 4.5, 4, 3.8, 2.1, 2,
4.8, 4.5, 2.5, 4.3, 7, 4.9, 9.3, 2.9, 9.9, 3.8, 6.2, 7.3, 3.8, 6, 7.9, 7.4, 7.2,
4, 5.6, 8, 14.3, 11.5, 17.6, 14.8, 14.1, 14.4, 9.5, 7.1, 5.4, 5.8, 2.4, 2.5, 1.5,
1.1, 1.9, 2.9, 2.8, 3.1, 1, 0.8, 0.4, 1.9, 1.3, 0.8, 0.8, 1.1, 1, 2.2, 1, 0.7,
0.4, 0.4, 0.4, 2, 0.4, 0.7, 0.2, 0.3, 2.2, 0.4, 0.3, 0.1, 0.2, done.
log BF( 5 ) = 79521.94
log posterior increase: 4626.7, 197.4, 53, 24.9, 19, 9.3, 7.4, 4.6, 5.2, 3.4, 2.3,
1.7, 0.8, 0.6, 0.9, 0.5, 0.8, 2.6, 2.7, 1, 0.5, 0.3, 1.1, 0.5, 0.6, 0.7, 1.3, 0.2,
done.
log BF( 10 ) = 87157.28
log posterior increase: 3445, 170.2, 49.8, 23.6, 14.1, 31.4, 16.2, 4.8, 6.6, 5.5,
1.9, 5.9, 4, 2.5, 1.8, 2.1, 1.3, 0.7, 3.6, 1.1, 1.3, 0.7, 0.9, 1.1, 1.8, 1.3, 0.8,
1, 0.3, 0.7, 0.4, 1.2, 0.7, 0.8, 0.1, done.
log BF( 15 ) = 3334.33
log posterior increase: 2327.1, 139.8, 39.5, 16.7, 20.1, 5.3, 4.5, 3, 3.4, 2.9,
```

```
4.4, 1.8, 1, 0.7, 0.6, 0.6, 3.6, 0.4, 0.3, 0.3, 0.3, 0.8, 2.3, 1.4, 0.1, 0.2,
done.
log BF( 20 ) = -66254.44
> dim(tpcs$omega)
[1] 6166    10
```

K가 5, 10, 15, 20, 25로 주어지면 topics는 BF를 최대화하는 $K = 10$을 선택한다.[162] 필자는 일반적으로 비지도 모델에 대한 이러한 선택을 너무 믿지 말라고 조언했다. 그러나 토픽 모델을 적합하는 비용이 너무 크기 때문에 빠른 검색 전략을 갖는 것이 좋다. 경험상 maptpx의 BF 최대화는 다양한 다운스트림 작업에 잘 맞는 K를 찾아준다. 물론 스토리텔링을 목적으로 원하는 것보다 더 작은 K를 선택하기도 한다. lasso PCR과 유사하게 토픽들을 lasso 회귀의 입력으로 사용할 경우 더 큰 K를 가지고 lasso가 필요한 항목을 선택하도록 할 수 있다.

토픽에 대한 해석은 PCA와 동일하게 진행한다. 스토리텔링을 위해 상향식 방법과 하향식 방법을 고려한다. 상향식 방법에서는 각 토픽의 '상위' 단어들을 조사한다. 이 때 단어의 순위를 고려해야 제대로 작동할 수 있다. 토픽 확률 θ_{kj}로 단어를 정렬하면 토픽 k에서 자주 등장하고 작은 불용어 집합만 잘라낸 경우에 다른 토픽에서도 공통적으로 나오는 상위 단어들을 얻는다. 대신 maptpx의 summary 함수는 단어를 **향상도**[lift] 값으로 정렬한다. 향상도는 다음과 같이 토픽 k에서 단어 j의 확률을 총 확률로 나눈 값이다.

$$\text{lift}_{jk} = \theta_{jk} / \bar{q}_j$$

여기서 $\bar{q}_j$는 단어 j에 할당된 문서의 평균 비율인 x_{ij}/m_i에 대한 표본평균이다. 향상도는 일반적인 말보다 토픽 k에서 특히 자주 등장하는 단어에 대해 높을 것이다.

```
> summary(tpcs)

Top 5 phrases by topic-over-null term lift (and usage %):

[1] 'food great', 'great food', 'great servic', 'veri good', 'food veri' (14.6)
[2] 'high recommend', 'italian food', 'best italian', 'mexican food', 'list
extens' (11.6)
[3] 'over minut', 'never go', 'go back', 'flag down', 'anoth minut' (10.4)
```

---

162 소프트웨어는 K가 10에서 15로, 다시 15에서 20으로 갈수록 BF가 떨어졌기 때문에 $K = 25$로 하는 것을 고려하지 않았다.

```
[4] 'enough share', 'open daili', 'highlight menu', 'until pm', 'select includ'
(10.4)
[5] 'never return', 'one worst', 'don wast', 'wast time', 'here sever' (9.4)
[6] 'good work', 'best kept', 'out world', 'great experi', 'just right' (9.1)
[7] 'thai food', 'veri pleasant', 'ice cream', 'breakfast lunch', 'year ago' (9)
[8] 'take out', 'best bbq', 'can get', 'pork sandwich', 'home cook' (9)
[9] 'food good', 'food place', 'chees steak', 'good select', 'food pretti' (8.7)
[10] 'wasn whole', 'came chip', 'got littl', 'over drink', 'took seat' (7.8)


Log Bayes factor and estimated dispersion, by number of topics:

               5       10      15       20
logBF 79521.94 87157.28 3334.33 -66254.44
Disp      7.09     4.96    3.95     3.33


Selected the K = 10 topic model
```

첫 번째 토픽은 긍정적인 피드백을 포함하며 PC1과 동일하게 해석할 수 있다. 그러나 다른 주제들은 PCA를 통해 얻은 요인과 다르며 해석하기가 더 쉽다. 예를 들어 토픽 3은 기다림에 관한 것이고 토픽 5은 새로운 고객의 부정적인 리뷰를 포함한다.

하향식 방법의 예로 토픽 점수 ω_{ki}를 리뷰 평점과 비교할 수 있다. [그림 8-6]은 처음 두 토픽의 문서 점수에 대한 전체 별점을 보여준다. [그림 8-5]와 비교했을 때 토픽 1과 전체 별점 사이의 긍정적인 관계는 PC1보다 명확하다. 토픽 3의 **부정적인** 내용은 훨씬 더 명확하다. 별점이 4개이거나 5개인 대부분의 리뷰는 $\omega_{2i} < 0.1$인 반면 별점이 1개이거나 2개인 리뷰에서 일반적으로 0.2~0.9 사이다.

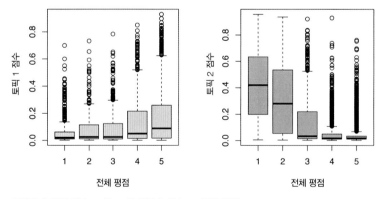

그림 8-6 토픽 점수 ω_{1i}와 ω_{2i}에 대한 We8there 전체 평점

이러한 관계는 텍스트 내용을 통해 리뷰 등급을 예측하기 위한 토픽 회귀 전략을 제안한다. 토픽 회귀 방법은 [알고리즘 19]의 PCR과 동일하게 작동한다. 토픽을 적합한 다음 AICc나 CV 선택과 함께 lasso에 대한 입력으로 사용한다.

```
> stars <- we8thereRatings[,"Overall"]
> tpcreg <- gamlr(tpcs$omega, stars, lmr=1e-3)
```

AICc는 10개의 토픽 중 9개를 로드하는 모델을 선택한다.[163] 이 계수에 0.1을 곱하여 ω_{ki}가 0.1 증가할 때 예상되는 전체 별점이 얼마인지 확인한다.

```
> round(coef(tpcreg) [-1,]*.1, 1)
   1    2    3    4    5    6    7    8    9   10
 0.1  0.1 -0.3  0.0 -0.4  0.1  0.1  0.0 -0.1 -0.1
```

예를 들어 리뷰 내용의 10%가 기다리게 했다는 부정적인 토픽 3에서 추가될 경우 −0.3만큼 낮은 별점이 예상된다. (미국인) 고객이 불만을 갖게 하는 가장 빠른 방법은 기다리게 하는 것이다.

전체 별점을 원시 토큰 수로 회귀하는 lasso 모델과 토픽 회귀 모델을 비교해보자. [그림 8-7]은 각 방식에 대한 OOS 유효성 검사 결과를 보여주며 토픽 회귀가 토큰 회귀보다 좋은 성능을 보인다. 리뷰 텍스트에는 유용한 저차원 요인 구조가 있으며 이는 관심 있는 반응, 즉 전체 품질과 직접적인 관련이 있다. 이 경우 lasso를 실행하기 전에 비지도 차원 축소를 수행하여 추정 효율성을 얻는다.

---

163 이 예제에서 충분히 낮은 페널티를 포함하는 후보 모델 집합을 얻기 위해 λ_T/λ_1 비율을 기본값 0.01에서 lmr = 1e – 3을 통해 0.001로 낮췄다. gamlr을 실행하고 AICc가 후보 집합의 가장자리, 즉 최소 페널티 λ_T에서 모델을 선택하면 이 작업을 수행해야 한다. 여러분은 모델 선택에서 후보 모델 집합의 한 모델을 선택하려고 할 것이다.

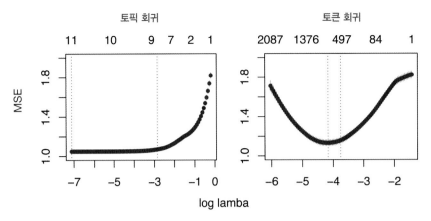

그림 8-7 토픽 회귀 및 원시 토큰 수 x_{ij}를 이용한 lasso의 비교

8.4 다항 역회귀

텍스트 회귀와 토픽 모델링 사이에서 텍스트를 사용하여 일부 y를 예측하거나 텍스트에서 관찰되지 않은 잠재적 요인을 위한 모델을 구축할 수 있다. 사회과학에서 종종 제기되는 또 다른 과제는 텍스트가 일련의 연관된 공변량 **집합**과 어떻게 연결되는지를 이해하는 것이다. 예를 들어 we8there 리뷰의 5가지 평점에 모두 동시에 연결하여 음식이나 서비스와 **분리된** 분위기에 대한 평점을 예측할 수 있다.

이러한 작업은 다항 역회귀$^{\text{multinomial inverse regression}}$ (MNIR)[164]를 사용할 수 있다. 다항 분포를 통해 텍스트를 관찰 가능한 공변량과 연결한다. 텍스트 회귀는 일반적으로 단어 수의 함수로 단일 문서 속성을 적합하지만 MNIR은 이 과정을 거꾸로하여 문서 속성에 대해 단어 수를 회귀하기 때문에 '역^{inverse}'이란 표현을 사용한다. 문서 속성 $\boldsymbol{v}_i$(저자의 특성, 날짜, 신념, 감정 등)가 주어지면 MNIR은 친숙한 일반화 선형 모델 프레임워크를 따른다. 각 문서 $\boldsymbol{x}_i$는 다음과 같이 로짓 링크를 가진 다항식에서 $\boldsymbol{v}_i$의 선형 함수로 모델링된다.

---

164 Matt Taddy, Multinomial inverse regression for text analysis. Journal of the American Statistical Association, 108: 755-770, 2013b.

$$\text{식 8-4} \qquad \boldsymbol{x}_i \sim \text{MN}(q_i, m_i) \text{ 여기서 } q_{ij} = \frac{\exp[\alpha_j + \boldsymbol{v}_i' \boldsymbol{\varphi}_j]}{\sum_{l=1}^{p} \exp[\alpha_l + \boldsymbol{v}_i' \boldsymbol{\varphi}_l]}$$

[식 8-4]는 4장에서 소개한 다항 로지스틱 회귀와 동일하다. 이제 결과 범주의 수는 텍스트 어휘의 토큰 수가 된다. 이것은 토픽 모델링의 자연스러운 확장으로 볼 수 있다. 토큰 수에 대한 다항식 모델은 유지하지만 알려지지 않은 토픽을 알려진 속성으로 대체한다.

we8there 데이터를 다시 살펴보면 5가지 속성(전체적인 경험, 분위기, 가격, 음식, 서비스)에 대한 별점의 벡터로 $\boldsymbol{v}_i$를 설정할 수 있다. 여기서 다항 반응은 2,640개의 결과 범주를 갖는 문서 $\boldsymbol{x}_i$에 대한 단어 수의 벡터다. 대부분의 다항 로지스틱 회귀 알고리즘에 대해 다항 반응의 차원 수는 너무 크다. glmnet의 경우 작업이 중지될 수도 있다. 다행히 4장에서 논의한 것처럼 distrom 패키지는 대규모 다항 반응에 대해 효율적으로 설계되었다. 여러 프로세서가 각 단어 요소에 대한 계산을 분산하기 위해 다항식의 푸아송 분포 표현을 사용한다.

```
> cl <- makeCluster(detectCores())
> ## 간단한 예제를 위해 nlambda값을 작게 설정한다.
> fits <- dmr(cl, we8thereRatings,
+              we8thereCounts, bins=5, nlambda=10)
```

bins 인수를 사용하여 추가적인 (막대한) 계산 효율성을 가져올 수 있다. 다항 벡터의 합도 다항 분포를 갖기 때문에 입력이 같을 때 관측치 전체를 그룹화하여 표현할 수 있다. 즉, 계산적인 측면에서 평점이 4점인 모든 리뷰를 하나의 관찰값으로 처리할 수 있다. 플래그를 bins = 5로 지정하면 dmr 함수에서 각 속성을 5개의 구간[bin] 중 하나로 그룹화할 수 있다. 속성이 bins에 입력한 수보다 많더라도 추정 속도를 위해 구간을 생성하거나 축소할 수 있다. 이때 dmr은 자동으로 구간을 선택한다.

[그림 8-8]은 단어 선택에 대한 lasso 정규화 경로를 보여준다. 일부 단어(chicken wing과 ate here)는 리뷰 평점과 관련이 없는 반면 다른 단어들은 어떤 평점에는 긍정적인 영향을, 또 다른 평점에는 부정적인 영향을 줄 수 있다. 예를 들어 terrible service에서 파생된 terribl servic은 음식에 강한 긍정적인 관계가 있으며 이를 제외하고는 부정적인 관계를 갖는다.

```
> B[-1, "terribl servic"]
Food Service Value Atmosphere Overall
0.312 -1.489 -0.639 -0.333 0.000
```

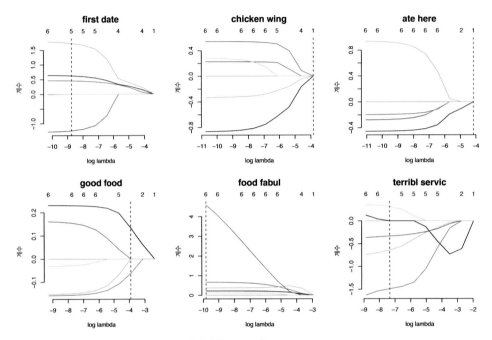

그림 8-8 we8there 리뷰에서 단어를 선택하기 위한 lasso 경로

일반적인 다변량 회귀와 마찬가지로 **부분적인 효과**가 있다. 다른 속성들을 제어한 상태에서 어떤 한 가지 속성의 영향을 나타낸다. `terribl servic`의 경우, 만약 음식 평점이 **다른 평가들을 감안하고 예상한 것보다 상대적으로** 높다면 이 단어가 더 자주 등장할 것이다. 즉, `terribl servic`이 음식 평점과 음의 주변 연관성을 갖는다 하더라도(단어 빈도수와 평점 간의 상관관계는 −0.1이다) 음식 맛이 나쁘지 않았다면 손님들은 일반적으로 부정적인 리뷰에서 다른 점(예를 들어 가격이 비싼 점이나 음식이 늦게 나오는 점)을 강조하기 때문에 음식 평가에 대해서는 긍정적인 MNIR 로딩을 갖는다.

이는 MNIR의 강점이다. 즉, 표준 회귀 분석과 같은 방식으로 교란 변수를 제어할 수 있다. 토픽 모델이 관찰되지 않은 여러 토픽에 대해 언어를 할당하는 방식과 유사하게 관찰 가능한 여

러 영향 사이에 언어를 할당한다. [그림 8-9]는 각 속성 k에 대해 $|\varphi_{kj}|$의 크기에 따른 상위 로딩을 보여준다. 적합한 평점 항목에 대한 단어 분류가 있다. 전체 평점은 긍정적인 경험이었다면 '다시 방문할 생각', 부정적이었다면 '직원에게 따졌을 것' 등의 전반적인 경험에 대한 요약을 나타낸다.

총평	음식	서비스	가치	분위기
plan.return	again.again	cozi.atmospher	big.portion	walk.down
feel.welcom	mouth.water	**servic.terribl**	around.world	great.bar
best.meal	francisco.bay	servic.impecc	chicken.pork	atmospher.wonder
select.includ	high.recomend	attent.staff	perfect.place	dark.wood
finest.restaur	cannot.wait	time.favorit	place.visit	food.superb
steak.chicken	best.servic	servic.outstand	mahi.mahi	atmospher.great
love.restaur	kept.secret	**servic.horribl**	veri.reason	alway.go
ask.waitress	**food.poison**	dessert.great	babi.back	bleu.chees
good.work	outstand.servic	**terribl.servic**	low.price	realli.cool
can.enough	far.best	**never.came**	peanut.sauc	recommend.everyon
after.left	food.awesom	experi.wonder	wonder.time	great.atmospher
come.close	best.kept	**time.took**	garlic.sauc	wonder.restaur
open.lunch	everyth.menu	waitress.come	great.can	love.atmospher
warm.friend	excel.price	servic.except	absolut.best	bar.just
spoke.manag	keep.come	**final.came**	place.best	expos.brick
definit.recommend	hot.fresh	new.favorit	year.alway	back.drink
expect.wait	best.mexican	servic.awesom	**over.price**	fri.noth
great.time	best.sushi	**sever.minut**	dish.well	great.view
chicken.beef	pizza.best	best.dine	few.place	chicken.good
room.dessert	food.fabul	**veri.rude**	authent.mexican	bar.great
price.great	melt.mouth	peopl.veri	wether.com	person.favorit
seafood.restaur	each.dish	**poor.servic**	especi.good	great.decor
friend.atmospher	absolut.wonder	**ask.check**	like.sit	french.dip
sent.back	foie.gras	real.treat	open.until	pub.food
ll.definit	menu.chang	**never.got**	great.too	coconut.shrimp
anyon.look	**food.bland**	non.exist	open.daili	go.up
most.popular	noth.fanci	**flag.down**	best.valu	servic.fantast
order.wrong	**back.time**	tabl.ask	just.great	**gas.station**
delici.food	food.excel	**least.minut**	fri.littl	**pork.loin**
fresh.seafood	worth.trip	won.disappoint	portion.huge	place.friend

—— 부정　　——긍정

그림 8-9 we8there MNIR에서 평점 항목에 따른 상위 로딩

MNIR과 인수분해 사이에는 연결되는 지점이 있다. PC 요인 모델 이후에 로딩 φ_k를 통해 원시 x_i를 투영하여 PC 점수를 얻는다는 것을 기억하자. 주변 회귀에서 각 PLS 방향으로 매핑하기 위해 PLS에서 동일한 방법을 사용하는데, 비슷한 논리를 MNIR에 적용한다. 만약 텍스트 x_i가 문서 속성 k와 관련된 정도에 대한 점수를 원한다면 MNIR 투영 $z_{ik} = x_i' \varphi_k = \sum_j x_{ij}\varphi_{jk}$를 구할 수 있다. 이 점수는 v_{ik}와 관련된 x_i의 모든 정보를 포함한다. 즉, z_{ik}는 평점 항목 k에 대해 x_i가 알려줄 수 있는 모든 정보를 담고 있다. [그림 8-10]은 전체 평점에 대한 점수를 보여준다. $z_{overall}$은 $v_{overall}$에 대해 풍부한 정보를 제공한다.

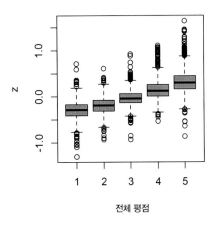

그림 8-10 전체 리뷰 평점에 대한 MNIR 투영 $z_{overall}$

충분한 축소sufficient reduction(SR) 투영이라고도 불리는 이러한 MNIR은 다양한 속성에 따라 문서를 정렬하는 데 특히 유용하다. [Taddy, 2015b]에서 사용한 *Yelp.com*의 다양한 장소(레스토랑, 호텔, 랜드마크)에 대한 리뷰를 살펴보자. 이 데이터에는 리뷰 평점 외에 리뷰에 대한 다른 사용자들의 투표 수가 포함되어 있다. Yelp 사용자는 리뷰를 읽고 '재미있다', '유용하다' 또는 '멋지다'에 투표할 수 있다. 리뷰의 범주(예를 들어 레스토랑, 볼링장 또는 둘 다)나 토픽이 Yelp에서 얼마나 유지됐는지와 같이 제어하려는 변수 목록과 리뷰 투표 수에 대해 MNIR을 실행할 수 있다.

이 결과는 부분 상관을 기반으로 하는 MNIR 투영의 유용성을 보여준다. 투표 수로만 리뷰를 정렬하는 것은 유익하지 않다. 왜냐하면 많은 투표를 받은 리뷰는 단순히 오래되었거나 인기 있는 주제와 관련된 리뷰인 경향이 있기 때문이다. 예를 들면 표본에서 투표 수로 봤을 때 가장 재미있는 리뷰는 애리조나주 쿨리지Coolidge에 있는 캐사그랜디Casa Grande 국립 기념물에 대한 썰렁한 리뷰다. 투표 수만 보면 가장 유용하고 멋진 리뷰다.

이와 대조적으로 MNIR 투영 z_{funny}가 가장 높은 리뷰는 한 식당에 대해 공개 편지 형식으로 쓴 재미있는 리뷰다.

친애하는 La Piazza al Forno에게

우리 얘기 좀 해. 어떻게 말을 꺼내야 할지 잘 모르겠지만 일단 그냥 할게. 사실 다른 사람을 만나고 있어. 얼마나? 이제 한 1년 정도. 사랑에 빠졌냐고? 맞아. 그게 너였냐고? 그랬었지. 약 1년 전쯤 점심 메뉴에서 너가 이탈리안 샌드위치를 빼기로 결정한 날, 미안하지만 그건 정말 너였어... 내가 아니라. 저기... 기다려... 그 피자 껍질 내려 놔... 침착해... 제발 어? (머리를 스쳐지나가는 올리브유 용기) 제발! 그만, 나한테 던지지 마... 요즘은 소셜 미디어에서 헤어진다고... 못 들어봤어? 와, 이 나쁜 년아!

z_{ik}/m_i와 같이 리뷰 기간으로 SR 투영을 정규화할 수도 있다. 이와 관련된 가장 재미있는 리뷰는 Holy Mother of God이고 가장 유용한 리뷰는 Ask for Nick!이다.

전반적으로 MNIR은 텍스트와 관련된 수많은 영향을 정렬하고 이러한 요인에 따라 텍스트를 분류하는 데 유용하다. 또한 텍스트 회귀와 토픽 모델링을 보완한다. 전반적인 텍스트 분석 응용 분야에서 필요에 따라 이러한 도구를 적절하게 결합하여 활용할 수 있다. 예를 들어 [Taddy, 2013a]는 트위터에서 당시 대통령이었던 오바마^{Obama}를 포함한 2012년 공화당 대통령 경선 후보들에 대한 사람들의 정서를 추적했다. 여기서 레이블이 지정되지 않은 엄청난 양의 텍스트를 분해하기 위해 토픽 모델링을 사용한다. 그런 다음 이 요인 표현을 사용하여 읽는 사람이 레이블을 지정하도록 트윗 선택을 안내했다. 레이블이 지정된 데이터를 모은 후 MNIR을 사용하여 일반적인 감정(기쁨이나 슬픔)과 특정 정치인에 대한 감정(예를 들어 롬니^{Romney}에 대한 지지는 일반적인 긍정적 감정과는 다르다)의 함수로 트윗 콘텐츠를 모델링했다. 결과 요인은 일부 원시 토큰 수와 함께 텍스트 회귀의 입력으로 사용되어 트위터에서 주제별 감정을 추적할 수 있는 모델을 학습한다. 결과는 [그림 8-11]과 같다.

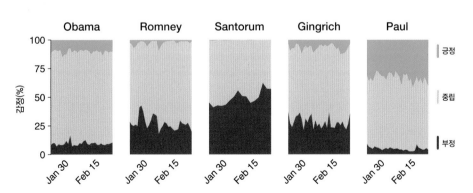

그림 8-11 2012년 공화당 대통령 경선 기간 동안 트위터 추적

잠시 초보자에게 필요한 주의사항이 있다. 텍스트 데이터를 도입할 때 이미 알고 있는 정보를

잊지 말자. 트위터 피드에 접근할 수 있다고 해서 여기서 얻은 텍스트 데이터를 주가 예측과 같은 작업에 사용해서는 안 된다. 대신 잔차를 예측하여 기존 거래 시스템에 대한 보완책으로 사용할 수 있다. 텍스트 정보는 더 큰 시스템의 일부로 사용하는 것이 가장 좋다. 모르는 부분을 채우고 비용과 시간이 많이 소요되는 분석을 자동화하는 데 사용한다.

8.5 협업 필터링

bag-of-words 표현이 언어를 지나치게 단순화한 것임을 확인했다. 하지만 이 간단한 표현으로 여러 강력한 텍스트 분석 프레임워크를 쉽게 만들 수 있다는 것 또한 확인했다. bag-of-words 표현은 텍스트를 단순하게 빈도수로 취급할 수 있게 한다. 이 장에서 다루는 텍스트 분석 도구는 텍스트 설정을 넘어 횟수 데이터를 중심으로 하는 다른 설정에도 적용할 수 있다.

한 가지 중요한 경우는 바로 협업 필터링 collaborative filtering 이다. 이것은 자신과 다른 사람의 과거 선택을 바탕으로 개인의 미래 선택을 예측하는 작업이다. 잘 알려진 예는 **넷플릭스 문제**다. 사용자가 과거에 선택한 영화들을 고려할 때, 오늘 밤에는 어떤 영화를 추천해야 할까? 여기에 있는 데이터는 기본적으로 텍스트에서 얻은 것과 동일하다. 각 사용자는 시청한 내용에 대한 0/1 정보를 포함하는 벡터 x_i를 갖는다. 예를 들어 한 사람이 본 여러 영화의 **장르**를 찾고자 한다.

> 넷플릭스에서 어떤 식으로 협업 필터링을 사용하는지는 모르지만 아마도 영화 관련 정보(예를 들어 리뷰, 출연 배우, 내용)와 과거 기록을 사용할 것이다. 그러나 플랫폼에서 제안하는 창의적인 '장르'(예를 들어 블랙 코미디 사극)는 일종의 토픽 모델을 적합한 후 각 토픽에 대한 사후 해석을 하지 않을까 추측된다.

협업 필터링은 영화 추천보다 훨씬 더 일반적이다. 아마존처럼 '이 책을 사는 사람들은 …도 함께 구매할 것이다'라는 문제에 접근하는 한 가지 방법은 여러 번 로지스틱 lasso 회귀를 실행하는 것이다. 각 제품(영화)에 대해 한 번씩, 다른 모든 제품에 대해 한 번씩 실행한다. 필요한 만큼의 방대한 컴퓨팅 리소스가 있다면 이것은 실제로 나쁘지 않은 생각이다. 정확도는 낮지만 좀 더 실행 가능한 대안은 **연관 규칙** association rule 에 대한 데이터를 효율적으로 검색하는 전통적인 **장바구니 분석** market basket analysis (MBA) 데이터 마이닝 전략이다.

연관 규칙은 제품 A를 구매한 사람이 제품 B도 구매하는 조건부 확률이 제품 A의 무조건 확률보다 훨씬 높은 경우다. 예를 들어 **맥주**를 구입할 때 안주로 **과자**가 필요할 수 있다. 만약 맥주를 마실 때만 과자를 사면 beer → chips라는 연관 규칙이 있다. 하지만 맥주와 상관없이 항상 과자를 산다면 과자를 구매할 확률은 높지만 맥주 구매가 변화를 가져오지 않기 때문에 연관 규칙이 아니다.

이게 전부다. MBA에는 외부인을 혼동시킬 수 있는 자체 용어가 있지만 이는 기본 확률로 쉽게 번역할 수 있다. 일반적으로 소비자가 과자를 구매하는 경우는 10%지만 맥주를 구매할 때는 50%라고 가정하자. 이 때 beer → chips 연관 규칙이 있다.

- 과자에 대한 **지지도**^{support}는 10%다. 이것은 p(chips)다.

- 이 규칙의 **신뢰도**^{confidence}는 50%다. 이것은 p(chips|beer)다.

- 규칙 **향상도**는 5다. 50%는 10%보다 5배 높다. 이는 다음과 같이 표현할 수 있으며,

$$\frac{p(chips|beer)}{p(chips)} = \frac{p(chips, beer)}{p(beer)\,p(chips)}$$

과자와 맥주가 독립적인 경우 예상할 수 있는 상대적인 결합 확률의 증가를 의미한다.

향상도가 높은 연관 규칙은 사용자가 모르는 것을 알려 주기 때문에 정말 유용하다.

연관 규칙에 대한 복잡한 이론은 없다. 그냥 제품의 짝을 스캔하기만 하면 높은 향상도와 높은 신뢰도를 갖는 흥미로운 규칙들을 찾을 수 있다. 설명을 위해 영화와 맥주에서 음악으로 넘어가보자. lastfm은 온라인 라디오 서비스인 last.fm의 사용자 15,000명이 최근에 청취한 재생 목록 데이터다.

```
> head(lastfm)
  user                 artist sex country
1    1   red hot chili peppers   f Germany
2    1 the black dahlia murder   f Germany
3    1              goldfrapp   f Germany
4    1         dropkick murphys   f Germany
5    1               le tigre   f Germany
6    1              schandmaul   f Germany
```

R에서 연관 규칙을 찾기 위해 arules 패키지의 apriori 함수를 사용한다. 이 패키지의 주변

에는 장바구니 분석 서비스를 제공하는 생태계가 있다. arules를 사용하여 특정 바구니 형식으로 데이터를 가져올 수 있다. 이렇게 데이터 조작을 거치고 나면 쉽게 패키지를 사용할 수 있다. 이제 lastfm 데이터에 대한 연관 규칙을 적합한다. 이 규칙들은 높은 향상도와 신뢰도를 갖는다.

```
> library(arules)
> playlists <- split(x=lastfm$artist, f=lastfm$user)
> playlists <- lapply(playlists, unique)
> playtrans <- as(playlists, "transactions")
>
> # support > .01, confidence >.5, length (# artists) <= 3인 규칙을 찾는다.
> musicrules <- apriori(playtrans,
+                       parameter=list(support=.01, confidence=.5, maxlen=3))
Apriori

Parameter specification:
 confidence minval smax arem  aval originalSupport maxtime support minlen maxlen
target  ext
        0.5    0.1    1 none FALSE            TRUE       5    0.01      1      3
rules TRUE

Algorithmic control:
 filter tree heap memopt load sort verbose
    0.1 TRUE TRUE  FALSE TRUE    2    TRUE

Absolute minimum support count: 150

set item appearances ...[0 item(s)] done [0.00s].
set transactions ...[1004 item(s), 15000 transaction(s)] done [0.04s].
sorting and recoding items ... [655 item(s)] done [0.00s].
creating transaction tree ... done [0.00s].
checking subsets of size 1 2 3 done [0.01s].
writing ... [50 rule(s)] done [0.00s].
creating S4 object  ... done [0.00s].
Warning message:
In apriori(playtrans, parameter = list(support = 0.01, confidence = 0.5,  :
  Mining stopped (maxlen reached). Only patterns up to a length of 3 returned!
> inspect(subset(musicrules, subset=lift > 5))
    lhs                    rhs             support    confidence coverage
lift      count
[1] {t.i.}                 => {kanye west}  0.01040000 0.5672727  0.01833333
8.854413 156
```

```
[2] {the pussycat dolls}    => {rihanna}      0.01040000 0.5777778  0.01800000
13.415893 156
[3] {sonata arctica}        => {nightwish}    0.01346667 0.5101010  0.02640000
8.236292 202
[4] {judas priest}          => {iron maiden}  0.01353333 0.5075000  0.02666667
8.562992 203
[5] {led zeppelin,the doors} => {pink floyd}   0.01066667 0.5970149  0.01786667
5.689469 160
[6] {pink floyd,the doors}  => {led zeppelin} 0.01066667 0.5387205  0.01980000
6.802027 160
```

주다스 프리스트Judas Priest의 음악을 듣는 사람이 아이언 메이든Iron Maiden의 음악을 들을 가능성이 9배 더 높고, 레드 제플린Led Zeppelin과 도어스The Doors의 음악을 **둘 다** 듣는 사람이 핑크 플로이드Pink Floyd의 음악을 들을 가능성이 6배 더 높다는 것을 발견했다.

이러한 연관 규칙은 몇 가지 유용한 통찰력을 제공하지만 두 상품 또는 작은 그룹을 비교하는 것에 제한된다. 이 알고리즘은 현재의 기준에서도 상당히 느리다. 대신 더 넓은 도구 상자를 볼 수 있다. 토픽 모델링은 특히 협업 필터링에 유용한 도구다. 다항 반응 모델은 이진 선택 데이터와 잘 작동하며 일단 토픽 점수를 적합하면 사용자가 선호하는 토픽에서 높은 확률의 새 제품을 추천할 수 있다. 이것은 강력한 표준 머신러닝 도구(토픽 모델링)의 한 예이며, 여전히 많은 사람이 오래된 기술(장바구니 연관 규칙)을 사용하고 있는 비즈니스 환경에 즉시 적용할 수 있다.

maptpx를 사용하면 이 데이터에서 우연하게도 다시 $K = 10$인 장르(토픽)를 선택한다. 각 장르의 상위 '단어'는 이제 음악 아티스트다. 장르 향상도에 따라 아티스트를 분류하면 일반 청취자보다 특정 장르의 청취자에게 훨씬 더 가능성이 높은 톱 아티스트를 보게 된다.

```
> library(maptpx)
Loading required package: slam
> lastfm <- read.csv("lastfm.csv", colClasses=rep("factor",4))
> # slam 희소 행렬로 변환한다.
> x <- simple_triplet_matrix(i=as.numeric(lastfm$user),
+                            j=as.numeric(lastfm$artist), v=rep(1,nrow(lastfm)),
+                            nrow = nlevels(lastfm$user),
+                            ncol = nlevels (lastfm$artist),
+                            dimnames = list (levels(lastfm$user),
+                            levels(lastfm$artist)))
```

```
> summary( tpcs <- topics (x, K=5*(1:5)) )
Estimating on a 15000 document collection.
Fit and Bayes Factor Estimation for K = 5 ... 25
log posterior increase: 10183.4, 3891.6, 820.8, 392.7, 166.9, 128.4, 42.3, 40.2,
26.7, 38.9, 35.7, 69.4, 23.9, 6, 1.6, 2.6, 2.6, 1.6, 0.9, 0.7, 0.5, 0.2, 0.2, 0.2,
done.
log BF( 5 ) = 342428.77
log posterior increase: 12764.8, 743.6, 122.3, 53.5, 45.9, 14.8, 26.4, 25, 26.4,
48, 41.4, 53.3, 23.1, 17.8, 19.8, 27.3, 16.8, 20, 4, 5.4, 5.7, 2.9, 2.5, 1.4, 2.5,
0.8, 0.4, 0.3, 0.6, 0.6, 0.4, 0.4, 0.5, 1.1, 0.4, 0.4, 0.3, 0.1, done.
log BF( 10 ) = 528464.23
log posterior increase: 5605.7, 1026.7, 230, 124.1, 133.4, 125.1, 79.9, 22.6, 15,
12.8, 19, 17.5, 22.2, 5.1, 2.2, 3.1, 7.6, 5.2, 8.2, 5.7, 9.7, 2.7, 1.7, 0.8, 2.2,
3.1, 0.7, 0.1, 0.5, 1, 0.8, 0.6, 0.2, 0.3, 1.2, 0.2, 0.5, 0.2, done.
log BF( 15 ) = 500074.06
log posterior increase: 2896.4, 948.1, 242.5, 88.6, 96.5, 91.3, 51.5, 36.2, 47.4,
32.4, 18.3, 11.7, 10.5, 10.5, 3, 9.3, 4.6, 3.2, 2.2, 4.6, 15.3, 3.4, 1.4, 0.5, 1,
1.4, 0.4, 1, 1.8, 0.7, 1.2, 0.6, 1.6, 2.9, 0.8, 0.3, 0.3, 0.3, done.
log BF( 20 ) = 444852.95

Top 5 phrases by topic-over-null term lift (and usage %):

[1] 'eric clapton', 'dire straits', 'creedence clearwater revival', 'supertramp',
'genesis' (12)
[2] 'equilibrium', 'sodom', 'hypocrisy', 'turisas', 'bloodbath' (11.3)
[3] 'leona lewis', 'jennifer lopez', 'the pussycat dolls', 'jordin sparks', 'kelly
clarkson' (10.8)
[4] 'sufjan stevens', 'andrew bird', 'iron & wine', 'broken social scene', 'of
montreal' (10.8)
[5] 'tosca', 'massive attack', 'bonobo', 'rÃ¶yksopp', 'plaid' (10.4)
[6] 'koÐ¯n', 'marilyn manson', 'system of a down', 'a perfect circle', 'serj
tankian' (10)
[7] 'a day to remember', 'senses fail', 'silverstein', 'all time low', 'chiodos'
(9.2)
[8] 'the fall', 'the jesus and mary chain', 'buzzcocks', 'joy division', 'the
clash' (9)
[9] 'arctic monkeys', 'kaiser chiefs', 'the pigeon detectives', 'the kooks',
'franz ferdinand' (8.8)
[10] 'the game', 'talib kweli', 'nas', 'mobb deep', 'ludacris' (7.7)

Log Bayes factor and estimated dispersion, by number of topics:

                5        10       15       20
logBF 342428.77 528464.2 500074.06 444852.95
```

```
Disp        1.42      1.3       1.19      1.12

Selected the K = 10 topic model
```

장르 1은 클래식 록$^{\text{classic rock}}$, 2는 메탈^{metal}, 3은 팝^{pop}, 4는 인디 록$^{\text{indy rock}}$이다. 이러한 상위 향상도의 아티스트는 각 장르에서 높은 점수를 받은, 즉 ω_{ik}가 큰 청취자에게 최고의 추천이 될 수 있다. 이 아티스트의 음악이 청취자의 레이더에 포착되지 않더라도 비슷한 장르에 대한 관심을 통해 음악을 즐길 수 있을 것이다.

8.6 워드 임베딩

딥러닝에서 나온 몇 가지 흥미로운 자연어 처리 방법을 소개하면서 이 장을 마무리한다. **워드 임베딩**$^{\text{word embedding}}$은 원래 심층 신경망의 입력에 대한 차원 축소를 목적으로 개발된 기술이다. 10장에서 설명한 것처럼 초반 차원 축소는 최신 머신러닝 시스템의 성공에 있어 핵심적인 부분이다. 하지만 워드 임베딩은 그 자체로도 가치가 있다. 단어에 공간적인 구조를 부여하여 언어를 공부하는 사람들이 의미 사이의 거리를 추론하고 문서에서 단어의 조합 이면에 있는 대수적인 특성을 고려할 수 있게 한다.

원래 딥러닝 컨텍스트에서 임베딩 레이어^{layer}는 각 단어를 벡터 값으로 대체한다. 예를 들어 hotdog는 3차원 임베딩 공간에서 [1, −5, 0.25]에 위치한다. 이것은 단지 설명을 위한 것일 뿐이다. 보통 이 공간은 100차원 이상의 고차원 공간이다. 이것을 표준 one-hot[165] 또는 bag-of-words 표현과 비교해보자. hotdog는 어휘^{vocabulary} p에 단어가 있다면 이진 벡터로 표현할 수 있다. 이 이진 벡터는 $p-1$개의 0과 hotdog 차원에서의 1을 갖는다. 워드 임베딩은 큰 이진 공간으로 이뤄진 언어 표현을 작지만 훨씬 더 풍부한 실젯값 공간으로 변환한다.

워드 임베딩의 기본 아이디어는 이전에 다룬 요인 모델링에 대한 개념과 관련이 있다. 각 문서 i를 토픽 가중치 $\boldsymbol{\omega}_i$의 벡터 또는 PCA 점수 $\boldsymbol{v}_i$의 벡터로 나타내는, 즉 벡터 공간에 문서를 '임베딩'하는 방법을 살펴보았다. 이것은 문서의 차원을 축소한다. p차원의 bag-of-words 표현 대신 $K \ll p$차원 요인(토픽) 표현을 얻는다. 워드 임베딩은 차원 축소와 유사한 접근 방식을

---

165 옮긴이_ 수많은 0과 하나의 1 값으로 데이터를 구별하는 인코딩 방식이다.

갖지만 문서 전체가 아니라 단어 자체에 적용한다.

심층 신경망에 대한 아키텍처가 다양한 만큼 여러 가지 임베딩 알고리즘이 존재한다. 자주 사용되는 일반적인 임베딩은 단어 동시 등장co-occurrence 행렬을 중심으로 구축하는 방식이다. 인기 있는 프레임워크인 Glove[166]와 Word2Vec[167]이 여기에 해당한다. 이 방식에서 첫 번째 단계는 동시 발생의 개념을 정의하는 것이다. 예를 들어 '윈도우window 크기'가 b인 일반적인 skip-gram 방법에서 두 단어가 동일한 문장 내에서 그리고 b 단어 이내에서 등장하면 동시에 발생한 것으로 정의한다. 어휘 크기가 p인 경우 각 $[i, j]$ 항목이 단어 i와 j가 동시 발생하는 횟수인 $p \times p$ 희소 동시 등장 행렬을 구할 수 있다. 이 행렬을 C라고 하자. 워드 임베딩 알고리즘은 다음과 같이 두 개의 저차원 행렬의 곱으로, C를 근사하는 것이다.

식 8-5
$$C \approx UV'$$

여기서 U와 V는 각각 $p \times K$차원의 실숫값으로 이뤄진 밀집 행렬이다. K는 임베딩 공간의 차원을 의미한다. 따라서 $K << p$이며 U와 V는 모두 매우 가늘고 긴 행렬이다. U와 V의 각 행, 즉 u_j와 v_j는 j번째 단어의 K차원 임베딩을 의미한다. 이는 [식 8-6]과 같이 표현할 수 있다. 두 벡터의 내적, 즉 선형대수에서 거리를 측정하는 표준 방식은 이들이 얼마나 자주 동시에 등장하는지를 나타내므로 단어들의 의미를 요약한다고 볼 수 있다.

식 8-6
$$c_{ij} \approx u_i' v_j = \sum_{k=1}^{K} u_{ik} v_{jk}$$

U와 V를 찾는 한 가지 방법은 특이값 분해singular value decomposition (SVD)를 사용하여 [식 8-5]를 푸는 것이다. 이것은 선형대수학의 핵심 알고리즘으로, 예를 들어 정방 대칭 행렬의 고윳값과 고유벡터를 찾고 주성분을 계산하는 데 사용할 수 있다. 실제로 대부분의 임베딩 소프트웨어는

166 Jeffrey Pennington, Richard Socher, and Christopher Manning. Glove: Global vectors for word representation. In Proceedings of the 2014 Conference on Empirical Methods in Natural Language Processing (EMNLP), pages 1532-1543, 2014.

167 Tomas Mikolov, Ilya Sutskever, Kai Chen, Greg S. Corrado, and Jeff Dean. Distributed representations of words and phrases and their compositionality. In Advances in Neural Information Processing Systems, pages 3111-3119, 2013.

C에서 높은 희소성을 다룰 수 있게 설계된 SVD의 대안을 사용한다. 대부분의 단어는 표준 말뭉치의 제한된 윈도우에서 함께 발생하지 않기 때문이다.

많은 알고리즘에서, 특히 동시 발생이 대칭인 경우[168] U와 V는 서로를 거울로 비춘 것과 같다. 따라서 단어 j에 대한 단일 임베딩 **위치**로 이러한 벡터 중 하나(예를 들어 u_j)를 사용하는 것이 일반적이다. 앞서 언급했듯이 이러한 위치는 원래 심층 신경망의 입력을 위한 처리 단계, 즉 중간 출력 결과로 간주했다. 그러나 사회과학자와 언어학자는 단어 위치 **공간**이 임베딩을 학습하는 데 사용된 문서의 언어에 대한 풍부한 정보를 포함한다는 사실을 발견했다. 예를 들어 Word2Vec 개발자는 임베딩 공간에서 대수학의 가능성을 강조했다. Paris에 대한 벡터에서 France를 빼고 Italy 벡터를 더하면 Rome에 대한 벡터의 좌표에 가까운 위치를 얻는다. 데이터 과학적 관점에서 워드 임베딩은 예측 작업에서 단어 순서와 컨텍스트를 활용할 수 있는 옵션을 제공한다. 한 가지 예로 [Taddy, 2015a]에서는 word2vec 임베딩을 기반으로 구축된 간단한 베이지안 분류기를 설명하고 이 분류기를 이 장의 다른 기술과 비교한다.

임베딩의 가능성을 잘 보여주는 한 가지 예는 [Bolukbasi, 2016]이다.[169] 저자들은 구글 뉴스 기사 말뭉치 데이터를 표준 word2vec 임베딩 알고리즘으로 학습시켰다. 남성성에서 여성성에 이르는 임베딩 공간의 축을 설정하기 위해 성별을 나타내는 단어들 간의 차이(예를 들어 man의 벡터에서 woman의 벡터를 뺀 것, 또는 father에서 mother를 뺀 것)를 살펴봤다. 그런 다음 성별과 무관한 여러 단어에 대해 이 축에 따른 위치를 계산했다. 예를 들어 [그림 8-12]는 남성 대 여성 축의 극단에 있는 전문적인 직업들을 보여준다. 임베딩 공간은 뉴스 기사에서 단어가 사용되는 방식을 통해 이러한 직업들이 여성 또는 남성의 직업으로 간주된다는 고정관념을 학습한 것이다.

---

168 동시 등장 행렬이 대칭일 필요는 없다. 예를 들어 각 단어의 앞뒤에 길이가 다른 동시 등장 윈도우를 정의할 수 있다. 이 경우 U와 V 각각은 고유한 방향 임베딩 정보를 포함한다. 그러나 일반적으로 대칭이다.

169 Tolga Bolukbasi, Kai-Wei Chang, James Y. Zou, Venkatesh Saligrama, and Adam T. Kalai. Man is to computer programmer as woman is to homemaker? Debiasing word embeddings. In Advances in Neural Information Processing Systems, pages 4349-4357, 2016.

Extreme *she*	**Extreme *he***
1. homemaker	1. maestro
2. nurse	2. skipper
3. receptionist	3. protege
4. librarian	4. philosopher
5. socialite	5. captain
6. hairdresser	6. architect
7. nanny	7. financier
8. bookkeeper	8. warrior
9. stylist	9. broadcaster
10. housekeeper	10. magician

그림 8-12 뉴스 데이터로 학습된 임베딩 공간에서 추정된 남성 대 여성 축의 극단에 있는 직업

이 논문은 기자들의 성차별에 대한 지적을 넘어 이 데이터에서 학습된 머신러닝 알고리즘이 동일한 편향을 채택한다는 사실을 강조한다. '학습 데이터의 편향이 만든 AI의 편향'은 이 분야에서 고민하는 중요한 주제다. 저자들은 영리한 해법을 제안한다. 성별 **중립적이어야 하는** 모든 단어를 추출하고 임베딩 벡터에서 추정된 성별 방향을 **뺀다**. Paris에서 France를 빼면 '수도'와 관련된 위치로 이동하는 것과 마찬가지로, 직업들이 더 이상 성별에 편향되지 않은 위치로 이동한다. 편향되지 않은 벡터에 대해 학습된 머신러닝 알고리즘은 성 중립적인 답변을 요구하는 질문에 더 잘 답변한다.

임베딩 학습을 위한 다양한 소프트웨어 솔루션이 있다. 구글은 word2vec용 C 코드를 출시했으며 R을 비롯한 여러 언어에서 사용할 수 있도록 래핑되었다. text2vec 패키지는 Glove와 기타 임베딩 알고리즘을 구현하고 사용법을 보여주는 여러 예제를 제공한다. 파이썬의 경우 gensim 라이브러리를 이용하면 빠르고 효율적인 메모리 사용을 구현한 여러 옵션을 활용할 수 있다(파이썬 노트북 예제도 제공). 이 책에서는 세부적인 코드를 다루진 않지만 스스로 컴퓨팅 환경과 데이터 규모에 맞는 워드 임베딩을 구현하는 데 문제가 없을 정도로 충분히 일반적인 절차가 됐다.

## CHAPTER 9

비모수

지금까지 다룬 모든 회귀는 **모수적**인 방법으로, 입력이 반응에 영향을 미칠 수 있는 방법에 제한을 둔다. 예를 들면 선형 모델을 이용해 이 관계를 추정한다. 이러한 모델에는 모수(파라미터)가 있고 이 모수를 최적화하여 데이터에 모델을 적합하기 때문에 **모수 분석**이라고 한다.

비모수 회귀 알고리즘은 x와 y의 관계에 대한 가정이 더 적다. 이러한 알고리즘은 가장 순수한 형태에서 더 많은 데이터를 관찰함으로써 x와 y의 진정한 관계를 학습한다. 데이터가 축적될수록 예측이 어느 정도 진실에 가까워진다. 이러한 **완전 비모수적** 기술은 관측치 간 **독립성**[170] 외에 데이터 생성 프로세스에 대한 가정이 필요하지 않다. 이 장에서는 비즈니스 데이터 과학에 성공적으로 적용된 완전 비모수 회귀 방법인 회귀 (및 분류) 트리와 포레스트를 소개한다.

배운 것을 다시 떠올려보면, 비모수적 접근을 통해 얻은 유연성이 정규화와 결합되지 않는다면 과적합으로 이어질 거라고 예상할 수 있다. 하지만 불행히도 페널티 편차나 CV 선택은 비모수 회귀의 정규화에 **맞지 않다**. 적합된 객체가 **불안정**하며 데이터의 작은 변동성에도 예측 성능이 크게 달라질 수 있다. 다행히 **배깅**[171]을 사용하여 안정화하고 정규화할 수 있다. 이 기술을 트리에 적용하면 랜덤 포레스트가 만들어진다. 이러한 전략은 **모델 평균화**라고도 하며 실용적인 비모수 적용의 필수 요소다.

---

170 관측치 간의 독립성은 중요하지만 완전 비모수적 절차에서는 종종 언급되지 않는다. 독립성에 대한 가정이 성립하지 않을 때 비모수적 절차가 잘못 지정된 방식으로 수행되더라도 종속성을 직접 다루는 모수적 절차보다 성능이 우수한 경향이 있다.

171 Leo Breiman. Heuristics of instability and stabilization in model selection. The Annals of Statistics, 24: 2350-2383, 1996.

배깅은 훌륭하지만 어느 정도만 도움을 줄 수 있다. 차원이 너무 커지면 비모수적 유연성이 너무 커서 유용한 정보를 학습하기 어렵다. 차원의 크기보다 데이터의 크기가 훨씬 더 큰 설정이 아니라면 완전 비모수 회귀를 사용하는 것을 조심해야 한다. 즉, $p \ll n$인 경우에만 비모수적일 수 있다. 경험적으로는 $p < n/4$ 정도가 좋다. 고차원 문제에서는 대상 비모수적 유연성과, 안정성 및 차원 축소를 가져다주는 모수적 제한을 결합하는 **반모수적** 방법을 사용하는 경향이 있다. 이 장의 마지막 부분에서 상대적으로 직관적인 반모수적 절차인 **가우스 과정**을 간단히 다룬다. 그리고 10장에서는 최근 머신러닝에서 중요한 역할을 하는 반모수적 방법인 심층 신경망을 소개한다. p도 크지만 n이 훨씬 더 큰 데이터 응용 분야가 많다. 이러한 설정에서는 포레스트나 기타 트리 기반 방법을 기본 예측[172] 도구로 고려해야 한다.

9.1 의사결정트리

의사결정트리^{decision tree}는 입력에서 결과로 매핑하기 위한 논리적 시스템이다. 트리는 **계층적**이며 순차적인 단계(결정 노드)를 통해 결론을 내린다.

트리 논리^{Tree-logic}는 결론에 도달하기 위해 일련의 단계를 거친다. [그림 9-1]은 출근할 때 우산을 가져갈지 말지를 결정하는 프로세스에 대한 간단한 예다. 각 노드는 사용 가능한 예측 데이터(일기예보나 현재 날씨)에 대한 분할을 의미한다. 최종 결정을 나타내는 **잎**^{leaf} 노드는 이러한 분할에 대한 조건적인 강수량 예측을 기반으로 한다. 트리 노드에는 부모-자식 구조가 있다. 루트^{root} 노드(**Wake up**)를 제외한 모든 노드에는 부모가 있고 잎 노드를 제외한 모든 노드에는 두 개의 자식이 있다. 효과적으로 의사결정트리를 구축하는 방법은 일련의 의사결정 노드를 결합하여 좋은 선택을 하는 것이다.

---

172 이 방법은 추론을 위한 좋은 도구다. 9.3절 '인과 트리'를 참고하자.

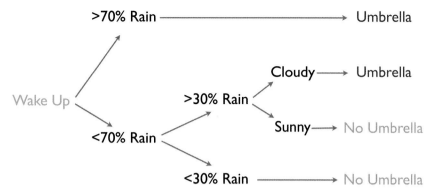

그림 9-1 의사결정트리 예제

의사결정트리의 핵심에는 회귀 모델이 있다. 입력 x(강우 예측, 현재 조건)와 관심 출력 y(강수량 또는 비가 올 확률)가 있다. '우산이 필요할까?'에 대한 최종 결정은 y에 대한 예측 분포를 효용 함수와 결합하여 만든다. 트리는 마우스 트랩$^{\text{mouse trap}}$ 게임[173]처럼 작동한다. x 공변량을 맨 위에 놓고 각 결정 노드에 따라 왼쪽이나 오른쪽으로 이동한다. 마지막으로 이러한 결정(분할)에 의해 정의된 데이터 하위 집합을 포함하는 잎 노드에 도착한다. 다음은 익숙한 회귀 표기법을 사용하는 트리 구조의 예를 보여준다.

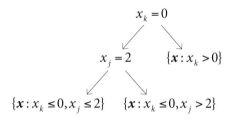

각 잎 노드의 **예측 규칙**(예측 값 $\hat{y}$)은 해당 잎에 도착한 y 표본 값의 평균이다. 이 예제 트리에서 왼쪽 아래 잎 노드에 대한 $\hat{y}$은 $x_{ik} \leq 0$이고 $x_{jk} \leq 2$인 모든 y_i값의 평균이다. 예를 들어 반응이 실숫값이면 $\hat{y}$은 단순 평균이 된다. 만약 반응이 범주형이면 y_i는 관찰된 범주에 해당하는 원소는 1, 나머지는 0인 벡터다. 잎 평균 $\bar{y}$는 해당 잎에 대한 각 범주의 관측치 비율이 된다.

---

173 옮긴이_주사위를 굴려 치즈 조각을 모으는 보드 게임. 곳곳에 있는 쥐덫을 피해 가장 빨리 치즈 조각을 모으는 사람이 승리한다.

이러한 트리를 만들려면 이전의 $[x, y]$ 쌍을 사용하여 자동으로 유용한 분할 규칙들을 구성하는 알고리즘이 필요하다. 여기서 목표는 **손실 함수**loss function를 최소화하는 것이다. 트리에 대한 손실 함수는 모수적 회귀 모델링에서 목적 함수로 사용했던 **이탈도** 함수와 동일하다. 예를 들어 반응이 실숫값일 경우 제곱오차합 $\sum_{i=1}^{n}(y_i - \hat{y}_i)^2$을 최소화하도록 '회귀' 트리를 적합할 수 있다. 분류 문제의 경우 다항편차 $-\sum_{i=1}^{n}\sum_{k=1}^{K} y_{ik} \log(\hat{y}_{ik})$를 최소화하도록 트리를 적합할 수 있다. 하지만 대부분의 트리 소프트웨어 구현은 분류를 위해 관습적으로 다항편차 대신 다항분산의 척도인 지니 불순도Gini impurity $\sum_{i=1}^{n} \hat{y}_{ik}(1 - \hat{y}_{ik})$를 최소화한다. 이에 대해 걱정할 필요가 없다. 지니 손실과 다항편차는 모두 유사한 적합 결과를 가져오며 둘 다 분류에 적합하다.

> 이 책에서 말하는 모든 트리는 회귀 트리를 의미한다. 그저 손실 함수만 바뀔 뿐이다. 하지만 트리 관련 서적에서는 실숫값을 출력으로 하는 특정 시나리오에 대해 '회귀'를 사용하는 경향이 있다. 여기서는 이 용어를 사용한다.

선형 모델부터 다항 모델에 이르기까지 모든 회귀추정은 반응에 대한 손실 함수를 최소화하기 위해 회귀 모델을 적합한다. 하지만 $x'\beta$를 기반으로 하는 대신 변수 x의 각 차원에 대한 임곗값 분할을 통해 예측 변수 $\hat{y}$을 정의한다. 가능한 분할 규칙의 전체 공간(가능한 모든 순서에 따른 가능한 모든 분할)이 탐색 불가능할 정도로 크기 때문에 효율적인 검색 알고리즘이 필요하다. 이전에 했던 것처럼 **탐욕적** 전방검색forward search을 사용한다. 즉, 분할을 순차적이고 재귀적으로 구성할 것이다.

데이터 $\{x_i, y_i\}_{i=1}^{n}$을 포함하는 **부모** 노드가 주어질 때 최적의 분할은 자식 노드의 반응 y가 가능한 한 동일한 값을 갖도록 하는 위치 x_{ij}(i번째 관측 데이터의 j번째 차원)를 찾는 것이다. 자식 노드는 다음과 같다.

$$\text{left: } \{x_k, y_k : x_{kj} \leq x_{ij}\} \qquad \text{right: } \{x_k, y_k : x_{kj} > x_{ij}\}$$

제곱오차 손실 함수를 사용하는 회귀 트리의 경우에는 다음 함수에 대한 최소화를 의미한다.

식 9-1
$$\sum_{k \in \text{left}}(y_k - \bar{y}_{\text{left}})^2 + \sum_{k \in \text{right}}(y_k - \bar{y}_{\text{right}})^2$$

가장 잘 알려진 트리 적합 방법은 [Breiman, 1984]에서 소개한 분류 및 회귀 트리[classification and regression tree](CART)[174] 알고리즘이다. '노드 불순도'를 최소화하기 위해 반복적인 분할 선택을 진행한다.

알고리즘 23   CART 알고리즘

전체 표본을 포함하는 루트 노드에서 시작하여 각 노드에 대해 다음을 수행한다.

1. [식 9–1]과 같이 데이터 표본에 대한 단일 오차를 최소화하는 분할, 즉 자식 간의 손실을 최소화하는 위치 x_{ij}를 결정한다.
2. 이 부모 노드를 왼쪽과 오른쪽 자식으로 분할한다.
3. 각 자식 노드에 1, 2단계를 적용한다.

미리 정한 최소 크기의 잎 노드에 도달할 때까지 이것을 **재귀적**으로 반복한다. 예를 들어 각 잎 노드에 관측값이 10개 미만인 경우 분할을 중지한다.

여러 소프트웨어는 잎 노드의 크기를 이용한 중단 방법 외에도 최소 손실 개선을 이용한 중단 규칙을 포함한다. 필자는 단일 잎 노드의 크기를 통한 중지 규칙을 사용하는 것이 간단하면서도 알기 쉽다고 생각한다.

CART 트리를 적합하기 위해 R에서 `tree` 라이브러리를 사용한다. 기본 구문은 본질적으로 `glm`과 동일하다.

```
mytree = tree (y ~ x1 + x2 + x3 . . ., data=mydata)
```

다른 유용한 몇 가지 인수가 있으며 모두 중지 규칙을 조정하는 것과 관련이 있다.

- `mincut`은 새 자식 노드의 최소 크기다.
- `mindev`는 새 분할을 진행하기 위한 최소 (비례) 이탈도 개선 정도를 의미한다.

기본값은 `mindev=0.01`로, 손실 개선 효과가 1% 미만이면 분할을 중지한다. 여러 응용 분야에

---

174 Leo Breiman, Jerome Friedman, Richard Olshen, and Charles Stone. Classification and Regression Trees. Chapman & Hall/CRC, 1984.

서 이 mindev 기본값이 너무 높을 수 있다. 잎 노드의 크기가 유일한 중지 규칙이 되도록 하기 위해 필자는 종종 mindev=0을 사용한다. 결과를 확인하기 위해 적합된 객체에 대해 print, summarize, plot 함수를 호출할 수 있으며 의미 있는 정보를 표현하기 위해 text 함수를 사용할 수 있다.

첫 예제로 7장의 TV 파일럿 프로그램 데이터를 떠올려보자. 파일럿 설문조사를 보는 대신 시청자 인구 통계에서 프로그램의 장르(코미디, 리얼리티 또는 드라마)를 예측해볼 것이다. 이러한 인구 통계에는 지역, 인종 및 가구의 TV 시청 방식에 따라 정의된 여러 범주의 프로그램별 시청률이 포함된다.

```
> nbc <- read.csv("nbc_showdetails.csv")
> genre <- as.factor(nbc$Genre)
> demos <- read.csv("nbc_demographics.csv", row.names=1)
> round(demos[1:4, 11:17])
                WIRED.CABLE.W.PAY WIRED.CABLE.W.O.PAY DBS.OWNER BROADCAST.ONLY
VIDEO.GAME.OWNER DVD.OWNER VCR.OWNER
Living with Ed                36                  44        20              0
66        98        90
Monarch Cove                  31                  40        29              0
55        94        74
Top Chef                      43                  34        23              0
51        92        78
Iron Chef America             44                  30        26              0
57        94        84
```

설명을 위해 CART는 각 TV 프로그램을 잎 노드로 분할한다.

```
> genretree <- tree(genre ~ ., data=demos[,-1], mincut=1)
> genretree
node), split, n, deviance, yval, (yprob)
      * denotes terminal node

 1) root 40 75.800 Drama/Adventure ( 0.47500 0.42500 0.10000 )
   2) WIRED.CABLE.W.O.PAY < 28.6651 22 33.420 Drama/Adventure ( 0.72727 0.09091
0.18182 )
      4) VCR.OWNER < 83.749 5  6.730 Situation Comedy ( 0.00000 0.40000 0.60000 ) *
      5) VCR.OWNER > 83.749 17  7.606 Drama/Adventure ( 0.94118 0.00000 0.05882 )
       10) TERRITORY.PACIFIC < 13.6859 1  0.000 Situation Comedy ( 0.00000 0.00000
1.00000 ) *
```

```
     11) TERRITORY.PACIFIC > 13.6859 16   0.000 Drama/Adventure ( 1.00000 0.00000
  0.00000 ) *
   3) WIRED.CABLE.W.O.PAY > 28.6651 18 16.220 Reality ( 0.16667 0.83333 0.00000 )
     6) BLACK < 17.2017 15   0.000 Reality ( 0.00000 1.00000 0.00000 ) *
     7) BLACK > 17.2017 3   0.000 Drama/Adventure ( 1.00000 0.00000 0.00000 ) *
```

tree 객체에 대한 출력은 일련의 의사결정 노드와 이러한 노드에서 각 장르의 비율을 보여준다. 각 노드에 대한 yprob 출력은 0/1 범주의 평균 구성원 벡터를 보여준다. 여기서 k=1은 드라마/모험, k=2는 리얼리티, k=3은 시트콤을 의미한다. 한 개의 잎 노드를 제외하고는 모두 단일 장르만 포함한다. 예외인 잎 노드는 2개의 리얼리티 쇼와 3개의 코미디가 포함된 노드 4다.

트리는 **덴드로그램**^{dendrogram}[175]으로 쉽게 이해할 수 있다. R에서는 두 단계를 거쳐 덴드로그램을 얻는다. 먼저 plot 함수로 트리 윤곽선을 그리고, text 함수로 텍스트를 추가하는 것이다.

```
> plot(genretree, col=8, lwd=2)
> text(genretree, label="yprob")
```

[그림 9-2]는 결과로 얻은 덴드로그램이다. 각 잎 노드의 장르는 해당 노드에서 확률이 가장 높은 장르를 의미한다. text(genretree, label="yprob")를 호출하여 각 잎 노드에 대한 전체 클래스 확률 집합을 얻을 수 있다.

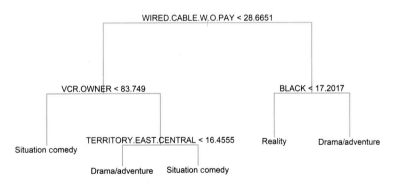

그림 9-2 시청자 인구 통계를 사용하여 프로그램 장르를 분류하는 CART 적합에 대한 덴드로그램. 언급된 부모 분할 조건(예를 들어 BLACK<17.2)은 왼쪽 자식에 대해 true이고 오른쪽 자식에 대해 false다.

---

175 잎 노드 결정으로 끝나는 내부 분할 다이어그램

반응 변수(회귀 트리)가 실숫값을 갖는 예로 이동하여 **평점**과 **장르**로부터 예상 참여도(PE)를 예측한다. PE는 설문조사를 통해 시청자가 TV 프로그램 시청 후에 내용을 얼마나 기억할 수 있는지를 측정한다. 그림을 좀 더 쉽게 그리기 위해 수치형 변수 그룹으로 변환하여 자체 설계 행렬을 만들 것이다. 그렇지 않으면 text 함수가 요인 입력, 장르에 대한 재미있는 레이블을 제공한다.

```
> x <- as.data.frame(model.matrix(PE ~ Genre + GRP, data=nbc)[,-1])
> names (x) <- c("reality", "comedy", "GRP")
> nbctree <- tree(nbc$PE ~ ., data=x, mincut=1)
```

결과는 [그림 9-3]과 같다. 하나의 연속 입력과 하나의 요인 입력으로 구성된 아주 간단한 입력 공간이기 때문에 반응 표면을 시각화할 수 있다. [그림 9-3]은 각 TV 프로그램에 대해 덴드로그램에서 예측된 $\hat{y}$값으로의 변환을 보여준다. 자동 상호작용 탐지 automatic interaction detection(AID)에 유의하자. 예를 들어 GRP(총 시청률 점수)와 PE 사이의 관계는 장르에 따라 다르다.[176]

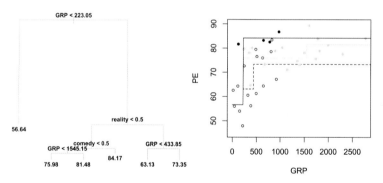

그림 9-3 GRP와 PE를 예측하기 위한 CART 적합. 왼쪽은 트리 덴드로그램이다. 오른쪽은 장르(코미디는 검정색, 드라마는 회색, 리얼리티는 흰색)에 따라 다른 색상으로 표시된 프로그램과 함께 GRP에 따라 적합된 PE를 표시한 그래프다.

이것은 강력한 기술이다. 충분한 데이터가 주어지면 미리 지정하지 않아도 트리가 비선형 평균과 상호작용 효과를 적합한다. 일정하지 않은 분산도 문제가 되지 않는다. 회귀 트리는 입력 공

---

176 역사적으로 AID는 의사결정트리를 만들게 된 최초의 동기다. 그래서 오래된 알고리즘의 이름에는 예를 들어 CHAID와 같이 AID가 포함된다.

간의 다른 부분에서 완전히 다른 오차 분산을 가질 수 있다. 이것은 모두 표준 모수 회귀 공식인 $y = x'\beta + \varepsilon$과 대조적이다. 여기서 설계 행렬 x를 미리 선택해야 하며 ε은 단일 공유 분산, 즉 σ^2을 갖는다. 이러한 점이 CART를 **완전 비모수적** 회귀 방법이라고 부르는 이유다.

실전에서 과적합을 피하기 위해 이러한 CART의 유연성을 어떻게든 제한해야 한다. 한 가지 접근 방식은 일반적인 선택 루틴을 적용하는 것이다. 후보 모델의 **경로**를 만들고 CV를 적용한다. 후보 CART 모델은 가지치기 프로세스를 통해 정렬된다. 예측에 충분한 정도보다 더 자란 트리를 적합하고 표본 내 오차 감소율이 가장 낮은 잎 분할(잎 노드 바로 위에 있는 것)을 반복적으로 제거하여 거꾸로 가지치기한다. 이러한 CART 성장 프로세스에서 후보 트리 집합을 만들고 CV를 사용하여 해당 집합에서 최상의 모델을 선택한다. AICc와 같은 도구는 트리의 자유도에 대한 적절한 추정치가 없기 때문에 적용할 수 없다.

한 가지 예로 $n = 97$인 전립선암에 대한 생검 ^{biopsy} 데이터를 살펴볼 것이다. 종양이 발견되면 화학 요법, 방사선 요법, 외과적 제거 또는 일부 방법을 함께 사용하는 다양한 치료 옵션이 있다. 종양에 대한 생검 정보는 치료 결정에 도움이 된다. 변수는 다음과 같다.

- 글리슨 점수(gleason): 현미경 상의 패턴 클래스
- 전립선 특이항원(lpsa): 단백질 생산
- 피막 침투(lcp): 종양이 선 내막까지 도달
- 양성 전립선 비대증량(lbph): 전립선 크기

Ipsa, lcp, lbph는 모두 각 데이터를 로그 스케일로 기록한 것이다. 그러나 입력이 어떻게 기록된 것인지와 순서를 유지하기 위해 어떤 식으로 변환되었는지는 중요하지 않다는 것을 스스로 확신해야 한다. 그러면 동등한 CART 적합을 얻을 수 있다. 또한 환자의 나이인 age를 입력으로 가지고 있으며 예측할 반응 변수는 종양의 로그 크기인 lcavol이다. 입력과 달리 제곱오차를 최소화하기 때문에 반응 변수를 기록하면 CART 적합에 **영향을 미친다**.

CV 가지치기 절차는 tree 라이브러리에 구현되어 있다. 다음과 같이 mincut=1과 mindev=0.01을 사용하여 트리를 적합하는 것으로 시작한다.

```
> prostate <- read.csv("prostate.csv")
> pstree <- tree(lcavol ~., data=prostate, mincut=1)
```

[그림 9-4]는 지나치게 자란 트리의 모습이다. **cv.tree** 함수는 적합한 트리 객체를 가져와서 지정된 K 폴드에 대해 CV 가지치기 루틴을 실행한다. 결과 객체에는 가지치기 경로를 따라 각 후보 크기(잎 노드 수)의 트리에 대한 OOS 편차가 포함된다(그림 9-5). 이 경우 크기가 3인 트리의 OOS 오차가 가장 낮다는 것을 알 수 있다.

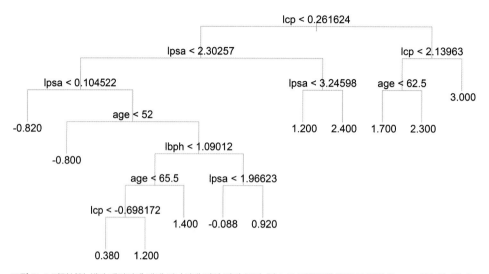

그림 9-4 전립선암 생검 데이터에 대해 지나치게 깊이 자란 트리. 잎 노드 레이블은 종양의 평균 로그 크기를 의미한다.

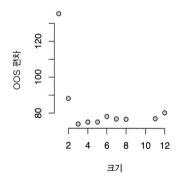

그림 9-5 [그림 9-4]의 트리에 대해 가지치기 경로를 따라 계산된 OOS 편차

```
> cvpst <- cv.tree(pstree, K=10)
> cvpst$size
 [1] 12 11  8  7  6  5  4  3  2  1
```

```
> round (cvpst$dev)
 [1]  80 77 77 77 78 75 75 74 88 135
> plot (cvpst$size, cvpst$dev, xlab="size", ylab="00S Error")
```

이것은 세 개의 잎을 가진 트리가 '최고'임을 보여준다. 이 트리를 얻기 위해 best=3인 prune.tree 함수를 사용한다.

```
> pstcut <- prune.tree(pstree, best=3)
```

pstcut은 그 자체로 새로운 트리 객체, 즉 [그림 9-6]의 트리다. CV는 영향력 있는 변수로 PSA(lpsa)와 피막 침투(lcp)를 선택했으며 PSA는 피막 침투 값이 낮은 종양에서만 중요하다. 종양 크기는 피막 침투와 함께 증가하는 경향이 있지만 PSA가 높을 때 피막 침투가 낮은 큰 종양이 일부 존재한다는 것을 볼 수 있다.

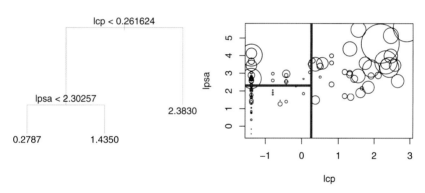

그림 9-6 가지치기한 3-노드 트리. 왼쪽은 트리의 덴드로그램을 보여주고 오른쪽은 트리에 대한 반응 표면과 분할을 보여준다. 원의 크기는 종양의 크기에 비례하며 굵은 선은 잎 노드 파티션을 나타낸다.

9.2 랜덤 포레스트

트리 모델은 참 괜찮아 보인다. 트리 모델의 유연성을 잘 활용하고 과적합을 피할 수만 있다면 실제로 정말 그렇다. 하지만 불행히도 방금 설명한 CV 루틴은 그렇게 안정적이지 않다. 하위 집합 선택이나 전진 단계적 회귀에 대해 강조한 것과 동일한 불안정성 문제가 있다. 예측 규칙이 모델 경로(여기서는 반복적으로 가지치기한 트리)에서 매우 가변적일 때 OOS 성능의 CV

추정치는 표본에 따라 크게 달라진다. 즉, 모델 선택과 예측의 분산이 크기 때문에 평균제곱 예측 오차가 커진다.

레오 브레이만[Leo Breiman][177]은 불안정한 모델에서 CV 선택을 사용하는 것의 문제를 처음으로 강조한 사람이다. 3장에서 계수의 크기에 따른 페널티 함수를 추가하여 후보 모델의 경로를 **안정화**할 수 있었다. 이 안정성이 lasso 성공의 열쇠라고 할 수 있다. 그러나 트리 모델에는 페널티를 추가할 계수가 없어 정규화 전략을 적용할 수 없다.

이 문제에 대한 해결책은 바로 '부트스트랩 집계'를 위한 **배깅**이다. 1장의 부트스트랩을 기억해보자. 전체 데이터 적합에 대한 샘플링의 불확실성을 모방하기 위해 여러 번 복원추출한 표본에 대해 회귀와 같은 알고리즘을 다시 실행한다. 이 논리에 따르면 부트스트랩 표본 전체의 평균 적합도는 평균적인 모델 적합도의 추정치라고 할 수 있다. 비편향이지만(예를 들어 평균적으로 잘 작동함) 표본분산이 높은 경우 부트스트랩 평균이 전체 표본 데이터 적합보다 사용하기 더 좋은 모델이다. 이것이 배깅의 전제다.

> 부트스트랩의 베이지안 해석에 기초한 배깅을 위한 베이지안 해석도 있다([Rubin, 1988], [Chamberlain and Imbens, 2003]). 이것은 부트스트랩 표본이 최적의 회귀 적합을 위한 사후 분포의 근사이며 부트스트랩 평균은 사후 평균에 근사한다는 가정을 따른다. 따라서 배깅은 **모델 평균화**이며 베이지안 추론의 우수한 안정성을 가져온다.

배깅은 개별 모델이 단순하지만 유연할 때 가장 잘 작동하므로 편향되지 않은(그러나 과적합된) 여러 모델을 빠르게 적합할 수 있다. CART 트리는 여기에 완벽한 후보다. 실제로 CART 트리의 배깅은 [Breiman, 2001]이 제안한 랜덤 포레스트(RF)[178] 알고리즘의 핵심이다. RF는 복원추출한 표본에 대해 CART 트리를 적합한다. 결과 예측 규칙은 부트스트랩 표본에서 각 트리로부터 얻은 예측의 평균이다. RF는 대규모의 유연한 회귀를 위해 산업용으로 자주 활용되는 방법이다. 튜닝[tuning]이 거의 필요없으며 빅데이터 예측 문제에서 다른 방법보다 더 나은 성능을 보인다. 인터넷을 사용할 때마다 온라인 경험의 일부가 RF 기반 예측 규칙을 사용하여 조정되었을 가능성이 높다.

....

[177] Leo Breiman. Heuristics of instability and stabilization in model selection. The Annals of Statistics, 24:2350-2383, 1996.
[178] Leo Breiman. Random forests. Machine Learning, 45:5-32, 2001.

전체 RF 알고리즘은 각 부트스트랩 표본에 대해 변형된 CART 모델들을 적합한다. 모든 입력에 대해 최적의 탐욕 분할 위치를 선택하는 대신 **임의의 입력 표본**에서 최적의 위치를 선택한다. 단순 배깅 프로세스와 달리 이러한 추가적인 무작위화는 명확한 이론적 근거나 해석이 없다. 하지만 직관적으로 탐욕적 분할 알고리즘이 변수를 항상 유사한 순서로 분할하지 않도록 강제함으로써 어느 정도의 추가적인 정규화를 제공한다. 경험적으로 이러한 입력 무작위화는 $p \approx \sqrt{n}$ 이상인 작은 표본에 유용하며 n이 크면 성능이 떨어질 수 있다. 이것은 추가 정규화라는 해석을 뒷받침한다.

알고리즘 24 　 랜덤 포레스트(RF)

B가 부트스트랩 크기(포레스트의 트리 수)라고 가정하자. $b = 1 \ldots B$에 대해 다음을 수행한다.

1. 데이터에서 n개의 관측치를 복원추출한다.
2. 이 표본에 CART 트리 T_b를 적합한다.

　(a) 대안적으로 전체 입력 집합에서 무작위로 추출한 각 탐욕 분할에 대해 무작위화된 CART 를 적합한다.

결과적으로 트리 집합 $T_1 \ldots T_B$이 만들어진다. 포레스트 예측은 개별 트리 예측의 평균이다. $\hat{y}_{fb}$가 트리 x_f에 대한 T_b의 예측이라면 랜덤 포레스트 예측은 $\hat{y}_f = \frac{1}{B}\Sigma_b\,\hat{y}_{fb}$와 같다.

분류 문제의 경우, 일부 RF 구현에서 평균이 아닌 반응에 대한 트리들의 투표 수를 이용한다. 즉, 각 트리는 확률이 가장 높은 반응 클래스를 예측하고 $\hat{y}_f$는 각 클래스에 대한 투표 수의 비율이라고 할 수 있다. 배깅 이론에 따르면 클래스 **확률** $\hat{y}_{fb}$의 평균 $\hat{y}_f$를 이용하는 것이 바람직하다.

랜덤 포레스트에 대한 직관적인 이해를 위해 간단한 1차원 회귀 문제를 살펴보자. MASS 패키지에 포함된 오토바이 데이터는 정면으로 충돌한 순간 오토바이 탑승자의 헬멧에 가해진 133개의 가속도 측정값이다(충돌 테스트에서 얻은 데이터라고 가정한다). 입력 변수 x는 충격 이후 시간, 반응 변수 y는 가속도인 회귀 문제다. [그림 9-7]은 데이터와 CART 적합을 나타낸다. 이것은 단순한 1차원 회귀지만 CART의 유연성을 보여준다. 트리는 매우 가변적인 노이즈를 갖는 비선형 평균을 따를 수 있다(예를 들어 충돌 시 노이즈는 충격 이후 노이즈에 비해 낮다).

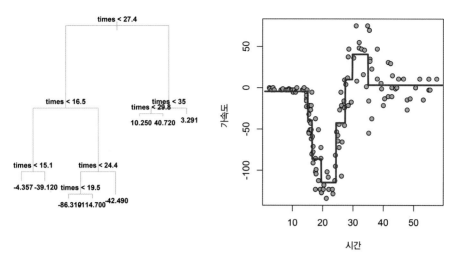

그림 9-7 오토바이 데이터에 적합한 CART 모델. 왼쪽은 트리 덴드로그램을, 오른쪽은 예측 표면을 보여준다.

랜덤 포레스트의 각 트리는 대신 리샘플링한 데이터에 적합한다. 각 부트스트랩 표본은 가중치가 더 큰 관측값(더 많이 리샘플링된 관측값)이 반응 표면을 끌어당기기 때문에 조금 다른 CART 적합을 유도한다. 이는 [그림 9–8]에서 확인할 수 있다. [그림 9–9]는 표본 추출된 CART 적합이 어떻게 축적되고 집계되는지 보여준다. 많은 트리가 있는 포레스트의 경우 각 트리가 모두 들쭉날쭉한 예측 표면을 갖더라도 평균은 매끄러운(또는 대부분 매끄러운) 표면이 된다. 여기서 트리 모델들의 사후 분포로 포레스트를 베이지안적으로 해석하는 것을 기억하자. 결국 부트스트랩 CART 적합 모델의 분포는 '최적의' 트리 적합을 위한 분포와 같다. [그림 9–9]에서 불확실성에 대한 경계가 변하는 것을 확인할 수 있다. 시간축의 가장자리에는 $\mathbb{E}[y|x]$에 대한 불확실성이 거의 없지만 중간에 하강했다가 상승하는 곳에서 불확실성이 높다.

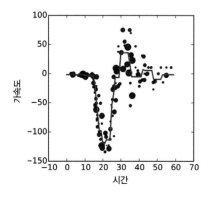

그림 9-8 부트스트랩 표본 추출에 대한 CART 적합. 원의 크기는 복원추출한 표본에서 발생하는 횟수에 비례하며 선은 CART 적합 결과를 보여준다.

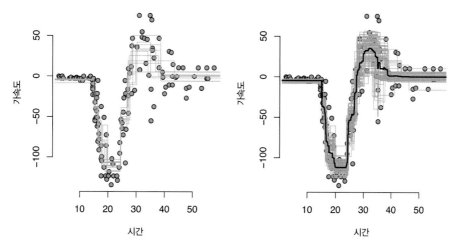

그림 9-9 오토바이 데이터에 대한 부트스트랩 리샘플링 CART 적합. 왼쪽은 10개의 적합 결과가 표시되고 오른쪽은 100개의 적합 결과와 평균이 표시된다.

이 그림들은 평균화 방법이 어떻게 정규화되고 과적합을 방지하는지 보여준다. 개별 트리는 노이즈까지 최적화할 수 있지만, 정의에 따라 이러한 노이즈 과적합은 여러 번 리샘플링된 CART 적합에서 반복되지 않는다. 만약 계속 반복된다면 더 이상 노이즈가 아니라 실제 패턴이라고 볼 수 있다. 따라서 개별 적합에서 노이즈는 집계 후 평균화되며 지속적인 패턴 구조만 살아남는다. 이것이 바로 모델 평균화의 큰 장점이며 임의의 알고리즘을 안정화하고 정규화하기 위해 사용된다. 이런 전략은 앙상블^ensemble 학습, 베이지안 모델 평균화, 배깅과 같은 다양한 이름으로 머신러닝에서 자주 사용된다. 노이즈를 제거하기 위해 수많은 모델을 집계한다는 기본적인 아이디어는 동일하다.

포레스트에 트리 모델이 몇 개나 필요할까? 기존 부트스트랩 절차를 고려하면 **많을수록 좋다**. 더 많은 트리를 포함한다고 해서 불이익은 없다. 트리를 추가하면 실제 반응 표면에서 가장 좋은 추정인 샘플링 평균(무한한 수의 부트스트랩 리샘플링에 대한 평균)을 더 잘 추정할 수 있다. 하지만 모든 샘플링 절차와 마찬가지로 추가적인 트리에 대한 이득이 감소하는 경향이 있다. 표본 외 예측 성능은 처음 몇 개의 트리에서 빠르게 개선되며 더 추가할 경우 개선의 정도가 평평해지는 경향이 있다. 예를 들어 [그림 9-10]은 오토바이 데이터 회귀를 위한 OOS 성능이 100개의 트리로 이뤄진 포레스트보다 조금 향상된 것을 보여준다.

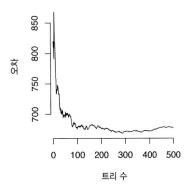

그림 9-10 포레스트의 트리 수에 따른 오토바이 데이터 회귀에 대한 OOS 오차. 이 오차는 133개의 관측치 중 33개의 단일 무작위 테스트 표본으로 계산한 결과다.

R에서는 glm이나 tree 함수와 본질적으로 같은 구문을 사용하는 ranger 패키지를 사용하여 쉽게 포레스트 모델을 적합할 수 있다.[179] 설명을 위해 캘리포니아의 주택 가격 데이터와 관련된 더 큰 예제를 살펴보자. CAhousing 데이터는 캘리포니아의 20,640개 인구 조사 지역 각각에 대한 주택 가격의 중간값(MedVal) 외에 다음과 같은 정보를 포함한다. 이 데이터는 주택 가격을 보면 알 수 있듯이 오래된 데이터다.

- 지역의 중심 위도 및 경도
- 총 인구 수와 중위소득
- 평균 침실 수, 주택 연식

여기서 목표는 인구 조사 지역에 대한 log(MedVal)를 예측하는 것이다. 이것은 선형 모델로는 파악하기 어려운 회귀 표면을 갖는다. 공변량 효과는 공간적 위치에 따라 변하고, 변하는 방식이 위도와 경도에 대해 비선형적이다.[180]

[그림 9-11]은 주택 가격의 중간값에 대한 적합 CART 모델을 보여준다. 소득이 지배적이며 저소득층에게는 위치가 중요하다. CV 가지치기 절차를 통해 그림과 같이 12개의 잎 노드를 갖는 트리를 선택한다. 또한 200개의 트리 모델로 이뤄진 포레스트 모델을 적합하는데, 이 때 각 트리는 최소 25개의 관측치(인구 조사 지역) 크기로 자란다.

---

179 ranger는 기존의 randomForest 패키지를 훨씬 더 빠르게 구현한 것이다.
180 여기서는 지역이나 인구 조사 추적 효과를 더미 변수로 포함하지 않음으로써 선형 모델을 인위적으로 어렵게 만든다. 트리 방법은 이러한 지리적 요인을 자동으로 학습한다고 생각할 수 있다.

```
> carf <- ranger(logMedVal ~ ., data=CAhousing,
+                 write.forest=TRUE, num.tree=200, min.node.size=25,
+                 importance="impurity")
```

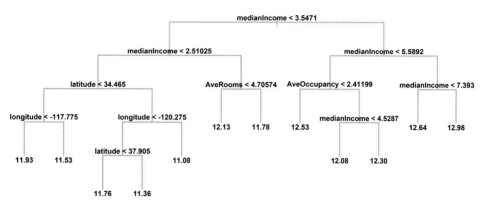

그림 9-11 CAhousing 데이터에 대한 CART 모델. 소득과 주택 가격(잎 노드의 라벨)의 단위는 $10,000다.

트리에서 포레스트로 이동했을 때의 단점은 [그림 9-11]과 같이 단일 트리가 갖는 해석 가능성을 잃는다는 것이다. 그러나 제한적이긴 해도 데이터를 이해하기 위해 활용할 수 있는 '변수 중요도^{variable importance}'라는 통계량이 있다. `ranger`는 `importance="impurity"` 인수를 사용하여 out-of-bag 표본(b번째 리샘플링에 포함되지 않은 관찰값)에 대한 각 $\mathcal{T}_b$의 예측 성능을 추적한다. 오차는 각 트리에서 어떤 변수가 분할되는지에 대한 정보와 쌍을 이룬다. `variable.importance` 통계량은 트리 분할에 대한 정의에서 해당 변수를 **사용하지 않을 때** 발생하는 오차의 증가량을 의미한다. 주택 가격 예제에서 중요도에 따라 변수를 정렬할 수 있다.

```
> sort(carf$variable.importance, decreasing=TRUE)
   medianIncome          latitude         longitude       AveOccupancy
     2462.7744          962.0458          921.3082           595.8928
       AveRooms   housingMedianAge         AveBedrms         households
       532.6250          205.5545          146.3143           124.7160
     population
       104.3621
```

가장 중요한 변수는 중위소득이고 그 다음은 지리적 위치다. 이것은 [그림 9-11]의 CART 트리에서 처음 몇 개의 분할과 일치한다. 그 다음으로 중요한 입력이 점유율이라는 점은 조금 놀랍다. 이 변수는 부트스트랩 표본 트리의 더 깊은 분할에서 공통적으로 나타난다. 하지만 변수 중요도에 너무 많은 가중치를 두지 않도록 주의하자. 포레스트 내부가 복잡하기 때문에 변수가 반응에 어떻게 작용하는지 이해하지 못한 채로 변수의 중요도를 해석하려고 시도하는 것은 실용적이지 않다.

[그림 9-12]는 위도와 경도가 서로 그리고 다른 모든 입력과 상호작용하는 선형 설계에 대한 lasso 잔차 및 트리와 포레스트에 대한 표본 내 잔차를 보여준다. 표본 내 잔차는 선형 모델에서 가장 크고 CART, RF 순서로 점점 작아진다. RF 잔차는 다른 두 가지 방법에 비해 훨씬 작다. 로스앤젤레스와 샌프란시스코 만^{bay} 주변에서 조금 과소평가된 것을 제외하고 큰 오차들이 사라진 것을 볼 수 있다. RF 모델은 과적합되지 않았다. 즉, 이 표본 내 적합은 예측 성능의 실제 표본 외 성능 개선과 일치한다. [그림 9-13]은 각 회귀에 대한 OOS 로그 오차를 보여주며 RF는 다른 방법보다 지속적으로 크게 개선된다.

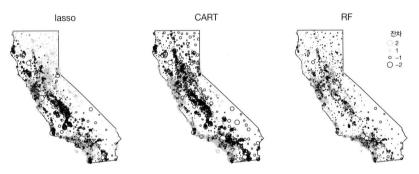

그림 9-12 lasso, CART, RF 적합 회귀의 표본 내 잔차. 공간 데이터를 그림으로 나타내고 분석하는 R 패키지인 maps를 사용했다.

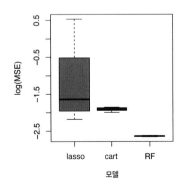

그림 9-13 10개의 무작위 폴드에 대한 표본 외 성능

랜덤 포레스트는 빅데이터 기술이다. 노트북에서 적합할 때는 그렇게 보이지 않을 수 있다. 병렬화를 사용하지 않으면 트리를 순차적으로 적합하는 데 오랜 시간이 걸린다. 포레스트는 대규모 분산 데이터셋에서 작업이 가능하며 상업적인 규모로 배포할 수 있다. 4장의 마지막 부분에서 소개한 병렬 및 분할 컴퓨팅 아이디어를 활용하기만 하면 된다. RF에 대한 내용을 마무리하며 RF를 더 큰 규모로 배포하는 데 필요한 기술을 간략하게 설명한다.

먼저 캘리포니아 주택 가격 회귀에 대해 200개의 트리로 이뤄진 RF를 실행한다면 CART를 실행하는 것보다 훨씬 많은 시간이 걸린다. 아마 200배 더 오래 걸릴 것이다. 하지만 사용 가능한 프로세서가 충분히 많다면 **동시에** 트리들을 각각 적합할 수 있다. 실제로 ranger 라이브러리는 병렬 처리를 위해 모든 코어를 자동으로 사용한다. 즉, 여러분은 못 느끼겠지만 병렬 컴퓨팅을 하고 있는 것이다. num.threads 인수는 트리의 병렬 적합을 위한 프로세스(스레드) 수를 지정하고 기본값 num.threads=NULL을 사용하면 스레드를 코어 개수만큼 선택한다. 스레드를 1개에서 4개까지 사용하면 연산 시간이 절반에서 1/3까지 줄어든다.

```
> system.time(carf <- ranger(logMedVal ~ ., data=CAhousing, num.threads=1, . . .
    user system elapsed
    8.75    0.03    8.92
> system.time(carf <- ranger(logMedVal ~ ., data=CAhousing, num.threads=4, . . .
    user system elapsed
    13.00   0.04    3.50
```

이 출력 결과에서 elapsed값은 연산에 소요된 시간을 의미한다. 4개의 코어에 데이터를 복사하는 데 상당한 오버헤드^overhead가 필요하기 때문에 속도 향상은 4배 미만이다.

데이터 복사로 인한 오버헤드는 이러한 유형의 병렬화에서 발생하는 기본적인 문제다. 코어 수에 상관없이 데이터 전송에 드는 비용에 제한이 있다. 설상가상으로 데이터가 너무 크면 단일 처리 장치의 작업 메모리에 맞추는 것이 불가능할 수 있다. 이 경우 전체 병렬화가 불가능하며 RF 방법은 심각하게 느려진다. 산업계에서 엔지니어들은 이러한 메모리 제한 문제를 처리하기 위해 여러 가지 해결 방법을 개발했다. 한 가지 일반적인 전략은 RF의 복원추출을 서브샘플링으로 대체하는 것이다. 즉, 각 트리를 n보다 작은(단일 코어에 맞게 충분히 작은) 크기의 비복원추출 표본에 적합한다. 이것은 각 트리를 작은 무작위 데이터 하위 집합에 적합하는 **서브샘플링 포레스트 모델**이다.

이것은 별로 좋은 방법이 아니다. 서브샘플링 포레스트는 예측 성능이 RF에 비해 급격히 떨어진다. 비모수적 접근 방식의 핵심은 왜 이런 일이 발생하는지를 이해하는 것이다. 트리와 같은 방법은 데이터를 더 많이 제공할수록 모델 표면이 점점 더 복잡해진다. RF의 개념은 이러한 비모수적 적응성을 활용하면서 부트스트랩 집계를 사용하여 과적합을 피하는 것이다. 부트스트랩을 서브샘플링으로 대체하면 비모수적 학습 모델(트리)이 제대로 작동하는 데 필요한 데이터가 부족하게 된다.

이베이와 작업하는 동안 전체 RF를 서브샘플링 포레스트로 전환할 때 예측 성능이 저하되는 것을 발견했고 이를 통해 **경험적 베이지안 포레스트**[181]empirical Bayesian forest (EBF)라는 간단한 대안을 제시했다. 이름에 베이지안이 포함된 것은 이 이론이 베이지안 부트스트랩에서 파생됐기 때문이다(하지만 실제로는 중요하지 않다). 이 알고리즘은 데이터셋이 충분히 큰 경우 포레스트의 트리 **윗부분**(처음 몇 번의 분할)이 대체로 비슷하다는 특징을 기반으로 한다.[182]

예를 들어 최소 잎 크기를 3,500개로 하고 캘리포니아 주택 가격 데이터에 대해 CART를 적합하면 결과로 [그림 9-14]와 같은 **줄기** 구조를 볼 수 있다. 동일한 데이터에 대해 RF를 적합하고 포레스트의 트리들을 비교하면 모두 [그림 9-14]와 유사한 트리 구조를 갖는다. 특히 62%의 비율로 **정확히 동일한** 줄기 구조를 얻는다. 두 번째로 흔한 줄기 구조는 28%의 비율로 발생하며 주택 연식의 중간값 대신 중위소득으로 다시 분할된다는 점에서만 차이가 있다. 따라서 사후 가중치의 90%는 소득을 기준으로 데이터를 두 번 분할한 다음 위도에 따라 분할하는 트리에 있다고 볼 수 있다. 더욱 놀라운 것은 모든 트리의 처음 두 분할이 중위소득에 관한 것이라는 점이다. [그림 9-15]는 이러한 처음 두 분할의 위치를 보여준다. 각 분할 위치는 [그림 9-14]의 줄기 분할 주위에 집중된다.

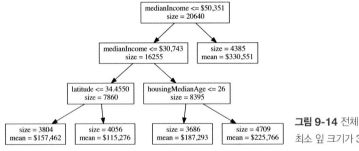

그림 9-14 전체 데이터 20,640개 중 최소 잎 크기가 3,500개인 트리의 줄기 구조

181 Matt Taddy, Chun-Sheng Chen, Jun Yu, and Mitch Wyle. Bayesian and empirical Bayesian forests. In Proceedings of the 32nd International Conference on Machine Learning, 2015.
182 이것은 모든 변수가 분할을 위해 항상 사용 가능한 RF의 한 버전에 해당하지만 n이 클 때 선호하는 접근 방식이다.

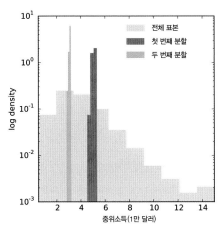

그림 9-15 포레스트의 트리에 대한 처음 두 분할의 위치와 중위소득 분포

이러한 줄기 안정성은 단지 20,000개의 관찰값을 통해 얻어진다. 산업체의 빅데이터 환경에서 접하는 수백만 개 이상의 관측 데이터셋에서는 이러한 안정성이 크게 증가한다. 이러한 점은 포레스트를 위한 분산 컴퓨팅 전략을 시사한다. 포레스트의 줄기가 모두 동일하기 때문에 줄기를 한 번만 적합하면 데이터를 분할하여 병렬화를 용이하게 할 수 있다. 이것이 바로 EBF 알고리즘이다.

알고리즘 25   **경험적 베이지안 포레스트(EBF)**

K개의 분산 처리 장치가 주어질 때,

- 하나의 CART 줄기를 K 노드(줄기의 가지들)에 적합한다. 데이터가 너무 커서 단일 시스템에서 적합할 수 없다면 이 줄기를 하위 표본에 적합할 수 있다. 반응 변동성에 많은 영향을 주는 처음 몇 개의 트리 분할만 적합하므로 줄기 추정을 잘 수행하기 위해 꼭 빅데이터가 필요하진 않다.

- 이 줄기는 맵리듀스 알고리즘의 매퍼 함수를 정의한다. 각 관찰 데이터를 할당된 줄기 분기에 매핑(map)한 다음, 전체 RF를 적합하여 각 분기에 리듀스(reduce)한다. 이는 각 분기에 RF 모델로 고정된 줄기를 갖는 적합 EBF를 반환한다.

그 결과, 초기 분할이 고정되고 더 깊은 구조를 갖는 트리의 부트스트랩 표본이 생성되며 이는 일종의 하이브리드 CART–RF 객체다. 가상의 (잠재적으로 실행 불가능한) 전체 표본을 이용

한 RF는 대부분의 트리가 동일한 줄기를 갖기 때문에 EBF의 예측 결과와 비슷할 것이다. 캘리포니아 주택 가격 예제에서 [그림 9-14]의 줄기 구조를 갖는 EBF는 전체 표본을 이용한 RF보다 2% 정도 예측 성능이 감소하는 반면 비슷한 연산량의 서브샘플링 포레스트는 성능이 10% 감소한다. 큰 데이터셋의 경우 더 극적인 차이를 보인다. [Taddy, 2015]는 서브샘플링 포레스트가 전체 표본을 이용한 RF보다 12~38% 정도의 성능 감소를 보이는 예제에서 EBF는 1~4% 정도만 감소하는 것을 보여준다.

빅데이터 환경에서는 [알고리즘 25]와 같이 간단하면서도 효율적인 전략으로 많은 데이터를 빠르게 처리할 수 있다. 그리고 데이터가 더 많을수록 더 좋은 성능을 얻게 된다. 동일한 데이터를 사용하는 경우에 EBF는 전체 데이터를 이용한 RF보다 성능 면에서 조금 떨어지지만, 더 많은 데이터를 사용한 EBF는 적은 표본을 사용한 RF보다는 나은 예측 성능을 제공한다. 예측 작업에서 연산량이 많이 필요한 고급 모델을 적합하기 위해 이용할 수 있는 데이터의 양을 줄이는 것은 피해야 한다. 가능한 많은 데이터를 적합에 활용할 수 있는 간단하면서도 유연한 모델을 사용하는 것이 좋다.

9.3 인과 트리

랜덤 포레스트와 트리는 일반적으로 순수하게 예측을 위한 도구로 간주되며 대부분 과거 데이터와 비슷한 미래를 예측하기 위한 지도 학습 머신러닝 방식이다. 그러나 트리 방법은 최근 인과 추론 설정에 적용되고 있다. 특히 이종 처리 효과(HTE)를 모델링하기 위한 훌륭한 도구가 될 수 있다.

d가 0 또는 1인 이진 처리의 기본 설정에 초점을 맞추고 처리가 무작위화되었다고 가정한다. 즉, 표준 AB 실험 후에 HTE를 적합한다. 조건부 평균 처리 효과conditional average treatment effect(CATE)는 공변량이 x일 때 처리군과 대조군에 대한 조건부 기대 반응 간의 차이를 의미한다.

식 9-2
$$\gamma(x) = \mathbb{E}[y|d=1, x] - \mathbb{E}[y|d=0, x]$$

AB 테스트 결과가 주어질 때 HTE를 추정하는 한 가지 방법은 x에서 y를 예측하는 두 개의 함수(하나는 처리군에 대해, 다른 하나는 대조군에 대해)를 간단히 적합하고 적합된 두 예측 변수 간의 차이를 $\gamma(x)$의 추정치로 사용하는 것이다. 예를 들면 [Hill, 2011]에서 이러한 방법을 활용한다. 저자는 각 처리군에 대해 베이지안 가법 회귀 트리Bayesian additive regression tree(BART)[183]를 적합한다. 이 모델은 x에서 구한 얕은 트리 집합으로, y를 회귀하는 모델이다. 이것은 완전 베이지안 회귀 방법이고 두 개의 표본이 독립적이기 때문에 두 BART 객체를 구별하는 것으로 간단히 $\gamma(x)$에 대한 전체 사후 확률을 얻을 수 있다.

[Athey and Imbens, 2016]은 대부분의 경우 두 가지 처리에 따른 차이보다 두 처리를 직접 대상으로 지정하여 HTE를 모델링하는 것이 더 낫다는 것을 보여준다. 두 저자가 제안한 인과 트리causal tree(CT)[184] 프레임워크는 일반적인 CART 알고리즘을 간단히 확장한 것이다. 불순도(예를 들어 SSE)를 최소화하기 위해 분할을 선택하는 대신 각 자식 노드에서 추정된 처리 효과 간의 제곱 차이를 **최대화**하기 위해 트리 분할을 선택한다. [알고리즘 26]에서 전체 과정을 확인할 수 있다.

알고리즘 26　　**인과 트리(CT)**

어떤 트리의 노드 η에 일련의 $[d_i, x_i, y_i]$ 관측값이 주어질 때 처리 효과의 추정치는 다음과 같다.

식 9-3
$$\hat{\gamma}_\eta = \bar{y}_{\eta 1} - \bar{y}_{\eta 0}$$

여기에서 $\bar{y}_{\eta d}$는 처리 상태 d이며 노드 η에 있는 관측값들의 표본평균이다. CT는 CART와 같이 탐욕적인 재귀 전략을 사용한다. 노드가 주어질 때 다음 식이 최대가 되도록 관찰 변수 x_{ij}에서 왼쪽과 오른쪽 자식 노드로 분할한다.

식 9-4
$$\sum_{k \in \text{left}} \hat{\gamma}_{\text{left}}^2 + \sum_{k \in \text{right}} \hat{\gamma}_{\text{right}}^2$$

분할은 노드의 각 처리군에서 관측값이 최소 개수에 도달할 때까지 계속된다. 이렇게 생성된 말단 노드들은 인과 트리의 잎이 된다.

---

183 Hugh A. Chipman, Edward I. George, and Robert E. McCulloch. BART: Bayesian additive regression trees. The Annals of Applied Statistics, 4:266-298, 2010.

184 Susan Athey and Guido Imbens. Recursive partitioning for heterogeneous causal effects. Proceedings of the National Academy of Sciences, 113:7353-7360, 2016.

좀 더 정확하게 [알고리즘 26]은 [Athey and Imbens, 2016]에서 **적응형** CT 알고리즘이라고 언급한 것이다. 그들이 선호하는 추정기는 트리 적합을 위해 두 개의 표본을 사용하는 것이다. 하나는 트리 분할을 결정하기 위해, 다른 하나는 트리 구조에 따라 **조건부**로 각 잎 노드의 처리 효과를 재추정하기 위해 사용한다. 이것은 잎 추정치(CART는 $\hat{y}_\eta$, CT는 $\hat{\gamma}_\eta$) 부근에서 대략적인 가우스 표본 분포를 얻을 수 있다는 장점이 있다.[185] 그러나 이러한 '믿을 만한' 적응 외에도 CT는 CART와 동일한 철학을 따른다. 두 방법은 복잡한 모델 표면을 만들기 위해 매우 단순한 잎 노드 추정치를 x_i에 대한 분할과 결합한다.

[Athey and Imbens, 2016]에서는 CT를 실행하기 위한 R 패키지 causalTree를 제공한다. 이 패키지는 표준 CART 모델을 적합하는 데 사용하는 rpart 패키지를 기반으로 한다. CT 알고리즘을 이해하기 위해 5장에서 소개한 오리건주 건강보험 실험(OHIE)을 다시 살펴보자. 어떤 사람이 적어도 일 년에 한 번 주치의(PCP)를 방문할 확률에 따라 무작위로 선택된 메디케이드 자격의 처리 효과를 관찰하는 데 관심이 있었다. 처리 변수는 개인이 속한 가구가 메디케이드 등록 자격을 얻도록 선택됐는지 여부를 나타내는 변수 selected이고, 반응 변수는 이진 변수 doc_any_12m이다. 공변량의 경우 인구 통계 조사에 대한 결과 데이터셋이 있다.

> 이 실험에서 HTE의 lasso 분석에 대한 내용은 6장을 참고하자.

기본적인 causalTree 알고리즘은 완벽히 무작위화된 실험을 위해 설계됐다. 원래 OHIE 분석에서 한 가구의 구성원 중 한 명이 선택되면 가구 전체가 등록 대상이 되기 때문에 무작위화는 훼손된다. 처리군과 대조군을 비교할 때 각 가구의 구성원 수를 제어하는 것이 가장 좋으며 causalTree 패키지에서 **성향 가중치**propensity weight를 사용하여 이를 수행할 수 있다(6장의 성향에 대한 논의 참고). 그러나 numhh을 제어한 것은 원래 분석과 거의 차이가 없었다. 여기서는 문제를 단순화하기 위해 완벽하게 무작위화된다고 가정한다. 따라서 이전의 결과를 다시 반복하면 환자가 향후 12개월 동안 의사를 만날 확률에 대한 전체 평균 처리 효과는 약 0.06(6%p 증가)이다.

---

185 예측 문제에서 정직한 CART를 얻기 위해 동일한 두 가지 표본 절차를 사용할 수 있다. 이러한 정직성의 단점은 최적의 트리 분할을 결정하는 데 더 적은 데이터를 사용하여 성능이 좋지 않은 점추정이 발생할 수 있다는 점이다. 인과적 처리 효과 모델링에서 정직성과 정밀성 사이의 상충관계를 고려하는 것은 일반적으로 가치가 있지만 순수한 예측 문제에 항상 해당되는 것은 아니다. 또한 이러한 유형의 표본 분할은 6장의 직교 머신러닝 알고리즘의 기초가 된다.

```
> ybar <- tapply(P$doc_any_12m, P$selected, mean)
> ybar ['1'] - ybar['0']
            1
0.05746606
```

causalTree 구문은 glm의 구문과 유사하다. 회귀 공식과 데이터프레임을 입력으로 받는다. 그리고 처리 변수 d와 알고리즘의 일부 파라미터를 지정해야 한다. 여기서는 정직한 분할(표본 분할)과 함께 [알고리즘 26]의 인과 트리 알고리즘을 사용한다. 또한 최소 잎 크기를 2,000개로 정한다. 이를 통해 이질성의 몇 가지 중요한 요인을 분할하는 짧은 트리를 생성한다.

```
> ct <- causalTree(P$doc_any_12m ~ ., data=X, treatment=P$selected,
+        split.Rule = "CT", split.Honest=TRUE, minsize=1000)
```

트리 적합 결과는 [그림 9-16]과 같다. 짐작했겠지만 많은 분할이 소득에 기인한다. hinc_pctfpl_12m은 미국 전체의 빈곤선$^{poverty\ line}$을 백분율로 나타낸 가계소득이다. 예를 들어 충분한 소득이 있는 사람(hhinc_pctfpl_12m>= 97)은 메디케이드 자격 때문에 실제로 PCP를 만날 확률이 **줄어든다**. 메디케이드는 이러한 사람의 PCP 방문을 쉽게 해주는 민간 보험 옵션을 대신한다. 한편 빈곤선 60% 미만에 속한 사람은 처리 효과가 0.1 이상이며 1966년 이후 출생한 소가구 여성의 경우에는 0.15까지 높아진다.

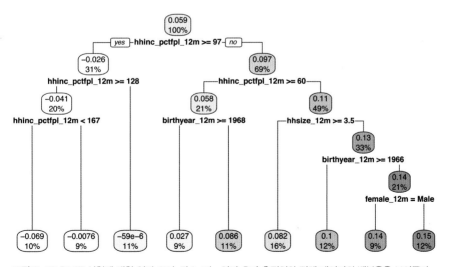

그림 9-16 OHIE 실험에 대한 인과 트리. 각 노드는 처리 효과 추정치와 전체 데이터의 백분율을 보여준다.

[Athey and Imbens, 2016]은 CT 가지치기를 위한 CV 알고리즘을 소개한다. 하지만 CT는 CART와 마찬가지로 불안정한 예측 규칙이며 트리 깊이에 대해 CV 선택을 사용하는 것은 권장하지 않는다(다른 표본에 대해 서로 다른 트리를 생성하고 분산이 높은 결과가 나온다). 대신 실제 문제에서 이질성의 가장 큰 원인인 얕은 단일 트리를 적합한다. 예를 들어 마케팅에 대한 민감도가 다른 4개의 영역으로 고객을 분할하는 가장 좋은 방법을 알고 싶다면 과적합에 대한 걱정 없이 잎 노드 4개로 이루어진 얕은 트리 모델을 적합할 수 있다.

복잡한 HTE 모델링의 경우 단일 CT를 넘어 포레스트 알고리즘을 사용해야 한다. [Athey, 2017b]는 CT 앙상블을 포함하는 일반화된 랜덤 포레스트 generalized random forest (GRF) 프레임워크를 설명하고 이를 구현한 grf 패키지를 제공한다. RF와 마찬가지로 GRF는 입력 변수의 차원(여기서는 잠재적인 이질성 원인의 차원)이 표본의 크기보다 작을 때(경험적으로 $p < \sqrt{n}$) 가장 적절하다. 고차원 입력의 경우 lasso 유형의 선형 추정기를 사용하여 더 나은 결과를 얻을 수 있다. 즉, 직교 머신러닝의 확장으로 6장에서 했던 것처럼 선형 모델의 다른 입력과 상호작용을 처리한다. 이것은 머신러닝 커뮤니티에서 활발한 연구 분야이며 HTE를 예측하기 위해 다양한 **반모수적** 방법이 개발되고 있다. 예를 들어 [Hartford, 2017]은 심층 신경망을 사용하여 도구 변수 설정에 HTE를 모델링한다. 따라서 무작위 시험 연구에도 적용할 수 있다. 인과추론이 머신러닝에서 점점 더 중요한 주제로 떠오르면서 더 빠르고 훌륭한 HTE 예측 알고리즘이 나올 것으로 기대된다.

9.4 반모수와 가우스 프로세스

이 장은 비모수 기법에 대해 다루지만 지금까지 논의한 모든 방법은 트리를 기반으로 한다. 여기에는 정당한 이유가 있다. 비모수 회귀 방법 중에서 트리 앙상블보다 빠르고 견고하며 기존 방법보다 더 나은 성능을 보이는 것이 없다. 또한 아직 트리 프레임워크 전체를 다루지 않았다. 랜덤 포레스트를 넘어 중요한 트리 기반 알고리즘은 그레이디언트 부스팅 머신 gradient boosting machine (GBM)[186]을 중심으로 구축된다. GBM은 부분 최소제곱을 기반으로 7장에서 소개한

---

[186] Jerome H. Friedman. Greedy function approximation: A gradient boosting machine. Annals of Statistics, pages 1189-1232, 2001.

부스팅 절차를 사용한다. 각각 이전 트리의 잔차를 예측하도록 학습된 얕은 트리 시퀀스를 반복적으로 추정한다. 이것은 여러 개의 단순하고 안정적인 트리를 결합하는 예측 규칙으로 이어진다.[187] 실제로 RF는 과적합 방지를 위해 사용하는 배깅의 견고한 특징 때문에 GBM보다 대규모 작업에 더 수월하다. 대신 GBM은 부스팅을 멈출 시기를 선택하기 위해 일종의 CV가 필요하다. 하지만 상업적인 규모에서도 성공적으로 GBM을 배포한 예가 많이 있으며 함께 일하는 팀이 포레스트보다 부스팅을 선호한다면 걱정할 필요가 없다.

트리 기반 방법의 일반적인 대안은 근사 함수의 합인 **기저 확장**basis expansion을 통해 함수를 나타내는 **시브**sieve 추정기다. 시브 추정기는 수학적으로 연구하기가 비교적 쉽기 때문에 고전 경제학자와 통계학자에게 여전히 인기가 높다. 시브 함수는 다음과 같은 형태를 취한다.

식 9-5

$$\mathbb{E}[y \mid \boldsymbol{x}] = \sum_{k=1}^{K} \omega_k \psi_k(\boldsymbol{x})$$

여기서 K는 사용 가능한 데이터의 양에 따라 증가한다. 예를 들어 다항식 급수는 $\psi_k(\boldsymbol{x}) = (\boldsymbol{x}'\boldsymbol{\beta}_k)^k$다. **웨이블릿**Wavelet은 훌륭한 수학적 속성을 만족하는 기저 함수 클래스다. [Vidakovic and Mueller, 1994]는 이것을 쉽게 소개한다. 그리고 1980년대와 1990년대에 유행했던 **얕은 신경망**은 [식 9-5]와 같이 급수 추정기로 사용할 수 있다.[188]

주목할만한 다른 비모수적 프레임워크는 서포트 벡터 머신support vector machine(SVM)이다. 이 방법은 기저 확장을 포함한다는 점에서 시브 함수와 유사하지만 여기서 기저 확장은 함수 근사보다는 판별 분류기의 입력으로 사용된다. SVM은 이론적으로 흥미롭지만[189] 실제로는 불안정하며 파라미터 튜닝이 어렵다. 필자와 동료들은 SVM이 금융과 같은 일부 응용 분야에서 지속적으로 인기 있는 이유가 다른 방법을 모르기 때문이라고 생각한다.[190] 다시 말하지만, 비모수 회귀를 사용하고 싶고 실질적인 예측 성능에 관심이 있다면 트리가 정답이다.

하지만 비모수 회귀가 항상 예측을 위한 최선의 접근 방식은 아니다. 트리와 스플라인spline은

---

187 [Chipman, 2010]에서 소개한 BART 알고리즘은 GBM의 성공적인 베이지안 버전이다.

188 Kurt Hornik, Maxwell Stinchcombe, and Halbert White. Multilayer feedforward networks are universal approximators. Neural Networks, 2:359-366, 1989.

189 Vladimir Vapnik. The Nature of Statistical Learning Theory. Springer, 1996.

190 Kevin Patrick Murphy. Machine Learning: A Probabilistic Perspective. MIT Press, 2012.

데이터가 충분하다면 복잡한 함수를 근사할 수 있을 만큼 매우 유연하다. 그러나 이러한 점에는 **불안정**하다는 대가가 따른다. 비모수 회귀 방법은 표본분산이 매우 높으며 데이터의 노이즈에 민감하다. 과적합에 취약하며 배깅과 같은 기술이 큰 도움이 될 수 있다. 이것이 그 유명한 '편향-분산' 트레이드오프다. 비모수 회귀 방법은 편향이 거의 또는 전혀 없지만(모든 함수의 형태를 표현할 수 있다), 필연적으로 분산 추정치가 높다. 앞서 언급했듯이 경험상 고성능 옵션이 되려면 비모수 회귀를 위해 $p < \sqrt{n}$를 만족해야 한다.

고차원 입력의 경우 정규화된 로지스틱 회귀 방법을 사용하는 것이 좋다. 그러나 비모수 모델과 선형 모델의 중간 지점에 있는 방법이 존재한다. **반모수적** 방법은 유연한 함수 근사와 제한적인 도메인별 구조를 혼합한다. 유연한 평균 함수 근사를 가산 $\varepsilon \sim \mathrm{N}(0, \sigma^2)$ 오차 또는 다항 샘플링 모델과 같은 강력한 분포 가정과 결합할 수 있다(예를 들어 텍스트의 bag-of-words 모델).

최신 머신러닝은 대부분 서로 '가까운' 관찰값 간의 예측을 **평활화**하는 반모수적 **커널**^{kernel} 방법에 기대를 걸고 있다. 커널은 두 입력 벡터 사이의 거리를 정의하기 위한 수학적 추상화이며 도메인 지식을 사용하여 관찰 데이터가 서로 얼마나 떨어져 있는지 알려준다. 예를 들어 적합한 커널에 따라 x_s와 x_t가 가까이 있으면 $\hat{y}(x_s)$와 $\hat{y}(x_t)$가 비슷하며 이러한 커널은 응용 분야에 따라 특정한 구조가 주어질 수 있다.

10장에서 최근 심층 신경망이 어떻게 반모수적 회귀 도구로 사용되는지 설명한다. 심층 신경망은 입력에 대한 제한적인 커널 평활화를 위해 사용한다. 예를 들어 이미지의 이웃 픽셀 또는 의미가 가까운 것으로 추정되는 텍스트의 단어 사이에 평활화(컨볼루션^{convolution})를 수행한다. 딥러닝의 혁신은 일반적으로 원래 공변량보다 훨씬 낮은 차원의 커널 평활화 출력이 [식 9-5]의 시브 추정기와 같은 것에서 입력으로 사용된다는 점이다. 제한적 차원 축소와 유연한 기저 확장을 결합한 것은 매우 성공적이었다. 이것은 최근 산업계에서 활용하는 머신러닝의 많은 부분을 지원한다.

반모수와 비모수 사이의 경계는 모호하다. 표준화된 시브 함수처럼 유연한 데이터 종속 커널이 있는 커널 회귀 알고리즘도 있고 높은 수준의 평활도를 부여하는 제한적인 시브 알고리즘도 있다. 사실 거의 동일한 예측을 제공하는 모든 시브 추정기와 커널 방법은 이론적으로 동일하다. 차이점은 이러한 프레임워크의 일반적인 구현에 있다. 커널 방법을 사용하는 머신러닝 응용 분야는 관찰값 간의 평활화 구조를 위해 일반적으로 도메인 전문지식을 사용한다.

그 자체로 강력한 모델링 프레임워크인 **가우스 프로세스**(GP)는 커널 방법을 더 알기 쉽게 보여준다. GP는 원래 입력 간의 거리(이전과 같은 x_s와 x_t)에 따라 관측값 전반에 걸쳐 예측을 매끄럽게 하는 비교적 단순한 모델이다. 이것은 원래 입력을 저차원 공간으로 투영한 다음(PCA와 같은 방법을 생각할 수 있다) 저차원 공간에서 거리를 계산하는 심층 신경망 모델과 대조된다. 최신 머신러닝 언어로 GP는 '얕다'고 표현할 수 있다.[191] 그러나 이 간단한 모델은 특히 공간 데이터 또는 물리적 시스템과 관련된 응용 분야에서 일반적으로 사용되며 매우 유용하다. GP를 간략히 소개하며 이 장을 마무리한다. 더 자세한 내용은 [Rasmussen and Williams, 2006]을 참고하면 된다.

입력이 x, 반응이 y인 표준 회귀 설정을 생각해보자. 가우스 프로세스는 다변량 정규 분포(가우스 분포)에서 추출한 두 위치의 반응을 다음과 같이 모델링한다.

식 9-6
$$\begin{bmatrix} y_s \\ y_t \end{bmatrix} \sim \mathrm{N}\left(\mathbf{0}, \sigma^2 \begin{bmatrix} 1 & \kappa(x_s, x_t) \\ \kappa(x_t, x_s) & 1 \end{bmatrix} \right)$$

여기서 $\kappa(x_s, x_t)$는 **커널 함수**를 의미한다. 즉, $\kappa(x_s, x_t)$는 해당 반응 간의 상관관계 $\mathrm{cor}(y_t, y_s)$를 정의한다.[192] 예를 들면 일반적인 **지수** 커널 함수는 다음과 같다.

식 9-7
$$\kappa(x_s, x_t) = \exp\left[-\sum_j \frac{(x_{sj} - x_{tj})^2}{\delta_j} \right]$$

여기서 입력 벡터 항목 사이의 지수화된 유클리드 거리에 따라 상관관계가 감소한다. **범위** 파라미터 δ_j는 다른 입력 좌표에서 다른 거리 단위를 허용한다. 최종 결과는 입력 사이의 거리에 대한 함수로, 반응 변수 y_t와 y_s 간의 종속성을 부드럽게 감쇠시키는 함수가 된다. $\kappa(\cdot, \cdot)$는 0과 1 사이의 값을 만들며(이 커널에서는 음의 종속성을 가질 수 없다) $\kappa(x_i, x_i) = 1$, 즉 모든 관찰과 자기 자신의 상관관계는 1이라는 사실을 기억하자.

---

191 물론 머신러닝 연구자들도 [Damianou and Lawrence, 2013]에서 심층 GP 모델을 개발했다.
192 공분산은 $\sigma^2 \kappa(x_s, x_t)$다.

명시적인 평균 함수 없이 회귀 방법을 사용하는 것이 이상하게 느껴진다. 입력 좌표에 관계없이 [식 9-6]의 평균값은 0이다.[193] 그러나 y_t가 주어졌을 때 y_s를 위한 조건부 분포는 0이 아닌 평균을 갖는다. 가우스분포의 속성은 [식 9-6]의 모델에서 조건부 분포가 다음과 같다는 것을 의미한다.

식 9-8
$$y_s \,|\, y_t \sim \mathrm{N}\left(y_t\kappa(\boldsymbol{x}_s, \boldsymbol{x}_t),\, \sigma^2[1 - \kappa(\boldsymbol{x}_s, \boldsymbol{x}_t)^2]\right)$$

여기서 y_s의 분포는 이웃한 데이터 y_t값들의 함수로 볼 수 있다. y_s에 대한 평균은 y_t의 선형 함수이고 y_s에 대한 조건부 분산은 무조건 분산 σ^2보다 **작다**. 이것이 커널 회귀의 본질이다. 즉, 새로운 입력에 대한 예측은 기존 관측값들의 조합이며 새 입력 위치와 기존 입력 위치 사이의 거리에 따라 달라진다.

전체 데이터 예제에 총 n개의 표본 관측값이 있다고 가정하자. 이 관측값은 모두 다변량 가우스 결합 분포로부터 추출된 것으로 가정한다. 또한 공분산 행렬의 대각 원소에 양의 **너깃**[nugget] 파라미터 g를 더하면 좋다.[194] 그렇지 않으면 [식 9-8]의 규칙은 이미 관측된 $\boldsymbol{x}$ 위치에서 완벽한 보간[interpolation] (분산 0)을 의미한다. 결과적으로 GP 공분산 행렬은 다음과 같다.

식 9-9
$$\sigma^2 \begin{bmatrix} 1+g & \kappa(\boldsymbol{x}_1, \boldsymbol{x}_2) & \kappa(\boldsymbol{x}_1, \boldsymbol{x}_3) & \cdots & \kappa(\boldsymbol{x}_1, \boldsymbol{x}_n) \\ \kappa(\boldsymbol{x}_2, \boldsymbol{x}_1) & 1+g & \kappa(\boldsymbol{x}_2, \boldsymbol{x}_3) & \cdots & \kappa(\boldsymbol{x}_2, \boldsymbol{x}_n) \\ \vdots & & & & \vdots \\ \kappa(\boldsymbol{x}_n, \boldsymbol{x}_1) & \kappa(\boldsymbol{x}_n, \boldsymbol{x}_2) & \cdots & \kappa(\boldsymbol{x}_n, \boldsymbol{x}_{n-1}) & 1+g \end{bmatrix}$$

[식 9-8]에 있는 조건화 규칙의 다변량 버전에서는 관찰된 반응 변수 y를 결합하여 새로운 입력 위치에서 반응을 예측하기 위해 이 공분산 행렬을 사용할 수 있다.

R에서 GP를 적합하기 위해 laGP 패키지를 사용한다.[195] 이 패키지는 대규모 데이터셋에 **근사** GP를 적합하는 알고리즘을 구현하기 위해 개발되었지만(더 큰 문제로 확장할 때에도 laGP를

---

193 GP에서는 0이 아닌 평균을 갖는 것이 일반적이지만 대부분의 응용 분야에서 불필요하다.

194 Robert B. Gramacy and Herbert K.H. Lee. Cases for the nugget in modeling computer experiments. Statistics and Computing, 22(3):713-722, 2012.

195 Robert B. Gramacy. lagp: Large-scale spatial modeling via local approximate gaussian processes in R. Journal of Statistical Software (available as a vignette in the laGP package), 2015.

계속 사용할 수 있기 때문에 훌륭하다) 표준 GP를 적합하기 위한 빠르고 강력한 루틴 역시 제공한다. [Gramacy, 2015]이나 패키지 문서에서 자세한 예제를 제공한다.

이 장의 앞부분에서 소개한 오토바이 데이터를 떠올려보자. (일변량) 입력은 충돌 충격 이후의 시간이고 반응은 탑승자의 헬멧 가속도다.

```
> library(MASS)
> x <- mcycle[,1,drop=FALSE]
> y <- mcycle[,2]
```

laGP는 먼저 커널 파라미터, 너깃 g, 범위 δ(d라고 부른다)를 대략적으로 추측하기 위해 몇 가지 사전 작업을 수행한다. 그런 다음 laGP의 백엔드 인프라의 일부로 존재하는 인메모리 객체인 newGP[196]를 초기화하기 위해 이러한 사전 추정치를 사용한다.

```
> library(laGP)
> ## get parameters
> d <- darg(NULL, x)
> g <- garg(list(mle=TRUE), y)
> ## initialize (dK=TRUE saves info you need in estimation)
> gpi <- newGP(x, y, d=d$start, g=g$start, dK=TRUE)
```

마지막으로 이 초기화된 모델과 사전 추정치를 가지고 jmleGP 함수를 사용하여 GP 파라미터 (jmle는 g와 δ의 추정을 포함한 결합[joint] MLE를 의미한다)를 적합한다.

```
> print(jmleGP(gpi, drange=c(d$min, d$max), grange=c(g$min, g$max)))
            d         g tot.its  dits  gits
1 54.92436 0.2485222      91    28    63
```

이제 gpi 객체는 올바른 파라미터 추정값으로 업데이트된다(출력 결과에는 이러한 추정값과 소요 시간이 표시된다). 결과적으로 예측 표면은 [그림 9-17]과 같다.

---

196 모두 C 언어로 개발되었기 때문에 패키지가 빠르고 강력하다.

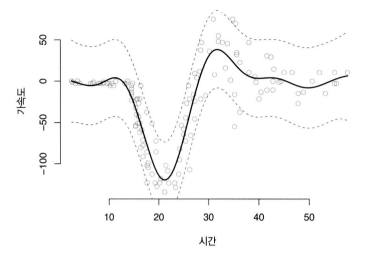

그림 9-17 오토바이 데이터에 대한 기본 고정 GP 적합(평균 및 95% 예측 구간)

여기서 적합한 모델들은 가장 단순한 형태의 GP다. 입력 공간의 다른 부분에서 서로 다른 상관 구조나 오차 분산을 허용하도록 확장한 방법도 많다. 예를 들어 실제 오토바이 데이터의 분산은 초기 시점에서 훨씬 작고 등분산성 오차 구조 때문에 이 영역에서 불확실성이 매우 커진다는 점에 유의하자. 트리 가우스 프로세스^{treed Gaussian process}(TGP)[197] 알고리즘은 이 절에서 다루는 매력적인 알고리즘이다. 각 잎 노드에서 GP 회귀 모델과 CART 분할을 사용하여 트리와 GP를 결합한다. 이를 통해 GP가 잎 노드에서 구조를 모델링할 수 있으므로 더 얕은 트리를 사용하지 않고도 더 안정적인 예측 규칙을 얻을 수 있다. 이러한 TGP 모델을 구현하기 위해 R 패키지 `tgp`를 사용한다. 이 패키지의 자세한 기능은 [Gramacy, 2007]과 [Gramacy and Taddy, 2010]를 참고하면 된다.

[197] Robert B. Gramacy and Herbert K.H. Lee. Bayesian treed gaussian process models with an application to computer modeling. Journal of the American Statistical Association, 103(483): 1119-1130, 2008.

## CHAPTER 10

인공지능

지금까지 각 기업이 비즈니스를 최적화하기 위해 데이터를 사용하는 새롭고 다양한 방법을 살펴봤다. 지난 10년간 소위 빅데이터 또는 데이터 과학 혁명이라고 불리는 분석이 등장했다. 이러한 분석은 텍스트나 이미지 같은 비정형 및 비전통적 데이터 유형을 포함한 방대한 양의 데이터를 다루며, 빠르고 유연한 머신러닝 알고리즘을 사용하는 것이 특징이다.

최근 심층 신경망(DNN)과 관련 방법들이 개선되면서 고성능 머신러닝 알고리즘의 적용은 다양한 데이터 시나리오에서 **자동화**되고 더 견고해졌다. 복잡한 문제를 해결하기 위해 간단한 예측 작업을 수행하는 수많은 머신러닝 알고리즘을 함께 결합하는 방식의 인공지능이 급속도로 부상하고 있다.

이 장에서는 오늘날의 비즈니스 데이터 과학을 확장하여 이 새로운 머신러닝 기반 인공지능에 대해 생각하기 위한 프레임워크를 설명한다. 이러한 시스템을 구성하는 요소와 요소 간 결합이 어떻게 이루어지는지 이해하는 것은 인공지능 기술을 기반으로 비즈니스를 구축하려는 사람에게 중요하다. 인공지능이 무엇인지 명확하게 정의하는 것은 인공지능의 요구사항을 잘 이해하고 그것이 가져올 변화를 예측하는 데 큰 도움이 될 것이다.

10.1 인공지능이란 무엇인가?

[그림 10-1]은 인공지능의 세 가지 필수 구성 요소를 보여준다. 완전한 종단간 인공지능 솔루

션(**지능 시스템**이라고도 함)은 기계 판독이나 컴퓨터 비전 기술을 이용하여 사람 수준의 지식을 수집하고 이 정보를 활용하여 사람이 수행했던 작업을 자동화하거나 가속화한다. 엔지니어링을 위한 명확한 작업 구조가 있어야 하며 비즈니스 환경에서 이러한 구조는 경영 및 경제 영역의 전문지식에 의해 제공된다. 시스템을 가동하고 실행하려면 방대한 데이터 뱅크[bank]가 필요하며 시스템이 응답하고 학습할 수 있도록 데이터를 계속 생성하는 전략이 필요하다. 마지막으로 비정형 데이터에서 패턴을 감지하고 예측할 수 있는 머신러닝 루틴이 필요하다. 이 절에서는 인공지능의 구성 요소를 살펴보고 이후에는 딥러닝 모델, 모델 최적화, 데이터 생성에 대해 자세히 설명한다.

그림 10-1 비즈니스 인공지능 시스템의 구조

여기에서 머신러닝과 인공지능을 명시적으로 구분한다는 점은 매우 중요하다. 머신러닝과 인공지능은 서로 다르지만 종종 혼동하기 쉬운 기술이다. 머신러닝은 놀라운 일을 할 수 있지만 기본적으로 과거와 유사한 미래를 예측하는 패턴 인식 도구다. 이와 대조적으로 인공지능 시스템은 사람이 처리해야 했던 복잡한 문제를 해결할 수 있다. 인공지능 시스템은 복잡한 문제를 여러 개의 간단한 예측 작업으로 쪼개고 '매우 단순한' 머신러닝 알고리즘을 사용하여 해결한다. 인공지능은 머신러닝을 커다란 시스템의 구성 요소로 사용한다. 이러한 머신러닝 인스턴스는 도메인 지식으로 정의된 구조 안에서 구성되어야 하며 할당된 예측 작업을 수행하는 데 필요한 데이터를 제공해야 한다.

인공지능에서 머신러닝의 중요성을 간과하는 것은 아니다. 이전과 달리 현재의 인공지능 인스턴스는 **머신러닝을 기반**으로 한다. 이러한 발전은 현재 인공지능이 다시금 떠오르는 주요 원인이지만 머신러닝 알고리즘 자체는 더 큰 맥락에서 인공지능의 구성 요소다. 머신러닝 알고리즘은 인공지능의 모든 부분에 활용되며 이 장에서는 범용 머신러닝 기술에 대해 설명한다.

인공지능의 아이디어를 구체적으로 들여다보자. 아타리[Atari]의 비디오 게임인 **미스 팩맨**을 플레이하기 위해 말루바^{Maluuba}에서 개발한 인공지능 시스템을 예로 살펴보자.[198] [그림 10-2]는 이 시스템을 보여준다. 플레이어는 게임 보드 위에서 미스 팩맨을 이동시킬 수 있으며 유령을 피해 알약을 먹으면 보상을 받는다. 말루바의 연구원들은 게임 방법을 학습하는 시스템을 구축했으며 이 시스템은 최고 점수를 달성하고 사람 플레이어를 능가했다.

 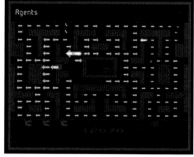

그림 10-2 미스 팩맨을 플레이하는 말루바 시스템의 스크린샷. 왼쪽 그림은 미로 안에 미스 팩맨과 유령이 있는 게임 보드다. 오른쪽은 보드의 각 위치에서 미스 팩맨이 움직일 방향을 표시한 것이며 각 위치는 고유한 DNN에 해당한다. *https://youtu.be/zQyWMHFjewU*에서 동영상으로 확인할 수 있다.

이 시스템에서 게임을 플레이하는 것이 하나의 DNN이라고 오해할 수 있다. 즉, 조이스틱을 조작하는 사람을 하나의 인공 DNN '두뇌'로 교체한다고 생각한다. 하지만 실제로는 그렇지 않다. **미스 팩맨**에 단일 DNN만 연결된 것이 아니다. 말루바의 시스템은 163개의 컴포넌트를 갖는 머신러닝 작업으로 구성된다. [그림 10-2]의 오른쪽 그림에서 볼 수 있듯이 말루바의 엔지니어들은 게임 보드의 각 셀마다 고유한 DNN 루틴을 할당했다. 또한 유령이나 미스 팩맨과 같은 게임 캐릭터를 추적하는 별도의 DNN이 있다. 시스템이 게임의 어느 시점에 미스 팩맨에게 알려주는 방향은 각 머신러닝 컴포넌트의 추천을 토대로 선택된다. 미스 팩맨과 멀리 떨어진 컴포넌트들이 추천한 결과보다 가까운 위치에서 추천한 결과에 더 큰 가중치를 준다. 이에 따라 보드의 각 셀에 할당된 머신러닝 알고리즘은 각자가 맡은 간단한 작업, 즉 '미스 팩맨이 현재 위치에서 어느 방향으로 가야 할까?'라는 문제를 해결해야 한다.

비디오 게임이나 보드 게임을 학습하는 것은 인공지능을 개발하는 기업의 능력을 보여주는 일

198 Harm van Seijen, Mehdi Fatemi, Joshua Romoff, Romain Laroche, Tavian Barnes, and Jeffrey Tsang. Hybrid reward architecture for reinforcement learning. arXiv:1706.04208, 2017.

반적인 방법이다. 예를 들어 구글 딥마인드 Deep-Mind 의 알파고 AlphaGo[199]는 매우 복잡한 보드 게임인 바둑을 두기 위해 개발된 시스템으로 큰 주목을 받았다. 알파고는 2016년 3월 대한민국 서울에서 열린 생중계 이벤트에서 세계 챔피언 이세돌을 4대 1로 꺾고 인공지능 시스템이 사람의 능력을 넘어설 수 있다는 것을 보여줬다. 말루바의 시스템이 팩맨 게임을 여러 개의 작업으로 나눈 것처럼 알파고는 바둑을 훨씬 더 많은 수의 머신러닝 문제, 즉 바둑판의 위치를 평가하는 '가치 네트워크 value network'와 다음 수를 추천하는 '정책 네트워크 policy network'로 분해하는 데 성공했다. 여기서 핵심은 합성 머신러닝 작업을 비교적 일반적인 DNN으로 대체할 수 있지만 전체 결합 시스템은 당면한 문제의 구조에 고도로 전문화된 방식으로 구성된다는 점이다.

[그림 10-1]에서 인공지능의 첫 번째 기둥은 **도메인 구조**다. 복잡한 문제를 머신러닝으로 해결할 수 있는 여러 개의 작업으로 나눌 수 있는 구조를 말한다. 인공지능 기업이 게임을 선택하는 이유는 이러한 구조가 명시적이기 때문이다. 게임은 규칙이 모두 정의되어 있다. 이것은 게임과 실제 비즈니스 애플리케이션에서 사람을 대체할 수 있는 시스템 사이에 엄청난 차이를 만들어낸다. 현실 세계를 다루려면 관련된 게임의 규칙에 대한 이론이 필요하다. 예를 들어 고객과 소통할 수 있는 시스템을 구축하려는 경우 각각의 대화를 생성하는 머신러닝 루틴을 허용하는 방식으로 고객의 요구와 의도를 매핑하여 진행할 수 있다. 소매 시장에서 마케팅과 가격을 처리하는 인공지능 시스템의 경우, 경제 수요 시스템의 구조를 사용하여 단일 품목의 가격 변화를 예측하고(단일 DNN을 사용할 수 있다) 이것이 다른 제품의 최적 가격과 소비자의 행동 (각각 다른 DNN을 사용할 수 있다)에 어떤 영향을 미칠지 예측할 수 있어야 한다.

인공지능 시스템의 성공과 실패는 **컨텍스트**에 따라 다르게 정의되며 인공지능 아키텍처를 이끌기 위해서는 컨텍스트의 구조를 이용해야 한다. 인공지능을 활용하고자 하는 기업이나 인공지능의 영향을 예측하려는 경제학자에게 아주 중요한 포인트다. 이 절에서 자세히 설명하겠지만 지금의 머신러닝 기술은 **범용적으로 사용 가능**하다.[200] 머신러닝 도구는 머신러닝 기술 자체 또는 그밖의 인공지능 기술 스택을 이루는 분야의 혁신으로 인해 시간이 지날수록 더 저렴해지고 빨라질 것이다. 예를 들면 윗단의 비즈니스 시스템을 위한 소프트웨어 커넥터나 아랫단의 GPU와 같은 컴퓨팅 하드웨어가 개선될 것이다. 또한 머신러닝은 클라우드 컴퓨팅의 필수품

199 David Silver, Aja Huang, Chris J Maddison, Arthur Guez, Laurent Sifre, George Van Den Driessche, Julian Schrittwieser, Ioannis Antonoglou, Veda Panneershelvam, Marc Lanctot, et al. Mastering the game of go with deep neural networks and tree search. Nature, 529:484-489, 2016.

200 Timothy Bresnahan. General purpose technologies. Handbook of the Economics of Innovation, 2:761-791, 2010.

이 될 것이다.[201] 이와 다르게 종단간 인공지능 솔루션의 머신러닝 컴포넌트를 결합하기 위해 필요한 도메인 지식은 상품화되지 않을 것이다. 복잡한 비즈니스 문제를 머신러닝이 해결할 수 있는 컴포넌트로 분해할 수 있는 전문지식을 가진 사람들은 게임 플레이를 넘어 차세대 비즈니스 인공지능을 구축하는 데 성공할 것이다.

시나리오의 많은 부분에 사회과학의 역할이 있다. 과학은 관찰만으로 파악하기 힘든 복잡한 현상 주변에 구조와 이론을 적용하는 것이다. 종종 비즈니스 인공지능에 대한 규칙을 제공하기 위해 비즈니스와 가장 가까운 사회과학, 즉 경제학의 도움이 필요하다. 그리고 머신러닝 기반 인공지능은 이러한 컨텍스트 내에서 보상과 파라미터를 측정하므로 **계량경제학**은 가정한 시스템과 피드백 및 학습에 사용하는 데이터 신호를 연결하는 데 중요한 역할을 한다. 이러한 지식은 바로 적용 가능한 것이 아니다. 머신러닝 알고리즘에서 일정한 오차 범위를 허용하는 시스템을 구축해야 한다. 예를 들어 칼날의 균형knife's edge equilibrium과 같이 좁은 조건에만 적용되는 경제 이론을 인공지능에 활용하기에는 너무 불안정하다. 이것이 [그림 10-1]에서 이완과 휴리스틱을 언급한 이유다. 가까운 미래에는 사회과학자가 인공지능 엔지니어링에 기여할 수 있는 기회가 열릴 것이며 비즈니스 인공지능에 적합한 이론을 찾게 되면 인공지능과 사회과학 모두 발전할 것이다.

[그림 10-1]에서 도메인 구조 다음으로 소개할 인공지능의 기둥은 **데이터 생성**이다. **수집**과 같은 수동적인 용어 대신 **생성**이라는 용어를 사용하여 인공지능 시스템이 복합 학습 알고리즘에 제공할 새롭고 유용한 정보의 지속적인 흐름 유지를 위한 적극적 전략이 필요하다는 점을 강조한다. 대부분의 인공지능 분야에서 데이터는 두 가지로 구분된다. 하나는 크기가 고정된 데이터로, 일반적인 작업에 쓰이는 모델을 학습하는 데 사용한다. 다른 한 가지는 시스템이 실험하고 성능을 개선할 때 능동적으로 생성되는 데이터다. 예를 들어 미스 팩맨을 플레이하는 방법을 학습할 때 사람의 게임 플레이 방식을 기록한 데이터로 모델을 초기화할 수 있다. 이것이 바로 크기가 고정된 데이터다. 이렇게 초기화된 시스템으로 미스 팩맨 게임을 시작한다. 시스템이 여러 머신러닝 컴포넌트로 이뤄진다는 사실을 기억하자. 더 많은 게임을 실행할수록 각 컴포넌트는 다양한 시나리오에서 가능한 움직임을 실험할 수 있다. 모든 것이 자동화되어 있기 때문에 시스템은 스스로 수많은 게임을 반복하고 풍부한 경험을 빠르게 축적한다.

---

201 아마존, 마이크로소프트, 구글 모두 클라우드 서비스에서 전사(transcription)나 이미지 분류와 같은 기본적인 머신러닝 기능을 제공한다. 이러한 서비스의 가격은 대부분 저렴하다.

비즈니스 애플리케이션의 경우 인공지능 시스템을 초기화하기 위해 활용할 수 있는 대량의 데이터가 있다는 점을 과소평가해서는 안 된다. 보드 게임이나 비디오 게임과 달리 실제 시스템은 매우 미묘한 여러 신호를 해석할 수 있어야 한다. 예를 들어 사람과 대화를 통해 상호작용하는 모든 시스템은 특정 문제를 처리하기 전에 일반적인 도메인 언어를 이해해야 한다. 이러한 이유로 대량의 상호작용 데이터(예를 들어 소셜 미디어나 검색 엔진) 저장소를 보유한 회사는 대화형 인공지능 시스템에서 기술적 이점을 갖는다. 하지만 이 데이터는 시작에 불과하다. 이러한 '웜 스타트 warm start' 이후 시스템이 실제 비즈니스 이벤트와 상호작용하기 시작하면 상황에 맞는 학습이 시작된다.

머신러닝 알고리즘이 데이터를 능동적으로 선택하는 일반적인 프레임워크를 **강화 학습** reinforcement learning (RL)이라고 한다.[202] 머신러닝 기반 인공지능의 매우 중요한 부분이다. 연구진은 제한적이고 고도로 구조화된 시나리오에서 인공지능이 정적인 학습 데이터 없이 학습을 시작한 후 높은 성능을 달성할 수 있는 '제로샷 zero-shot' 학습 시스템을 구축했다. 예를 들어 구글 딥마인드는 후속 연구에서 제로샷 학습을 사용하여 이전 알파고의 성공을 복제하는 알파고 제로 AlphaGo Zero 시스템[203]을 개발했다. 강화 학습이 개별 머신러닝 작업 수준에서 일어난다는 점에 주목하여, 인공지능 시스템이 많은 **강화 학습 기반**의 머신러닝 컴포넌트로 구성된다고 설명할 수 있다.

강화 학습처럼 '데이터'를 실제 데이터처럼 시뮬레이션할 수 있는 인공지능 시스템에 대한 많은 연구가 있다. 실험 비용이 거의 들지 않는 비디오 게임이나 보드 게임(게임을 한다고 돈이 들지 않는다)에서 인공지능이 성공한 사례를 그대로 따라하여 시스템 학습을 가속화하고자 한다. 생성적 적대 신경망 generative adversarial network (GAN)[204]은 하나의 DNN 모델이 데이터를 시뮬레이션하고 다른 DNN 모델이 실제 데이터와 시뮬레이션 데이터를 식별하려고 시도하는 알고리즘이다. 예를 들어 이미지 태깅 애플리케이션에서 하나의 네트워크는 이미지에 대한 캡션을 생성하고 다른 네트워크는 캡션을 생성한 것이 사람인지 기계인지 식별하는 역할을 한다. 이러

---

202 이것은 통계학에서 오래된 개념이다. 앞에서 강화 학습의 일부를 순차적 실험 설계, 능동적 학습, 베이지안 최적화라고 언급한 적이 있다.

203 David Silver, Julian Schrittwieser, Karen Simonyan, Ioannis Antonoglou, Aja Huang, Arthur Guez, Thomas Hubert, Lucas Baker, Matthew Lai, Adrian Bolton, et al. Mastering the game of go without human knowledge. Nature, 550:354-359, 2017.

204 Ian Goodfellow, Jean Pouget-Abadie, Mehdi Mirza, Bing Xu, David Warde-Farley, Sherjil Ozair, Aaron Courville, and Yoshua Bengio. Generative adversarial nets. In Advances in Neural Information Processing Systems, pages 2672-2680, 2014.

한 방법이 잘 작동하면 학습하는 동안 사용자에게 보여주어야 하는 엉터리 캡션의 수를 최소화하면서 이미지 태거를 만들 수 있다.

마지막으로 인공지능은 물리적 공간에도 영향을 미친다. 예를 들어 아마존 고^{Amazon Go}는 카메라와 센서를 통해 소비자가 선반에서 어떤 물건을 가져왔는지 판단하고 그에 따라 요금을 청구하는 경험을 약속한다. 이러한 시스템은 다른 인공지능 애플리케이션처럼 데이터 집약적이지만 정보를 물리적 공간에서 디지털 공간으로 변환해야 하는 추가적인 작업이 필요하다. 사물과 개인을 모두 인식하고 추적할 수 있어야 하는데 현재는 센서 및 장치 네트워크(사물 인터넷)와 감시 카메라의 비디오 데이터를 통한 객체 기반 데이터 소스들을 조합하는 것으로 보인다. 객체 기반 센서 데이터는 잘 구조화되어 있고 객체와 연결된다는 장점이 있지만 비디오 데이터는 사전에 태그를 지정하지 않은 장소와 객체를 볼 수 있는 유연성이 있다. 컴퓨터 비전 기술과 카메라 하드웨어 기술이 발전하고 비용도 감소하면서 점점 비정형 비디오 데이터의 비중이 커지고 있다. 예를 들어 기계 판독 기능이 개선되고 원시 대화 로그의 사용이 증가하는 등 인공지능 개발에서도 비슷한 패턴을 보게 된다. 이것이 머신러닝 기반 인공지능이 범용 형태로 나아가는 과정이다.

10.2 범용 머신러닝

가장 잘 알려진 인공지능은 **범용 머신러닝**이다. 조금 과장된 표현이긴 하지만 최근 떠오른 DNN이 인공지능 성장의 원동력임은 분명하다. DNN은 전통적인 정형 데이터를 포함하여 음성, 이미지, 비디오 데이터의 패턴을 이전보다 빠르게 자동으로 학습한다. 이는 머신러닝에 새로운 능력을 부여하고 머신러닝 엔지니어의 워크플로를 완전히 바꾸었다. 그러나 이 기술은 완전히 새로운 것이 아니라 기존의 머신러닝이 급격히 발전한 것이다.

머신러닝은 복잡한 데이터를 사용하여 견고한 예측 모델을 **자동으로** 구축하는 방법에 대해 생각하는 분야다. 이전에 본 적이 없는 새로운 데이터에 대한 예측 성능을 최대화하는 것이 유일한 목표다. 이 목표는 데이터의 일부를 이용한 **검증**으로 성능을 평가하여 달성할 수 있으며 이러한 점은 머신러닝의 성능과 속도, 자동화의 수준을 높인다. 특정 머신러닝 기술은 lasso 정규화 회귀, 트리 알고리즘, 트리 앙상블(예를 들어 랜덤 포레스트), 신경망 등을 포함한다. 이러한 기술은 '데이터 마이닝' 또는 '예측 분석'과 같은 이름으로 비즈니스 문제에 활용된다. 여러 정책과 비즈니스 문제가 단순한 예측 이상의 것을 요구한다는 사실에 힘입어 이 분야 전문가는 추론을 강조하고 통계적 개념을 함께 사용한다. 빅데이터 수요와 결합된 연구들은 이 책의 주제인 데이터 과학을 더 넓은 의미로 확장하기 위해 여러 분야를 융합한다.

일반적인 비즈니스 분석에 머신러닝을 활용하면서 기업은 고차원적인 비정형 데이터에서 통찰을 얻을 수 있다. 머신러닝 도구와 방법은 견고하고 쉽게 사용할 수 있어 컴퓨터과학이나 통계 분야의 전문가가 아니더라도 배포할 수 있다. 즉, 비즈니스 사례에 대한 도메인 지식이 있는 다양한 배경의 사람들이 충분히 사용할 수 있다. 마찬가지로 경제학자나 사회과학자도 이 도구를 사용하여 과학적으로 설득력 있는 연구 주제와 관련된 새로운 데이터를 가져올 수 있다. 이러한 도구는 고품질 소프트웨어 패키지 형태로 제공되며 적합된 모델이 예측 작업을 얼마나 잘 수행하는지 관찰할 수 있는 검증 루틴을 포함한다.

최신 머신러닝 알고리즘, 특히 2012년 이후 폭발적으로 증가한 딥러닝 기술[205]은 예측 모델을 적합하고 적용하는 과정에서 **자동화** 수준을 높였다. 이 새로운 종류의 머신러닝은 **범용 머신러닝**으로, [그림 10-1]의 가장 오른쪽 기둥이다. GPML의 첫 번째 구성 요소는 DNN이다. 이 모델은 비선형 변환 **노드** 함수의 **레이어**들로 이루어지며 각 레이어의 출력은 다음 레이어의 입력이 된다. 지금은 DNN을 통해 비정형 데이터에서 패턴을 찾는 것이 그 어느 때보다 빠르고 쉬워졌다는 것만 얘기해도 충분하며 DNN에 대한 자세한 설명은 다음 절에서 다룬다. 또한 DNN은 고도로 모듈화된다. 예를 들어 이미지와 같은 한 가지 유형의 데이터에 최적화된 레이어를 가져와 텍스트와 같은 다른 유형의 데이터를 위한 레이어와 결합할 수 있다. 그리고 하나의 데이터셋에서 사전 학습된 레이어를 더 전문화된 모델의 구성 요소로 사용할 수 있다.

전문화된 DNN 아키텍처는 비디오, 오디오, 텍스트와 같은 사람 수준의 데이터를 처리하는 주요 GPML 기능을 책임지며 인공지능에 필수적이다. 사람이 이해할 수 있는 지식의 원천 위에 이러한 시스템을 설치하는 것을 가능하게 만들기 때문이다. 인공지능을 위해 새로운 데이터베이스 시스템을 만들거나 표준 형식을 갖출 필요가 없다. 오히려 인공지능은 비즈니스 기능을 통해 생성된 복잡한 정보 위에 설 수 있다. 이러한 능력은 GPML 기반 인공지능이 왜 기존 인공지능보다 더 유망한지 설명하는 데 도움이 된다. 전통적인 인공지능은 사람이 합리적으로 주

---

205 Alex Krizhevsky, Ilya Sutskever, and Geoffrey E. Hinton. Imagenet classification with deep convolutional neural networks. In Advances in Neural Information Processing Systems, pages 1097-1105, 2012.

어진 문제에 접근하는 방식을 모방하기 위해 손으로 지정한 논리 규칙에 의존한다.[206] 이러한 접근 방식은 GOFAI good old-fashioned AI 또는 '좋은 구식 인공지능'이라고 한다. GOFAI의 문제는 분명하다. 논리 규칙을 사용하여 문제를 해결하려면 가능한 모든 시나리오와 작업을 고려하기 위해 불가능할 정도로 복잡한 목록이 필요하다. 즉, 시스템 설계자는 복잡한 작업을 결정론적 알고리즘으로 변환하는 방법을 미리 알고 있어야 한다.

새로운 인공지능에는 이러한 제한이 없다. 예를 들어 고객의 질문에 대응하는 가상 에이전트 개발 문제를 생각해보자. GOFAI 시스템은 사람이 직접 코딩한 대화 트리를 기반으로 한다. 사용자가 X라고 말하면 Y라고 답하는 방식이다. 시스템을 설치하려면 엔지니어가 고객의 모든 질문을 이해하고 명시적으로 코딩해야 한다. 이와 대조적으로 새로운 머신러닝 기반 인공지능은 기존의 모든 고객 지원 로그를 간단히 수집하여 상담원이 고객 문의에 답변한 방식을 따라하도록 학습할 수 있다. 머신러닝을 사용하면 시스템이 대화에서 고객 지원 패턴을 추론할 수 있다. 엔지니어는 DNN 적합 루틴을 시작하기만 하면 된다.

이제 [그림 10-1]에서 강조한 GPML의 마지막 부분으로 넘어가자. 이것은 방대한 데이터셋에 대한 모델 적합을 용이하게 하는 도구다. 모델 튜닝을 위한 **OOS** 검증, 파라미터 최적화를 위한 **확률적 경사하강법**(SGD), 대규모 병렬 최적화를 위한 GPU 그리고 기타 컴퓨터 하드웨어 등이 여기에 해당한다. 이러한 도구는 대규모 GPML의 성공에 필수적이다. 일반적으로 딥러닝 (특히 SGD와 GPU)과 관련이 있지만 다양한 머신러닝 알고리즘에서 개발되었다. 다른 머신러닝 모델링 방식보다 DNN이 주목을 받은 이유는 머신러닝 연구원이 시행착오를 통해 신경망 모델이 이러한 도구와 더불어 엔지니어링에 매우 적합하다는 것을 발견했기 때문이다.[207]

OOS 검증은 모델을 학습(적합)할 때 사용하지 않은 데이터에 대한 모델의 예측 결과를 비교하여 성능이 가장 좋은 모델을 선택하는 방법이다. 이것을 교차검증(CV) 루틴으로 활용할 수 있다. 데이터를 K개의 폴드로 분할한 다음, K번째 폴드를 제외한 데이터에 대해 모델을 K번 적합하고 나머지 데이터로 예측 성능(예를 들어 평균제곱오차 또는 오분류 비율)을 평가한다. 예를 들어 오차율이 가장 작은 모델과 같이 최적의 평균 OOS 성능을 가진 모델이 실제 사용을 위해 배포된다.

206 John Haugeland. Artificial Intelligence: The Very Idea. MIT Press, 1985.
207 Yann LeCun, Léon Bottou, Yoshua Bengio, and Patrick Haffner. Gradientbased learning applied to document recognition. Proceedings of the IEEE, 86: 2278-2324, 1998.

모델 품질의 기준으로 OOS 검증을 채택함에 따라 머신러닝 엔지니어는 모델 품질에 대해 더이상 **논쟁**할 필요가 없어졌다. 물론 모델 선택 방법으로 '추측과 테스트' 외에 다른 방법이 없다면 좌절과 지연이 발생할 수 있다. 그러나 점점 이러한 필수적인 모델 검색은 사람이 실행하지않고 추가적인 머신러닝 루틴에 의해 수행된다. 이는 더 복잡한 모델의 OOS 성능을 예측하기위해 단순한 보조 머신러닝을 사용하는 **AutoML**[208] 프레임워크처럼 명시적으로 이뤄지거나모델에 유연성을 추가하는 방식으로 이뤄진다. 예를 들면 튜닝 파라미터를 최적화 목적 함수의일부로 포함시킨다. OOS 검증이 최적화할 명확한 목표(표본 내 가능도와 달리 과적합에 빠지지 않는 목표)를 제공한다는 점은 모델 튜닝 자동화를 더 수월하게 한다. 특정 데이터셋에 모델을 적용하는 프로세스에서 사람을 완전히 제외할 수 있다.

SGD 최적화는 GPML에서 매우 중요하다. 이러한 종류의 알고리즘을 이용하면 부분적으로 관찰되는 데이터로 모델을 적합할 수 있다. 즉, 데이터 **스트림**에서 모델을 학습시킬 수 있고 전체데이터셋에 대해 **일괄** 계산을 수행할 필요가 없다. 이를 통해 방대한 데이터셋에서 복잡한 모델을 추정할 수 있다. 미묘한 이유로 SGD 알고리즘의 엔지니어링은 견고하고 일반화 가능한모델 적합을 권장한다. 즉, SGD는 과적합을 억제하는 효과가 있다.

마지막으로 GPU를 통해 대규모 머신러닝이 가능해졌다. 지속적인 하드웨어 혁신은 인공지능을 새로운 영역으로 확장하는 데 도움을 줄 것으로 예상된다. SGD를 사용한 DNN 학습에는대규모 **병렬** 계산이 포함된다. 즉, 수많은 기본 연산이 신경망 파라미터에서 동시에 실행된다.그래픽 처리 장치는 이런 유형의 계산을 위해 개발되었다. 원래 이미지의 모든 픽셀을 동시에병렬로 렌더링해야 하는 비디오나 컴퓨터 그래픽 디스플레이에 사용한다. DNN 학습은 원래의 GPU 사용 목적이 아니라 컴퓨터 그래픽 명령을 주로 처리하는 부가적인 사용 사례였지만이제 인공지능 애플리케이션은 GPU 제조업체에게 가장 중요하다. 예를 들어 엔비디아Nvidia는인공지능이 떠오르면서 시장 가치가 상승한 GPU 회사다.

이 기술은 하루가 다르게 발전하고 있다. GPU는 날이 갈수록 더 **빠르고** 저렴해진다. 또한 처음부터 머신러닝 최적화를 위해 설계된 새로운 칩이 출시되고 있다. 예를 들어 마이크로소프트와 아마존은 데이터 센터에서 필드 프로그래머블 게이트 어레이field-programmable gate array (FPGA)

208 Matthias Feurer, Aaron Klein, Katharina Eggensperger, Jost Springenberg, Manuel Blum, and Frank Hutter. Efficient and robust automated machine learning. In Advances in Neural Information Processing Systems, pages 2962-2970, 2015.

를 사용한다.[209] 이 칩을 사용하면 정밀도 요구사항을 동적으로 설정할 수 있으며 이를 통해 소수점 아래 자릿수가 적게 필요할 때(예를 들어 DNN 파라미터에 대한 초기 최적화 업데이트) 리소스를 고정밀 작업에 효율적으로 할당하고 컴퓨팅 노력을 절약할 수 있다. 또 다른 예로 구글의 텐서 처리 장치 $^{tensor\ processing\ unit}$(TPU)는 머신러닝에 사용되는 수학적 객체인 '텐서'를 이용한 대수 연산을 위해 특별히 설계된 것이다.[210]

범용 기술의 특징은 공급망에서 기술이 존재하는 분야뿐만 아니라 위아래에 있는 관련 분야에도 광범위한 산업적 변화를 가져온다는 것이다. 아랫부분에서는 제조업체가 DNN 기반 인공지능 시스템에 맞게 하드웨어 유형을 변경하고 윗부분에서는 GPML을 통한 새로운 차원의 머신러닝 기반 인공지능 제품을 개발한다. 자율주행차, 대화형 비즈니스 에이전트, 지능형 경제 시장과 같이 실제 문제에 인공지능을 적용할 가능성이 커지고 있다. 따라서 각 분야의 전문가는 복잡한 질문을 머신러닝으로 해결할 방법을 찾아야 한다. 이는 경제학자와 비즈니스 전문가가 수용해야 하는 역할이며 점점 더 사용자 친화적인 GPML 루틴이 거래의 기본 도구가 되고 있다.

10.3 딥러닝

DNN이 GPML의 핵심 도구라고 하긴 했지만 DNN이 정확히 무엇일까? 어떤 점에서 **깊다**고 하는 걸까? 이 절에서는 DNN 모델에 대해 간단히 설명한다. 자세한 내용은 책[211]을 참고하기 바란다. 딥러닝은 빠르게 진화하는 연구 분야이며 새로운 유형의 신경망 모델과 추정 알고리즘이 꾸준히 개발된다. 이 분야에 대한 열기, 미디어와 시장의 상당한 관심으로 인해 최신 정보를 유지하기가 어렵다. 게다가 머신러닝 기업과 연구자가 점진적인 변화를 '완전히 새로운 것'이라고 말하는 경향은 이 분야에 처음 발을 들인 사람이 참고 자료를 찾는 것을 어렵게 한다. 그러나 딥러닝은 일반적인 구조가 있으며 이 구조를 제대로 이해한다면 성공의 원인을 파악할 수 있다.

---

209 FPGA는 설계 가능 논리 소자와 프로그래밍이 가능한 내부 회로가 포함된 반도체 소자를 말한다.
210 텐서는 행렬을 다차원적으로 확장한 것이다. 즉, 행렬은 2차원 텐서의 다른 이름이다.
211 Ian Goodfellow, Yoshua Bengio, and Aaron Courville. Deep Learning. MIT Press, 2016.

신경망은 단순한 모델이다. 단순함은 신경망의 강점이며 기본적인 패턴은 빠른 학습과 계산을 용이하게 한다. 이 모델은 **노드**(또는 인간의 뇌와 관련하여 뉴런이라고 부른다)라는 비선형 활성화 함수를 통해 전달되는 입력들을 선형 결합한다. 동일한 입력에 대해 서로 다른 가중치 합을 취하는 노드 집합을 **레이어**라고 하며 한 레이어 노드의 출력은 다음 레이어의 입력이 된다. 이 구조는 [그림 10-3]에서 확인할 수 있다. 여기에서 각 원은 노드를 의미한다. 가장 왼쪽의 입력 레이어는 일반적으로 특별한 구조를 갖는다. 로데이터$^{raw\ data}$일 수도 있고 추가적인 레이어를 거쳐 처리된 데이터일 수도 있다. 출력 레이어는 예측 결과를 내보낸다. 단순 회귀 설정에서 이 출력은 일부 확률 변수 y에 대한 예측인 $\hat{y}$일 수 있지만 모든 종류의 고차원 객체를 예측하기 위해 DNN을 사용할 수 있다. 입력 레이어의 노드와 마찬가지로 출력 노드도 문제에 따라 독특한 형식을 취하는 경향이 있다.

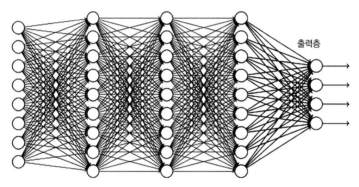

그림 10-3 [Nielsen, 2015]에서 변형한 5 레이어 신경망

이 네트워크의 내부 노드는 전형적인 신경망 구조를 따른다. 여기서 $\eta_{hk}(\cdot)$는 h번째 내부 레이어의 k번째 노드라고 가정한다. 이 노드는 네트워크의 이전 레이어인 $h-1$번째 레이어에 있는 노드들의 출력값에 대한 가중치 조합 결과를 입력으로 사용하고 **비선형** 변환을 적용하여 출력값을 생성한다. 예를 들어 ReLU$^{rectified\ linear\ unit}$ 노드는 자주 사용되는 가장 일반적인 함수 형태로 단순히 입력과 0의 최댓값을 출력한다(그림 10-4).[212] z_{ij}^{h-1}을 i번째 관측값에 대한 $h-1$번째 레이어에 있는 노드 j의 출력값이라고 하자. h번째 레이어의 k번째 노드에 대한 출력은 다음과 같이 쓸 수 있다.

---

[212] 1990년대에 다양한 노드 변환 함수 중에서 무엇을 선택할지 많은 노력을 기울였다. 최근에는 ReLU와 같이 간단하고 계산적으로 편리한 변환을 사용한다. 노드와 레이어가 충분히 있는 경우에는 변환 함수가 비선형이기만 하면 문제가 되지 않는다.

식 10-1
$$z_{ik}^{h} = \eta_{hk}\left(\boldsymbol{\omega}'_{h}\boldsymbol{z}_{i}^{h-1}\right) = \max\left(0,\ \sum_{j}\omega_{hj}z_{ij}^{h-1}\right)$$

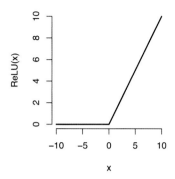

그림 10-4 ReLU 함수

여기서 ω_{hj}는 신경망의 **가중치**를 의미한다. 주어진 신경망 구조(노드 및 계층 구조)에서 가중치는 신경망을 학습하면서 업데이트, 즉 조정되는 파라미터다.

신경망은 오랜 역사를 가지고 있다. 이러한 유형의 모델에 대한 연구는 로젠블랫Rosenblatt의 퍼셉트론perceptron을 포함하여 20세기 중반까지 거슬러 올라간다.[213] 초기에는 인간 두뇌의 실제 구조를 모방할 수 있는 모델로서 신경망에 초점을 맞췄다. 1980년대 후반, **신경망 학습**을 위한 알고리즘의 발전[214]은 두뇌를 모방한 단순 모델이 아닌 일반적인 패턴을 인식하는 도구로서 작동할 가능성을 열었다. 이것은 신경망 연구의 붐으로 이어졌고 1990년대에 개발된 방법들은 오늘날 딥러닝 기술의 기반이 되었다.[215] 하지만 이 붐은 오래 가지 못했다. 1990년대 후반부터 기대와 실제 구현된 결과 사이의 격차(대량의 데이터셋에 대한 신경망 학습의 어려움) 때문에 결국 신경망은 여러 머신러닝 방법의 하나가 되었다. 실제 문제에서는 랜덤 포레스트, 고차원 정규화 회귀, 다양한 베이지안 확률적 프로세스 모델과 같은 더 견고한 도구가 신경망을 대체했다.

213 Frank Rosenblatt. The perceptron: A probabilistic model for information storage and organization in the brain. Psychological review, 65:386, 1958.

214 David E. Rumelhart, Geoffrey E. Hinton, Ronald J. Williams, et al. Learning representations by back-propagating errors. Cognitive Modeling, 5(3):1, 1988.

215 Sepp Hochreiter and Jürgen Schmidhuber. Long short-term memory. Neural Computation, 9(8):1735-1780, 1997; and Yann LeCun, Léon Bottou, Yoshua Bengio, and Patrick Haffner. Gradient-based learning applied to document recognition. Proceedings of the IEEE, 86: 2278-2324, 1998.

1990년대에는 깊이보다 **너비**를 추가하여 네트워크의 복잡도를 높이는 경향이 있었다. 즉, 레이어는 몇 개 안되지만(예를 들면 은닉 hidden 레이어를 하나만 사용하는 게 일반적이었다) 복잡한 함수를 근사하기 위해 각 레이어에 포함된 노드 수가 많았다. 연구자들은 학습할 데이터만 충분하다면 이러한 '넓은' 모델로 임의의 함수를 근사할 수 있다고 생각했다.[216] 하지만 데이터로 학습하기에는 비효율적인 방법이었다. 넓은 신경망은 **유연**하지만 이러한 유연성을 잘 길들이기 위해서는 엄청난 양의 데이터가 필요하다. 이러한 점에서 넓은 신경망은 시리즈 추정기와 같은 전통적인 **비모수** 통계 모델과 유사하다. 실제로 1990년대 말에 래드포드 닐 Radford Neal 은 단일 레이어의 노드 수가 무한대로 증가할 때 특정 신경망이 고전적 통계 회귀 모델인 가우스 프로세스로 수렴된다는 것을 보여주었다.[217] 신경망을 좀 더 투명한 통계 모델의 투박한 버전이라고 보는 것이 어느 정도 합리적이었다.

무엇이 달라진 걸까? 많은 것이 달라졌다. 방법론 자체보다 겉으로 드러나는 두 가지 중요한 계기가 있다. 훨씬 많은 데이터(빅데이터)를 얻을 수 있고 더 효율적인 컴퓨팅 하드웨어(GPU)가 생겨났다. 물론 방법론 측면에서 중요한 발전도 있다. 신경망이 **깊어졌다**. 제프리 힌턴 Geoffrey Hinton 과 동료들의 2006년 논문[218]에서 손글씨 인식 작업을 위해 사전 학습된 여러 레이어를 함께 쌓아 만든 신경망 구조를 확인할 수 있다. 신경망의 내부 레이어는 지도 학습 모델의 일부로 사용되기 전에 입력 차원을 축소하기 위해 **비지도** 학습 작업을 사용하여 적합된다. 이 아이디어는 주성분 회귀와 유사하다. 먼저 x의 저차원 표현을 적합한 다음 저차원 표현을 사용하여 연관된 y를 예측한다. 힌턴이 제안한 방법을 통해 연구자들은 이전보다 더 깊은 신경망을 학습시킬 수 있게 됐다.

이러한 유형의 비지도 사전 학습은 더 이상 딥러닝에서 중요한 요소가 아니다. 하지만 힌턴의 논문은 많은 사람이 DNN의 가능성을 깨닫게 해주었다. 여기서 DNN은 여러 레이어로 이루어진 모델이며 각 레이어는 구조도 다르고 서로 다른 역할을 할 수 있다. 이렇게 DNN을 **학습시킬 수 있게 되면서** 모델에 깊이를 **추가**해야 한다고 생각하게 되었다. 이후 몇 년간 연구자들은 모델의 깊이가 효율적으로 모델을 학습시키는 데 중요하다는 것을 경험적으로 그리고 이론적

216 Kurt Hornik, Maxwell Stinchcombe, and Halbert White. Multilayer feedforward networks are universal approximators. Neural Networks, 2:359-366, 1989.

217 Radford M. Neal. Bayesian Learning for Neural Networks, volume 118. Springer Science & Business Media, 2012.

218 Geoffrey E. Hinton, Simon Osindero, and Yee-Whye Teh. A fast learning algorithm for deep belief nets. Neural Computation, 18(7):1527-1554, 2006.

으로 보여주기 시작했다.[219] **모듈성**은 DNN의 특징이다. 모듈성은 특정한 역할을 하는 각각의 레이어를 다른 데이터 애플리케이션에서 사용할 때 레고 블록과 같이 교체할 수 있는 특성이다. 이를 통해 특정 애플리케이션을 위한 모델을 빠르게 개발하고 모델 간 **전이 학습**transfer learning을 실행할 수 있다. 한 가지 유형의 이미지 인식 문제를 위해 학습된 신경망의 내부 레이어를 사용하여 컴퓨터 비전 작업에 대한 새로운 신경망을 핫스타트hot-start할 수 있다.

딥러닝은 2012년 한 연구 논문[220]을 통해 머신러닝의 주류가 되었다. DNN이 이미지넷ImageNet 컴퓨터 비전 경진대회에서 그동안의 벤치마크 성능을 넘어선다는 것을 보여주었고 이후에도 이 성능을 뛰어넘기 위한 경주는 계속되었다. 예를 들어 이미지 분류 성능은 사람의 능력을 능가했다.[221] DNN은 이제 이미지를 인식하고 그림에 대한 적절한 캡션을 생성할 수 있다.[222]

최근 컴퓨터 비전의 발전을 가져온 모델은 모두 특정 유형의 **합성곱**convolution 변환을 사용한다. 원시 이미지(픽셀) 데이터는 [식 10-1]이나 [그림 10-3]과 같은 고전적인 형태의 신경망 아키텍처에 공급되기 전에 여러 합성곱 레이어를 거친다. [그림 10-5]는 기본적인 이미지 합성곱 연산을 보여준다. 가중치 **커널**은 로컬 영역의 이미지 픽셀들을 결합하여 (일반적으로) 저차원 출력 이미지의 단일 픽셀로 만드는 데 사용한다. 소위 합성곱 신경망convolutional neural network (CNN)[223]은 딥러닝을 성공적으로 만드는 전략을 잘 보여준다. 일반적인 함수 형태를 잘 표현하는 레이어에 이미지별로 특화된 기능(합성곱)이 공급될 수 있도록 특수 레이어를 쌓는 것이 편리하다. 최신 CNN에는 일반적으로 ReLU 활성화 함수에 공급되는 다중 합성곱 레이어가 존재하며 이는 각 입력 행렬의 최댓값을 출력하는 노드로 구성된 **최대 풀링**max pooling 레이어에 공급된다.[224] 예를 들어 [그림 10-6]은 [Hartford, 2017]에서 숫자 인식과 (시뮬레이션) 비즈니스 데이터를 혼합하는 작업에 사용한 간단한 아키텍처를 보여준다.

219 Yoshua Bengio, Yann LeCun, et al. Scaling learning algorithms towards AI. Large-Scale Kernel Machines, 34(5):1-41, 2007.

220 Alex Krizhevsky, Ilya Sutskever, and Geoffrey E. Hinton. Imagenet classification with deep convolutional neural networks. In Advances in Neural Information Processing Systems, pages 1097-1105, 2012.

221 Kaiming He, Xiangyu Zhang, Shaoqing Ren, and Jian Sun. Deep residual learning for image recognition. In Proceedings of the IEEE Conference on Computer Vision and Pattern Recognition, pages 770-778, 2016.

222 Andrej Karpathy and Li Fei-Fei. Deep visual-semantic alignments for generating image descriptions. In Proceedings of the IEEE Conference on Computer Vision and Pattern Recognition, pages 3128-3137, 2015.

223 Yann LeCun, Yoshua Bengio, et al. Convolutional networks for images, speech, and time series. The Handbook of Brain Theory and Neural Networks, 3361: 1995.

224 CNN은 거대하고 흥미로운 모델이다. [Goodfellow, 2016]을 통해 CNN에 대해 자세히 알 수 있다.

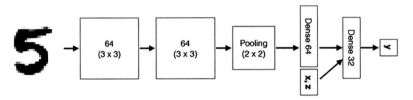

A	B	C
D	E	F
G	H	I

$\star$

ω_1	ω_2
ω_3	ω_4

$=$

$\omega_1 A + \omega_2 B + \omega_3 D + \omega_4 E$	$\omega_1 B + \omega_2 C + \omega_3 E + \omega_4 F$
$\omega_1 D + \omega_2 E + \omega_3 G + \omega_4 H$	$\omega_1 E + \omega_2 F + \omega_3 H + \omega_4 I$

그림 10-5 기본적인 합성곱 연산. 픽셀 A, B 등을 커널 가중치 ω_k와 곱한 후 합산한다. 여기서는 이미지의 모든 2×2 부분행렬에 커널을 적용한다.

그림 10-6 [Hartford, 2017]에서 사용한 아키텍처. 변수 x, z는 정형화된 비즈니스 정보(예를 들어 제품 ID 및 가격)를 포함한다. 이 변수들은 네트워크에서 손으로 쓴 숫자 이미지와 혼합된다.

이것은 딥러닝에서 중요한 주제다. 이 모델은 입력 데이터 형식에 따라 초기 계층 변환을 사용한다. 입력이 이미지일 경우 CNN을 사용한다. 텍스트 데이터의 경우 벡터 공간에 단어들을 **임베딩**해야 한다. 이것은 8장에서 논의한 것처럼 간단한 word2vec 변환[225] 또는 연속적인 단어나 문자를 위한 장단기 메모리$^{\text{long short-term memory}}$ (LSTM)[226] 아키텍처를 사용한다. 매일 새로운 아키텍처가 개발되고 있으며 수많은 변형이 존재한다.[227]

한 가지 분명한 것은 DNN에는 다양한 **구조**가 있다는 점이다. 이러한 모델은 통계학자나 계량경제학자가 이전 머신러닝에서 사용한 일종의 비모수 회귀 모델과는 다르다. **반모수적**이다. [그림 10-7]을 보자. 네트워크의 초기 단계에는 종종 극적인 선형적 차원 축소를 제공한다. 이는 매우 모수적이다. 이미지 데이터를 위한 합성곱 모델을 소비자 거래 데이터에 그대로 적용하는 것은 합리적이지 않다. 초기 레이어에서 나온 출력은 [식 10-1]과 같이 일련의 고전적인 신경망 노드를 통해 처리한다. 후반 레이어들은 기존의 비모수적 회귀와 같이 작동한다. 관심 있는 반응 변수에서 임의의 함수적 형태를 근사하기 위해 초기 레이어의 출력을 확장한다. 따라서

225 Tomas Mikolov, Ilya Sutskever, Kai Chen, Greg S. Corrado, and Jeff Dean. Distributed representations of words and phrases and their compositionality. In Advances in Neural Information Processing Systems, pages 3111-3119, 2013.

226 Sepp Hochreiter and Jürgen Schmidhuber. Long short-term memory. Neural Computation, 9(8):1735-1780, 1997.

227 예를 들어 [Sabour, 2017]은 CNN의 최대 풀링을 더 구조화된 요약 함수들로 대체한다.

DNN은 제한된 차원 축소와 유연한 함수 근사를 결합한 것으로 볼 수 있다. 여기서 핵심은 이 두 가지 구성 요소를 함께 학습한다는 것이다.

그림 10-7 DNN은 이미지, 정형 데이터 $x_1 \ldots x_{big}$, 원시 문서 텍스트를 입력으로 받는다.

여기서는 딥러닝의 아주 작은 부분만을 다루지만 산업계와 학계에서 새롭고 흥미로운 것들이 많이 나오고 있다. 현장에서 어떤 일이 일어나고 있는지 알고 싶다면 *https://NeurIPS.cc*에서 최고의 머신러닝 학회인 NeurIPS의 최신 논문집을 참고하자. 방대한 연구 분야를 빠르게 확인할 수 있다. 현재 뜨거운 주제는 DNN의 불확실성을 정량화하는 것이다. 다른 하나는 학습 데이터에 존재하는 불균형이 어떻게 잠재적으로 편향된 예측으로 이어지는지 이해하는 것이다. 이러한 유형의 주제는 DNN이 학문적인 경쟁에서 벗어나 실제 적용 분야로 이동하면서 두각을 나타내고 있다. 분야가 성장하고 DNN 모델 구성이 과학에서 엔지니어링으로 이동함에 따라 DNN을 언제 얼마나 신뢰할 수 있는지 알려주는 연구에 대한 필요성이 더 커질 것이다.

10.4 확률적 경사하강법

딥러닝을 전체적으로 이해하기 위해 모델을 학습하는 데 사용되는 알고리즘인 확률적 경사하강법(SGD)을 설명한다. SGD 최적화는 미분가능한 함수를 최소화하기 위해 이전에 주로 사용하던 경사하강법(GD)을 변형한 것이다. Ω이 모델 파라미터의 전체 집합이라고 할 때, 최소화 목적 함수 $\mathcal{L}(\Omega)$가 주어지면 GD의 각 반복은 다음과 같이 현재 파라미터 Ω_t에서 업데이트된다.

식 10-2
$$\Omega_{t+1} = \Omega_t - C_t \nabla\mathcal{L}\big|_{\Omega_t}$$

$\nabla\mathcal{L}\big|_{\Omega_t}$는 현재 파라미터에서 구한 $\mathcal{L}$의 기울기고 C_t는 $\nabla\mathcal{L}$ 방향으로 움직이는 정도의 크기를 결정하는 투영 행렬이다.[228] 최적화 중에 이 투영 행렬이 업데이트될 수 있으므로 C_t에 첨자 t가 붙는다. 예를 들어 뉴턴 알고리즘은 목적 함수의 이차 도함수 행렬인 $\nabla^2\mathcal{L}\big|_{\Omega_t}$를 C_t로 사용한다.

종종 역전파^{backpropagation}를 통해 신경망을 학습한다고 하는데 이는 정확하지 않다. 오히려 GD의 변형을 이용하여 학습한다. 역전파 방법[229]은 신경망 파라미터의 기울기를 계산하는 방법이다. 특히 미적분학에 나오는 연쇄법칙 알고리즘을 구현한 것이다. [식 10-1]의 단순한 뉴런에서 단일 가중치 ω_{hj}에 대한 기울기는 다음과 같이 계산할 수 있다.

식 10-3
$$\frac{\partial\mathcal{L}}{\partial\omega_{hj}} = \sum_{i=1}^{n} \frac{\partial\mathcal{L}}{\partial z_{ij}^h}\frac{\partial z_{ij}^h}{\partial\omega_{hj}} = \sum_{i=1}^{n} \frac{\partial\mathcal{L}}{\partial z_{ij}^h} z_{ij}^{h-1} \mathbb{1}_{\left[0 < \Sigma_j \omega_{hj} z_{ij}^{h-1}\right]}$$

연쇄법칙을 응용하여 $\partial\mathcal{L}/\partial z_{ij}^h$를 레이어별 연산을 모두 곱한 전체 기울기 $\partial\mathcal{L}/\partial z_{ij}^{h+1} \times \partial z_{ij}^{h+1}/\partial z_{ij}^h$로 확장하기 위해 활용할 수 있다. 방향성이 있는 신경망의 구조를 사용하면 반응에서 입력까지 역방향으로 모든 기울기를 효율적으로 계산할 수 있다. 이처럼 일반적인 역전파 알고리즘은 연쇄법칙의 재귀적 적용과 관련 연산 기법으로 구성된다.

통계적 추정과 머신러닝 모델 학습에서 $\mathcal{L}$은 일반적으로 데이터 관찰값에 따라 **합산**되는 손실 함수를 의미한다. 예를 들어 파라미터에 ℓ_2(능형 회귀) 정규화 페널티를 적용한다고 가정하면, n개의 독립적인 관측치 z_i(회귀의 경우 $z_i = [\boldsymbol{x}_i, y_i]$)의 정규화된 가능도 최대화에 해당하는 **최소화** 목적 함수를 다음과 같이 작성할 수 있다.

---

[228] 만약 $\Omega = [\omega_1 \cdots \omega_p]$이면, $\nabla\mathcal{L}(\Omega) = [\partial\mathcal{L}/\partial\omega_1 \cdots \partial\mathcal{L}/\partial\omega_p]$이다. 헤세(Hessian) 행렬 $\nabla^2\mathcal{L}$의 원소는 $[\nabla^2\mathcal{L}]_{jk} = \partial^2\mathcal{L}/\partial\omega_j\partial\omega_k$와 같다.

[229] David E. Rumelhart, Geoffrey E. Hinton, Ronald J. Williams, et al. Learning representations by back-propagating errors. Cognitive Modeling, 5(3):1, 1988.

$$\mathcal{L}(\Omega) \equiv \mathcal{L}(\Omega; \{d_i\}_{i=1}^n) = \sum_{i=1}^n \left[-\log \mathrm{p}(z_i \mid \Omega) + \lambda \|\Omega\|_2^2 \right]$$

여기서 $\|\Omega\|_2^2$는 Ω의 모든 파라미터를 제곱하여 합한 것이다. 더 일반적으로 $\mathcal{L}(\Omega; \{z_i\}_{i=1}^n)$은 관찰값에 따른 결과를 합산하는 것과 관련된 손실 함수로 구성된다. 예를 들어 예측 불확실성을 모델링하기 위해 종종 분위수 손실을 사용한다. 다음과 같이 공변량 $\boldsymbol{x}$에서 반응 y의 q번째 분위수로 매핑하는 Ω로 파라미터화된 **분위수 함수**로 $\tau_q(\boldsymbol{x}; \Omega)$를 정의한다.

식 10-5

$$\mathrm{p}(y < \tau_q(\boldsymbol{x}; \Omega) \mid \boldsymbol{x}) = q$$

정규화된 분위수 손실 함수를 최소화하기 위해 다음 τ_q를 적합한다(다시 능형 페널티를 가정).

식 10-6

$$\mathcal{L}(\Omega; \{d_i\}_{i=1}^n) = \sum_{i=1}^n \left[\left(y_i - \tau_q(\boldsymbol{x}_i; \Omega)\right)\left(q - \mathbb{1}_{[y_i < \tau_q(x_i; \Omega)]}\right) + \lambda \|\Omega\|_2^2 \right]$$

정규화된 일반적인 '제곱오차의 합'에 기반한 기준은 이러한 형태의 합산을 적합하는 관찰값에 대한 또 다른 손실 함수다.

모든 경우에 [식 10-2]의 업데이트에 필요한 기울기 계산은 n개의 모든 관측치에 대한 합산을 포함한다. 즉, $\nabla\mathcal{L}$을 구하기 위해서는 n차 연산이 필요하다. 예를 들어 회귀 계수 벡터 $\Omega = \beta$인 능형 페널티 선형 회귀에서 j번째 기울기 성분은 다음과 같다.

식 10-7

$$\frac{\partial \mathcal{L}}{\partial \beta_j} = \sum_{i=1}^n \left[(y_i - \boldsymbol{x}_i'\boldsymbol{\beta})x_j + \lambda\beta_j \right]$$

문제는 방대한 데이터셋에서 n이 정말 클 때 이러한 연산 비용이 매우 높다는 것이다. DNN과 마찬가지로 Ω가 고차원이고 각 기울기 합산에 복잡한 계산이 필요할 경우 더욱 심각해진다. GD는 최고의 최적화 도구지만 방대한 데이터셋에 대해서는 계산적으로 불가능하다.

이를 해결하는 방법은 [식 10-2]의 실제 기울기를 계산하는 대신 데이터의 하위 집합을 기반으로 하는 기울기 **추정값**을 사용하는 것이다. 이것이 SGD 알고리즘이다. 이는 1951년 두 명의 통계학자가 제안한 로빈스-먼로^{Robbins-Munro} 알고리즘으로 거슬러 올라가는 오랜 역사를 가지고 있다.[230] 가장 일반적인 SGD는 전체 표본 기울기를 단순히 더 작은 하위 표본의 기울기로 대체한다. 전체 표본 손실 $\mathcal{L}(\Omega; \{d_i\}_{i=1}^n)$에 대한 기울기를 계산하는 대신 하위 표본 계산 결과에 따라 다음과 같이 하강한다.

식 10-8
$$\Omega_{t+1} = \Omega_t - C_t \nabla\mathcal{L}(\Omega; \{d_{i_b}\}_{b=1}^B)\big|_{\Omega_t}$$

여기서 $\{d_{i_b}\}_{b=1}^B$는 $B << n$인 관찰값의 부분 집합으로 이뤄진 미니 배치mini-batch다. SGD의 핵심적인 수학적 결과는 C_t 행렬의 시퀀스가 몇 가지 기본 요구사항을 충족한다면 $\mathcal{L}(\Omega; \{d_{i_b}\}_{b=1}^B)$가 전체 표본 기울기의 **비편향** 추정치일 때 항상 SGD 알고리즘은 로컬 최적값으로 수렴한다는 것이다.[231] 즉, SGD 수렴은 다음 조건에 달려있다.

식 10-9
$$\mathbb{E}\left[\frac{1}{B}\nabla\mathcal{L}(\Omega; \{d_{i_b}\}_{b=1}^B)\right] = \mathbb{E}\left[\frac{1}{n}\nabla\mathcal{L}(\Omega; \{d_i\}_{i=1}^n)\right] = \mathbb{E}\nabla\mathcal{L}(\Omega; d)$$

여기서 마지막 항은 **모집단**의 기울기 기댓값, 즉 실제 데이터 생성 프로세스에서 나온 관측값 d에 대한 평균 기울기를 나타낸다.

머신러닝에서 GD보다 SGD를 선호하는 이유를 이해하려면 컴퓨터과학자가 추정의 **제약조건**에 대해 어떻게 생각하는지 논의하는 것이 도움이 된다. 통계학자와 경제학자는 데이터 부족(표본크기)을 추정의 제약조건으로 본다. 그러나 수많은 머신러닝 애플리케이션에서 데이터는 실질적으로 무제한이며 시스템 배포 중에도 계속해서 증가한다. 이렇게 데이터가 풍부함에도 불구하고 계산을 위한 고정 비용이 있기 때문에 데이터를 처리할 때 제한된 수의 작업만 실행할 수 있다. 따라서 머신러닝에서 중요한 제약조건은 데이터의 양이 아닌 연산량이다.

SGD는 업데이트당 수렴 속도가 느린 업데이트를 더 빠른 업데이트와 교환한다. [Bousquet and Bottou, 2008]은 빠른 업데이트를 통해 다른 방법보다 더 많은 데이터를 모델에 공급하는 것이 가치가 있다고 설명한다. 미니 배치 기울기 $B^{-1}\nabla\mathcal{L}(\Omega; \{d_{i_b}\}_{b=1}^B)$가 전체 표본 기울기 $n^{-1}\nabla\mathcal{L}(\Omega; \{d_i\}_{i=1}^n)$보다 분산이 훨씬 더 크다는 점을 보면 알 수 있다. 이 분산으로 인해 최적

---

230 Herbert Robbins and Sutton Monro. A stochastic approximation method. The Annals of Mathematical Statistics, pages 400-407, 1951.

231 편향된 기울기를 피할 수 있다. [Hartford, 2017]에서 분산에 대한 거래 편향이 실제로 성능을 향상시킬 수 있다는 것을 발견했다. 그러나 실제로 이는 위험하며 어떤 경우에도 편향은 매우 작게 유지해야 한다.

화 업데이트에 노이즈가 발생한다. 결과적으로 고정된 n개의 데이터 표본에서 GD 알고리즘은 **표본 내** 손실 $\mathcal{L}(\Omega; \{d_i\}_{i=1}^n)$을 최소화하기 위해 SGD보다 반복을 더 적게 실행한다. 하지만 DNN 학습에서는 표본 내 손실을 신경 쓸 필요가 없다. 대신 미래의 예측 손실을 최소화해야 한다. 즉, **모집단** 손실 함수 $\mathbb{E}\mathcal{L}(\Omega; d)$를 최소화해야 한다. 모집단 손실을 이해하는 가장 좋은 방법은 가능한 한 많은 데이터를 보는 것이다. 따라서 SGD 업데이트의 분산이 너무 크지 않다면 연산에 드는 노력을 각 개별 최적화 업데이트의 분산 최소화보다 추가 데이터를 통해 스트리밍 하는데 사용하는 것이 더 가치 있다.

이것은 SGD에 대한 중요한 개괄적 내용과 관련이 있다. 이 알고리즘의 특징은 **최적화** 성능을 향상시키기 위해 도입한 엔지니어링 단계가 **추정** 성능도 향상시킨다는 점이다. 각 SGD 업데이트의 분산을 낮추는 기법을 통해 적합 모델이 처음 보는 새로운 데이터를 예측할 때 더 잘 일반화되도록 한다. '더 빠른 학습, 더 나은 일반화'라는 논문[232]은 알고리즘 안정성이라는 프레임워크 내에서 이 현상을 설명한다. SGD가 더 적은 수의 반복으로 수렴한다는 것은 새로운 관찰(새로운 미니 배치)의 기울기가 더 빨리 0에 접근한다는 것을 의미한다. 즉, 빠른 SGD 수렴은 모델이 새로운 데이터에 더 잘 일반화되고 있다는 것이다. 이는 가능도 최대화를 위한 전체 표본 GD와 대조적이다. 빠른 수렴은 현재 표본에 더 빨리 적합되고 미래 데이터에 대해서는 잠재적으로 과적합된다는 것을 의미한다. 딥러닝이 SGD에 의존하면서 과학에서 엔지니어링으로 비교적 쉽게 발전했다. 엔지니어링 관점에서는 빠를수록 좋으므로 DNN을 위한 SGD 알고리즘을 튜닝하는 엔지니어는 수렴 속도에만 집중할 수 있다.

SGD 튜닝에서 실제 성능은 [식 10-8]의 투영 행렬인 C_t 선택에 민감하다. 계산상의 이유로 이 행렬은 일반적으로 대각 원소 외에는 0인 대각 행렬이며 C_t의 원소는 각 파라미터 기울기 방향의 **스텝 크기**^{step-size}를 나타낸다. 종종 스텝 크기가 모두 같은 SGD 알고리즘에 대한 이론적인 연구가 진행됐다. 여기서 $C_t = \delta_t I$로 표현할 수 있으며 여기서 δ_t는 스칼라 값이고 I는 단위 행렬을 나타낸다. 불행히도 이렇게 간단한 설정의 경우 δ_t가 정확한 속도로 0에 수렴하지 않으면 성능이 저하되고 심지어 수렴하지 못할 수도 있다.[233] 대신 실전에서는 $C_t = [\delta_{1t} \ldots \delta_{pt}]I$인 알고리즘을 사용한다. 여기서 p는 Ω의 차원이고 각 δ_{jt}는 손실 함수 2차 도함수 헤세

232 Moritz Hardt, Ben Recht, and Yoram Singer. Train faster, generalize better: Stability of stochastic gradient descent. In International Conference on Machine Learning, pages 1225-1234, 2016.

233 Panagiotis Toulis, Edoardo Airoldi, and Jason Rennie. Statistical analysis of stochastic gradient methods for generalized linear models. In International Conference on Machine Learning, pages 667-675, 2014.

Hessian 행렬의 대각선 요소 $\partial^2 \mathcal{L}/\partial \omega_j^2$ (뉴턴 알고리즘에 사용되는 것)을 근사하도록 선택된다. ADAGRAD 논문[234]은 이 접근 방식에 대한 이론적 토대를 제공하고 δ_{jt}를 지정하기 위한 알고리즘을 제안한다. 대부분의 딥러닝 시스템은 ADAM[235]과 같이 ADAGRAD에서 영감을 받은 알고리즘을 사용한다. 이 알고리즘은 성능 향상을 위해 경험적으로 입증된 휴리스틱과 원래 알고리즘을 결합한다.

마지막으로 DNN 학습에 또 다른 핵심 트릭이 있다. 바로 **드롭아웃**dropout[236]이다. 이 방법은 각 기울기 계산에 무작위 노이즈를 도입하는 것과 관련이 있다. 예를 들어 베르누이 드롭아웃은 현재 추정값 ω_{tj}를 $\tilde{\omega}_{tj} = \omega_{tj}\xi_{tj}$로 대체한다. 여기서 ξ_{tj}는 $p(\xi_{tj} = 1) = c$인 베르누이 확률 변수다. [식 10-8]의 각 SGD 업데이트는 기울기를 평가할 때 다음 파라미터 값을 사용한다.

식 10-10
$$\Omega_{t+1} = \Omega_t - C_t \nabla f\left(\Omega; \{d_{ib}\}_{b=1}^B\right)\Big|_{\tilde{\Omega}_t}$$

여기서 $\tilde{\Omega}_t$는 원소 $\tilde{\omega}_{tj}$가 있는 Ω_t에 노이즈를 추가한 버전이다.

드롭아웃을 이용하면 (c를 적절하게 조정하는 한) 표본 외 오차율이 더 낮은 모델 적합을 얻을 수 있다고 알려져 있어 자주 사용된다. 왜 그럴까? 비공식적으로 드롭아웃은 암시적인 정규화 역할을 한다. 명시적인 정규화에 해당하는 예는 파라미터 페널티다. 과적합을 피하기 위해 DNN에 대한 최소화 목적 함수는 거의 항상 데이터 가능도 손실 함수에 능형 페널티항 $\lambda||\Omega||_2^2$을 추가한다. 드롭아웃도 비슷한 역할을 한다. SGD 업데이트가 파라미터의 임의 표본을 무시하는 식으로 개별 파라미터에 대한 과적합을 방지한다.[237] 최근 드롭아웃이 있는 SGD가 일종의 '변이 베이지안 추론'에 해당한다고 증명됐다.[238] 즉, 드롭아웃 SGD는 점추정보다는 Ω에

---

234 John Duchi, Elad Hazan, and Yoram Singer. Adaptive subgradient methods for online learning and stochastic optimization. Journal of Machine Learning Research, 12:2121-2159, 2011.

235 Diederik Kingma and Jimmy Ba. Adam: A method for stochastic optimization. In 3rd International Conference on Learning Representations (ICLR), 2015.

236 Nitish Srivastava, Geoffrey E. Hinton, Alex Krizhevsky, Ilya Sutskever, and Ruslan Salakhutdinov. Dropout: A simple way to prevent neural networks from overfitting. Journal of Machine Learning Research, 15(1):1929-1958, 2014.

237 이것은 기울기 추정치의 분산 최소화에 대한 이전 논의와 모순되는 것처럼 보인다. 하지만 이전에는 데이터의 노이즈로 인한 분산을 최소화하기를 원했다면 여기서는 데이터와 독립적인 파라미터에 노이즈를 도입한다는 점이 다르다.

238 Alex Kendall and Yarin Gal. What uncertainties do we need in Bayesian deep learning for computer vision? arXiv:1703.04977, 2017.

대한 사후 분포를 찾기 위한 방법이다.[239] DNN의 불확실성을 정량화하는 것에 대한 관심이 높아지면서 드롭아웃에 대한 분석은 베이지안 추론을 딥러닝에 적용하기 위한 하나의 옵션이다.

10.5 강화 학습

딥러닝에 대한 마지막 내용으로 인공지능 시스템이 어떻게 실험과 최적화를 혼합하여 자체 학습 데이터를 생성하는지 알아보자. 강화 학습(RL)은 인공지능의 이러한 측면을 대표한다. 종종 특정 알고리즘을 말할 때 RL을 사용하지만 여기서는 **활성 데이터 수집**이라는 전체 분야를 의미하는 용어로 사용한다.

일반적으로 모든 문제는 **보상**reward을 극대화하는 문제라고 표현할 수 있다. x_t라는 특징을 가진 사건(또는 이벤트) t가 발생했을 때 시스템이 여기에 어떻게 반응할지를 결정하는 정책policy 또는 행동action에 관한 함수 $d(x_t; \Omega)$가 있다고 하자. 이 사건은 특정 시간에 웹사이트에 접속하는 고객, 비디오 게임의 시나리오 등이 될 수 있다. 어떤 사건이 발생했을 때 이후 반응 y_t를 관찰하고 그에 대한 보상은 $r(d(x_t; \Omega), y_t)$로 계산한다. 이러한 프로세스를 통해 데이터를 축적하고 파라미터 Ω을 학습한다. 사건 t에서 사용한 파라미터를 Ω_t로 쓸 수 있다. 목표는 T가 너무 크지 않은 일부 T번의 사건 이후에 보상을 최대화하는 최적의 파라미터 Ω^*를 찾는 것이다 (그리고 **후회**할 일을 최소화하는 것이다).

식 10-11
$$\sum_{t=1}^{T} \left[r(d(x_t; \Omega^*), y_t) - r(d(x_t; \Omega_t), y_t) \right]$$

이것은 일반적인 수식이며 몇 가지 익숙한 시나리오에 매핑할 수 있다. 예를 들어 사건 t가 사용자가 웹사이트에 방문하는 것이라고 가정하자. 랜딩 페이지에 배너 광고를 노출하는데, 이왕이면 사용자가 클릭할 확률이 가장 높은 광고를 표시하고 싶다. 표시 가능한 광고는 J개이며 행동 $d_t = d(x_t; \Omega_t) \in \{1, \ldots, J\}$이 표시 대상으로 선택되었다고 가정한다. 최종 보상은 사용자가 광고를 클릭하면 $y_t = 1$, 그렇지 않으면 $y_t = 0$이다.[240]

---

239 이상한 변이형 분포지만 기본적으로 Ω에 대한 사후 분포는 ω_j 원소에 임의의 베르누이 노이즈가 곱해진 W 행렬에 의해 암시된다.

240 웹사이트 *MSN.com*에서 광고가 아닌 헤드라인 뉴스를 표시하는 작업을 위해 [Agarwal, 2014]를 발표했다.

이 시나리오를 **멀티 암드 밴딧**multi-armed bandit(MAB) 설정이라고 하며 단순히 밴딧이라고 부르기도 한다. 배당률이 서로 다른 슬롯 머신이 여러 대 있는 카지노에 빗대어 붙여진 이름이다. 고전적인 밴딧 문제는 각 광고와 사용자 간의 연관된 공변량이 없으므로 모든 사용자에 대해 클릭 확률이 가장 높은 단일 광고에 최적화하려고 한다. 즉, ω_j는 광고 j에 대한 일반적인 클릭 확률 $p(y_t = 1 \mid d_t = j)$이며 ω_j가 가장 높은 광고로 d_t를 설정하려고 한다. 밴딧 최적화를 위한 다양한 알고리즘이 있다. 이러한 알고리즘은 **이용**exploitation과 **탐색**exploration 간의 균형을 맞추기 위해 다양한 휴리스틱을 사용한다. 완전 이용 알고리즘은 탐욕적이다. 불확실성을 고려하지 않고 항상 현재 추정된 최선의 옵션을 선택한다. 이것은 간단한 광고 예제에서 항상 첫 번째 클릭된 광고로 수렴한다는 것을 의미한다. 완전 탐색 알고리즘은 항상 무작위로 광고를 표시하며 단일 최적값으로 수렴하지 않는다. 밴딧 학습의 비결은 이 두 극단 사이의 균형을 맞추는 방법을 찾는 데 있다.

고전적인 밴딧 알고리즘과 일반적으로 RL에 대해 확실한 직관을 제공하는 알고리즘은 톰슨 샘플링Thompson sampling이다.[241] RL의 여러 도구와 마찬가지로 톰슨 샘플링은 시간에 따른 지식 축적을 모델링하기 위해 베이지안 추론을 사용한다. 기본 아이디어는 간단하다. 최적화 프로세스의 어느 지점에서 클릭률 벡터 $\boldsymbol{\omega} = [\omega_1 \ldots \omega_j]$에 대한 확률 분포가 있고 ω_j가 가장 큰 클릭률에 비례하여 각 광고 j를 표시한다. 즉, 시간 t에서 관찰된 반응이 $y^t = \{y_s\}_{s=1}^t$일 경우 각 광고의 클릭률이 그것이 최선의 선택일 사후 확률과 같기를 원한다.

식 10-12
$$p(d_{t+1} = j) = p\left(\omega_j = \max\{\omega_k\}_{k=1}^J \mid y^t\right)$$

[식 10-12]의 확률은 실제로 계산하기 어렵기 때문에(최댓값의 확률은 분석하기 쉬운 대상이 아니다) 톰슨 샘플링은 몬테카를로 추정을 사용한다. 시간 t의 사후 분포로부터 광고 클릭률의 표본을 뽑는다.

식 10-13
$$\boldsymbol{\omega}_{t+1} \sim p(\boldsymbol{\omega} \mid y^t)$$

241 William R. Thompson. On the likelihood that one unknown probability exceeds another in view of the evidence of two samples. Biometrika, 25:285-294, 1933.

그리고 $d_{t+1} = \text{argmax}_j \omega_{t+1j}$로 설정한다. 예를 들어 각 광고의 클릭률에 대해 $Beta(1,1)$ 사전 분포가 있다고 가정하자(0과 1 사이의 균일한 분포). 시간 t에서 j번째 광고의 클릭률에 대한 사후 분포는 다음과 같다.

식 10-14
$$p(\omega_j|d^t, y^t) = \text{Beta}\left(1 + \sum_{s=1}^{t} \mathbb{1}_{[d_s=j]}\, y_s,\, 1 + \sum_{s=1}^{t} \mathbb{1}_{[d_s=j]}(1 - y_s)\right)$$

톰슨 샘플링 알고리즘은 각 j에 대해 [식 10-14]로부터 ω_{t+1j}를 뽑은 다음 샘플링된 클릭률이 가장 높은 광고를 보여준다.

이것이 왜 작동하는 걸까? 시간 t에 광고 j가 표시되는 시나리오를 생각해보자. 즉, 샘플링된 ω_{tj}가 가장 큰 경우다. 이는 ω_j에 대한 불확실성이 크며, 높은 확률이 중요한 사후 가중치를 갖거나 ω_j의 기댓값이 큰 경우에 일어날 수 있다. 따라서 톰슨 샘플링은 탐색과 이용 사이에서 자연스럽게 균형을 이룰 수 있다. 탐색-이용 균형을 얻기 위한 여러 가지 알고리즘이 있다. 예를 들어 [Agarwal, 2014]는 사건과 연관된 공변량이 있는 **상황별** 밴딧 설정(예를 들면 행동에 따른 배당률이 사건에 따라 다른 경우)에서 잘 작동하는 방법을 조사했다. 조사 대상에는 예측된 최적의 선택을 찾고 해당 최적값의 이웃 내에서 탐색하는 ε-탐욕 탐색과 톰슨 샘플링의 비모수 버전인 부트스트랩 기반 알고리즘을 포함한다.

또 다른 문헌에서는 소위 베이지안 최적화Bayesian optimization라는 알고리즘을 소개한다.[242] 이 알고리즘에는 최대화해야 하는 미지의 함수 $r(x)$가 있다. 가우스 프로세스와 같은 유연한 베이지안 회귀 모델을 사용하여 이 함수를 모델링한다. 데이터가 쌓일수록 모든 잠재적인 입력 위치에서 반응 표면 $r(x)$에 대한 사후 값을 얻게 된다. t 함수 구현 후에 최댓값 r_{max}를 관찰했다고 가정하자. 이것이 현재에 할 수 있는 최선의 선택이지만 더 큰 최댓값을 찾을 수 있는지 계속 탐색하길 원한다. 베이지안 최적화 업데이트는 개선 통계량의 기댓값을 기반으로 한다.

식 10-15
$$\mathbb{E}[\max(0, r(x) - r_{max})]$$

이것은 새로운 위치 x에서 개선에 대한 사후 기대치이며 0을 임곗값으로 한다. 이 알고리즘은 잠재적인 x 위치에 대해 [식 10-15]를 평가하고 가장 높은 예상 개선으로 위치 x_{t+1}에서의

---

242 For example, Matt Taddy, Herbert K.H. Lee, Genetha A. Gray, and Joshua D. Griffin. Bayesian guided pattern search for robust local optimization. Technometrics, 51(4):389-401, 2009.

$r(x_{t+1})$을 평가한다. 다시 말하지만, 이는 탐색–이용의 균형을 이룬다. $r(x)$의 분산이 크거나 평균이 클 때(또는 둘 다 클 때) [식 10–15]의 통계량이 커진다.

이 RL 알고리즘을 최적화 관련 용어를 사용해 설명했지만 다른 학습 방법도 최적화 문제로 설명할 수 있다. 예를 들어 **능동적 학습**active learning이라는 용어는 일반적으로 일부 추정 분산(예를 들어 고정 입력 분포에 대한 회귀 함수의 평균 예측 오차)을 최소화하기 위해 데이터를 선택하는 알고리즘을 지칭할 때 사용한다. 반응 y를 예측하기 위한 회귀 함수를 $f(x; \Omega)$라고 가정하자. 그러면 행동 함수는 단순히 $d(x; \Omega) = f(x; \Omega)$인 예측이고 최적화 목표는 제곱오차를 최소화하는 것이다. 이는 $r(d(x; \Omega), y) = -(y - f(x; \Omega))^2$을 최대화하는 것과 같다. 이처럼 능동적 학습 문제는 RL 프레임워크의 특별한 경우다.

비즈니스 및 경제 관점에서 RL은 (명백한 유용성을 넘어) 새로운 데이터 포인트에 어떤 **가치**를 할당하는 데 있어 흥미롭다. 여러 설정에서 RL의 보상이란 개념은 웹사이트에서 클릭당 수익을 받는 광고 예제처럼 실제 금전적인 가치로 매핑할 수 있다. RL 알고리즘은 데이터에 어떤 가격을 할당한다. [Lanier, 2014]에서 '데이터는 노동이다'라고 제안한 것을 포함하여 데이터 시장에 대한 문헌이 늘어나고 있다. 현재 배포된 인공지능 시스템이 상대적인 데이터의 가치를 어떻게 할당할지 고민하는 것은 이 분야의 향후 연구에 유용할 것으로 보인다. 높은 수준에서 RL의 데이터 평가는 **행동** 및 해당 행동에 관련된 잠재적인 **보상**에 달려있다. 데이터의 가치는 특정한 컨텍스트에서만 정의된다.

앞서 설명한 밴딧 알고리즘은 딥러닝 시스템의 일부인 RL 유형과 비교할 때 엄청 단순화된 것이다. 실제로 DNN과 같이 복잡하고 유연한 함수와 함께 RL을 사용할 때 과도한 이용과 조기 수렴을 피하도록 주의해야 한다.[243] 그렇다고 DNN의 파라미터 Ω을 찾기 위해 초고차원 공간의 가능한 값 전체에 대해 포괄적인 검색을 수행하는 것은 불가능하다. [van Seijen, 2017]과 [Silver, 2017]은 전체 학습 문제를 여러 개의 간단한 복합 작업으로 나누어 각각을 RL로 해결할 수 있다는 것을 보여준다. 앞서 논의한 바와 같이 인공지능을 핫스타트하는 데 사용할 수 있는 대규모 고정 데이터 자산(예를 들어 검색 엔진 또는 소셜 미디어 플랫폼의 데이터)이 있다는 것은 틀림없는 장점이다. 하지만 특정 상황에서 성공을 위해 인공지능 시스템을 조정할 때

---

243 Volodymyr Mnih, Koray Kavukcuoglu, David Silver, Andrei A. Rusu, Joel Veness, Marc G. Bellemare, Alex Graves, Martin Riedmiller, Andreas K. Fidjeland, Georg Ostrovski, Stig Petersen, Charles Beattie, Amir Sadik, Ioannis Antonoglou, Helen King, Dharshan Kumaran, Daan Wierstra, Shane Legg, and Demis Hassabis. Human–level control through deep reinforcement learning. Nature, 518(7540):529-533, 2015.

는 RL의 탐색과 능동적인 데이터 수집이 필수적이다. RL 기반의 인공지능 시스템은 불확실하고 역동적인 실제 문제에서 행동을 취하고 정책을 수립한다. 통계학자, 과학자, 경제학자 모두가 잘 알고 있듯이 끊임없는 실험 없이는 배우고 개선할 수 없다.

10.6 상황에 따른 인공지능

이 장에서는 인공지능의 핵심 구성 요소에 대한 일종의 입문 가이드를 제공하고 있다. 또한 몇 가지 중요한 내용을 소개했다. 첫째로 현재의 머신러닝 기반 인공지능은 새로운 범용 기술, 즉 대규모의 빠르고 견고한 머신러닝을 중심으로 성장하는 새로운 형태의 상품으로 봐야 한다. 머신러닝이 인공지능은 아니지만 범용 머신러닝, 특히 딥러닝은 인공지능을 구동하는 전기 모터다. 계속해서 이러한 머신러닝 도구는 더 좋고 빠르고 저렴해질 것이다. 하드웨어와 빅데이터 리소스는 DNN의 요구에 적응하고 있으며 주요 클라우드 컴퓨팅 플랫폼에서 셀프 서비스 머신러닝 솔루션을 사용할 수 있다. 학습된 DNN은 가까운 미래에 범용 상품이 될 수 있으며 딥러닝 시장은 클라우드 컴퓨팅 서비스의 시장 점유율을 둘러싼 더 큰 싸움에 휘말릴 수 있다.

둘째로 여전히 실질적인 생산성 향상을 이끌 진정한 종단간 비즈니스 인공지능 솔루션을 기다리고 있다. 인공지능의 현재 '승리'는 대부분 보드 게임이나 비디오 게임과 같이 명시적인 구조가 많은 설정에 제한된다.[244] 마이크로소프트나 아마존과 같은 회사에서 실제 비즈니스 문제에 관여할 수 있는 반자동 시스템을 개발하면서[245] 바뀌고 있지만 아직 해야 할 일이 많이 남아있다. 이러한 발전은 복잡한 비즈니스 문제를 구조화할 수 있는 사람들이 이끌어나갈 것이다. 즉, 비즈니스 인공지능이 성공하려면 비즈니스 영역에서 '게임'의 규칙을 알고 있는 사람과 함께 GMPL과 빅데이터를 결합해야 한다.

마지막으로 이 모든 것은 산업에서 과학이 어떤 역할을 하는지에 대해 중요한 의미를 갖는다. 경제학자, 사회과학자, 재무 전문가는 복잡한 비즈니스 시나리오에 대한 구조와 규칙을 제공

---

244 웹 검색은 예외다. 이는 AI를 통해 효과적으로 해결한 실생활 문제다.

245 AI가 새로운 영역으로 이동하는 또 다른 예는 2017년 말 카네기 멜런 대학교의 연구원들이 구현한 인공지능 시스템으로, 텍사스 홀덤 포커 챔피언을 이기기 위한 것이다. 포커는 명확한 규칙이 있지만 바둑이나 팩맨과 달리 정보가 불확실하고 불완전한 게임이다. [Brown and Sandholm, 2017]은 게임 이론을 사용하여 포커 게임을 여러 하위 문제로 나눴다.

할 수 있다. 예를 들어 훌륭한 구조 계량경제학자[246]는 복잡한 질문을 데이터로 추정할 수 있는 파라미터가 있는 방정식으로 나누기 위해 경제 이론을 사용한다. 이것은 많은 설정에서 정확히 인공지능에 필요한 작업이다. 차이점은 기본 선형 회귀에 국한하지 않고 시스템의 측정 가능한 부분을 DNN을 통해 모델링하여 능동적으로 실험하고 학습 데이터를 스스로 생성한다는 점이다. 차세대 경제학자와 비즈니스 과학자는 이러한 구조를 얻기 위해 경제 이론을 적용하는 방법과 머신러닝이나 RL로 자동화하는 방법에 익숙해져야 한다. 빅데이터가 통계와 컴퓨터과학을 결합한 학문인 데이터 과학으로 이어진 것처럼 비즈니스 데이터 과학에서 비즈니스 인공지능으로 이동하려면 경제학, 통계학, 머신러닝을 결합할 수 있는 선구자가 필요하다.

---

246 다음 연구자들은 훌륭한 구조 계량경제학자다. Daniel McFadden. Econometric models for probabilistic choice among products. Journal of Business, pages S13-S29, 1980; James J. Heckman. Sample selection bias as a specification error (with an application to the estimation of labor supply functions), 1977; and Angus Deaton and John Muellbauer. An almost ideal demand system. The American Economic Review, 70:312-326, 1980.

참고 문헌

[Abadie, 2010]
Alberto Abadie, Alexis Diamond, and Jens Hainmueller. Synthetic control methods for comparative case studies: Estimating the effect of California's tobacco control program. Journal of the American Statistical Association, 105(490):493-505, 2010.

[Abadie and Gardeazabal, 2003]
Alberto Abadie and Javier Gardeazabal. The economic costs of conflict: A case study of the Basque country. The American Economic Review, 93(1):113-132, 2003.

[Agarwal, 2014]
Alekh Agarwal, Daniel Hsu, Satyen Kale, John Langford, Lihong Li, and Robert Schapire. Taming the monster: A fast and simple algorithm for contextual bandits. In International Conference on Machine Learning, pages 1638-1646, 2014.

[Akaike, 1973]
H. Akaike. Information theory and the maximum likelihood principle. In B.N. Petrov and F. Csaki, editors, 2nd International Symposium on Information Theory. Akademiai Kiado, 1973.

[Angrist, 2000]
Joshua D. Angrist, Kathryn Graddy, and Guido W. Imbens. The interpretation of instrumental variables estimators in simultaneous equations models with an application to the demand for fish. The Review of Economic Studies, 67:499-527, 2000.

[Angrist, 1996]
Joshua D. Angrist, Guido W. Imbens, and Donald B. Rubin. Identification of causal effects using instrumental variables. Journal of the American Statistical Association, 91:444-455, 1996.

[Angrist and Pischke, 2009]

Joshua D. Angrist and Jörn–Steffen Pischke. Mostly Harmless Econometrics. Princeton University Press, 2009.

[Athey, 2017]

Susan Athey. Beyond prediction: Using big data for policy problems. Science, 355:483–485, 2017.

[Athey, 2017a]

Susan Athey, Mohsen Bayati, Nikolay Doudchenko, Guido Imbens, and Khashayar Khosravi. Matrix completion methods for causal panel data models. arXiv: 1710.10251, 2017a.

[Athey and Imbens, 2016]

Susan Athey and Guido Imbens. Recursive partitioning for heterogeneous causal effects. Proceedings of the National Academy of Sciences, 113:7353-7360, 2016.

[Athey, 2017b]

Susan Athey, Julie Tibshirani, and Stefan Wager. Generalized random forests. arXiv: 1610.01271v3, 2017b.

[Bair, 2006]

Eric Bair, Trevor Hastie, Paul Debashis, and Robert Tibshirani. Prediction by supervised principal components. Journal of the American Statistical Association, 101:119-137, 2006.

[Belloni, 2014]

Alexandre Belloni, Victor Chernozhukov, and Christian Hansen. Inference on treatment effects after selection among high–dimensional controls. The Review of Economic Studies, 81:608-650, 2014.

[Bengio and LeCun, 2007]

Yoshua Bengio and Yann LeCun. Scaling learning algorithms towards AI. In Large–Scale Kernel Machines, MIT Press, 2007.

[Benjamini and Hochberg, 1995]

Y. Benjamini and Y. Hochberg. Controlling the false discovery rate: A practical and powerful approach to multiple testing. Journal of the Royal Statistical Society, Series B, 57:289-300, 1995.

[Berry, 1995]

Steven Berry, James Levinsohn, and Ariel Pakes. Automobile prices in market equilibrium. Econometrica, 63:841-890, 1995.

[Bishop, 2006]

Christopher Bishop. Pattern Recognition and Machine Learning. Springer, 2006.

[Blake, 2014]
Tom Blake, Chris Nosko, and Steve Tadelis. Consumer heterogeneity and paid search effectiveness: A large-scale field experiment. Econometrica 83:155-174, 2014.

[Blei and Lafferty, 2006]
David M. Blei and John D. Lafferty. Dynamic topic models. In Proceedings of the 23rd International Conference on Machine learning, pages 113-120, 2006.

[Blei, 2003]
David M. Blei, Andrew Y. Ng, and Michael I. Jordan. Latent Dirichlet allocation. Journal of Machine Learning Research, 3:993-1022, 2003.

[Bolukbasi, 2016]
Tolga Bolukbasi, Kai-Wei Chang, James Y. Zou, Venkatesh Saligrama, and Adam T. Kalai. Man is to computer programmer as woman is to homemaker? Debiasing word embeddings. In Advances in Neural Information Processing Systems, pages 4349-4357, 2016.

[Bousquet and Bottou, 2008]
Olivier Bousquet and Léon Bottou. The tradeoffs of large-scale learning. In Advances in Neural Information Processing Systems, pages 161-168, 2008.

[Breiman, 1996]
Leo Breiman. Heuristics of instability and stabilization in model selection. The Annals of Statistics, 24:2350-2383, 1996.

[Breiman, 2001]
Leo Breiman. Random Forests. Machine Learning, 45:5-32, 2001.

[Breiman, 1984]
Leo Breiman, Jerome Friedman, Richard Olshen, and Charles Stone. Classification and Regression Trees. Chapman & Hall/CRC, 1984.

[Bresnahan, 2010]
Timothy Bresnahan. General-purpose technologies. Handbook of the Economics of Innovation, 2:761-791, 2010.

[Brodersen, 2015]
Kay H. Brodersen, Fabian Gallusser, Jim Koehler, Nicolas Remy, Steven L. Scott. Inferring causal impact using Bayesian structural time-series models. The Annals of Applied Statistics, 9:247-274, 2015.

[Brown and Sandholm, 2017]

Noam Brown and Tuomas Sandholm. Superhuman AI for heads-up no-limit poker: Libratus beats top professionals. Science, 359:418-424, 2017.

[Carvalho, 2018]

Carlos M. Carvalho, Hedibert F. Lopes, and Robert E. McCulloch. On the long run volatility of stocks. Journal of the American Statistical Association, 113:1050-1069, 2018.

[Chamberlain and Imbens, 2003]

G. Chamberlain and G.W. Imbens. Nonparametric applications of Bayesian inference. Journal of Business and Economic Statistics, 21:12-18, 2003.

[Chernozhukov, 2017a]

Victor Chernozhukov, Denis Chetverikov, Mert Demirer, Esther Duflo, Christian Hansen, Whitney Newey, and James Robins. Double/debiased machine learning for treatment and structural parameters. The Econometrics Journal, 21:1–68, 2017a.

[Chernozhukov, 2017b]

Victor Chernozhukov, Matt Goldman, Vira Semenova, and Matt Taddy. Orthogonal machine learning for demand estimation: High dimensional causal inference in dynamic panels. arXiv:1712.09988, 2017b.

[Chipman, 2010]

Hugh A. Chipman, Edward I. George, and Robert E. McCulloch. BART: Bayesian Additive Regression Trees. The Annals of Applied Statistics, 4:266-298, 2010.

[Crump, 2009]

Richard K. Crump, V. Joseph Hotz, Guido W. Imbens, and Oscar A. Mitnik. Dealing with limited overlap in estimation of average treatment effects. Biometrika, 96:187-199, 2009.

[Damianou and Lawrence, 2013]

Andreas Damianou and Neil Lawrence. Deep Gaussian processes. In Artificial Intelligence and Statistics, pages 207-215, 2013.

[Davison and Hinkley, 1997]

Anthony Christopher Davison and David Victor Hinkley. Bootstrap Methods and Their Application. Cambridge University Press, 1997.

[Dean and Ghemawat, 2004]

Jeffrey Dean and Sanjay Ghemawat. MapReduce: Simplified data processing on large clusters. In Proceedings of Operating Systems Design and Implementation, pages 137-150, 2004.

[Deaton and Muellbauer, 1980]

Angus Deaton and John Muellbauer. An almost ideal demand system. The American Economic Review, 70:312-326, 1980.

[Donohue and Levitt, 2001]

John J. Donohue and Steven D. Levitt. The impact of legalized abortion on crime. The Quarterly Journal of Economics, 116:379-420, 2001.

[Duchi, 2011]

John Duchi, Elad Hazan, and Yoram Singer. Adaptive subgradient methods for online learning and stochastic optimization. Journal of Machine Learning Research, 12:2121-2159, 2011.

[Efron, 2012]

Bradley Efron. Bayesian inference and the parametric bootstrap. The Annals of Applied Statistics, 6:1971-1997, 2012.

[Feurer, 2015]

Matthias Feurer, Aaron Klein, Katharina Eggensperger, Jost Springenberg, Manuel Blum, and Frank Hutter. Efficient and robust automated machine learning. In Advances in Neural Information Processing Systems, pages 2962-2970, 2015.

[Finkelstein, 2012]

Amy Finkelstein, Sarah Taubman, Bill Wright, Mira Bernstein, Jonathan Gruber, Joseph P. Newhouse, Heidi Allen, Katherine Baicker, and Oregon Health Study Group. The Oregon health insurance experiment: Evidence from the first year. The Quarterly Journal of Economics, 127:1057-1106, 2012.

[Freedman, 2008]

David A. Freedman. On regression adjustments in experiments with several treatments. The Annals of Applied Statistics, 2:176-196, 2008.

[Friedman, 2001]

Jerome H. Friedman. Greedy function approximation: A gradient boosting machine. Annals of Statistics, pages 1189-1232, 2001.

[Gelfand and Smith, 1990]

Alan E. Gelfand and Adrian F.M. Smith. Sampling-based approaches to calculating marginal densities. Journal of the American Statistical Association, 85(410):398-409, 1990.

[Gelman, 2014]

Andrew Gelman, John B. Carlin, Hal S. Stern, David B. Dunson, Aki Vehtari, and Donald B. Rubin. Bayesian Data Analysis, 3rd edition. Chapman & Hall 2014.

[Gentzkow and Shapiro, 2010]
Matthew Gentzkow and Jesse Shapiro. What drives media slant? Evidence from U.S. daily newspapers. Econometrica, 78:35-72, 2010.

[Gentzkow, 2017]
Matthew Gentzkow, Bryan Kelly, and Matt Taddy. Text-as-data. NBER working paper 23276, 2017.

[Gentzkow, 2016]
Matthew Gentzkow, Jesse M. Shapiro, and Matt Taddy. Measuring polarization in high-dimensional data: Method and application to congressional speech. NBER working paper 22423, 2016.

[Goodfellow, 2014]
Ian Goodfellow, Jean Pouget-Abadie, Mehdi Mirza, Bing Xu, David Warde-Farley, Sherjil Ozair, Aaron Courville, and Yoshua Bengio. Generative adversarial nets. In Advances in neural information processing systems, pages 2672-2680, 2014.

[Goodfellow, 2016]
Ian Goodfellow, Yoshua Bengio, and Aaron Courville. Deep Learning. MIT Press, 2016.

[Gramacy, 2015]
Robert B. Gramacy. laGP: Large-scale spatial modeling via local approximate Gaussian processes in R. Journal of Statistical Software (available as a vignette in the laGP package), 2015.

[Gramacy, 2007]
Robert B. Gramacy. tgp: An R package for Bayesian nonstationary, semiparametric non-linear regression and design by treed Gaussian process models. Journal of Statistical Software, 19:1-46, 2007.

[Gramacy and Taddy, 2010]
Robert B. Gramacy and Matt Taddy. Categorical inputs, sensitivity analysis, optimization and importance tempering with tgp version 2, an R package for treed Gaussian process models. Journal of Statistical Software, 33:1-48, 2010.

[Gramacy, 2015]
Robert Gramacy, Matt Taddy, and Sen Tian. Hockey performance via regression. In Handbook of Statistical Methods for Design and Analysis in Sports, 2015.

[Graacy and Lee, 2008]
Robert B. Gramacy and Herbert K.H. Lee. Bayesian treed Gaussian process models with an application to computer modeling. Journal of the American Statistical Association, 103(483):1119-1130, 2008.

[Gramacy and Lee, 2012]
Robert B. Gramacy and Herbert K.H. Lee. Cases for the nugget in modeling computer experiments. Statistics and Computing, 22(3):713-722, 2012.

[Hacking, 1975]
Ian Hacking. The Emergence of Probability. Cambridge University Press, 1975.

[Hahn, 1999]
J. Hahn, P. Todd, and W. Van der Klaauw. Evaluating the effect of an antidiscrimination law using a regression-discontinuity design. NBER Working Paper 7131, 1999.

[Hardt, 2016]
Moritz Hardt, Ben Recht, and Yoram Singer. Train faster, generalize better: Stability of stochastic gradient descent. In the proceedings of the International Conference on Machine Learning, pages 1225-1234, 2016.

[Hartford, 2017]
Jason Hartford, Greg Lewis, Kevin Leyton-Brown, and Matt Taddy. Deep IV: A flexible approach for counterfactual prediction. In the proceedings of the International Conference on Machine Learning, pages 1414-1423, 2017.

[Hastie, 2009]
Trevor Hastie, Robert Tibshirani, and Jerome Friedman. The Elements of Statistical Learning, 2nd edition. Springer, 2009.

[Haugeland, 1985]
John Haugeland. Artificial Intelligence: The Very Idea. MIT Press, 1985.

[He, 2016]
Kaiming He, Xiangyu Zhang, Shaoqing Ren, and Jian Sun. Deep residual learning for image recognition. In Proceedings of the IEEE conference on computer vision and pattern recognition, pages 770-778, 2016.

[Heckman, 1977]
James J. Heckman. Sample selection bias as a specification error (with an application to the estimation of labor supply functions). Econometrica 47:153-161, 1977.

[Hill, 2011]
Jennifer Hill. Bayesian Nonparametric Modeling for Causal Inference. Journal of Computational and Graphical Statistics, 20:217-240, 2011.

[Hinton, 2006]

Geoffrey E. Hinton, Simon Osindero, and Yee-Whye Teh. A fast learning algorithm for deep belief nets. Neural Computation, 18:1527-1554, 2006.

[Hoch, 1995]

Stephen J. Hoch, Byung-Do Kim, Alan L. Montgomery, and Peter E. Rossi. Determinants of store-level price elasticity. Journal of marketing Research, pages 17-29, 1995.

[Hochreiter and Schmidhuber, 1997]

Sepp Hochreiter and Jürgen Schmidhuber. Long short-term memory. Neural computation, 9:1735-1780, 1997.

[Hoff, 2009]

Peter D. Hoff. A first course in Bayesian statistical methods. Springer Science & Business Media, 2009.

[Hoffman, 2013]

Matthew D. Hoffman, David M. Blei, Chong Wang, and John Paisley. Stochastic variational inference. The Journal of Machine Learning Research, 14:1303-1347, 2013.

[Hornik, 1989]

Kurt Hornik, Maxwell Stinchcombe, and Halbert White. Multilayer feedforward networks are universal approximators. Neural Networks, 2:359-366, 1989.

[Hurvich, 1989]

Clifford M. Hurvich and Chih-Ling Tsai. Regression and time series model selection in small samples. Biometrika, 76:297-307, 1989.

[Imbens and Lemieux, 2008]

Guido Imbens and Thomas Lemieux. Regression discontinuity designs: A guide to practice. Journal of Econometrics, 142:615-635, 2008.

[Imbens and Rubin, 2015]

Guido Imbens and Donald Rubin. Causal Inference in Statistics, Social, and Biomedical Sciences. Cambridge University Press, 2015.

[James, 2013]

Gareth James, Daniela Witten, Trevor Hastie, and Robert Tibshirani. An Introduction to Statistical Learning. Springer, 2013.

[Jurafsky and Martin, 2009]

Daniel Jurafsky and James H. Martin. Speech and Language Processing, 2nd edition. Prentice Hall, 2009.

[Karpathy and Fei-Fei, 2015]

Andrej Karpathy and Li Fei-Fei. Deep visual-semantic alignments for generating image descriptions. In Proceedings of the IEEE Conference on Computer Vision and Pattern Recognition, pages 3128-3137, 2015.

[Kendall and Gal, 2017]

Alex Kendall and Yarin Gal. What uncertainties do we need in Bayesian deep learning for computer vision? arXiv:1703.04977, 2017.

[Kingma and Ba, 2015]

Diederik Kingma and Jimmy Ba. Adam: A method for stochastic optimization. In the proceedings of the 3rd International Conference on Learning Representations (ICLR), 2015.

[Knight and Fu, 2000]

Keith Knight and Wenjiang Fu. Asymptotics for lasso-type estimators. Annals of Statistics, pages 1356-1378, 2000.

[Krizhevsky, 2012]

Alex Krizhevsky, Ilya Sutskever, and Geoffrey E. Hinton. Imagenet classification with deep convolutional neural networks. In Advances in neural information processing systems, pages 1097-1105, 2012.

[Lanier, 2014]

Jaron Lanier. Who Owns the Future. Simon & Schuster, 2014.

[LeCun and Bengio, 1995]

Yann LeCun and Yoshua Bengio. Convolutional networks for images, speech, and time series. In The Handbook of Brain Theory and Neural Networks, 1995.

[LeCun, 1998]

Yann LeCun, Léon Bottou, Yoshua Bengio, and Patrick Haffner. Gradient-based learning applied to document recognition. Proceedings of the IEEE, 86:2278-2324, 1998.

[Levitt and Dubner, 2005]

S.D. Levitt and S.J. Dubner. Freakonomics. William Morrow, 2005.

[McFadden, 1980]

Daniel McFadden. Econometric models for probabilistic choice among products. Journal of Business, 53:S13-S29, 1980.

[Mikolov, 2013]

Tomas Mikolov, Ilya Sutskever, Kai Chen, Greg S. Corrado, and Jeff Dean. Distributed representations of words and phrases and their compositionality. In Advances in Neural Information Processing Systems, pages 3111-3119, 2013.

[Mnih, 2015]

Volodymyr Mnih, Koray Kavukcuoglu, David Silver, Andrei A. Rusu, Joel Veness, Marc G. Bellemare, Alex Graves, Martin Riedmiller, Andreas K. Fidjeland, Georg Ostrovski, Stig Petersen, Charles Beattie, Amir Sadik, Ioannis Antonoglou, Helen King, Dharshan Kumaran, Daan Wierstra, Shane Legg, and Demis Hassabis. Human–level control through deep reinforcement learning. Nature, 518:529-533, 2015.

[Morgan and Winship, 2015]

Stephen L. Morgan and Christopher Winship. Counterfactuals and Causal Inference, 2nd edition. Cambridge University Press, 2015.

[Mosteller and Wallace, 1963]

Frederick Mosteller and David L. Wallace. Inference in an Authorship Problem. Journal of the American Statistical Association, 58:275-309, 1963.

[Murphy, 2012]

Kevin Patrick Murphy. Machine Learning: A Probabilistic Perspective. MIT Press, 2012.

[Neal, 2012]

Radford M. Neal. Bayesian learning for neural networks, Springer, 2012.

[Nielsen, 2015]

Michael A. Nielsen. Neural Networks and Deep Learning. Determination Press, 2015.

[Novembre, 2008]

John Novembre, Toby Johnson, Katarzyna Bryc, Zoltan Kutalik, Adam R. Boyko, Adam Auton, Amit Indap, Karen S. King, Sven Bergmann, Matthew R. Nelson, Matthew Stephens, and Carlos D. Bustamante. Genes mirror geography within Europe. Nature, 456: 98-101, 2008.

[Pearl, 2009]

J. Pearl. Causality. Cambridge University Press, 2009.

[Pennington, 2014]

Jeffrey Pennington, Richard Socher, and Christopher Manning. Glove: Global vectors for word representation. In Proceedings of the 2014 Conference on Empirical Methods in Natural Language Processing (EMNLP), pages 1532-1543, 2014.

[Poirier, 2011]

Dale J. Poirier. Bayesian interpretations of heteroskedastic consistent covariance estimators using the informed Bayesian bootstrap. Econometric Reviews, 30:457–468, 2011.

[Politis, 1999]

Dimitris N. Politis, Joseph P. Romano, and Michael Wolf. Subsampling. Springer, 1999.

[Poole, 2005]

Keith T. Poole. Spatial Models of Parliamentary Voting. Cambridge University Press, New York, 2005.

[Rasmussen and Williams, 2006]

C.E. Rasmussen and C.K.I. Williams. Gaussian Processes for Machine Learning. MIT Press, 2006.

[Robbins and Monro, 1951]

Herbert Robbins and Sutton Monro. A stochastic approximation method. The Annals of Mathematical Statistics, 22:400–407, 1951.

[Roeder and Wasserman, 1997]

K. Roeder and L. Wasserman. Practical Bayesian density estimation using mixtures of normals. Journal of the American Statistical Association, 92:894–902, 1997.

[Rosenblatt, 1958]

Frank Rosenblatt. The perceptron: A probabilistic model for information storage and organization in the brain. Psychological Review, 65:386, 1958.

[Rubin, 1988]

D. Rubin. Using the SIR algorithm to simulate posterior distributions by data augmentation. In J.M. Bernardo, M.H. DeGroot, and D.V. Lindley, A.F.M. Smith, editors, Bayesian Statistics 3. Oxford University Press, 1988.

[Rumelhart, 1988]

David E. Rumelhart, Geoffrey E. Hinton, Ronald J. Williams. Learning representations by back-propagating errors. Cognitive Modeling, 5:1, 1988.

[Sabour, 2017]

Sara Sabour, Nicholas Frosst, and Geoffrey E. Hinton. Dynamic routing between capsules. In Advances in Neural Information Processing Systems, pages 3857–3867, 2017.

[Silver, 2016]

David Silver, Aja Huang, Chris J. Maddison, Arthur Guez, Laurent Sifre, George Van Den Driessche, Julian Schrittwieser, Ioannis Antonoglou, Veda Panneershelvam, Marc Lanctot, et al. Mastering the game of go with deep neural networks and tree search. Nature, 529:484–489, 2016.

[Silver, 2017]
David Silver, Julian Schrittwieser, Karen Simonyan, Ioannis Antonoglou, Aja Huang, Arthur Guez, Thomas Hubert, Lucas Baker, Matthew Lai, Adrian Bolton, et al. Mastering the game of go without human knowledge. Nature, 550:354-359, 2017.

[Srivastava, 2014]
Nitish Srivastava, Geoffrey E. Hinton, Alex Krizhevsky, Ilya Sutskever, and Ruslan Salakhutdinov. Dropout: A simple way to prevent neural networks from overfitting. Journal of Machine Learning Reseach, 15:1929-1958, 2014.

[Taddy, 2012]
Matt Taddy. On estimation and selection for topic models. In Proceedings of the 15th International Conference on Artificial Intelligence and Statistics, 2012.

[Taddy, 2013a]
Matt Taddy. Measuring political sentiment on Twitter: Factor optimal design for multinomial inverse regression. Technometrics, 55:415-425, 2013a.

[Taddy, 2013b]
Matt Taddy. Multinomial inverse regression for text analysis. Journal of the American Statistical Association, 108:755-770, 2013b.

[Taddy, 2015a]
Matt Taddy. Document classification by inversion of distributed language representations. In Proceedings of the Conference of the Association for Computational Linguistics, 2015a.

[Taddy, 2015b]
Matt Taddy. Distributed multinomial regression. The Annals of Applied Statistics, 9:1394-1414, 2015b.

[Taddy, 2015]
Matt Taddy, Chun-Sheng Chen, Jun Yu, and Mitch Wyle. Bayesian and empirical Bayesian forests. In Proceedings of the 32nd International Conference on Machine Learning, 2015.

[Taddy, 2016a]
Matt Taddy, Matt Gardner, Liyun Chen, and David Draper. Nonparametric Bayesian analysis of heterogeneous treatment effects in digital experimentation. Journal of Business and Economic Statistics, 34:661-672, 2016a.

[Taddy, 2009]
Matt Taddy, Herbert K.H. Lee, Genetha A. Gray, and Joshua D. Griffin. Bayesian guided pattern search for robust local optimization. Technometrics, 51:389-401, 2009.

[Taddy, 2016b]

Matt Taddy, Hedibert Lopes, and Matt Gardner. Scalable semiparametric inference for the means of heavy-tailed distributions. arXiv:1602.08066, 2016b.

[Thompson, 1933]

William R. Thompson. On the likelihood that one unknown probability exceeds another in view of the evidence of two samples. Biometrika, 25:285-294, 1933.

[Toulis, 2014]

Panagiotis Toulis, Edoardo Airoldi, and Jason Rennie. Statistical analysis of stochastic gradient methods for generalized linear models. In Proceedings of the International Conference on Machine Learning, pages 667-675, 2014.

[van Seijen, 2017]

Harm van Seijen, Mehdi Fatemi, Joshua Romoff, Romain Laroche, Tavian Barnes, and Jeffrey Tsang. Hybrid reward architecture for reinforcement learning. arXiv:1706.04208, 2017.

[Vapnik, 1996]

Vladimir Vapnik. The Nature of Statistical Learning Theory. Springer, 1996.

[Varian, 2009]

Hal R. Varian. Online ad auctions. The American Economic Review, 99:430-434, 2009.

[Venables and Ripley, 2002]

W.N. Venables and B.D. Ripley. Modern Applied Statistics with S, 4th edition. Springer, 2002.

[Vidakovic and Mueller, 1994]

Brani Vidakovic and Peter Mueller. Wavelets for kids. Technical report, Instituto de Estadística, Universidad de Duke, 1994.

[Vidyamurthy, 2004]

Ganapathy Vidyamurthy. Pairs Trading: Quantitative Methods and Analysis, volume 217. John Wiley & Sons, 2004.

[Wang, 2015]

Wei Wang, David Rothschild, Sharad Goel, and Andrew Gelman. Forecasting elections with non-representative polls. International Journal of Forecasting, 31(3):980-991, 2015.

[Wang, 2016]

Wei Wang, David Rothschild, Sharad Goel, and Andrew Gelman. High-frequency polling with nonrepresentative data. In Political Communication in Real Time. Routledge, 2016.

[White, 1980]

Halbert White. A heteroskedasticity–consistent covariance matrix estimator and a direct test for heteroskedasticity. Econometrica, 48:817-838, 1980.

[Willer, 2013]

Cristen J. Willer, Ellen M. Schmidt, Sebanti Sengupta, Gina M. Peloso, Stefan Gustafsson, Stavroula Kanoni, Andrea Ganna, Jin Chen, Martin L Buchkovich, Samia Mora, et al. Discovery and refinement of loci associated with lipid levels. Nature Genetics, 45:1274-1285, 2013.

[Wold, 1975]

H. Wold. Soft Modeling by Latent Variables: The nonlinear iterative partial least squares approach. In Perspectives in Probability and Statistics, Papers in Honour of M.S. Bartlett. Academic Press, 1975.

[Zou, 2007]

Hui Zou, Trevor Hastie, and Robert Tibshirani. On the degrees of freedom of the lasso. The Annals of Statistics, 35:2173-2192, 2007.

INDEX

INDEX

INDEX

INDEX

INDEX

INDEX